Klaus Schroeder · Der Weg in die Stagnation

Beiträge zur sozialwissenschaftlichen Forschung

Band 56

Westdeutscher Verlag

Klaus Schroeder

Der Weg in die Stagnation

Eine empirische Studie zur Konjunkturentwicklung und Konjunkturpolitik in der Bundesrepublik von 1967 - 1982

Westdeutscher Verlag

CIP-Kurztitelaufnahme der Deutschen Bibliothek

Schroeder, Klaus:

Der Weg in die Stagnation: e. empir. Studie zur Konjunkturentwicklung u. Konjunkturpolitik in d. Bundesrepublik von 1967 - 1982 / Klaus Schroeder. Opladen: Westdeutscher Verlag, 1984.

(Beiträge zur sozialwissenschaftlichen Forschung; Bd. 56)

NE: GT

Umschlaggestaltung: Hanswerner Klein, Opladen

ISBN-13: 978-3-531-11680-8 e-ISBN-13: 978-3-322-88524-1
DOI: 10.1007/ 978-3-322-88524-1

Inhalt

Abkürzungen:

NG	Nahrungs- und Genußmittelindustrie
GP	Grundstoff- und Produktionsgüterindustrie
IG	Investitionsgüterindustrie
VG	Verbrauchsgüterindustrie
MB	Maschinenbauindustrie
CH	Chemische Industrie
EL	Elektrotechnische Industrie
FB	Straßenfahrzeugbau
BSP	Bruttosozialprodukt
BAI	Bruttoanlageinvestitionen
BAV	Bruttoanlagevermögen
NPV	Nettoproduktionsvolumen
L	Arbeitsplatz
F und E	Forschung und Entwicklung
SVR	Sachverständigenrat
BM	Bundesministerium
BB	Bundesbank
SVG	Sachverständigengutachten
ESTG	Einkommenssteuergesetzgebung
LST	Lohnsteuer
KST	Körperschaftssteuer
Kopol	Konjunkturpolitik
Wipol	Wirtschaftspolitik
Geldpol	Geldpolitik

Verzeichnis der Tabellen:

Verzeichnis der Schaubilder:

I. Einleitung

Nach wie vor präsentiert sich das "Modell Deutschland" mit einer relativen Stabilität und dies, obwohl auf die Wirtschaftskrise 1974/75 eine Periode reduzierten Wachstums folgt, die Einkommenszuwächse stagnieren, mit der Massenarbeitslosigkeit zusätzliche soziale Probleme und Konflikte auftreten und in der staatlichen Politik restriktive Momente überwiegen.
Der politisch-soziale Konsens zwischen Kapital und Arbeit gerät nicht ins Wanken, mögen sich auch im Detail Konflikte verschärfen, in den gesellschaftlichen Grundsätzen bleiben die Führungsgruppen von Kapital, Staat und Gewerkschaften einig und sind sich der Zustimmung von Bevölkerungsmehrheiten gewiß.

Diese relative Stabilität verdankt sich vor allem der politischen und sozialen Verarbeitung ökonomischer Krisenhaftigkeit, nicht zuletzt der Verlagerung sozialer Probleme an die gesellschaftliche Peripherie. Mit der institutionell geregelten Befriedung des Klassenkonflikts haben sich die gesellschaftlichen Konfliktlinien verschoben; Protestpotentiale entstehen in den letzten 20 Jahren weitgehend unabhängig von traditionellen Klassenkonflikten und wirken dennoch auf diese - wie die Analyse der 75er Krise zeigen wird - zurück.

In der theoretischen Diskussion wird zumeist der Zusammenhang zwischen sozialer, staatlicher und ökonomischer Sphäre getrennt behandelt, mit der Konsequenz "einseitiger" Verallgemeinerungen oder additiver und damit mechanistischer Zusammenführung dieser Momente.
Die theoretisch-analytische und instrumentell politische Schwäche methodisch durchaus divergierender Ansätze läßt sich partiell auf diesen Mangel zurückführen.
Darüberhinaus lassen sich unschwer "politische Absichten" aus den unterschiedlichen Argumentationen ablesen, die auf einen hohen Grad politisch gefärbter Methodologie hinweisen.
Unter dem Deckmantel theoretischer Wissenschaftlichkeit und hieraus abgeleiteter politischer Sachzwänge verstecken sich politisch-sozial dominierte Intentionen und vulgarisieren damit Theorien aus dem Umkreis der " Politischen Ökonomie" oder der "Kritik der Politischen Ökonomie" , indem sie hinter der scheinbaren Objektivität theoretischer Gesetzmäßigkeiten ihren jeweiligen politischen Bezug und Ansatzpunkt sowie ihre jeweilige gesell-

schaftliche Perspektive verbergen.

Es geht im folgenden um einen Ausschnitt des Verhältnisses von Politik und Ökonomie: zu prüfen, inwieweit politisch-soziale und politisch-staatliche Momente auf die Ökonomie einwirken und ihre Verlaufsform bestimmen und in welchem Umfang ökonomische Bedingungen auf die anderen Sphären zurückstrahlen.

1. Fragestellungen und Untersuchungsthesen

Anhand der Untersuchung zweier Konjunkturphasen (1967 - 1975 und 1975 - 1982) soll der Bedingungszusammenhang zwischen politischer, sozialer und ökonomischer Sphäre verdeutlicht werden, wobei neben der Analyse des Konjunkturverlaufs die Verteilungskämpfe und die staatliche Konjunktur- und Arbeitsmarktpolitik thematisiert werden.

Ergänzend zur ursprünglichen Intention, die sich auf die Darstellung und Analyse der 75er Krise konzentrierte, kommt die Untersuchung der letzten Phase (1975 - 1982) hinzu, da insbesondere im Vergleich der beiden Perioden - einer Phase, geprägt von einer "sozialen Offensive" der Arbeiterschaft, einer intentional reformerischen staatlichen Politik und durchaus respektablen Wachstumsraten mit einer Phase reduzierten Wachstums, restriktiver staatlicher Politik und "sozialer Offensive" des Kapitals - der enge Zusammenhang der Sphären aufgezeigt werden kann.

Zentrales Untersuchungsziel bleibt die Bestimmung von Wirtschaftspolitik und Wirtschaftsverlauf im "Klassenzusammenhang", d.h. herauszuarbeiten, in welchem Umfang soziale Auseinandersetzungen und staatliche Politiken ökonomische Verlaufsformen und Gesetzmäßigkeiten beeinflussen bis dominieren und gleichzeitig staatliche Politiken auf ihre unmittelbaren sozialen Wirkungen hin abzuklopfen.

Für die erste Phase lautet die These: das politisch-soziale Gleichgewicht, das sich nach 1945 institutionell ausgebildet hat, verliert in den 60er Jahren seine Stabilität und wandelt sich kurzzeitig zu einem fast alle gesellschaftlichen Ebenen umfassenden dynamischen Reformprojekt.
Für die Ökonomie impliziert dieser politisch-soziale Wandel neue Impulse und zwar in Hinblick auf die Ausweitung des Massenkonsumgütersektors und den Export einerseits und der vermuteten Festlegung der Arbeiterschaft

durch eine staatstragende Sozialdemokratie und der ihr sich beiordnenden Gewerkschaften auf die Logik der Gesamtverantwortung andererseits.
Für die Wirtschaftspolitik impliziert dieser Wandel den Übergang von der sozialen und garantierten Marktwirtschaft zur Vollbeschäftigungs- und Wachstumsgarantie im Sinne einer keynesianisch inspirierten Globalsteuerung. Von 1969 bis 1974 entwickelt sich jedoch - konträr zu den politisch-institutionellen Intentionen - eine "Lohnoffensive" der Arbeiterschaft, die in ihren verteilungspolitischen Implikationen das ökonomische Gleichgewicht verschiebt und der politisch-staatlichen Sphäre phasenweise eine spezifische Politik aufzwingt, deren Maßnahmen partiell kontra-intentionale Effekte hervorrufen.

Im Zusammenhang mit strukturellen Ungleichgleichgewichten, die sich langfristig herausgebildet haben, sprengt die soziale Offensive kurzzeitig die immanenten regulierungsfähigen Grenzen der Ökonomie und verschärft die Krise.
Es entsteht der Eindruck, als ob sich Vollbeschäftigung und ein ausgebauter Sozialstaat nicht mit den Prinzipien einer kapitalistischen Ökonomie vereinbaren lassen.

Über die Beschreibung der unmittelbaren ökonomischen und sozialen Folgen der Krise hinaus wird versucht, den Stellenwert der ökonomischen Krise für gesellschaftliche Restrukturierungsprozesse zu bestimmen. Hier lautet die Untersuchungsthese: Staat und Kapital setzen die ökonomische Krise jeweils spezifisch politisch um, während die Arbeiterschaft und die Gewerkschaften nicht in der Lage sind, konzeptionell und/oder praktisch auf die veränderte ökonomische und gesellschaftliche Situation einzugehen.

Die auf die Krise folgende Phase reduzierten Wachstums wird gleichfalls von diesem unterschiedlichen politischen Verhalten der sozialen Akteure bestimmt. Aus der Analyse dieser Periode ergeben sich Einschätzungen auf drei Ebenen:
- Kapital, Staat und Gewerkschaften versuchen einen Teil der sozialen Probleme und Konflikte durch Verlagerung an die gesellschaftliche Peripherie zu marginalisieren; insbesondere deutlich in der Struktur der Arbeitslosigkeit und in der Arbeitsmarktpolitik;
- die staatliche Konjunktur- und Arbeitsmarktpolitik zielt auf direkte Begünstigung der Kapitalseite, Veränderung der Verteilungsrelationen

und soziale Disziplinierung der Arbeiterschaft und anderer sozialer Gruppen ab. Diese Politiken fügen sich nahtlos in den restriktiv bis repressiven Grundtenor staatlicher Maßnahmen ein und bestätigen den erfolgten Kurswechsel seit dem Scheitern der Reformpolitik;

- das Kapital (als gesellschaftliche und soziale Größe) versucht, seine gesellschaftliche Hegemonie, die in der Phase der "Arbeiteroffensive" vermeintlich angetastet wurde, zu restrukturieren.

  Theoretische und propagandistische Unterstützung erfahren diese Bemühungen durch konservativ-reaktionäre Konzepte "sozialer Entflechtung der Ökonomie". Soziale Entflechtung bedeutet in diesem Zusammenhang vor allem die Beseitigung vermeintlicher sozialstaatlicher Restriktionen für den ökonomischen Prozeß. Kategorial umfaßt dieser Begriff über Sozialstaatsabbau und staatlicher Umverteilung hinaus den Versuch von Kapital und Staat, die Linien des sozialen Kompromisses in der Ökonomie zu verschieben.

Ansatzweise soll die Frage beantwortet werden, inwieweit sozialdemokratische Krisenpolitik diese Entflechtung selbst betreibt und wo konzeptionellen Differenzen zu konservativen Entwürfen liegen.
Die Klassifizierung der Wirtschaftspolitik, speziell der Konjunktur- und Arbeitsmarktpolitik und der staatlichen Sekundärverteilung, soll helfen, diese Frage zu beantworten.
Im Speziellen geht es um die Aufschlüsselung folgender Problem- und Fragestellungen:

a. Wie läßt sich die Konjunkturpolitik - unterhalb eines nicht erfolgten Paradigmenwechsels - einschätzen und welche Verteilungs- und Beschäftigungswirkungen zeitigen diskretionäre Programme?
b. Haben die einzelnen Maßnahmen der Arbeitsmarktpolitik seit 1975 einen inneren Zusammenhang und in welchem Verhältnis stehen sie zum Grundtenor staatlicher Politik in dieser Phase?
c. Korrigiert die staatliche Sekundärverteilung die Primärverteilung und lassen sich Phasenunterschiede konstatieren?

Durch Einschätzung des funktionalen Zusammenwirkens der Sphären in diesem untersuchten Zeitabschnitt kann zumindest vermutet werden, daß nachhaltige Wandlungsprozesse im politisch-sozialen und politisch-staatlichen Raum ohne strukturelle Veränderungen der Ökonomie schon mittelfristig an Schranken stoßen, die wiederum gesellschaftsimmanente soziale Hierarchien und Kräfteverhältnisse transparent machen.

3. Methodische Probleme

Empirische Studien im sozialwissenschaftlichen Kontext bewegen sich häufig zwischen einem allzu sorglosen "empirischen" Umgang mit Daten, die vermittels ihrer positivistischen Verallgemeinerung zu einer Relativierung von Theorie schlechthin führen, oder einem illustrativen und damit letztendlich überflüssigen Gebrauch von Empirie zur Bestätigung fertiger und durch nichts zu erschütternden Theoriegebäude.
Will man sich nicht der Gefahr aussetzen, Empirie theoretisch zu überhöhen oder zu vernachlässigen, verbietet sich ein statistisches Verhältnis von Theorie und Empirie.

Wenn sich "Theorie" in der konkreten Analyse erweisen und gegebenenfalls in Frage stellen lassen muß, (1) gilt es, die Daten bzw. ihre spezifische Erfassung zu hinterfragen. Generell problematisch ist die Tatsache zu werten, daß statistische Daten in spezifischer Weise erhoben und veröffentlicht werden, so daß sie nicht wertneutrale Fakten darstellen, sondern immer auch Ausdruck des methodischen und inhaltlichen Hintergrunds ihrer Erhebung sind.
Da zudem bekanntlich Daten beliebig zu benutzen und zu "biegen" sind - wie insbesondere auch die diversen Krisentheorien und -einschätzungen belegen, die alle das gleiche empirische Material verarbeiten - versuche ich ansatzweise, den sozialen Konstitutionsprozeß von Empirie miteinzubeziehen und das statistische Material vor diesem Hintergrund einzuschätzen.

Über die quantitative Beurteilung hinaus lassen sich beispielsweise bei Berücksichtigung und Interpretation des sozialen und politischen Gehalts von Arbeitskämpfen Lohnziffern in ihrem politisch-sozialen und ökonomischen Kontext darstellen.
Wird die Ökonomie als sozialer Prozeß begriffen, besteht das methodische Problem in der "soziologischen Aufschlüsselung" der empirischen Daten. In der Arbeit wird dieser Anspruch ansatzweise durch die Parallelisierung empirischer Analyse, theoretischer Grundlagenreflexion und die argumentative Einflechtung sozialer und politischer Entwicklungsprozesse eingelöst.

Nun liegt sicherlich eine - nicht vermeidbare - Schwäche in dem Umstand, daß über eine "ökonomische Sichtweise" hinaus argumentiert und gewertet wird, die eigene empirische Analyse und theoretische Einordnung jedoch bruchstückhaft und exemplarisch bleiben muß, da Untersuchungen, die sich anspruchsweise einer "Soziologisierung der Ökonomie" verpflichtet fühlen, kaum vorliegen und theoretische Abhandlungen in diese Richtung auf einer hohen Abstraktionsebene verbleiben.
In der Ursachen- und Funktionsbeschreibung der 75er Krise - als Ausgangspunkt für gesellschaftliche Restrukturierungstendenzen - läßt sich das gewählte Verfahren verdeutlichen: in der Begründung wird mit dem gesamten gesellschaftlichen Kontext argumentiert, während soziale und politisch-institutionelle Bereiche jenseits des direkten Zusammenhangs mit der ökonomischen Sphäre nur kurz benannt werden, so daß insgesamt der Stellenwert der untersuchten sozialen Auseinandersetzungen und der staatlichen Politiken wirkungsanalytisch nicht direkt bestimmt werden kann.
Es geht somit nicht speziell um die wirkungsanalytische Isolierung von Konjunktur- und Arbeitsmarktpolitik und Tarifkämpfen, sondern um die Bewertung und Gewichtung ihres Zusammenhangs und ihres Einflusses auf die Verlaufsformen der Ökonomie.

Sicherlich gehen auch in die Auswahl und Bewertung der Empirie theoretische Vorstellungen ein, dennoch wird "Theorie" als Prozeß und als "offen" begriffen, so daß der Ausgangspunkt nicht eine fertige und geschlossene Theorie bildet, sondern die kritische Reflexion bestimmter Theoriegebäude. (2)

"... daß alle Theorie tatsächlich und notwendig grau bleibt, die nicht die spezifischen historischen Formen, in denen die Krisen auftreten und bearbeitet werden, theoretisch auf einen Nenner bringt, sondern die den Nenner mehr oder minder stillstellt und nur im Zähler gemäß historischem Wandel etwas verschiebt. Jede Theorie muß - überspitzt gesprochen - jeden Tag neu gewonnen werden, was nicht heißen soll, daß man jeden Tag eine neue Theorie formulieren müsse." (Koch, Narr 1976, S. 404 f.)

Im Spektrum der für relevant erachteten Theorieansätze scheint der Marxismus am weitestgehendsten der Intention, Ökonomie als sozialen Prozeß zu analysieren, zu entsprechen. Im Unterschied zu keynesianisch, monetaristisch aber auch ungleichgewichtstheoretisch argumentierenden "Theorieschulen" begreift er die Ökonomie als gesellschaftliches Verhältnis und überwindet vermeintlich eine isolierte Betrachtungsweise gesellschaftlilicher Teilbereiche durch seinen Anspruch auf Systematik und Totalität.

Nun gerät in der neomarxistischen Diskussion und z.T. auch bei MARX selber eine systematische und auf den Gesamtzusammenhang abzielende Gesellschaftsanalyse (3) leicht in die Gefahr, strukturell-ahistorisch und objektivistisch, d.h. den sozialen Kontext nicht mehr als (historischen)Prozeß aufnehmend, zu argumentieren.
In der westdeutschen, neomarxistischen Diskussion um die Ableitung des Staates und die Krisentheorie lassen sich die Merkmale einer kategorial erstarrten und in der Dogmatik verkommenen Marxismusinterpretation unschwer belegen.
Ohne die Begründung im einzelnen zu teilen, kann der Behauptung HABERMAS': "Der Marxsche Ansatz fördert eine ökonomistisch verkürzte Interpretation der entwickelten kapitalistischen Gesellschaften." (Habermas 1981, S. 504) grundsätzlich zugestimmt werden.
In der Verkehrung ökonomischer Daten zu quasi ontologischen Größen unterschlägt bzw. unterschätzt die Marx-Orthodoxie die politisch-soziale und staatliche Sphäre oder ordnet sie strukturell der Ökonomie bei.
"Die Marx-Orthodoxie tut sich mit einer plausiblen Erklärung von staatlichem Interventionismus, Massendemokratie und Wohlfahrtsstaat schwer. Der ökonomische Ansatz versagt angesichts der Pazifizierung des Klassenkonflikts und des langfristigen Erfolges, den der Reformismus in den europäischen Ländern seit dem zweiten Weltkrieg im Zeichen einer im weiteren Sinne sozialdemokratischen Programmatik errungen hat." (Habermas 1981, S. 505) (4)

Um der Alternative "ahistorischer Objektivismus versus naivem Subjektivismus" (allgemeine Kategorien versus konkrete Empirie) zu entgehen, gilt es, den Untersuchungsgegenstand im historischen und sozialen Kontext zu bewerten. (5)
In der nachfolgenden Arbeit wurden die skizzierten methodologischen Perspektiven ansatzweise umgesetzt. Das Aufspüren der "sozialen Dialektik des ökonomischen Prozesses" in der konkret-historischen Analyse bildet gleichwohl den argumentativen Kern der Untersuchung.
"Die Geschichte der kapitalistischen Gesellschaft ist - kein Zweifel - von der Kapitallogik geprägt. Aber - und auch daran ist kein Zweifel - diese Kapitallogik ist eine geschichtliche, d.h., sie besteht aus sozialen Kräften, aus sozialem "Fleisch und Blut". Daraus ist denn auch ihre jeweilige Eigenart und Geltung zu ermitteln." (Koch/Narr 1977, S. 303)

Auf eine Explizierung des theoretischen Selbstverständnisses, das nach den entwickelten methodischen Vorgaben ohnehin nur ein vorläufiges wäre und allemal den Horizont traditioneller ökonomischer Erklärungsansätze überschreiten müßte, wird ebenso wie auf die Diskussion verschiedener Krisentheorien verzichtet.
Die Interpretation des empirischen Materials versteht sich infolgedessen als Zwischenschritt zwischen empirischer Darstellung und theoretischer Verallgemeinerung. Hierauf aufbauende theoretische Erörterungen müßten sicherlich an wesentlichen Prämissen marxistischer Analysen anknüpfen, um gleichwohl die methodische Borniertheit und dogmatische Verengung des traditionellen Marxismus zu überwinden.

3. Ökonomie als politisch-sozialer Prozeß

Im Gegensatz zu orthodox-marxistischen, aber auch keynesianischen Erklärungsmustern, die entweder von der "autonomen Bewegung des Kapitals" oder der prinzipiellen Regulierungsfähigkeit der Ökonomie durch den wirtschaftspolitisch intervenierenden Staat ausgehen und dadurch ein letztendlich einseitig determiniertes Verhältnis von Politik und Ökonomie konstruieren, (1) wird hier die These vertreten, daß die Ökonomie als sozialer Prozeß zu analysieren ist. (2)
In der Verlaufsform der Ökonomie drücken sich die spezifischen sozialen und politischen Handlungen und Bedingungen aus, die wiederum auch von den Ergebnissen und Implikationen des ökonomischen Systems geprägt werden.

Eine Analyse ökonomischer Verläufe muß infolgedessen zwei Ebenen, die zwar zusammenhängen und sich bedingen, unterscheiden: einerseits lassen sich ökonomische Gesetze und Verlaufsformen politisch und sozial aufschlüsseln und andererseits prägt die Ökonomie bis zu einem gewissen Grad den politisch-sozialen Kontext.
Am Beispiel der Entstehung und Funktion der ökonomischen Krise läßt sich dieser Zusammenhang verdeutlichen; während die Ursachen der Krise in veränderten Bedingungen des Klassenkonflikts und Interferenzen mit dem politischen System zu suchen sind, begünstigt und beschleunigt die Krise bzw. ihre sozialen Auswirkungen einen gesellschaftlichen Restrukturierungsprozeß, der auch für die Ökonomie veränderte soziale und politische Bedingungen bringt.

Über die Marx'sche Analyse des industriellen - und des Krisenzyklus - die zentral auf Überschuß und Knappheit des Faktors Arbeit abzielt - (3) hinausgehend, müssen zumindest zwei, historisch neue Momente Berücksichtigung finden:

a) die politische Integration der Arbeiterbewegung auf der Basis eines gesellschaftlichen Konsens mit den ökonomischen und politischen Führungsgruppen;
b) die direkte und umfassende staatliche Garantie für Produktion und Reproduktion.

Anhand einer kurzen historischen Skizze sollen diese Überlegungen verdeutlicht werden.

Dem politischen Einbezug der Arbeiterorganisationen nach 1945 folgt in den 50er und 60er Jahren unter den Bedingungen expansiven Wachstums die soziale Befriedigung mittels expansiver Verbesserung des materiellen Lebensstandards und Ausbau des Sozialstaats. Politisch-institutionelle Mitverantwortung und -beteiligung von Gewerkschaft und SPD, als relevante institutionelle Träger der Arbeiterbewegung, ebenso wie der individuell erfahrbare materielle Wohlstand begründen die wachsende "Entpolitisierung des Kampfes zwischen Kapital und Arbeit." (ARRIGHI)

Das politische und soziale System der Bundesrepublik konstituiert sich ohne ernstzunehmende Fundamentalopposition und erfährt mit der Großen Koalition sogar eine direkte Verschmelzung staatsoffizieller Eliten.

Dieser Prozeß drückt sich in der Veränderung und Verschiebung der Konfliktlinien zwischen Kapital und Arbeit doppelt aus: die soziale Dimension wird von der politischen abgekoppelt, (4) und in der sozialen Sphäre werden politische Aspekte abgeschnitten. (5) Politisch-soziale und politisch-staatliche Prozesse fallen hierdurch tendenziell auseinander. (6) Diese Tendenz prägt bis zu einem gewissen Grad wohlfahrtsstaatliche Massendemokratien.

"Während und nach dem Zweiten Weltkrieg neigte sich die Waagschale dann schließlich zugunsten der Arbeiterparteien, die zunehmend zur dominierenden politischen Kraft wurden, um die herum sich allerorts die Opposition oder häufig auch Regierungskoalitionen formten. Diese Tendenz wurde durch den Ausbruch von Konflikten in den späten sechziger Jahren weiter konsolidiert. Diese Ereignisse legitimierten nämlich den Anspruch zweier gewichtiger Arbeiterparteien auf einen Platz an der Regierung, ein Platz, von dem sie freilich immer noch verbannt sind. Folglich nehmen heute die westeuropäischen Arbeiterparteien eine Stellung ein, die der Stellung der bürgerlich-liberalen Parteien zur Jahrhundertwende analog ist: nicht immer und überall an der Macht, aber immer und überall das Zentrum, um das die anderen politischen Kräfte kreisen." (Arrighi 1981, S. 57)

Die Verrechtlichung des Sozialkonflikts als Ergebnis der politischen Teilhabe und Integration der Arbeiterbewegung impliziert wirtschafts- und sozialpolitisch das staatliche Bemühen um Vollbeschäftigung und Auf- und Ausbau des Sozialstaats.
Schon im westdeutschen Konzept der "sozialen Marktwirtschaft" setzt sich diese politische Perspektive einer staatlich garantierten und regulierten (7) Marktwirtschaft um.
Gerade auch angesichts der (scheinbaren) Überwindung der 67er Rezession durch eine keynesiansische Wirtschaftspolitik entsteht bis 1974/75 der Eindruck einer möglichen Regulierung der Ökonomie durch die Politik; der Konjunkturzyklus würde zum "politischen Konjunkturzyklus".
Eine Vorstellung, die von KEYNES und KALECKI in den Grundzügen formuliert, (8) zentral in wirtschaftspolitische Entwürfe von Gewerkschaft und Arbeiterparteien eingeht.
Hiernach kann es dem Staat durch zusätzliche Staatsausgabenprogramme grundsätzlich gelingen, Vollbeschäftigung zu sichern. Das "Kapital" sperrt sich jedoch gegen eine staatlich alimentierte Vollbeschäftigung, so die Version von Kalecki, da durch die Vollbeschäftigung der politische und ökonomische Einfluß der Arbeiterklasse für den Fortbestand des kapitalistischen Systems bedrohliche Ausmaße annehmen würde.
Nach KALECKI ist die Beseitigung bzw. Verhinderung der Vollbeschäftigung politisches Kalkül der Wirtschaftsverbände:
"Aber 'Disziplin in den Fabriken' und 'politische Stabilität' sind der Wirtschaft wichtiger als Profite. Ihr Klassenbewußtsein sagt ihnen, daß andauernde Vollbeschäftigung von ihrem Standpunkt aus ungesund ist und daß Arbeitslosigkeit ein integraler Bestandteil des 'normalen' kapitalistischen Systems ist." (Kalecki 1974, S. 181)
Zur Sicherung der politisch-sozialen Stabilität unter gegebenen Bedingungen braucht das kapitalistische System die sozial disziplinierende Wirkung der Arbeitslosigkeit.
Über die unmittelbar ökonomischen Folgen (Lohnreduktion, "Verbesserung" der Arbeitsdisziplin) hinaus verändert ein Dauerzustand von Massenarbeitslosigkeit und ihre restriktiv bis repressive Handhabung und Bewältigung in der politischen Krisenverarbeitung das "soziale Klima" in allen gesellschaftlichen Teilbereichen. (9)

In der Thematisierung dieses Zusammenhangs - und nicht in der Konstruktion der potentiellen Steuerungsfähigkeit der Ökonomie durch die Politik - (10) liegt die eigentliche Bedeutung der Überlegungen KALECKI's.

Solange das politisch-soziale Gleichgewicht zwischen Kapital und Arbeit nicht nachhaltig gestört wird und dieser Konsens in der spezifischen staatlichen Politik seine Entsprechung findet - wie in der Bundesrepublik bis in die 60er Jahre hinein - kann die ökonomische Entwicklung relativ krisenfrei verlaufen. (11)

"Ein so niedriger Stand an Arbeitslosigkeit, wie er in den sechziger Jahren in Europa vorlag, ist nur unter der einen Voraussetzung mit kontinuierlichem Wirtschaftswachstum und Preisstabilität vereinbar, daß die Marktmacht der Arbeit und ihrer Organisationen nicht voll ausgespielt wird. Sonst würde es gar nicht zu verhindern sein, daß eine Beschäftigungspolitik mit hochgestecktem Vollbeschäftigungsziel in einen unaufhörlichen Kreislauf konjunkturpolitischer Wechselbäder einmündete ..." (Salvati/Brosio 1980, S. 112)

Wirtschaftspolitische Interventionen (Garantien) und Ausbau des Sozialstaats verbunden mit einer faktischen politisch-sozialen Kooperation zwischen Kapital und Gewerkschaften verändern die Verlaufsform des kapitalistischen Krisenzyklus.

Die Funktion der Krise - ökonomisch als "Reinigungskrise" und politisch-sozial als Disziplinierungsmittel - verlagert sich z.T. in den politisch-institutionellen Raum, d.h., je mehr der Staat versucht die Ökonomie zu regulieren, desto mehr muß er auch die Teilbereich der "sozialen Normierung", die vormals über ökonomische Krisen vermittelt waren, übernehmen.

Ab Mitte der 60er Jahre beginnt der politisch-soziale Konsens und damit auch das ökonomische Gleichgewicht zu bröckeln: soziale Unruhen ausgehend von peripheren gesellschaftlichen Bereichen (APO) und steigende Lohnquoten künden vom Aufbrechen vorhandener - scheinbar unverrückbarer - sozialer Hierarchien, politischer Strukturen und gesellschaftlicher Wertvorstellungen.

Mit den Septemberstreiks 1969 beginnt in Westdeutschland - analog zu vielen westeuropäischen Ländern - eine "Lohnoffensive der Arbeiterschaft", die von der Verteilungsebene her die Gleichgewichtsstrukturen infragestellt und während der folgenden Jahre auch verändert.

In der Phase 1968 - 1974 kommt es in allen gesellschaftlichen Bereichen zu politisch-sozialen Erschütterungen, die erstmals seit Kriegsende die Stabilität des kapitalistischen Systems bedrohen.

Kurzzeitig verändern sich die politischen, sozialen und ökonomischen Grundlagen des gesellschaftlichen Konsenses; politisch durch die "Regierungsfähigkeit" des Reformismus in Gestalt der sozialliberalen Koalition, sozial in der Infragestellung und Veränderung bisheriger Hierarchien und ökonomisch durch das Zugeständnis beträchtlicher Lohnerhöhungen. ARIGHI beschreibt das historisch neue Element in den 60er Jahren als "ökonomische Stärke" der Arbeiterschaft.

"Während die Konfrontationen der frühen zwanziger und der späten vierziger Jahre aus Situationen hoher Inflationsraten bei gleichzeitig hohen Arbeitslosenraten entsprangen, hat der Zusammenprall der späteren sechziger Jahre anscheinend erst eine solche Kombination bewirkt und war nicht selbst von ihr verursacht. Als erst einmal Arbeitslosigkeit und Inflation zu eskalieren begannen, vor allem in den frühen siebziger Jahren, wurden sie natürlich ihrerseits zu wichtigen Gründen für Arbeitskämpfe, genau wie Arbeitskämpfe zu wichtigen Gründen für Inflation und Arbeitslosigkeit in den zwanziger und vierziger Jahren wurden. Trotzdem sollte uns die wechselseitige Bestimmtheit von Arbeitskämpfen, Inflation und Arbeitslosigkeit die Tatsache nicht übersehen lassen, daß zu Beginn der Konfliktwelle der späten sechziger Jahre noch relativ weitgehend Vollbeschäftigung und Preisstabilität herrschten - ungleich den Verhältnissen in den späten zehner und Mitte der vierziger Jahre. Dieser Unterschied läßt vermuten, daß im Gegensatz zu den früheren Konfliktwellen mit ihren Wurzeln in einer grundsätzlichen ökonomischen Schwäche der Arbeit gegenüber dem Kapital,einer Schwäche, deretwegen die Arbeiterklasse um ihres Überlebens willen die politische Entscheidung suchen mußte, die Konfliktwelle der späten sechziger Jahre aus einer Situation relativer ökonomischer Stärke der Arbeiterschaft gegenüber dem Kapital entsprang und daß die Arbeiterklasse genau deswegen wenig oder keine Veranlassung hatte, die politische Entscheidung zu suchen." (Arrighi 1981, S. 67)

Zusammen mit den ökonomischen Folgen (Rohstoffpreiserhöhungen, Veränderungen des Weltmarktes etc.) der "politischen Neuordnung der Welt" (politische Schwächung der Hegemonialstellung der USA, militärische und politische Erfolge von Ländern der "3. Welt" gegen ihre Kolonialmächte, Offensive der OPEC Länder etc.) während dieser Zeitperiode führt die nationale Veränderung der Gleichgewichtsstrukturen zu einer ökonomischen und sozialen Krise.

Die Alimentierung der politischen und sozialen Integration der Arbeiterschaft erweist sich als disfunktional für den ökonomischen Prozeß.

Nun erweisen sich der Sozialstaat und die gewachsene gesellschaftliche Macht der Gewerkschaften als hinderliches Moment für die schnelle Überwindung der ökonomischen Krise:

"Sozialpolitischer und wirtschaftspolitischer Staatsinterventionismus führen der Tendenz nach zu einer Veränderung der Verlaufsform kapitalistischer Krisen. Eine Spaltung zeichnet sich ab: Während die Krise als Krise von Profit und Produktion ihre zyklische Verlaufsform beibehält, scheint sich die Krise der Beschäftigung zunehmend irreversibel linear zu verfestigen." (Vobruba 1979, S. 502)

Während der Sozialstaat die materiellen Folgen der Arbeitslosigkeit abmildert und dem einzelnen Arbeitslosen ein Mehr an individueller Souveränität läßt, d.h., seine Position gegenüber krisenspezifischen Kapitalstrategien (Lohnreduktion, Dequalifikation, Erhöhung regionaler und beruflicher Mobilität etc.) zumindest kurzzeitig stärkt, verhindert gewerkschaftliche Tarifpolitik eine allzu rasche und nachhaltige Lohnreduktion, so daß die betriebliche Strategie der Lohnsummenreduktion durch Freisetzungen fortgesetzt wird, (12) ohne daß Beschäftigungsalternativen angeboten werden.

Vor allem aus der unzureichenden Bewältigung der Beschäftigungskrise resultiert vordergründig der soziale Charakter der Krise. Trotz Sozialstaat und wirtschaftspolitischer Interventionen müssen viele Beschäftigte nachhaltige Veränderungen ihres bisherigen Lebens befürchten;
"... bewirken der sozialstaatliche Interventionismus lediglich eine Begrenzung der extremsten Gefährdung des Menschen durch die kapitalistische Wirtschaftsweise. Die Kernphänomene der vom kapitalistischen Wirtschaftssystem erzeugten Angst bestehen fort: Massenarbeitslosigkeit, Dequalifizierungen, soziale Isolierung, Verschlechterung bzw. Enthumanisierung der Arbeitssituation, geistige und menschliche Verödung des Arbeitslebens mit entsprechenden Auswirkungen auch auf den privaten Bereich usw." (Zinn 1980, S. 91)

Kapital und Staat nutzen darüberhinaus die ökonomische Krise und ihre (sozialen) Folgen, um einerseits in der politisch-sozialen Sphäre die "alten" Strukturen und Hierarchien wiederherzustellen und um andererseits für die ökonomische Ebene ein "neues Akkumulationsmodell" zu konstituieren.
Der technologische Entwicklungsstand ermöglicht dem "Kapital" die Perspektive einer weitergehenden Befreiung von der Abhängigkeit durch den Faktor Arbeit. (Vgl. Gorz 1980)
In der politisch-sozialen und auch ökonomischen Bewältigung dieses Prozesses liegen die brisanten gesellschaftlichen Probleme der 80er Jahre.

Nun wirken ökonomische Krise und ihre politische Verarbeitung jedoch auch auf den politisch-sozialen und politisch-staatlichen Gehalt der Ökonomie zurück:

- Mit dem Andauern der Beschäftigungskrise gerät der "Sozialstaat" selbst in die Krise, in dem er die ökonomischen Funktionszusammenhänge verändert, aus denen er sich selbst finanziert. (13)

- Durch die technologische Möglichkeit der weitreichenden Substitution von Arbeit durch Kapital verpufft auf die Beibehaltung marktwirtschaftlicher Prämissen beruhende und abzielende keynesianische und auch monetaristische Wirtschaftspolitik bzw. sie zeitigt sogar kontra-intentionale Wirkung, da sich investitionsfreundliche Politiken in Rationalisierungsinvestitionen umsetzen.
- Unter dem Druck der Arbeitslosigkeit verschiebt sich der politisch-soziale Konsens zwischen Kapital und Arbeit wieder zugunsten des Kapitals.

  Während das Kapital seine Position generell zu verbessern sucht (Tarifpolitik, betriebliche Politik, gesamtgesellschaftliche Einflußnahme etc.) variieren staatliche Krisenpolitiken und -konzepte zwischen einer peripheren Abwälzungs- und Marginalisierungsstrategie unter partieller Schonung der Arbeiterschaft und einer bedingungslosen Abwälzung der Krisenlasten auf marginalisierte Gruppen und Arbeiterschaft.

Gesellschaftliche Perspektive von Kapital und Staat ist die Restruktuierung politisch-sozialer und ökonomischer Verhältnisse in Richtung auf eine Schwächung der Arbeiterschaft.

"Die Arbeitslosigkeit ist das Resultat des durch die kapitalistische Akkumulation stimulierten Widerstands der Arbeiterschaft, und aus diesem Grund kann man der Arbeitslosigkeit nicht durch Forcierung der Akkumulation beikommen. Eine Rückkehr sowohl zur Vollbeschäftigung als auch zu hohen Raten der Akkumulation ist also nur dadurch möglich, daß die Herrschaft des Kapitals über die Arbeit am Arbeitsplatz selbst wiederhergestellt wird." (Arrighi 1981, S. 72)

In der Phase der Krise und des reduzierten Wachstums kristallisiert sich unter diesen Bedingungen für die BRD ein durch folgende Merkmale gekennzeichnetes "neues Akkumulationsmodell" heraus:

Ein hohes technologisches Produktionsniveau, das die Abhängigkeit des Kapitals von der Arbeit weitgehend beseitigt; eine Arbeiterschaft einschließlich ihrer Organisationen, die sich der sozialen Restrukturierung und Hierarchisierung ähnlich wie im Zeitraum bis Ende der 60er Jahre ohne offenen Widerstand beugt, sei es aus Einsicht, Gründen politischer und ökonomischer Vernunft oder gezwungenermaßen, und ein Staat, der offen und direkt zugunsten des Kapitals interveniert.

Dieser Restrukturierung der Verwertungsseite entspricht die forcierte Weltmarktexpansion zur Sicherung der Realisierung.

Wird binnenwirtschaftlich die private Konsumnachfrage eingeschränkt

- als Resultat verbesserter Profite - wird diese Exportexpansion zur unabdingbaren Voraussetzung.

4. Zusammenfassung

Modelle der Konjunkturerklärung unterstellen (auf Basis von Beobachtungen) Zusammenhänge und Wirkungen zwischen ökonomischen Teildeterminanten und beschreiben diese als kumulativen Prozeß. Da deren soziale Konstituierung nicht hinterfragt wird, verbleiben diese Modelle statisch und letztendlich tautologisch.
Wird die Ökonomie als sozialer Prozeß verstanden, müssen auch die Konjunkturdaten in diesem Kontext interpretiert werden, d.h., sie sind Ausdruck des Handels der "Wirtschaftssubjekte" unter den von ihnen akzeptierten politisch-sozialen Bedingungen.
Am Beispiel der bundesdeutschen Nachkriegsentwicklung wird deutlich, wie die Institutionalisierung des Klassenkonflikts, gewandelte staatliche Politiken sowie die veränderten Kräfteverhältnisse den kapitalistischem Wachstums- und Krisenprozeß bzw. seine Verlaufsform bestimmen. Zentral werden die Widersprüche zwischen den Folgen von Vollbeschäftigung und Sozialstaat - den Preis für die gesellschaftliche Integration der Arbeiterschaft - und den Erfordernissen des ökonomischen Systems.
Entsprechend hat jeder Konjunkturzyklus und jede -phase ihre spezifische Originalität, die eine überhistorische und vor allem eine "ökonomische" Betrachtungsweise relativiert.

II. Soziale Offensive der Lohnarbeit(er) gegen die "Ökonomie" und die reformpolitische Antwort des Staates; die Phase 1967 - 1975.

Drei Momente prägen die Verlaufsform dieser Phase; der direkte Einbezug und die praktische Umsetzung keynesianischer Leitsätze in die Wirtschaftspolitik, die Regierungsbeteiligung der SPD und die Zunahme und Verschärfung von Verteilungskämpfen zwischen Kapital und Arbeit. Vor der Darstellung des ökonomischen Verlaufs steht daher eine kurze Beschreibung des veränderten wirtschaftspolitischen Instrumentariums und seiner institutionellen Verankerung und eine ebenso kurze Einschätzung des Reformkurses der sozialliberalen Koalition. Diese politisch-institutionellen Rahmenbedingungen ermöglichen eine Einschätzung der jeweils konkreten Wirtschaftspolitiken, die jedoch erst in der Analyse der einzelnen Konjunkturphasen beschrieben werden. Um die hochaggregierten Daten der Ökonomie "soziologisch" interpretieren zu können, werden staatliche Wirtschaftspolitiken und Verteilungskämpfe im historischen Verlauf dargestellt und dienen der Erklärung und Interpretation des empirischen (ökonomischen) Materials. Die relevanten ökonomischen Faktoren (Investitionen, Löhne, Profite, Preise, Export) können daher als Resultat sozialer und politischer Prozesse und in ihrem Zusammenhang begriffen werden, ohne daß die Daten im einzelnen desaggregiert werden müssen.
In diesem Kapitel werden die ökonomischen Teildeterminanten als Folie für die Analyse von Wirtschaftspolitiken und Verteilungskämpfen gebraucht, ihre spezifische Verlaufsform und Konstitution werden erst im nächsten Kapitel entwickelt. Die gesonderte Betrachtung rechtfertigt sich aus der Erfahrung, daß insbesondere konjunkturpolitische Maßnahmen und Verteilungskämpfe bis zu einem gewissen Grad von den Bedingungen der jeweiligen Konjunkturphase geprägt werden.

1. Politisch-institutionelle Bedingungen

a) Keynesianismus und Stabilitäts- und Wachstumsgesetz

In Anlehnung an Keynes wird seit 1966/67 auch in Bundesdeutschland ein nachfrageorientiertes Modell der Globalsteuerung als Grundlage der Konjunkturpolitik praktiziert (vgl. Bombach u.a. 1976 für die Theorie und Praxis keynesianistischer Wirtschaftspolitik in verschiedenen Ländern).

Keynes zentraler Ausgangspunkt ist die These, daß unter privatwirtschaftlichen Produktionsverhältnissen, deren weiterer Fortbestand für ihn oberstes Ziel bleibt, Vollbeschäftigung vermittels des Marktmechanismus nicht automatisch zu gewährleisten ist (vgl. Eynern 1973, S. 177 und Schroeder 1975, S. 13 ff.).

Es kann zu Gleichgewichtszuständen bei andauernder Unterbeschäftigung kommen. Die in der klassischen und neoklassischen Theorie unterstellten Selbstregulierungsprinzipien des Marktes in Form der Bewegung der Preise und des Zinssatzes setzen sich laut Keynes nicht mehr durch und müssen durch andere Regulierungsprinzipien substituiert werden.

"Der keynesschen Analyse zufolge sind ökonomische Ungleichgewichte auf Mißverhältnisse zwischen Angebot und Nachfrage auf gesamtwirtschaftlicher Ebene zurückzuführen, die wiederum in bestimmten Ergebnissen der Einkommensverwendung (zu Konsum und Investition) begründet sind." (Spahn 1976, S. 247)

Aus der Erfassung der Teilmomente der effektiven Gesamtnachfrage (Konsum und Investition) und der Zurückführung ihrer funktionellen Bestimmung auf "psychologische Gesetzmäßigkeiten" (sinkender Hang zum Verbrauch, langfristige Profiterwartungen) formuliert Keynes die Notwendigkeit staatlichen Handelns.

"Mit der Erklärung der Arbeitslosigkeit als der Folge einer unzureichenden Güternachfrage seitens der Konsumenten und Investoren liegt auch die Therapie nicht fern: die ungenügende private Nachfrage muß durch Ausgaben der öffentlichen Hand ergänzt werden. " (Landmann 1976, S. 144)

Über die unmittelbaren Einflußnahmen hinaus wirkt diese staatliche Überwindung einer Nachfragelücke im theoretischen Modell als sog. Keynesscher Einkommensmultiplikator, d.h., aus jeder Investition entsteht ein Vielfaches an Einkommenszuwächsen.

Sinn dieser vorgeschlagenen staatlichen Intervention bleibt die Stabilisierung des kapitalistischen Systems durch die Verhinderung sozialer Unruhen, die durch anhaltende Arbeitslosigkeit ausgelöst werden könnten, und die Kompensation niedriger Profitraten.

"... Wollen wir nicht zum Kommunismus übergehen, so gibt es kein anwendbares Mittel, um der Unterbeschäftigung Herr zu werden, als den Unternehmer wieder eine angemessene Profitspanne zu verschaffen."
(Keynes, zit. n. Spahn 1976, S. 217)

Diese substanzielle Verknüpfung von Profitverbesserung und Vollbeschäftigung erfordert zusätzliche Instrumente, um einem zu hohen Anstieg der

Löhne begegnen zu können: Inflation zur Veränderung der Nominalverteilung und eine auf gesamtwirtschaftliche Verantwortung verpflichtete Gewerkschaftspolitik, die in Boomphasen keine produktivitätsverletzende Erhöhung der Einkommen zu erkämpfen sucht.
Inflation als Mittel der Umverteilung zugunsten der Produktivkapitalbesitzenden funktioniert allerdings nur, wenn die Gewerkschaften/Arbeiter der Geldillusion aufsitzen, d.h. die Reduktion des Nominallohns durch Preissteigerungen in den Verteilungskämpfen nicht antizipieren.

Soll der Staat nicht nur auf Nachfragekompensation und Konjunkturimpulsgebung verpflichtet sein, sondern darüberhinaus durch Globalplanung und -steuerung Garant für die weitere ökonomische Entwicklung werden, verstärkt sich zwar sein Gewicht, ohne daß er jedoch den Produktionsablauf selbst zu organisieren hätte, dieser untersteht weiterhin unternehmerischer Dispositionsfreiheit. Die von Keynes angestrebte Verstetigung der Investitionsentwicklung betont zwar die Rolle staatlicher Eingriffsnotwendigkeiten, geht aber an keiner Stelle über das Prinzip autonomer Investitionsentscheidungen hinaus.
Beseitigung marktspezifischer Defizienzen und nicht die Überwindung des Marktes bzw. seine Ersetzung durch den staatlichen Plan erhebt Keynes zum programmatischen Mittelpunkt seiner Betrachtungen. (1) Die fundamentale Bedeutung keynesscher Vorstellungen liegt nach dieser Interpretation im Herausstreichen staatlicher Einflußmöglichkeiten und Notwendigkeiten aber auch im Versuch, die "Arbeiterklasse" durch gesellschaftliche Einbindung zum kalkulierbaren Faktor werden zu lassen. (2)
Diese beiden Prämissen (Ausweitung der Staatsfunktion und versuchte Einbindung der "Arbeiterklasse") setzen sich auch im bundesrepublikanischen Konzept der Globalsteuerung um. Das Stabilitäts- und Wachstumsgesetz mit seinen Bestimmungen zur Globalplanung und Nachfragebeeinflussung erhält durch die Institutionalisierung der "Konzertierten Aktion" eine wichtige Ergänzung.
Im Gegensatz zur "formierten Gesellschaft" L. Erhards, die als Variante eines korporativistischen Modells den vorläufigen Abschied von einer rein marktwirtschaftlichen Betrachtung (3) bezeichnet, versteht sich die "mündige Gesellschaft" Schillers als Resultat gesamtgesellschaftlichen Verantwortungsbewußtseins (vgl. Hoffmann 1978). Dem Einbezug der Gewerkschaften in die Konzertierte Aktion und ihre Verpflichtung auf das "Gesamtwohl" entspricht der Regierungseintritt der SPD in die Große Koali-

tion. Schon vor der hierdurch bewirkten wirtschaftspolitischen Fundierung des Keynesianismus durch das STWG wurde der Keynesianismus zum programmatischen Kernpunkt sozialdemokratischer und gewerkschaftlicher Vorschläge zur Wirtschaftspolitik (vgl. Hoffmann 1978, S. 163).

"Anhand des Keynes'schen Konzepts ließ sich also das ehedem unübersteigbare Dilemma der Sozialdemokraten: Einerseits die materielle Lage der Lohnabhängigen verbessern zu wollen, andererseits aber um der Förderung des ökonomischen Funktionszusammenhangs willen Gewinne stützen zu müssen, unterlaufen." (Vobruba 1979, S. 495)

Gleichwohl weist das STWG auf eine ordoliberale Interpretation bzw. Ergänzung des Keynesianismus hin: die Verbesserung der materiellen Lage der Lohnabhängigen wird abhängig von einer primär zu erfolgenden Verbesserung der Profiterwartungen.

Der entscheidende Protagonist der bundesrepublikanischen Keynesianisierung der Konjunkturpolitik - Schiller - bezeichnet das STWG daher auch als"Synthese des Freiburger Imperativs (der Marktwirtschaftlichen Ordnung) mit der Keynesianischen Botschaft (der Steuerung der effektiven Gesamtnachfrage)" (Schiller 1978, S. 200). (4)

Nach der Ära der Ordnungs- und Wettbewerbspolitik im Stil des ordoliberalen Laissez-faire (vgl. Welteke 1976) folgt die Schwerpunktsetzung auf fiskalpolitische Prozeßpolitik. Das 1967 verabschiedete STWG stellt den Handlungsrahmen für die wirtschaftspolitischen Intentionen dar: als oberste Zielaussage wird die Erhaltung des gesamtwirtschaftlichen Gleichgewichts genannt (vgl. Möller 1968).

Als Teilziele des gesamtwirtschaftlichen Gleichgewichts werden aufgeführt:

- Vollbeschäftigung bzw. ein hoher Beschäftigungsstand gilt bei einer Arbeitslosenquote von nicht mehr als 0,8 % als erreicht.
- Preisniveaustabilität bedeutet eine Preissteigerungsrate von nicht mehr als 1 % - berechnet auf das BSP.
- Außenwirtschaftliches Gleichgewicht gilt bei einem Anteil von ca. 1,5 % der Handelsbilanz am BSP als erreicht.
- Stetiges und angemessenes Wirtschaftswachstum erfordert eine durchschnittliche Zuwachsrate des realen BSP um 4 %.

Diese 1969 im Jahreswirtschaftsbericht der Bundesregierung fixierten Daten haben seitdem eine beachtliche Veränderung erfahren, sie sind den gewandelten strukturellen Bedingungen der Ökonomie "angepaßt" worden. Unter Vollbeschäftigung werden heute durchaus auch Arbeitslosenquoten bis zu 4 % verstanden (vgl. Spahn 1976, S. 241). (5)

Durch die paradigmatische Einführung des Zweck-Mittel-Denkens sind Konflikte zwischen verschiedenen Zielvorstellungen präjudiziert. Auch wenn die theoretischen Grundlagen eine potenziell zu erreichende Übereinstimmung von Vollbeschäftigungs- und Preisstabilitätszielen suggerieren, bleiben, wie sich schon in den frühen 70er Jahren zeigt, Zielkonflikte nicht aus. Ihre Behandlung und Bewältigung setzt immer auch politische Werturteile und Entscheidungen voruas - ein Umstand, der im STWG nicht thematisiert wird.

Im § 1 werden die vier Teilziele als gleichrangig angesehen, d.h., die Priorität konjunkturpolitischer Maßnahmen richtet sich nach dem am meisten gefährdeten Teilziel. Die gesetzlich vorgenommene Definition läßt damit völlig außer Acht, inwieweit die Teilziele voneinander abhängen oder sich sogar ausschließen können; allerdings deutet der Begriff "Magisches Viereck" in Bezug auf die vier Teilziele schon daraufhin, daß eine gleichzeitige Erreichung aller vier Ziele als problematisch begriffen wird. Da die Teilziele als gleichrangig definiert sind, ergeben sich in der konjunkturpolitischen Praxis zwangsläufig Zielkonflikte und Wahlprobleme.

"Wird der Begriff des gesamtwirtschaftlichen Gleichgewichts derart politisch und nicht primär ökonomisch interpretiert, dann ist gleichzeitig seine Bedeutung für das Stabilitätsgesetz relativiert: Das Handeln des Politikers wird an einer Größe gemessen, die er selbst bestimmt. Durch die Bindung an eine empirische nicht faßbare Größe wird er nicht verpflichtet, sein Entscheidungsspielraum endet erst dort, wo die öffentliche M einung eine Störung des 'Gleichgewichts' nicht mehr hinzunehmen gewillt ist." (Stern u.a. 1973, S. 121)

Während noch das Grundgesetz in Bezug auf die Wirtschaftsordnung "neutral" ist, wird im § 1 STWG explizit von der marktwirtschaftlichen Ordnung ausgegangen. Die bestehende Wirtschaftsordnung wird als gegeben und nicht veränderbar interpretiert. Auch die Ergebnisse des Wirtschaftsprozesses auf der Ebene der Verteilung des Volkseinkommens werden nicht problematisiert und in das Gesetz aufgenommen. An diesem Punkt präzisiert Neumann (1972, S. 62) seine Kritik an der Entkoppelung der Wirtschaftspolitik von gesellschaftlichen Zielen, obwohl sie bzw. die jeweils erforderlichen Maßnahmen immer gesellschaftliche Implikationen beinhalten.

"Zielkonflikte erfordern stets Werturteile, die sich letztenendes nur von politisch verantwortlichen Stellen fällen und verantworten lassen." (ebenda, S. 63) (6)

Im Zentrum der Konjunktursteuerung stehen prozeßpolitische Eingriffsinstrumente, die eine zyklusorientierte Gegensteuerung verwirklichen sollen.

Wie aus Schaubild 1 ersichtlich, werden die Eingriffsinstrumente durch Mittel zur Planungsgewinnung, Information und Koordination ergänzt.

Schaubild 1: **Ablauf der Konjunktursteuerung auf der Grundlage des StabG**

Zielvorgaben (t_0)	I Informationsinstrumente	II Planungsinstrumente	III Koordinationsinstrumente	IV Eingriffsinstrumente	Überprüfung (t_1)
durch § 1 StabG	§ 2 Jahresprojektion der Bundesregierung, die laufend fortgeschrieben wird ableitbar aus § 2 jährliche Ausarbeitung von Vorschlägen durch den Sachverständigenrat mit Orientierungscharakter in Form von Gutachten § 31 Sondergutachten des Sachverständigenrats bei Entwicklungen, die eine Zielgefährdung erkennen lassen § 12 Subventionsbericht, in dem über die Effizienz von Finanzhilfen berichtet wird	§ 9 Mittelfristige Finanzplanung des Bundes unter Einbezug der Länder und indirekt der Gemeinden § 10 Investitionsprogramme	§§ 18, 22 Konjunkturrat: Abstimmung der allg. Konjunktur, speziell d. Schuldenpolitik ableitbar aus § 17 Finanzplanungsrat: Abstimmung der Haushaltspläne § 3 Konzertierte Aktion: Abstimmung mit den Trägern der Einkommenspolitik	Ausgabenpolitik §§ 5, 6, 8–12 Einnahmepolitik §§ 26, 27, 28 Rücklagenpolitik §§ 5, 6, 7, 8, 15, 30 Schuldenpolitik §§ 5, 6, 19–25 Geldpolitik § 29	anhand § 1 StabG

Quelle: Mackscheidt/Steinhausen 1973, S. 93

Zur Beeinflussung der Konjunkturphase bzw. zur Verstetigung des Zyklus gelten als Ansatzpunkte die öffentliche und die private Nachfrage. Geldpolitische Implikationen sind über die im Bundesbankgesetz vorgesehenen Regelungen hinaus nur in § 29 (Liquiditätsvorsorge) erwähnt. Die möglichen Konsequenzen bei der Anwendung des Instrumentariums sind in Schaubild 2 sichtbar.

In Zeiten der Hochkonjunktur sollen die öffentlichen Investitionsausgaben vermindert, die Kreditaufnahme der öffentlichen Hände eingeschränkt, und ein Teil der Steuereinnahmen in Form von Konjunkturausgleichsrücklagen stillgelegt werden. Diese Maßnahmen können (sollen) durch Kreditrestriktionen der Bundesbank und die Variierung in der Besteuerung - Mittel zur Einschränkung von Neuinvestitionen, Drosselung der Massenkaufkraft - ergänzt werden.

Schaubild 2: **Überblick über die fiskalpolitischen Eingriffsinstrumente des StabG**

Wirkungsrichtung / Beeinflussung der Nachfrage	kontraktiv	expansiv
der Privaten	§ 26 Nr. 1 Anpassung der Einkommensteuervorauszahlungen an die konjunkturelle Entwicklung (Verkürzung des time lag) § 26 Nr. 3 Heraufsetzung der Einkommensteuer um höchstens 10 % für längestens 1 Jahr	§ 26 Nr. 1 Anpassung der Einkommensteuervorauszahlungen an die konjunkturelle Entwicklung (Verkürzung des time lag) § 26 Nr. 3 Herabsetzung der Einkommensteuer um höchstens 10 % für längstens 1 Jahr
der Unternehmen	§§ 26 Nr. 1, 27 u. 28 Anpassung der Steuervorauszahlungen (Einkommen, Körperschaft- und Gewerbesteuer) § 26 Nr. 3 Beschränkung der Abschreibungsmöglichkeiten durch Aussetzung von Sonderabschreibungen sowie erhöhter und degressiver Absetzungen für Abnutzung (AfA) § 26 Nr. 3 Heraufsetzung der Einkommen- und Körperschaftsteuer um höchstens 10 % für längstens 1 Jahr	§§ 26 Nr. 1, 27 u. 28 Anpassung der Steuervorauszahlungen (Einkommen-, Körperschaft- und Gewerbesteuer) § 26 Nr. 3 Einräumung eines Investitionsbonus, d. h. von der Einkommen- oder Körperschaftsteuerschuld können bis zu 7,5 % der Anschaffungs- oder Herstellungskosten bestimmter Investitionsgüter abgezogen werden § 26 Nr. 3 Herabsetzung der Einkommen- und Körperschaftsteuer um höchstens 10 % für längstens 1 Jahr
des Staates	§§ 5 Abs. 2 u. 15 Einnahmestillegung durch Verwendung öffentlicher Mittel zur zusätzlichen Schuldentilgung bei der Bundesbank oder Bildung einer Konjunkturausgleichsrücklage bei der Bundesbank §§ 19 bis 25 Beschränkungen der Möglichkeiten der Kreditaufnahmen durch die öffentliche Hand § 6 Abs. 1 Verschiebung öffentlicher Ausgaben und Stillegung der freigewordenen Gelder bei der Bundesbank	§ 5 Abs. 3 Bildung von Ausgabeüberschüssen im Haushaltsplan durch ihre Finanzierung aus der Konjunkturausgleichsrücklage § 6 Abs. 2 und 3 Finanzierung zusätzlicher Ausgaben (zum Haushaltsplan) aus der Konjunkturausgleichsrücklage oder durch zusätzliche Kreditermächtigungen bis zu 5 Mrd. DM § 11 Beschleunigung der Planung und Vergabe von in der Mifrifi für einen späteren Zeitpunkt vorgesehenen Investitionsvorhaben.
des Auslandes	fehlt (nur Absichtserklärung in § 4)	fehlt (nur Absichtserklärung in § 4)

Quelle: Mackscheidt/Steinhausen 1973, S. 94

In Rezessionszeiten sollen die öffentlichen Investitionsausgaben gezielt erhöht und gegebenenfalls umverteilt werden - finanziert durch die eventuell gebildete Ausgleichsrücklage und/oder durch zusätzliche Kreditaufnahme. Hinzu kommen die expansive Kreditpolitik der Bundesbank, die Variierung der Besteuerung - Anreiz zu Neuinvestitionen, Ausdehnung der Massenkaufkraft durch Rückzahlung des Konjunkturzuschlages und/oder durch die vorübergehende Senkung der Steuern.

Die Konstituierung der Konzertierten Aktion (§ 3) soll nicht die Tarifautonomie der Tarifpartner aufheben, sondern sie ist der Versuch der Bundesregierung, durch Diskussion über von ihr vorgelegte Orientierungsdaten eine Abstimmung der Lohn- und Preisentwicklung mit ihren finanz- und wirtschaftspolitischen Zielen zu erreichen.

Eine Unterstützung der antizyklischen Haushaltspolitik soll die Geldpolitik der Bundesbank gewährleisten. Die Anwendung des geldpolitischen Instrumentariums (Diskontpolitik, Mindestreservenpolitik, offene Marktpolitik, Rediskontingierung) spielt bis 1973 jedoch eine eher untergeordnete Rolle (vgl. Vomfelde 1977, S. 53 ff.).
Erst mit der Freigabe der Wechselkurse 1973 und der theoretischen Offensive des neoklassisch gefärbten Monetarismus in den 70er Jahren gewinnen die Geldpolitik und damit die Bundesbank, die in gesetzlich definierter Autonomie von der Bundesregierung ihre Entscheidungen trifft, an Bedeutung.

b. Zum allgemeinen Reformverständnis der sozialliberalen Koalition

Die politische Machtübernahme der sozialliberalen Koalition von 1969 steht unter dem programmatischen Leitsatz "Mehr Demokratie wagen", einem Leitsatz, der die traditionelle Forderung der Arbeiterbewegung nach der Weiterentwicklung der politischen zur sozialen Demokratie einzulösen verspricht.
Tatsächlich aber verbirgt sich hinter dem Demokratisierungsversprechen eine Politikkonzeption, die analog dem keynesianischen Wirtschaftsprojekt eine staatliche-bürokratische, von oben zu vermittelnde Reform des gesellschaftlichen Lebens anstrebt.
Das sozialdemokratische Reformverständnis ist gemäß der von Keynes dem Staat zugedachten Rolle von vornherein exekutiv-staatlich ausgerichtet.(7)

Einleitung und Perspektive der "Politik der inneren Reformen" (8) lassen sich in drei Momenten systematisieren:
- Insbesondere die SPD nimmt die Impulse sozialer und politischer Aufbruchstimmung auf, indem sie die kultur- und kapitalismuskritischen Inhalte der APO systemimmanent reduziert und sie mit den Reformerwartungen großer Bevölkerungsteile verkoppelt. (9) Die Kritik wird von der sozia-

len Basis losgelöst, in den staatlich-politischen Raum zurückgeholt und insofern verstaatlicht. (10)

- Das sozialdemokratische Selbstverständnis der 70er Jahre zielt noch im Reformversprechen und in der Erhaltung und des Ausbaus eines "sozialen Kapitalismus" (11) auf den "starken Staat".
  Im Unterschied zu konservativen und reaktionären Parteien strebt sie jedoch einen funktionalen Einbezug der Arbeiterschaft auf der Ebene der Politik (über die SPD) und der Produktion (über die Gewerkschaft) an. Der Antagonismus von Kapital und Arbeit soll nicht nur im programmatischen Verständnis aufgehoben, (12) sondern institutionell- kooperativ transformiert werden. (13)
- Über die Modernisierung der Wirtschaft hinaus geht es den Sozialliberalen um die Modernisierung der Gesellschaft als Ganzes. Anpassung und Flexibilisierung aller Lebensbereiche an die vermeintlich fortschrittliche und dynamische Entwicklung der ökonomisch-technischen Produktivkräfte, Beseitigung ideologischer Anachronismen und die Ausrichtung auf eine nicht näher definierte "Zukunft" charakterisieren dieses Verständnis von Modernität. (14)

SCHMIDT bezeichnet diese sozialdemokratische Reformabsicht als "... - den Typ der 'Reformpolitik des aufgeklärten Kapitalismus" mit Hilfe reaktiver und aktiver zirkulations- und sozialpolitischer Steuerung der privaten Ökonomie und mit Hilfe einer Verteilungspolitik zwecks Herstellung von Chancengleichheit, Flexibilität, Mobilität und Mitbestimmungsmöglichkeiten aller 'Produktionsfaktoren'." (Schmidt 1978, S. 41)

Konstitutiv einher geht mit der Einleitung der Reformpolitik der Um- und Ausbau der "Inneren Sicherheit" (15).
Affirmatives Reformverständnis schon in den frühen 70er Jahren und Prävention und Handhabung staatlicher Repression für Gruppen, die sich nicht dem angebotenen Konsens verpflichten, sind die tragenden Säulen sozialliberaler Politik.
Gleichwohl, das atmosphärisch vorhandene und staatlich versuchsweise kanalisierte Reformklima, das Auflockerung sozialer Strukturen und Hierarchien verheißt, begünstigt u.a. eine Radikalisierung der Arbeiterschaft und hierüber vermittelt auch der Gewerkschaft.
Dieser Prozeß wird schon vor der 69er Wahl mit den Septemberstreiks eingeleitet und findet erst durch die Konfrontation von Staat und Teilen der Arbeiterschaft während der 73er und 74er Streiks sein (vorläufiges?) Ende.

Die unbedingten Prämissen ökonomischen Wachstums und sozialer Apathie verleihen dieser Politik einen allzu kurzen Atem: quantitativer Ausbau des Sozialstaates und vor allem die staatliche Unterstützung eines (sozialen) Reformklimas zeigen letztendlich kontraintentionale Wirkung, sofern das soziale Aufbegehren der Arbeiterschaft verbunden mit einem erheblich gesteigerten Anspruchsniveau großer Bevölkerungsteile die Ökonomiein die Krise bringt. Die Fundamente des bisherigen, die Wachstumswelle von 1948 bis 1967 prägenden Akkumulationsmodells geraten in dieser Phase ins Wanken.

II.2. Beschreibung des Zeitraums 67 - 75

Durch die Beschreibung von Verteilungskämpfen und Wirtschaftspolitiken im Kontext der Analyse der Daten zur Konjunkturentwicklung während der jeweiligen Phasen kann der ökonomische Prozeß in seinem politisch- sozialen Gehalt und seiner Konstitution interpretiert werden, wobei sich voreilige wirkungsanalytische "Kurzschlüsse" aufgrund des komplexen Gegenstands verbieten.

Der Zeitraum von 1967 - 1975 läßt sich - abgelesen an der Bewegung der Industrieproduktion - in 5 Phasen unterteilen:
- Krise 1966/67 mit dem Tiefpunkt im 2. Quartal 1967
- Aufschwung und Boom 1968/70 mit dem Höhepunkt im 4. Quartal 1969 und im 1. Quartal 1970
- Abschwungphase 1971/72
- Zwischenloch 1973/74
- Krise 1974/75 mit dem Tiefpunkt im 2./3. Quartal 1975

Die Auslastung des gesamtwirtschaftlichen Produktionspotentials bestätigt diese Phaseneinteilung.

2.a Krise 1966/67 und die Rolle der Eventualhaushalte

In den Konjunkturphasen bis 1966/67 haben die jeweiligen Tiefpunkte keine absoluten Rückgänge zu verzeichnen gehabt. Erst ab 1966/67 lassen sich in den Krisenjahren (1967, 1975, 1981) negative Raten der Produktion, des Wachstums und der Beschäftigung beobachten. Die Endpunkte der Zyklen sind nicht nur Resultat des vorangegangenen Zyklus, sondern gleichzeitig Aus-

gangspunkt und Bedingung des nachfolgenden Zyklus. (1)
Die Krise 1966/67 schaffte durch die Vernichtung von Kapital (Betriebsstillegungen, Konkurse etc.), vermehrte Rationalisierungen, verstärkte Taylorisierung der Arbeit, Disziplinierungen von Arbeitskräften und der Senkung der Lohnstückkosten die "inneren" Bedingungen für den folgenden Aufschwung und Boom.
Der SVR (Jg. 1969, Ziff. 50 - 54) gibt als Gründe für die nachfolgenden Produktivitätssteigerungen an:

"a) Intensivierung der Arbeit ('stärkere Nutzung der fixen Elemente im Personalbestand'), b), Vollauslastung der Kapazitäten, c) Mobilisierung der Reserven, d) Ausdehnung der Arbeitszeit (Mehrschichtbetrieb, Überstunden), e) Stillegung von 'veralteten' Anlagen, also Reduzierung des konstanten Kapitals, f) Rationalisierung und Effektivierung von Produktion und Zirkulation, g) Konzentration und Zentralisation von Kapitalen, h) teilweise Einführung arbeitssparender Techniken und Verfahren." (zit. n. Altvater, 1979, S. 237)

Die Nachfrageentwicklung - als Antriebskraft die BAI (insb. Ausrüstungsinvestitionen) - leitet den Aufschwung im wesentlichen binnen-konjunkturell ein, (2) und konstituiert einen Boom, der den fallenden Trend der Wachstumsentwicklung durchbricht.
Getragen wird dieser Boom von der Investitionsgüterindustrie, die neben binnenkonjunkturellen Impulsen ab 1969 auch von der Auslandsnachfrage wesentlichen Auftrieb erhält.

Zur raschen Überwindung der 67er Krise kommt es seitens der "Großen Koalition" zu zwei Eventualhaushalten, die einen neuen Aufschwung einleiten sollen.
Das Volumen, mit insg. fast 8 Mrd. DM recht beachtlich, wird noch ergänzt durch befristete Sonderabschreibungen zur direkten globalen Stimulierung privater Anlageinvestitionen.
Der überwiegende Anteil in beiden Programmen (ca. 50 % des kleinen Programms und ca. 90 % des großen Programms) entfällt auf die Bauwirtschaft und setzt sich hier allerdings mit Zeitverzögerung durch. Ein geringerer Teil der Zusatzhaushalte kam der Elektrotechnischen Industrie, dem Maschinenbau und der Eisen- und Stahlindustrie zu. Neben der Bauindustrie sind in diesen Branchen überproportionale Wachstums- und Beschäftigungsrückgänge zu verzeichnen. (3)
Die Struktur der Eventualhaushaltsinvestitionen (differenziert nach Bau- und Ausrüstungsinvestitionen) entspricht in etwa der üblichen Investitionsstruktur des Bundeshaushalts. Der Abbau der Arbeitslosigkeit im Bau-

hauptgewerbe wird von den Konjunkturprogrammen aufgrund der relativ hohen Abhängigkeit der Bauindustrie von staatlichen Aufträgen wesentlich unterstützt. Dieser direkte Einfluß der zusätzlichen Ausgaben bleibt jedoch auf die Bauindustrie beschränkt, da die finanziellen Mittel als Impuls zur Anregung der privaten Investitionen anderer Industriezweige zu gering sind.

Insgesamt kann also die direkte Wirksamkeit der staatlichen investitiven Ausgaben 1967 zur Ankurbelung der Konjunktur als marginal eingeschätzt werden, zumal trotz der beiden Konjunkturprogramme der Anteil der Investitionen an den gesamten Staatsausgaben von 1966 auf 1967 von 15 % auf etwas mehr als 14 % zurückgegangen ist.
Dieser Rückgang des Anteils der öffentlichen Investitionen - noch getätigt im Haushaltsansatz unter dem Eindruck Erhard'scher Stabilitäts- und Sparpolitik - kann durch die zusätzlichen Ausgaben 1967 nicht voll kompensiert werden, so daß der Mythos von der reibungslosen Ankurbelung der Konjunktur 1967 (durch neue konjunkturpolitische Instrumente), der noch heute durch manche Wirtschaftsteile und Bücher geistert, (4) sich bei näherem Hinsehen nicht aufrechterhalten läßt. Restriktionen wie begrenzte öffentliche Finanzmasse, gegebene Investitionsstruktur öffentlicher Haushälte, time-lag, Scheu vor weitergehendem defizit-spending führten zu einem nur begrenzten direkten und sichtbaren Erfolg der eingesetzten Maßnahmen.
Die Eventualhaushalte unterstützen sicherlich den aus sich selbst heraus entstehenden Aufschwung - getragen vor allem durch die inländische Nachfrage nach Ausrüstungsgütern und auch durch die Auslandsnachfrage - und sind insofern mehr als psychologisches Konjunktursignal denn als materielle Triebfeder des Konjunkturaufschwungs anzusehen. Die Eventualhaushalte sind bestenfalls als Baukonjunkturankurbelungsprogramme zu charakterisieren. Wichtiger auch als Konjunktursignal scheinen die Lohnentwicklungen (niedrigste Tarifabschlüsse der Nachkriegszeit) und das "allgemeine politische Klima" zu sein - hier liegt der Stellenwert der neuen Konjunkturpolitik und die funktionale Verknüpfung von privatkapitalistischer Strategie und staatlicher Globalgarantie.

Die Weichen für den Wiederaufschwung der Akkumulation sind gestellt: die "natürliche Reinigungsfunktion" der Krise wird durch das keynesianische Projekt - wenn auch nur als Rahmenbedingung und Signal - verlängert.

Die erste größere Wirtschaftskrise ist gleichzeitig Wendepunkt für die weitere ökonomische und politische Entwicklung der Bundesrepublik: die Ära kontinuierlichen Wachstums und konservativer Regierungsgewalt wird abgelöst von einer Phase gesellschaftlicher Umbruchsprozesse. Mit der Etablierung der sozialliberalen Koalition 1969 verstärkt sich in der Wirtschaftspolitik der Bezug auf die keynesianischen Grundlagen, die mit dem STWG gelegt worden sind. Die "Machbarkeit der Konjunktur" durch konjunkturpolitische Globalmaßnahmen wird 1972 zu einem Wahlschlager der Sozialdemokratie. Erst die Krise 1974/75 und die nachfolgende stagnative ökonomische Entwicklung rücken diese Formel in den Bereich der Legende.

2.b. Aufschwung und Boom 1968/69/70

Sowohl an der Entwicklung der Ziffern des Auftragseingangs als auch der Nettoproduktion der Industrie läßt sich ablesen, daß schon ab Sommer 1967 eine Tendenzwende in der Konjunkturentwicklung eintritt, zu einem Zeitpunkt also, wo der erste Eventualhaushalt der Bundesregierung noch nicht voll wirksam sein kann, und der zweite noch nicht verabschiedet worden ist.

Die vorhandene Nachfrage aus dem In- und Ausland und die Verbesserung der Verwertungsbedingungen durch die beschriebenen Folgewirkungen der Krise können als Grundlage für den folgenden Investitionsboom interpretiert werden.

In der Krise eingeführte neue Technologien, die sowohl die Produktivität erhöhen als auch eine Intensivierung der Arbeit bedingen, drücken sich in einem starken Anstieg der Kapitalintensität aus. Da jedoch die Lohnquote 1968 erheblich abfällt und die Arbeitsproduktivität überproportional ansteigt, kann die Kapitalrentabilität, die sich 1967 auf dem tiefsten Stand seit 1951 befindet, wieder ansteigen.

Nachdem die Lohnquote (5) - nach jahrelangem Stagnieren - in den 60er Jahren in der Tendenz rasch ansteigt, wird die Krise 1966/67 vom Kapital auf dem Hintergrund der konjunkturellen Arbeitslosigkeit 1968 zum Lohnstop bzw. sogar zum Reallohnabbau genützt - ohne nennenswerten Widerstand der Arbeiter und Gewerkschaften, (6) die sich - als Teil des Krisenmanagements - dem "Gemeinwohl" verpflichtet fühlen. Doch diese " Bedingungen" halten nur knapp zwei Jahre: Unter dem Eindruck der Erfahrungen von Reallohnsenkungen, Arbeitsplatzverlust in Krisenzeiten, Verschärfung der Ar-

beitsdisziplin und der zu beobachtenden Gewinnexplosion der Kapitale in den Jahren 1968/69 formiert sich in den Septemberstreiks der Widerstand von Teilen der Arbeiterschaft in breiterem Ausmaß.
Die spontanten Streiks 1969 sind eine erste Reaktion gegen das Zusammenwirken von Kapital, Staat und Gewerkschaften und erschüttern den Ruf sozialer Stabilität und integrierter Harmonie in Bundesdeutschland. Insbesondere in den 60er Jahren hatten die Streikaktivitäten tendenziell nachgelassen, es schien, als ob ein freiwilliges Übereinkommen materielle Vorteile für beide Seiten garantiert.
Die Entwicklung der Profite bzw. ihr Entwicklungsstand erlaubten ohne Auseinandersetzungen Reallohnzuwächse als Zugeständnisse von seiten des Kapitals an die Arbeiter. (7)
Die Septemberstreiks - ohne offizielle Unterstützung gleichwohl mit stillschweigender Duldung der Gewerkschaften durchgeführt - werden begünstigt durch die hohen Auftragsbestände, die Arbeitskräfteknappheit, der expansiven Auslandsnachfrage und die hohen Gewinnspannen der Einzelkapitale. Im großen und ganzen getragen von den Facharbeitern und relativ einheitlich unterstützt von den Belegschaften der betroffenen Betriebe gelingt es den Arbeitern, die "konzertierte Lohnstoppolitik" von Kapital und Staat zu durchbrechen und ihre Lohnforderungen zum größten Teil durchzusetzen. (8)

Diese Streiks, charakterisiert als spontane oder wilde, d.h. nicht den Normen des Tarifrechts gemäße, setzen trotz der zahlenmäßigen Begrenztheit ein Signal für die Verteilungskämpfe der folgenden Jahre. Die Streikaktionen eines Teils der Arbeiterschaft führen in den folgenden Jahren zu einer härteren Tarifpolitik der verschiedenen Einzelgewerkschaften, die - bei Fortsetzung ihrer Rolle als verständnisvoller Tarifpartner - auch ihrem eigenen Selbstverständnis nach als überflüssig erscheinen und an Einfluß verlieren müßten. (9) Ihre jahrelang betriebene Politik der gesamtwirtschaftlichen Verantwortungsteilhabe und ihre Einbindung in die Konzertierte Aktion müßten bei einer Entzerrung bzw. Verschärfung der Konjunkturzyklen auf Widerstand relevanter Teile der eigenen Basis stoßen, die sich an Arbeitsplatzsicherheit - sogar weitgehende Arbeitsplatzwahl - und schrittweise Verbesserung des materiellen Lebensstandards gewöhnt haben.
Das Konzept der Konzertierten Aktion stößt trotz der Zustimmung der Gewerkschaften schon 2 Jahre nach seiner Institutionalisierung auf Grenzen: auf eine streikbereite Arbeiterschaft, die eine Radikalisierung gewerkschaftlicher Politik erzwingt und sich kurzzeitig nicht auf ein "Gesamtwohl" ver-

pflichten läßt.
Die Gewerkschaften orientieren sich daher in den folgenden Tarifrunden an den veränderten Bedürfnissen der Belegschaften und kanalisieren den wachsenden Unmut in die Lohnkämpfe der nächsten Jahre. Entschlossene Streikaktionen (10) führen 1970/71 zu den höchsten Reallohnsteigerungen der Nachkriegszeit. (11)

Noch im Aufschwung wird die konjunkturelle Arbeitslosigkeit von 1967 beseitigt, und der Boom 1969/70 bringt eine Arbeitskräfteknappheit, die zu einem immer größer werdenden Einbezug ausländischer Arbeitskräfte führt. (12)
Die Arbeitsemigranten - vorwiegend unqualifizierte Arbeitskräfte aus den südlichen Ländern Europas - werden im sich technisch nun schneller umwälzenden Produktionsprozeß überwiegend als Hilfs- oder Angelernte Arbeiter in der Produktion und in einzelnen Dienstleistungsbereichen eingesetzt und bilden somit einen wichtigen Teil der sogenannten Massenarbeiter in den hochgradig mechanisierten Kapitalsektoren.
Neben der Erhöhung der Produktivitätsziffern - aufgrund vermuteter besserer Arbeitsdisziplin - haben die Arbeitsemigranten, indem sie die Arbeitskräfteknappheit reduzieren, vor allem Lohndruckfunktion. Trotz infrastruktureller und gesellschaftlicher Folgeprobleme werden deshalb ausländische Arbeiter angeworben, um den Arbeitsmarkt zu entspannen. (13)
Mit dem Boom einhergehende Preissteigerungen, die ihren Ausgangspunkt bei den industriellen Erzeugerpreisen haben und sich bei den Verbraucherpreisen fortsetzen. Auch 1971 - bei rückläufigen Wachstumsraten der Produktion - steigen die Preise weiter an.
Hiermit setzt auch in Bundesdeutschland das Phänomen der Stagflation (14) ein; d.h., auf hohem Niveau verbleibende Preissteigerungsraten korrelieren mit rückläufigen oder stagnierenden Wachstumsraten der Produktion und hoher Arbeitslosigkeit. Diese relativ zyklusunabhängige Inflation wird zu einem Strukturmerkmal des Kapitalismus in den 70er Jahren.

Der Boom bringt überproportionale Steigerungsraten der Investitionen und der Produktion und hält sich 2 Jahre auf hohem Niveau. Auch in dieser Phase bleibt die Wirtschaftspolitik unstrapaziert.
Der Anspruch antizyklischer Konjunkturpolitik impliziert auch im Boom Maßnahmen, um das Gesamtziel - Glättung und Verstetigung der Konjunkturzyklen - zu erreichen.

Vereinfacht ausgedrückt soll im Boom der "Teil" gekappt werden, der letztendlich eine stärkere Ausprägung des Abschwungs mit sich bringt und vermeintlich zur Krise führt.
Dieser gekappte bzw. zurückgehaltene "Teil" soll dann im Abschwung zur Unterstützung der nachlassenden Nachfrage eingesetzt werden. Nur verläuft gerade eine Anti-Boom-Politik nicht widerspruchsfrei.

Das hohe außenwirtschaftliche Ungleichgewicht (überhöhter Anteil des Außenbeitrag am Sozialprodukt) veranlaßt die Bundesregierung zu einem "Absicherungsgesetz" (Einfuhren werden steuerlich ent- und Ausfuhre belastet) mit einem Steuersatz von 4 % was einer Aufwertungsrate der DM um 3 % entspricht. (Vgl. Schlecht 1972, S. 14)
Das anvisierte Ziel - außenwirtschaftliches Gleichgewicht (1,5 % bis 2 % Außenbeitrag/Sozialprodukt) - wird trotzdem nicht erreicht. (2,4 %)
Diese als Ersatz für eine Aufwertung getroffene Maßnahme erweist sich als zu schwach dosiert. (Vgl. Grundwald 1976, S. 216) Fraglich bleibt, ob ein außenwirtschaftliches Gleichgewicht in dieser Phase überhaupt ernsthaft angepeilt wird, zumal die Bundesregierung die Intensität des folgenden Aufschwungs/Boom falsch einschätzt. Wahrscheinlicher erscheint die Interpretation, daß das Schwergewicht auf kompensatorische Effekte der Auslandsnachfrage gelegt, und das Absicherungsgesetzt nur als "Entgegenkommen" an die westlichen Handelspartner, die auf einer Aufwertung der DM insistierten , eingesetzt wird. Unterstützung erfährt diese Argumentation durch die Absicht der Bundesregierung, ein "binnenwirtschaftliches Anpassungsprogramm" mit Ankurbelungsmaßnahmen für die Binnenwirtschaft zu verabschieden. Zur Umsetzung dieses Programms kommt es nicht mehr, da die Binnenkonjunktur im 1. Quartal 1969 unverhältnismäßig expandiert , (Vgl. Jahreswirtschaftsbericht 1969, S. 22)
Das Programm wird zurückgezogen, und die Bundesregierung beschließt im März, Mai und Juli 1969 antizyklische Maßnahmen zur Bekämpfung eines"ungezügelten Booms":
- Stillegung von Steuereinnahmen und ihren späteren konjunkturpolitisch neutralen Einsatz
- Anpassung von Steuervorauszahlungen (§ 26 STWG)
- Verringerung der Nettokreditaufnahme
- Vorläufige Sperrung von Haushaltsausgaben in Höhe von 1, 8 Mrd. DM
- Bildung einer Konjunkturausgleichsrücklage (ca. 3,6 Mrd. DM)

(Vgl. SVG 1969)

Zu einer Aufwertung der DM kommt es erst nach der Bundestagswahl im Oktober 1969. (15)
Die eigentliche Triebfeder des Boom - das überproportionale Anwachsen der privaten Investitionen - wird von den konjunkturpolitischen Maßnahmen direkt nicht berührt.
Zumal auch die gesamten Staatsausgaben insb. die invest. Ausgaben im Boom nicht antizyklisch, sondern ausgesprochen prozyklisch verlaufen.

Die immanent unzureichenden und auch verspäteten Maßnahmen zeigen mehrere Probleme der Globalpolitik:

- das Diagnose-Prognose-Problem, d.h. die Schwierigkeit, die momentane und zukünftige Entwicklung richtig einzuschätzen, indem die gegebenen Daten kurzfristig interpretierbar werden; (16)
- den Entscheidungs-lag, d. h. Verzögerungen und Blockierungen, die sich auf der politisch-parlamentarischen und bürokratischen Ebene ergeben; (17)
- der time-lag zwischen dem Beginn konjunkturpolitischer Maßnahmen und ihrer Wirkung im Wirtschaftsprozeß;
- das Auseinanderfallen zwischen Planung und Zeitpunkt konjunkturpolitischer Maßnahmen und einzelkapitalistischer Planung, die sich bei grossen Konzernen auch über mehrere Jahre erstreckt; der autonome dezentrale Entscheidungsprozeß, d. h. die einzelkapitalistische Dynamik geht nur als geschätzte Größe in staatliche Globalplanung und -politik ein;
- die beschränkte staatliche Finanzmasse und ihre geringe Manövrierfähigkeit; (18)
- die Beschränkung auf die Nachfrageseite, die die Angebotsseite bzw. die Struktur der Produktion auch indirekt kaum erfaßt;
- die ungenügende Definition von gesamtwirtschaftlichem Gleichgewicht als oberstes Ziel der Konjunkturpolitik, die naturwüchsig Ziel-Mittel-Konflikte hervorruft.

Tabelle 1: Verhältnis von Staatsausgaben (ohne Sozialversicherung) zu BSP (nominale Zuwachsraten)

	1963	1964	1965	1966	1967	1968	1969	1970
Staat	9.3	9.3	9.6	4.1	6.0	3.3	9.9	12.5
BSP	6.0	9.8	9.2	6.4	1.3	8.4	11.7	13.6

	1971	1972	1973	1974	1975	1976	1977	1978
Staat	15.4	11.3	11.2	13.5	13.3	4.5	4.9	9.8
BSP	11.3	9.4	11.2	7.3	4.9	8.7	6.7	7.5

	1979	1980	1981
Staat	8.2	8.	6.5
BSP	8.5	6.7	3.5

Quelle: SVG 1980 und 1981

Tabelle 2: BAI (Gesamtwirtschaft) und BAI (Staat) in Preisen von 1970 (reale Zuwachsraten)

	1967	1968	1969	1970	1971	1972	1973	1974	1975
BAI(G)	-6.8	4.0	10.5	10.8	6.4	3.5	0.2	-9.9	-4.2
BAI(S)	-8.5	6.3	8.9	11.7	0.1	-1.7	-0.5	7.8	-3.2

Quelle: SVG und DIW 36/1977

Ziel-Mittel-Konflikte, wie sie in der Diskussion ab 1974/75 vorherrschen (Inflationsbekämpfung versus Abbau der Arbeitslosigkeit) zeigen sich schon in der Diskussion um die außenwirtschaftliche Absicherung in der Phase 1968/69:
Zum einen ist ein Außenhandelsüberschuß Bedingungfür das Wachstum und die Gewinnentwicklung einiger stark exportabhängiger Branchen, und zum anderen entsteht hierdurch die Möglichkeit der Gefährdung binnenwirtschaftlicher Preisniveaustabilität und die Entstehung von Handelsbilanzdefiziten anderer - insb. EG - Länder.
Dieser Konflikt führt zu einer verzögerten Problemlösung und bringt kurzfristig einen Kompromiß mit sich - das Absicherungsgesetz von 1968 - dessen Maßnahmen ohne durchschlagende konjunkturelle Wirkung bleiben. Der Widerstand wichtiger Kapitalfraktionen verhindert bis 1973 eine adäquate Außenbewertung der DM und schafft damit die Grundlage für die expansive Exportpolitik des bundesdeutschen Kapitals.

Ein weiterer Punkt immanenter Kritik - insb. von gewerkschaftlicher Seite - ist die Nichtaufnahme der Verteilungsebene in die Teilziele der Konjunkturpolitik. Die Auffassung der Globallenker ging in diesem Punkt davon aus, daß Wachstum der Wirtschaft eine zwangsläufige Erhöhung von Gewinnen <u>und Löhnen</u> bedeutet, und die "gerechte Verteilung" von Einkommen und Vermögen sich quasi automatisch aus einem stetigen Wachstum der Wirtschaft ergibt. (20)
Das wirtschaftliche Wachstum bringt in dieser Phase zwar den Unternehmen erhebliche Gewinne, die Lohnentwicklung jedoch stagniert. Zu einer Korrektur in Richtung "gerechter Verteilung" kommt es erst 1970/71 - ausgelöst durch die Streiks vom Herbst 1969 und nicht durch einkommenspolitische Maßnahmen der Bundesregierung in Einvernehmen mit der Konzertierten Aktion. (21)

2.c. Vom Boom zum Abschwung 1971/72

In der Jahresmitte 1970 setzt der Abschwung ein, der sich bis zum 1. Quartal 1972 hinzieht. Obwohl die Raten des Sozialprodukts und der Investitionen rückläufige Tendenz haben, steigen die Preise für die Lebenshaltung aller privaten Haushalte weiter an.

Allein die Importpreise bleiben konstant, der Index für alle anderen Bereiche steigt auf hohem Niveau.
Auf dem Arbeitsmarkt treffen sich gegenläufige Tendenzen, während die Zahl der ausländischen Arbeiter weiterhin zunimmt, kommt es zu einem geringfügigen Anstieg der Arbeitslosenrate.
GRUNEWALD beschreibt diese Phase als "Stagnation des Sozialprodukts mit einem durch die marktwirtschaftliche Eigendynamik bewirkten Rückgang der Nachfrage bei anhaltender Geldwertverschlechterung" (Grundwald 1976, S. 221)
Die gewerkschaftlich geführten Streiks erreichen 1971 den höchsten Beteiligungs- und Intensitätsgrad seit 1950 (vgl. Ballerstedt 1979, S. 388) und bringen - in einer Phase nachlassender Konjunktur - beachtliche Lohnerhöhungen. Ergebnis ist ein erneuter Anstieg der Lohnquote.
Der Verlauf dieser Konjunkturphase deckt sich nicht mehr mit der zu erwartenden Korrelation der verschiedenen Determinanten: trotz Sozialprodukts- und Investitionsstagnation steigen Preise und Reallöhne, und der Beschäftigungsabbau bleibt geringfügig.

Dieser atypische Zyklusverlauf stellt die Bundesregierung vor einen erneuten Zielkonflikt (Wachstum/Preise), der ihre ab 1970 verfolgte Stabilitätspolitik erschwert.
Der stabilitätspolitische Kurs wird eingeleitet durch:
- die Bildung einer Konjunkturausgleichsrücklage (2,5 Mrd. DM);
- vorläufige Sperrung von öffentlichen Ausgaben (2,7 Mrd. DM);
- Erhebung eines 10 %-igen rückzahlbaren Konjunkturzuschlags zur Einkommens- und Körperschaftssteuer für den Zeitraum 1. 8. 1970 bis 30. 6. 1971;
- Aussetzung der degressiven Abschreibung bis 31. 1. 1971.
  (Vgl. SVG 1970, S. 34)

Entgegen der Möglichkeit eines nichtrückzahlbaren Steuerentzugs nach § 26, 3b STWG entschließt sich die Bundesregierung für einen rückzahlbaren Konjunkturzuschlag - gedacht als Mittel der Abschöpfung und einer zukünftigen) Belebung der Konsumnachfrage. (Vgl. Finanzbericht 1971, S. 56)

Da eine Preisniveaustabilisierung kurzfristig nicht gelingt, wird im Mai 1971 ein neues den Schwerpunkt auf die Einschränkung öffentlicher Ausgaben setzendes Stabilitätsprogramm verabschiedet. Vorgesehen sind neben Einschränkungen und Verlagerungen von Haushaltsausgaben die Verminderung der Nettokreditaufnahme(§ 19, 20 STWG) und die Bildung von weiteren Konjunkturausgleichsrücklagen.

Die 3 Stabilitätsprogramme sozialliberaler Bundesregierungen in den Jahren 1970 - 1972 können die Preissteigerungen kurzfristig nicht aufhalten - die Preise steigen auch 1971/72 weiterhin an, wenn auch (im internationalen Vergleich gesehen) nicht auf allzu hohem Niveau. Erschwert wird die Stabilitätspolitik in dieser Phase durch vier - für die Bundesregierung relativ schwer zu beeinflussende - Faktoren:

- Die Wachstumsraten der Konjunktur entwickeln sich auch 1971 bei weiterhin hohen Preisraten weiter zurück, und für 1972/73 wird - im Sinne des bisher zu beobachtenden 4/5-jährigen Zyklus - ein Abschwung erwartet. Diese stagflative Konstellation 1971 stellt die Konjunkturpolitik vor ein Dilemma; während Preisstabilisierungsmaßnahmen das Wirtschaftswachstum behindern können, führen expansive Schritte zur Konjunkturbelebung seitens des Staates zu einer Unterstützung oder sogar Beschleunigung der Inflation. Zu einer konjunkturell bedingten Freisetzung von Arbeitskräften kommt es im Abschwung noch nicht, was wahrscheinlich regierungsoffiziell zur Unterschätzung des Zusammenhangs von Stagflation und Arbeitslosigkeit führt.
- Der private Verbrauch läßt sich nur schwer beeinflussen. Selbst die Rückzahlung des Konjunkturzuschlags kann trotz nur geringer Einkommenszuwächse 1972/73 den Rückgang des privaten Verbrauchs nicht bremsen. Die realen Zuwachsraten des privaten Verbrauchs sind seit 1969 rückläufig - haben bis 1973 jedoch, gemessen an ihrem Anteil am BSP, eine relative Konstanz.
  Der Konjunkturzuschlag scheint also ohne große Wirkung geblieben zu sein, da bei seiner Erhebung der private Verbrauch noch ansteigt, und bei seiner Rückzahlung die rückläufige Tendenz nicht gebremst wird. Angesichts der hohen Sparquote und des nur marginalen Volumens (ca. 1 % vom gesamten privaten Verbrauch) bleibt zweifelhaft, ob ein Konjunkturzuschlag bzw. auch das Gegenteil (Steuererleichterungen z.B.) überhaupt Wirkungen auf die Entwicklung des privaten Verbrauchs und auf die Preissteigerungen entfalten.
- Die Lohnauseinandersetzungen können von der Bundesregierung nur durch die Eckdaten des Jahreswirtschaftsberichts, die Konzertierte Aktion und durch"öffentlichen Druck" beeinflußt werden.

1970/71 entwickeln sich die Löhne unter dem Eindruck des 69er Streiks überproportional, während sich 1972 die Reallohnzuwächse in Grenzen halten und unter dem Produktivitätsergebnis bleiben. Die Reallohnposition fällt in diesem Jahr - nach Berechnungen des SVR - sogar leicht.

- Der steigende infrastrukturelle Bedarf verhindert 1969/70 ein Gegensteuern durch staatliche Investitionsausgaben.
  1971/72 durchkreuzen stark expansive Preise antizyklische Intentionen der Konjunkturpolitik.
  Stagnieren 1972 die Investitionsausgaben, so können wir 1972/73 sogar einen realen Rückgang beobachten.

2.d. Zwischenboom, Arbeiterkämpfe, Stabilitätspolitik 1973/74

Nach den rückläufigen Wachstumsraten 1971 steigen 1972 die Raten des Sozialproduktes und der Produktion wieder leicht an und kulminieren 1973 zu einem "Zwischenboom". Der Aufschwung wird wesentlich bedingt durch die Auslandsnachfrage, die als eigentliche Triebfeder dieses Zwischenbooms angesehen werden kann. Da die Importe nicht im gleichen Maße anwachsen, steigt der Saldo der Handelsbilanz (in Preisen von 1962) von 4,2 Mrd. DM im Jahre 1972 auf 15,8 Mrd. DM im Jahre 1973 und beträgt über die Hälfte des Zuwachses des realen BSP. (22)
Die Auslandsnachfrage konzentriert sich 1973 vor allem auf die Investitionsgüterindustrie, die ihr binnenkonjunkturelles Nachfragedefizit mehr als kompensieren kann, und auf die Grundstoff- und Produktionsgüterindustrie. Beide Sektoren sind 1973/74 Hauptstütze der Konjunktur.

In fast allen anderen kapitalistischen Ländern ist 1973/74 die Handelsbilanz ausgeglichen oder sogar - maßgeblich bedingt durch die Erhöhung der Rohstoffpreise - negativ.
Diese hohe Exportrate der BRD hat mehrere Gründe: Branchenstruktur (hoher Anteil der Investitionsgüterindustrie), kurze Lieferfristen, zuverlässige Auftragsdurchführung und guter Kundendienst, geringere Preissteigerungen als in den meisten anderen Ländern, wenig streikbedingte Arbeitsausfälle, günstige Wechselkurse und relativ gute Zahlungsbedingungen.

Die Struktur des Exports hat sich in den letzten 10 Jahren nicht wesentlich geändert; es werden fast nur Produkte der gewerblichen Wirtschaft und davon überwiegend Fertigwaren exportiert.

Am Export partizipieren hauptsächlich die Chemie-, Maschinenbau-, Elektro- und Automobilindustrie, die zusammen etwa 60 % des gesamten Exports produzieren.

Die Binnenkonjunktur verläuft ab 1973 nicht mehr einheitlich, was unter dem Begriff der "gespaltenen Konjunktur" gefaßt wird. Im Zwischenboom fallen das Bauhauptgewerbe und die Verbrauchsgüterindustrie schon deutlich unter die durchschnittlichen Wachstumsraten.
Wie die Entwicklung der Investitionen verdeutlicht, werden die Produktionssteigerungen 1972/73 ohne Kapazitätserweiterungen erreicht. Die Zuwachsraten der BAI gehen seit 1969/70 kontinuierlich zurück, wobei die realen Ausrüstungsinvestitionen 1972 erstmals seit 1967 wieder einen absoluten Rückgang zu verzeichnen haben. Bei Betrachtung der NAI verschärft sich das Bild noch; in realen Werten stagniert die Entwicklung schon 1971/72, um 1973 noch deutlicher zurückzugehen. (23) Betrachtet man die Entwicklung der Investitionen getrennt nach Bau- und Ausrüstungsinvestitionen, so ergibt sich ein differenzierteres Bild. Die Ausrüstungsinvestitionen wachsen im Boom überproportional und nähern sich in den Zuwachsraten erst 1971 der Entwicklung der Bauinvestitionen an. Während 1972 die Rate der Ausrüstungsinvestitionen stagniert, steigen die Bauinvestitionen noch einmel kräftig an. 1973 verkehrt sich das Bild, die Bauinvestitionen stagnieren,und die Ausrüstungsinvestitionen steigen wieder leicht an. (24)

Aus den Daten ergibt sich: in den Jahren nach der Krise 1967 kommt es zu einem Rationalisierungsboom, der in den folgenden Jahren jedoch nicht - wie früher - in einem größeren Ausmaß die Entwicklung der Erweiterungsinvestitionen begünstigt. Die reale Investitionsentwicklung stagniert seit 1971.
Trotz gedämpfter Binnenkonjunktur steigen die Verbraucherpreise ebenso wie die Preise für industrielle Erzeugnisse 1973 noch einmal sprunghaft an und erreichen einen neuen Höchststand.

Die Tarifrunde 1973 ist durch 3 Momente vorgezeichnet:

1. Das Mißtrauen der CDU/CSU gegen Bundeskanzler Brandt hat ein politisches Klima gezeugt,das durch entschlossene Unterstützung breiter Teile der Arbeiterschaft für die SPD charakterisiert ist. Diese breite Mobilisierung zeigt sich auch bei der folgenden Bundestagswahl, wo die SPD erstmals seit 1949 stärkste Partei im Bundestag wird. Der

Wahlkampf wird von seiten der SPD sehr akzentuiert unter dem Motto der Fortführung ihrer "Reformpolitik" geführt.

2. Nach den hohen Lohnzuwächsen 1970/71 war 1972 der Reallohnzuwachs recht bescheiden ausgefallen und drohte Anfang 1973 von der sprunghaft angestiegenen Preisrate aufgezehrt zu werden.
   Die Schere zwischen Brutto- und Nettolohnzuwächsen öffnet sich aufgrund der zunehmenden - inflationär verzerrten - Steuerprogression.
3. Die Arbeitsbedingungen haben sich für die Arbeiter verschlechtert.
   Der Aufschwung/Boom 1972/73 wird ohne stärkeren Einbezug neuer Arbeitskräfte und ohne nennenswerten technologischen Umbruch eingeleitet. Bei einem Vergleich der Zuwachsraten von Reallöhnen und Produktivität ist 1972 ein "Tendenzwandel" festzustellen, die Produktivität steigt schneller als die Reallöhne.

Konstatiert werden kann ein Widerspruch zwischen weitgehender Unterstützung der "Reformregierung Brandt" - die vorgibt, ohne Stabilität keine Reformen betreiben zu können - und dem Willen, sich nicht - wie 1969 - mit niedrigen Lohnabschlüssen zufrieden zu geben; gerade auch angesichts steigender Preise und Gewinne.
Die hieraus resultierende Konfliktbereitschaft großer Teile der Arbeiterschaft zeigt sich bereits in der Tarifrunde Nordrhein- Westfalens: den Tarifabschluß von 8,5 % lehnen bei der 2. Urabstimmung über 50 % der Arbeiter ab. (25)
Dieser stabilitätskonforme Tarifabschluß dient als Leitfaden für die Tarifabschlüsse in anderen Wirtschaftsbereichen und Bundesländern. Angesichts steigender Preise und Wachstumsraten reagiert die Bundesregierung - in Erwartung eines ausgeprägten Booms - schnell. Schon im Jahreswirtschaftsbericht 1973 kündigt sie konjunkturdämpfende Maßnahmen an:
- Erhebung einer 10%-igen Stabilitätsabgabe bei Jahreseinkommen über 100.000 DM für die Dauer eines Jahres
- Erhöhung der Mineralölsteuer
- Kürzung der Investitionszulagen von 10 % auf 7,5 %
- Aufhebung der degressiven Abschreibung außer bei öffentlich gefördertem Wohnungsbau
- Aufnahme einer Stabilitätsanleihe von 4 Mrd. DM

Unter dem Eindruck des Stabilitätsprogramms, der niedrigen Lohnabschlüsse und der hohen Preise kommt es schon Anfang 1973 zu vereinzelten

Streiks in der Stahlindustrie mit dem Ziel, betriebliche Verbesserungen zu erreichen. (26)
Diese Streiks führen im Mai zu Vereinbarungen über eine Sonderzahlung für die Stahlarbeiter - nicht jedoch für die Beschäftigten der Metallverarbeitung. (27) Die Unternehmungen der Stahlindustrie - die Anfang 1973 hohe Auftragsbestände und -eingänge zu verzeichnen haben - erreichen mit diesen Zugeständnissen zweierlei: zum einen wird die Arbeiterschaft gespalten; die traditionell kampfstarken Belegschaften der Stahlindustrie - 1969 Ausgangspunkt der Streiks - werden durch Sonderzahlungen befriedet; zum anderen implizieren Streiks Angebotsdefizite, die in der Stahlindustrie in der damaligen Situation - gerade in Anbetracht ihrer unterdurchschnittlichen Lage 1971/72 - zu starken Einbussen und Strukturverschlechterungen führen würden.
In dieser Situation - hohe Preisraten und Auftragseingänge, Lohnzuschläge in der Stahlindustrie - verabschiedete die Bundesregierung im Mai (28) ihr bisher umfangreichstes Stabilitätsprogramm (29), das sich sowohl auf eine Dämpfung der privaten Investitionstätigkeit und des privaten Konsums als auch auf Ausgabenreduktionen der öffentlichen Haushalte richtet:

- sofortige Erhebung einer Investitionssteuer von 11 % für die Dauer von höchstens zwei Jahren;
- Herabsetzung der Einkommengrenze für den Stabilitätszuschlag auf 24.000 DM;
- Aussetzung der degressiven Abschreibung für neue Ausrüstungsinvestitionen bis zum 3. 4. 1974;
- Aussetzung der erhöhten Abschreibung gemäß § 7 ESTG für neubeantragte Wohnbauten bis zum 3. 4. 1974;
- Einsparung von 10 % der Haushaltsansätze für die Gemeinschaftsaufgaben von Bund und Ländern;
- Beschränkung der Nettokreditaufnahme für die Gebietskörperschaften;
- Stillegung von Steuermehreinnahmen.

Unterstützt wird dieser restriktive Kurs durch die Kreditpolitik der Bundesbank, die Mitte 1973 den Diskont- und Lombardsatz auf fast das gleiche Niveau wie 1970 erhöht - und bis Ende 1974 diesen Restriktionskurs durchhält.
Ein möglicher Zielkonflikt zwischen Antiinflationspolitik und Gefahr für Wachstum und Beschäftigungsrückgang auf mittlerer Sicht wird von der Bundesregierung bewußt einkalkuliert. (3)

Die Grundstoff- und Produktionsgüterindustrie, die noch 1971/72 einen deutlichen Rückgang zu verzeichnen hat, erweist sich im Laufe des Jahres 1973 als Hauptträger des Zwischenbooms von 1973. Ihr Auftragsbestand verdoppelt sich fast von 1972 auf 1973, wovon rund 1/4 Auslandsaufträge sind.

Umgekehrt verläuft die Entwicklung in der Investitionsgüterindustrie.
Sie liegt 1971 noch über und 1973 weit unter dem Durchschnitt des Auftragseingangs in der verarbeitenden Industrie. Ein ähnliches Bild ergibt sich bei der industriellen Nettoproduktion. (31)
Schlüsselt man die Investitionsgüterindustrie nach Branchen auf, so differenziert sich das Bild - die gespaltene Konjunktur setzt sich auch hier durch. Während die elektronische Industrie noch Zuwachsraten zu melden hat, stagniert insb. die Maschinenbauindustrie (seit 1970) - von 1962 an liegt das Niveau des Index der industriellen Nettoproduktion im Maschinenbau immer vor dem anderer Branchen in der Investitionsgüterindustrie; (32) seit Anfang der 70er Jahre befindet sich die MB in einer strukturellen Krise.
Der Straßenfahrzeugbau hält sich 1973 noch im Durchschnitt und gerät 1974 in die Krise. Er wird von "Strukturexperten" als mittelfristig und langfristig schrumpfende Branche eingeschätzt. (33)
Dieser recht differenzierten und gespaltenen Konjunkturentwicklung kann die Bundesregierung mit ihren globalen - alle Industriezweige gleichermassen treffenden - Maßnahmen nicht gerecht werden.
Zugunsten einer scharf restriktiven Konjunkturpolitik mit dem Ziel, den Preisauftrieb zu bremsen, wird (teilweise bewußt) auf Aktionen verzichtet, die gezielt in einigen Branchen die Investitionstätigkeit fördern könnten.
Der private Verbrauch mit ohnehin recht bescheidenen Zuwachsraten wird in der zweiten Jahreshälfte 1973 etwas gebremst (34) ohne daß eine Minderung der steigenden Lebenshaltungskosten erreicht wird.
Unter dem Eindruck dieser Stabilitätsprogramme, der Preisprognose von 7 % und den relativ erfolgreichen Sreiks in der Stahlindustrie beginnen im Frühsommer 1973 die spektakulärsten und härtesten Arbeitskämpfe seit den 50er Jahren.
Die Streiks beginnen im Bereich der Metallverarbeitung und bleiben bis auf wenige Ausnahmen auf diesen Bereich beschränkt.
Im Mittelpunkt der Forderungen steht die Bezahlung von Teuerungszulagen; aber auch Forderungen in Bezug auf Arbeitsbedingungen werden gestellt

(z.B. Sonderurlaub für Sonderschichten, bezahlte Pausen für Schichtarbeiter, Verlangsamung der Bandgeschwindigkeiten, längerer Urlaub) Forderungen dieser Art werden überwiegend von den Massenarbeitern - in der Mehrzahl Arbeitsemigranten - gestellt. Trotz der Breite und Härte der Auseinandersetzungen gelingt es den Belegschaften - bis auf einige Ausnahmen - nur recht bescheidene Teilerfolge zu erzielen, zum Teil mußte auch deutlich zurückgesteckt werden.

Als Erfahrungen der Streikbewegungen 1973 kann festgehalten werden:

- Ausgangspunkt bilden niedrige Tarifabschlüsse, verschlechterte Arbeitsbedingungen und trotz restriktiver Konjunkturpolitik der Bundesregierung weiterhin steigende Preise.
  Hinzu kam das Selbstbewußtsein der Arbeiterschaft, gewachsen seit den Streikauseinandersetzungen von 1969, und sicherlich auch die aufgestaute Wut der Arbeitsemigranten über ihre Arbeits- und Lebensbedingungen in Bundesdeutschland.
- Die Rahmenbedingungen für die Streiks sind widersprüchlich: die Vollbeschäftigung, die auch im Abschwung 1971 erhalten blieb, stärkt die Position der Arbeiter, während - als ungünstiges Moment - der Auftragseingang insb. in der Automobilindustrie seit Mitte 1973 stark rückläufig ist.
- Die soziale Basis dieser Streikbewegung bilden die angelernten und "unqualifizierten" Arbeiter - vornehmlich Arbeitsemigranten und deutsche und ausländische Frauen; Gruppen, die relativ "streikunerfahren" sind. Forderungen nach Verbesserungen der Arbeitsbedingungen zusätzlich zu einem Inflationsausgleich werden insb. von diesen Gruppen gestellt.
- Aus dieser sozialen Basis erklärt sich wesentlich auch eine gewisse "Militanz" der Streikaktionen, wie insb. die Streiks bei Ford und Opel zeigen. Der Einfluß linksextremer Gruppen - sei es in Form von Betriebsgruppen oder durch Interventionen von außen - ist wesentlich größer als 1969 und hat wahrscheinlich auch Einfluß auf die Aktionen selbst.
- Das Verhältnis der deutschen Facharbeiter zu den Massenarbeitern ist uneinheitlich, während in einigen Betrieben beide Gruppen zusammen recht geschlossen auftreten, kommt es in anderen Betrieben - insb. in der Autoindustrie - zu Differenzen, vorrangig im Zusammenhang mit Forderungen nach Verbesserung der Arbeitsbedingungen. Diese Differenzen werden von den Unternehmensleitungen, staatlichen Stellen und öffentlichen Mas-

Tabelle 3: (1) Reallohn und (2) Produktivität je Arbeiterstunde

	1960	1961	1962	1963	1964	1965	1966	1967	1968
(1)	-	9.2	9.8	5.3	7.1	7.1	4.4	2.7	4.7
(2)	-	5.7	6.8	6.5	8.5	5.1	4.1	7.8	5.6

	1969	1970	1971	1972	1973	1974	1975	1976	1977
(1)	8.2	13.3	6.8	4.5	5.3	7.3	3.3	0.9	4.8
(2)	6.6	3.2	6.1	8.2	7.2	4.7	4.7	8.1	5.3

Jahre	Lohnsumme	Produktivität
1960-1964	35.3%	30.5%
1969-1973	33.2	27.0
1967-1975	67.2	56.7
1960-1970	99.1	78.9
1970-1977	37.7	53.6
1960-1967	55.2	53,9
1960-1977	174.3	174,8
1974-1977	9.2	19.3
1966-1969	16.3	21.4

Quelle: eigene Berechnungen auf Basis der Zahlen in KRENGEL

senmedien zur Spaltung und Verwirrung ausgenutzt. (35)
Weder der Mythos vom kampferprobten gewerkschaftlich orientierten Facharbeiter noch vom kampfentschlossenen, militanten Massenarbeiter lassen sich in dieser Allgemeinheit durch die Auseinandersetzungen bestätigen. Zu unterschiedlich bleiben die diversen betrieblichen Streikinhalte und -voraussetzungen. (46)

- Die Streikorganisation und -durchführung war im Gegensatz zu 1969, wo zumeist gewerkschaftlich orientierte Facharbeiter (oft der Vertrauensleutekörper oder einzelne Vertrauensleute, Betriebsräte) die Koordinierung und Organisation der Streiks unternahmen, geprägt durch Initiativen der Arbeitsemigranten. Es werden zumeist spontan auf Betriebsversammlungen Streikräte gebildet, die unabhängig von den Gewerkschaften agieren.
- In den Streikaktionen von 1973 äußert sich erstmalig ansatzweise eine Multinationale Arbeiterschaft, wenn auch mit geringer deutscher Beteiligung. Ein erster Ansatz, die nationale Herkunft aufzuheben und die Aktionen stärker nach den eigenen Bedürfnissen auszurichten, kennzeichnet die Streikwelle 1973.
- Die Gewerkschaften verhalten sich - im Gegensatz zu 1969 - äußerst reserviert bis feindselig gegenüber den Streikaktionen. Da der gewerkschaftliche Organisationsgrad der Massenarbeiter relativ gering ist, und sie kaum in den betrieblichen Interessenvertretungen vertreten sind, versucht die Gewerkschaft nicht, in die Streiks einzugreifen bzw. sie positiv aufzunehmen. Die Einbindung der Gewerkschaften in die Rahmenbedingungen sozialliberaler Stabilitätspolitik erweist sich 1973 wirksamer als 1969 zu Zeiten der Großen Koalition: das Verhalten der Gewerkschaften trägt - das sollte nicht vergessen werden - wesentlich zur Niederschlagung der Streiks bei.

Die Streiks markieren somit zwei Wendepunkte; einerseits verbreitert sich die Kampfbereitschaft, und andererseits formiert sich das Kapital zur Gegenoffensive, unterstützt von Bundesregierung und Parteien (SPD), die kein "Verständnis" zeigen wie noch 1969, sondern sich entschieden gegen die Streikenden stellen.
Aus der konzertierten Reaktion von Kapital, Staat und Gewerkschaften gegen die 73er Streiks kann geschlossen werden, daß eine erhebliche Gefahr für die ökonomische und politische Stabilität vermutet wird, wenn sich die Lohnentwicklung in Vollbeschäftigungsperioden von den ökonomischen Bedin-

gungen löst.

Als Ergebnis steigen im Jahresdurchschnitt zwar die Bruttolöhne erheblich (um 12 %), die Zuwachsraten der realen Nettolöhne (1,4 %) verringern sich jedoch weiterhin.
Diese Scherenentwicklung bleibt nicht ohne Konsequenzen: für das Einzelkapital verschärft sich der Druck der Löhne auf die Gewinnmargen, ohne daß die Konsumnachfrage ansteigt und den auslandsinduzierten Boom binnenkonjunkturell stabilisieren kann.
Der relative Rückgang der Konsumnachfrage wird durch die Stabilitätsabgabe gefördert, wenn auch nur in geringem Ausmaß, da nur annähernd 800 000 "Steuerbürger" abgabepflichtig sind, die sich wahrscheinlich nur marginal in ihren Konsumausgaben von der Stabilitätsabgabe beeinflussen lassen.
Auch die Investitionsentwicklung bleibt nicht unberührt; zusammen mit den restriktiven geldpolitischen Maßnahmen beschleunigen die investitionshemmenden Stabilitätsbeschlüsse den Rückgang der Investitionsnachfrage, die ab 2. Quartal wieder abnimmt.
Trotz dieser umfangreichen Bemühungen verbleiben die Zuwachsraten des Preisindex für die Lebenshaltung, deren Bekämpfung Schwerpunkt der Stabilitätsprogramme ist, auch 1973 auf hohem Niveau.

EXKURS: Inflation im Zyklus

Der absolute Rückgang der Preise für industrielle Erzeugnisse im Krisenjahr 1967 und im Aufschwung 1968 findet im Preisindex für die private Lebenshaltung keine Entsprechung, in diesem Bereich verflachen zwar die Zuwachsraten, ein absoluter Rückgang jedoch kann nicht registriert werden: die Inflation wird zum überzyklischen Strukturmerkmal.

Bis zum ersten Weltkrieg hatte es in Krisenphasen immer absolute Preissenkungen gegeben - mit langfristig sinkender Tendenz der Preisrate (vgl. Altvater 1979, S. 180).
In der Nachkriegszeit können wir trotz steigender Arbeitsproduktivität eine langfristig steigende Preisrate beobachten. Hofmann bezeichnet diesen Vorgang als "säkulare Inflation" (vgl. Hofmann 1963 und Eynern 1976, S. 149).

Im folgenden geht es nur am Rande um verschiedene Erklärungsansätze - ihre theoretische Konsistenz oder ihren konkret- historischen Erklärungswert - sondern vielmehr um die Benennung von Inflationskomponenten in der Entstehungsphase der Inflation in der Bundesrepublik der frühen 70er Jahre. (Zur Inflationserklärung vgl. Prokla 12/18 und Riese 1975 und 1979a)

"Der Preis dafür war allerdings ein seit den 60er Jahren bedeutsamer Anstieg der Kapitalintensität. Sofern die Steigerung der Kapitalintensität größer als die Zunahme der Arbeitsproduktivität ist, verschlechtert sich für das Kapital trotz Steigerung der Mehrwertrate die Verwertung. Infolgedessen wird notwendigerweise der Versuch unternommen, die Reallohnerhöhungen durch Preissteigerungen einzuschränken." (Altvater 1979, S. 197)

Die in diesem Zitat zum Ausdruck kommende Inflationserklärung für die 60er Jahre der Bundesrepublik sieht die Ursächlichkeit in der veränderten Kapitalstruktur, genauer, im zunehmenden fixen Kapitalanteil, der eine Zunahme der Kostenbelastung für das Einzelkapital impliziert.
"Der Zwang zu inflationistischer Preissetzung ergibt sich aus dem im Verlauf des Akkumulationsprozesses sich verändernden Strukturen der Einzelkapitale und des Reproduktionsprozesses." (Ebenda. S. 204)

Die theoretische Konsistenz dieser Argumentation basiert allerdings auf einem statischen Modell des Verhältnisses von technischer Zusammensetzung und Produktivität und Nachfragebedingungen. Die unterstellte Proportionalität von Zuwachs des fixen Kapitalteils auf der wertmäßigen Ebene und Zuwachs der Arbeitsproduktivität und Produktion erscheint theoretisch fraglich. Substituierung von Arbeit durch Kapital dürfte einen überproportionalen Produktivitätszuwachs implizieren (vgl. Kap. über Krisenerklärungen), so daß eine höhere Profitrate (bei gleichem Reallohn und steigender Nachfrage) wahrscheinlicher ist. Erst bei über den Produktivitätszuwachs steigenden Reallöhnen oder bei Produktionseinschränkungen durch sinkende oder nicht genügend wachsende Nachfrage kommt es zu einer fallenden Profitrate.

Die Grundtendenz scheint jedoch richtig beschrieben: mit Zunahme des fixen Kapitalteils werden diese Einzelkapitale bei Produktionseinschränkungen relativ anfälliger als Kapitale mit relativ höheren Lohnkosten, die entsprechend Arbeitskräfte entlassen können, um die Kosten zu senken.

Um die durch hohen Fixanteil bedingten Produktivitätsfortschritte ausnutzen zu können, wird eine Steigerung oder zumindest Konstanz der Nachfrage zur unabdingbaren Voraussetzung. Nachfrageausfälle ebenso wie über

dem Produktivitätszuwachs liegende Reallöhne verstärken den Zwang zu Preiserhöhungen, wenn die Profitrate gehalten werden soll (Preisüberwälzungsspielraum vorausgesetzt).
Der Zwang zu inflationistischer Preissetzung wird also vom Mißverhältnis Fixkapitalzuwachs bei nicht genügenden Produktionsausweitung und/oder zu hohen Reallöhnen gesetzt, wobei die Verwirklichung der Preissetzung noch von diversen anderen Faktoren abhängt. (Abgeschwächte Konkurrenzintensität, geringe Nachfrageelastizität, hohe Marktzutrittsschranken; vgl. Altvater 1979, S. 204)
Ansätze, die von der Machtpreissetzung der Monopole ausgehen (vgl. Bergmann 1975), vernachlässigen diese Grundstruktur und gehen von einer relativ vollständigen Konkurrenzerlahmung aus.
Bei der Analyse des konkret-historischen Verlaufs der Inflation bringen uns diese beiden Ansätze nicht weiter, sie beschreiben allenfalls Grundstrukturen und Voraussetzungen von Inflation.
Allein der Hinweis auf die international sehr verschieden ausgeprägte Inflation genügt, um diese Ansätze als unbrauchbar für die konkret-historische empirische Analyse zu charakterisieren. Monopolbildung und hoher Fixkapitalanteil dürften in GB oder in Italien nicht niedriger als in der Bundesrepublik sein (wahrscheinlich sind sie sogar höher als in der BRD), und trotzdem betragen die Inflationsraten ein Vielfaches mehr als die bundesrepublikanischen.

Tabelle 4: Lohnentwicklung (nominal) in den Industriesektoren

	1971	1972	1973	1974	1975	1976	1977	1978	1979
Industrie	9.9	7.2	13.1	9.2	0.3	6.3	7.8	5.2	6.9
GP	7.1	6.6	12.7	10.8	-0.8	6.0	5.4	4.0	6.4
IG	11.2	6.6	14.7	10.8	0.9	6.6	9.5	5.4	7.4
VG	9.7	9.0	10.2	3.5	-1.1	6.6	6.4	6.3	6. 6

Quelle: KRENGEL

Tabelle 5: Magisches Viereck von 1967 bis 1975

	1967	1968	1969	1970	1971	1972	1973	1974	1975
BSP(real)	-0.1	6.5	7.9	5.9	3.3	3.6	4.9	0.4	-1.8
Preise	1.7	1.7	1.7	3.3	5.2	5.6	7.0	7.0	6.1
Arbeitsl. quote	2.1	1.5	0.9	0,7	0.8	1.1	1. 2	2.6	4.7
Saldo/BSP	3.4	3.4	2.6	2.3	2.1	2.4	3.6	5.1	3.6

Tabelle 6: Magisches Viereck von 1975 bis 1982

	1975	1976	1977	1978	1979	1980	1981	1982
BSP (real)	-1.8	5.3	2.8	3.6	4.4	1.8	- 0.3	-1.1
Preise	6.1	4.3	3.7	2.7	4.1	5.5	5.9	5.3
Arbeitsl.Qu.	4.7	4.6	4.5	4.3	3.8	3.8	5.5	7.5
Saldo/BSP	3.6	3.1	3.2	3.2	1.6	0.6	1.8	

Die im Boom 1969/70 entstehende bundesrepublikanische Inflation erscheint auf den ersten Blick als nachfrageinduziert. Der Anstieg der Preisraten beginnt in dieser Phase in der Investitionsgüterindustrie zu einer Zeit heftigster Nachfrageexpansion.
Eine genauere Betrachtung offenbart jedoch den überproportional hohen Lohnanteil und die überproportional niedrigere Kapitalintensität dieser Branchengruppen - sie haben arbeitsintensiveren Gehalt als die anderen Gruppen. Die Streiks von 1969 und 1970 bringen in diesen Bereichen über dem Gesamtniveau liegende Lohnerhöhungen. Während 1969 die Ausweitung des NPV die Lohnerhöhungen kompensiert, wird 1970 der steigende Reallohn zur bestimmenden Größe und führt - bei guter Nachfragesituation - zu einer entsprechenden Preispolitik der Kapitale, die auch 1971 trotz Rückgang der Zuwachsraten der Produktion zu hohen Preissetzungen greifen.
Von 1969 bis 1971 scheint der Spielraum zur Überwälzung der Lohnerhöhungen in diesem Sektor gegeben.

Die Grundstoff- und Produktionsgüterindustrie ist die Gruppe mit der höchsten Kapitalintensität und relativ geringen Lohnanteilen; obwohl auch hier die Löhne 1969/70 zweistellig ansteigen und/auch die reale Lohnquote steigt, bleiben die Preise auf niedrigerem Niveau als in der Investitionsgüterindustrie.

In der Verbrauchsgüterindustrie mit geringer Kapitalintensität und hohem Lohnanteil sind Lohn- und Preisentwicklung in dieser Phase unterdurchschnittlich.

Am geringsten sind die Preissteigerungen zu dieser Zeit in der Nahrungs- und Genußmittelindustrie - der Gruppe mit sehr hoher Kapitalintensität und dem geringsten Lohnanteil.

Die Inflation im Boom kann als Ausdruck des verschärften Verteilungskampfes 1969/70 interpretiert werden. Das Kapital antwortet auf die Ergebnisse der Lohnkämpfe mit Preiserhöhungen, deren Verwirklichung durch die anziehende Nachfrage gelingt.

Tabelle 7: Preisentwicklung in den Industriesektoren

	1969	1970	1971	1972	1973	1974	1975	1976	1977
Ind.	2.0	4.8	4.2	2.3	6.8	13.4	3.3	3.5	2.8
GP	1.5	4.4	2.5	0.0	8.1	23.5	-0.9	4.o	-0.7
Inv.	3.2	7.9	6.2	2.7	4.2	9.3	7.3	3.5	3.8
Verbr.	1.9	3.7	3.8	3.6	7.4	11.7	2.7	3.2	3.1
N u. G	0.9	2.2	3.6	4.0	8.3	5.8	3.8	3.5	7.0
Pr. Verbr.	1.9	3.4	5.3	5.5	6.9	7.0	6.0	4.5	3.9

Quelle: eigene Berechnungen auf Basis anderer Tabellen

Auch 1971/72 während der Abschwungphase steigen die Preise in allen Sektoren: die Preisentwicklung entkoppelt sich von der bisher zu beobachtenden zyklischen Bewegungsform.
Der Private Verbrauch unterliegt nicht so starken zyklischen Schwankungen wie die Investitionsnachfrage und bleibt 1971/72 auf wesentlich höherem Niveau als das NPV in der Industrie.
Im weiteren Anstieg des Preisindex für die private Lebenshaltung spiegelt sich dieser Prozeß wider - begünstigt durch die hohen Lohnzuwächse. Ein genügend großer Spielraum zur Überwälzung der gestiegenen Preise für industrielle Erzeugnisse verbleibt. Gewichtige Faktoren für den Preisindex bilden Dienstleistungs- und Wohnsektor, wo in dieser Phase die Preisentwicklung überdurchschnittlich expandiert.

Im Zwischenboom 1972/73 erfährt die Preisbewegung in allen Sektoren eine erneute Beschleunigung.
Die Strategie des Kapitals, vermittels der Inflation nominelle Lohnerhöhungen zu konterkarieren, begegnet die Arbeiterschaft mit Streiks insb. in den Branchen der Metallverarbeitung. Ergebnis sind erhebliche Reallohnerhöhungen, die sich - ausgehend von der Investitionsgüterindustrie - in allen Sektoren durchsetzen.
Während die Investitionsgüterindustrie und auch die Grundstoff- und Produktionsgüterindustrie die Lohnerhöhungen durch erhebliche Steigerungen des NPV vermittelt über die Auslandsnachfrage kompensieren können, führt der Lohnanstieg in den Bereichen der Verbrauchsgüterindustrien, die auf-

Schaubild 3: Löhne und Preise in nominalen Raten in der Verarbeitenden Industrie

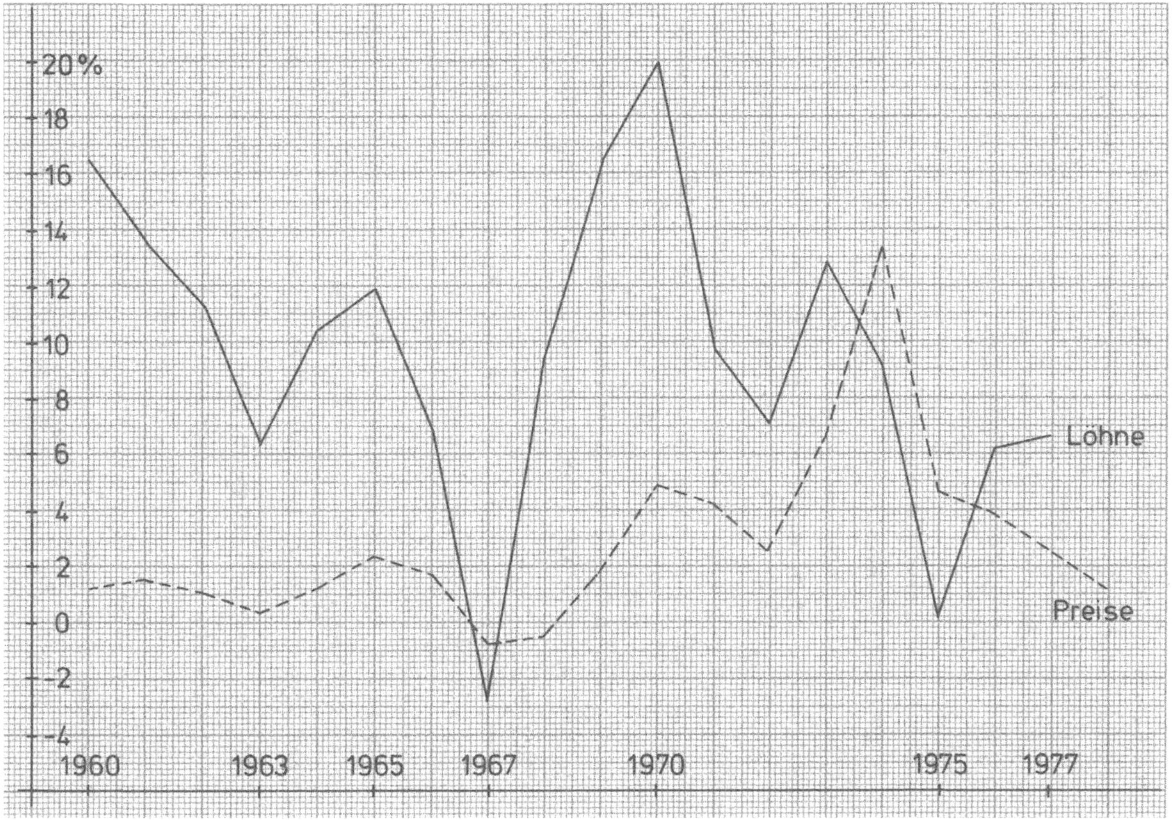

grund der nachlassenden Binnenkonjunktur nicht am Zwischenboom partizipieren, zu überdurchschnittlichen Preissteigerungen, wodurch der Preisindex der privaten Lebenshaltung 1973/74 seinen Nachkriegshöchststand erreicht.

Ungeachtet des Konjunktureinbruchs steigen die Preise 1974 weiter an - entsprechend sind insb. die 74er Tarifrunden Reaktion auf die Preispolitik der Kapitale. Die gewerkschaftliche Tarifpolitik erzwingt unter dem (Ein) Druck der spontanen nicht von den Gewerkschaften unterstützten Streiks ähnlich wie 1970/71 über Lohnerhöhungen wieder einen deutlichen Anstieg der Lohnquote.

Diese erheblichen Lohnerhöhungen Anfang 1974 treffen die Kapitale insb. in den Sektoren der Investitions- und Grundstoff- und Produktionsgüterindustrien. Sie fallen mit den massiven Preiserhöhungen im Rohstoffbereich zusammen. Die überdurchschnittliche Preiserhöhung von 23,5 % in der Grundstoff- und Produktionsgüterindustrie ist Ausdruck dieser Rohstoffpreiserhöhungen, da diese Branchen äußerst kapitalintensiv und damit stärker rohstoffabhängig sind. Lohnerhöhungen und verteuerte Rohstoffe werden 1974 direkt in die Preise überwälzt; 1975 begrenzt der drastische Rückgang des NPV (um 6,7 %) den Überwälzungsspielraum, und durch die mangelnde Nachfrage liegt der Preisanstieg in der Industrie deutlich unter dem der Privaten Nachfrage.

Bis auf den Gr./Pr. Bereich (- 0,9) bleiben die Raten jedoch positiv; auf relativ hohem Niveau befindet sich auch im Krisenjahr die Preistendenz in der Investitionsgüterindustrie.

Nachdem es 1974 - krisenvorsorgebedingt,wie die steigende Sparquote andeutet - erhebliche Einbrüche im Privaten Bereich gibt, verhilft das ansteigende Niveau 1975 bei der Verwirklichung expansiver Preispolitik.

Seit 1975 ist die reale Lohnquote wieder rückläufig, und die Preise steigen trotzdem weiter, wenn auch auf erheblich geringerem Niveau als in den Jahren zuvor. Betrachten wir die Entwicklung im Zeitraum 1967 - 1975 insgesamt, stellt sich folgendes Ergebnis - anders als in den oben erwähnten Argumentationen - dar:

Die Inflation entwickelt sich in den Sektoren am ausgeprägtesten, wo Lohnkämpfe über den Durchschnitt hinaus eine überproportionale Veränderung der Verteilungsrelationen (Investitionsgüterindustrie) implizieren und pflanzt sich von hier aus auf die anderen Sektoren fort. Während 1971/72 die Raten der industriellen Erzeugerpreise noch leicht rückgängig sind, fallen die Raten für den Preisindex der privaten Lebenshaltung erst in der Krise (1975). Die Kapitalintensität steigt in den Jahren 1967 - 1973 in allen Sektoren langsamer als die Arbeitsproduktivität - erst in der Krise 1974/75 kehrt sich der Trend um (als Versuch der Kapitale, über kapitalintensivere Produktionsmethoden die Kosten zu senken und die Produktivität zu erhöhen).

Entscheidend (von Voraussetzungen und Ursachen habe ich in diesem Zusammenhang nicht gesprochen) für die Entwicklung und Ausbreitung der Inflation sind also nicht überdurchschnittliche Raten der Kapitalintensität oder ein hoher Monopolisierungsgrad, sondern die Folgen des Verteilungskampfes.

Begünstigt wird die Preispolitik der Kapitale durch eine expansive Nachfrage in der Boomphase des Zyklus und der bis 1974 hohen Auslandsnachfrage. Den exportorientierten Kapitalen, zumeist auch mit hoher Produktivität versehen, gelingt eine Kompensation der Reallohnerhöhungen durch Ausweitung der Nachfrage, die wiederum auch Spielräume für Preisüberwälzung hervorbringt. Inwieweit der Preis-Mengen-Mechanismus außer Kraft gesetzt oder nur modifiziert ist, kann aus der Betrachtung des Zyklus nicht geschlossen werden. (Vgl. Riese 1979)

Die abgeschwächte Preisentwicklung der späten 70er Jahre spricht für einen noch vorhandenen Einfluß sinkender Nachfrageraten - allerdings verläuft auch die Lohnentwicklung in diesen Jahren nur stagnativ.

"Die Argumentation von Keynes: "Nun lehrt uns aber die gewöhnliche Erfahrung ohne Zweifel, daß ein Zustand, in dem die Arbeiter (innerhalb gewisser Grenzen) mehr auf Geldlöhne als auf Reallöhnen bestehen, nicht nur eine bloße Möglichkeit, sondern der Normalzustand ist. Während die Arbeiter sich gewöhnlich einer Kürzung der Geldlöhne widersetzen, pflegen sie die Arbeit nicht bei jedem Steigen der Preise der Lohngüter niederzulegen. Man sagt hie und da, daß es unlogisch wäre, wenn sich die Arbeiter wohl einer Kürzung der Geldlöhne, nicht aber einer Kürzung der Reallöhne widersetzen würden. Aus weiter unten angeführten Gründen mag das gar nicht so unlogisch sein, wie es auf den ersten Blick scheint, was, wie wir später sehen werden, ein Glück ist. Ob aber logisch oder unlogisch, die Erfahrung lehrt uns, daß dies das Verhalten der Arbeiter ist." (Keynes 1936, S. 8)

muß in Anbetracht der Erfahrungen in diesem Zyklus modifiziert werden: die Arbeiter/Gewerkschaften haben diesen Mechanismus der Inflation durchschaut und beziehen ihn in ihre Strategie mit ein, so daß das Kapital einem verstärkten Preissetzungszwang unterliegt, wenn es die gegebenen Verteilungsstrukturen erhalten wissen will. Ob die Verteilungskämpfe ausreichend den Charakter der heutigen Inflation und der Stagflation erklären, bleibt offen: Ein theoretisches Modell müßte neben der Dynamik der

Verteilungskämpfe die Veränderungen in der Kapitalstruktur, die Entwicklung des Kreditwesens und den hohen Verschuldungsgrad, die Konzentrations- und Zentralisationsauswirkungen ebenso wie die Rolle des öffentlichen Sektors mitberücksichtigen. Für die späten 60er und frühen 70er Jahre läßt sich jedoch eindeutig von "Lohninflation" sprechen.

Unterstützt wird diese Hervorhebung der Verteilungskämpfe als entscheidender Inflationskompomente durch eine Betrachtung der unterschiedlichen Preisentwicklung in vergleichbaren EG-Staaten (Frankreich, Italien, GB); die höhere Intensität der Lohn- und Klassenkämpfe bewirkt hier entsprechend höhere Preisraten. (Abstrahiert von partiell divergierender Stabilitätspolitik)

Zu ähnlichen Schlußfolgerungen kommt das Starnberger Projekt, das von der These konstanter Aufschlagsätze ausgeht und konstatiert:

"... daß wir für die Entwicklung der Inflation in der BRD seit Mitte der 50er Jahre wie für die Zukunft davon ausgehen können, daß Steigerungen der Lohnstückkosten überwälzt werden." (Müller u.a. 1978, Mans. II, S. 58)

Die Autoren entwickeln eine Preis-Lohn-Preis-Spirale und gehen von einer Orientierung der Lohnsteigerungen an den produktivitätsstärksten Bereichen aus. (Ebenda, S. 115 ff.) Ihre Prognose betont die Unvermeidbarkeit der Inflation, falls die Gewerkschaften ihre Strategie der Reallohnsicherung beibehalten.

Tabelle 8:

Importierte und hausgemachte Inflation 1969 bis 1979
Angaben in vH[1])

	1969	1970	1971	1972	1973	1974	1975	1976	1977	1978	1979
Veränderung der Endnachfrage [2]) gegenüber Vorjahr											
nominal	12,9	14,0	11,2	9,2	11,5	10,3	4,8	10,2	6,4	6,7	10,4
real	9,1	7,4	4,3	4,2	4,6	0,9	-0,7	6,4	3,0	4,0	5,5
Veränderung der Einfuhr [3]) gegenüber Vorjahr											
nominal	19,1	15,9	10,4	7,9	12,6	25,4	4,7	16,3	6,2	3,5	19,0
real	16,2	15,5	8,9	6,9	3,1	3,6	3,9	11,1	4,7	5,9	10,0
Anteil der Einfuhr an der Endnachfrage in Preisen von 1970	15,7	16,9	17,7	18,1	17,9	18,4	19,2	20,1	20,4	20,7	21,6
Preisveränderung der gesamten Einfuhr	2,5	0,3	1,4	0,9	9,2	21,0	0,8	4,7	1,4	-2,3	8,2
Verteuerung der inländischen primären Inputs	3,7	7,3	7,7	5,7	6,0	6,7	6,7	3,3	3,8	3,9	3,6
Preisveränderung der gesamten Endnachfrage	3,5	6,1	6,6	4,8	6,6	9,3	5,6	3,6	3,3	2,6	4,6
Komponenten:											
Importierte Inflation	0,4	0,1	0,2	0,2	1,6	3,9	0,2	0,9	0,3	-0,5	1,8
Hausgemachte Inflation	3,1	6,0	6,4	4,6	5,0	5,4	5,4	2,7	3,0	3,1	2,8

1) Daten bzw. Berechnungen anhand von Daten aus der volkswirtschaftlichen Gesamtrechnung des Statistischen Bundesamtes in: Fachserie 18, Reihe 1, Konten und Standardtabellen 1978; 1979 vorläufige Berechnungen des Statistischen Bundesamtes
2) Letzte Verwendung von Gütern und Diensten insgesamt.
3) Einfuhr von Gütern und Dienstleistungen.

Quelle: DIW 7/80, S . 78

Wie aus Tabelle 8 zu ersehen, spielen die Rohstoffpreiserhöhungen bis 1974 keine Rolle für die bundesrepublikanische Preisentwicklung: es handelt sich eindeutig um eine hausgemachte Inflation. Nur in den Jahren 1974 und 1979 kann von einem gewichtigen Einfluß der "importierten Inflation" gesprochen werden.

3. Zusammenfassung

Mit der Krise 1966/67 endet die Illusion, daß sich kapitalistisches Wachstum in einer "freien Marktwirtschaft" langfristig krisenfrei entwikkeln kann, und in der Krise 1974/75 versiegt die Hoffnung auf einen durch staatliche Interventionen verstetigten Wachstumsverlauf; dazwischen liegt ein Zeitraum, der sich wesentlich von den vorangegangenen unterscheidet.

Vollbeschäftigung, hohe Raten des Wachstums und der Produktivität, eine abermalige Ausweitung des Exports, hohe Inflationsraten und ein vermehrter Einsatz konjunkturpolitischer Instrumente charakterisieren diese Periode, die entscheidend von der Zunahme des Verteilungskampfes geprägt wird.
Mit den Septemberstreiks von 1969 wird von Seiten der Arbeiterschaft eine Phase verschärfter Verteilungskämpfe eingeleitet. Unter den Bedingungen von Vollbeschäftigung bzw. Arbeitskräftemangel und relativ gut ausgebautem Sozialstaat bei gleichzeitig expandierender Auslandsnachfrage bringen diese Verteilungskämpfe eine erhebliche Verschiebung der Verteilungsrelation. Für die Jahre 1969 - 1974 kann aufgrund der über den Produktivitätsziffern liegenden Lohnraten von einer "Lohnoffensive der Arbeiterschaft" gesprochen werden.
Diese Offensive erfährt durch die Institutionalisierung des Keynesianismus und die nachfolgende Proklamation von Reformpolitik zumindest eine atmosphärische Begünstigung, auch wenn sich die sogenannte Vollbeschäftigungsgarantie keynesianischer Wirtschaftspolitik im Nachhinein als nicht einlösbares Versprechen erweist.
Keynesianismus und sozialdemokratische Reformvorstellungen fallen in zweifacher Weise zusammen; einerseits soll das staatsinterventionistisch beeinflußte und geförderte Wirtschaftswachstum die Finanzierung von Reformen ohne strukturelle Eingriffe ermöglichen und andererseits scheitern beide an der Ausklammerung gesellschaftspolitischer Perspektiven bzw. an der Reduktion von Gesellschaftspolitik auf quantitative und technische Funktionalitäten.
Zwar sind auch dem Keynesianismus implizite gesellschaftspolitische Aspekte immanent, die als Versuch der ökonomischen und sozialen Integration der Arbeiterschaft bei Fortführung privatkapitalistischer Autonomie beschrieben werden können, indem er diese aber nicht politisch artikuliert und umsetzt, begibt er sich in das Dilemma, wirkungslos oder ökonomisch

disfunktional zu werden.
Ohne die politische Bestimmung und Steuerung der Einkommenspolitik und/oder der Investitionsplanung bleibt auch keynesianische Politik auf das Wohlverhalten der Wirtschaftssubjekte angewiesen. Da weder das Kapital, noch die Arbeiterschaft sich auf die staatliche Politik verpflichten lassen, eskalieren Lohn- und Inflations- ebenso wie die Investitionsentwicklung zur ökonomischen Krise. Während sich in der stagnativen Investitionsentwicklung nach dem kurzzeitigen Boom das Bemühen der Kapitalseite um arbeits- <u>und</u> kapitalsparende Effekte ausdrückt, kommt es im ersten Krisenjahr 1974, nicht zuletzt aufgrund der 73er Streiks, noch zu überproportional hohen Lohnerhöhungen, die sowohl negativ auf die Profitrate wirken, als auch die Inflation beschleunigen.

Gelingt die staatliche Vermittlung des ökonomischen Prozesses in Gestalt eines Kompromisses zwischen Lohnarbeit und Kapital nicht, folgt auf die Vollbeschäftigungsperiode eine stagflative Phase, wie die Entwicklung in der Bundesrepublik seit 1974 offenbart.
Die autonomen Bedingungen des Verteilungskampfes und der Investitionsentscheidung begrenzen auch die staatliche Stabilitätspolitik, so daß von der "formalen Betriebsamkeit", d.h. der Vielzahl an Programmen, nicht unbedingt auf eine erfolgreiche Wirkung geschlossen werden kann. Als Gründe für die international relativ geringe Inflation muß neben der Stabilitätspolitik von Bundesregierung und Bundesbank die immer noch vergleichsweise "disziplinierte" Verhaltensweise der Kontrahenten im Verteilungskampf benannt werden. Obschon die Bruttolöhne deutlich über den Produktivitätsziffern liegen, bremsen die dem "Gesamtwohl" verpflichteten Gewerkschaften die Lohnoffensive und entschärfen den Verteilungskonflikt.

III. Langfristige, strukturelle Komponenten der Wirtschaftsentwicklung

Auf die Wirtschaftskrise 1974/75 folgt eine Phase "reduzierten Wachstums"; dieser Trendbruch weist auf strukturelle Veränderungen im Gefüge der Ökonomie hin.
Daher läßt sich diese Krise - so meine Vermutung - nicht auf eine "Konjunkturkrise" reduzieren.

Um Ursachen und Folgen der Krise historisch angemessen erklären zu können, werden deshalb im folgenden ökonomische Teil-Determinanten überzyklisch betrachtet. Die Fixierung dieser Faktoren soll zielgerichtet auf die Krise 1974/75 erfolgen. Zusammen mit den in Kapitel II für die Konjunkturphase 1967 - 75 dargestellten und analysierten zyklischen Komponenten soll der Weg zur Einschätzung dieser Krise eröffnet werden.

Zyklus(Phase) und Trend sind keine voneinander getrennt zu betrachtenden Einzelphänomene; beide beeinflussen sich gegenseitig, wobei Trend die langfristigen Entwicklungstendenzen einer Ökonomie bezeichnet und Zyklus sich im Abbild von Konjunkturschwankungen begründet. Mit Zyklus wird nicht nur das kurzfristige Erscheinungsbild bezeichnet, ihm liegen eigene "Gesetze" zugrunde.

"Interpretiert man den Trend als Wirtschaftswachstum und den Zyklus als Konjunkturschwankungen, so wird jener i. d. R. durch das Wachstum des Produktionspotentials indiziert, während die konjunkturellen Schwankungen durch die Bewegungen des Auslastungsgrades der Produktionskapazitäten erfaßt werden." (Welsch 1979, S. 47)

Gleichwohl existiert zwischen beiden ein innerer Zusammenhang; d.h., langfristige Entwicklungstendenzen und zyklische Schwankungen resultieren aus den gleichen ökonomischen, politischen und sozialen Größen.

Ausgewählt werden für die Krise 1974/75 relevante Faktoren, deren Veränderungen einen Einfluß auf ihre Ausprägung und Spezifik vermuten lassen.

Die ökonomische Krise erfaßt in ihrem Entstehungsprozeß insbesondere die industriellen Bereiche bzw. findet hier ihren ersten Kulminationspunkt. Insofern kann die nachfolgende Betrachtung Entwicklungstendenzen und -perspektiven der Gesamtwirtschaft vernachlässigen oder als bekannt voraussetzen. (Vgl. IFO 1981 und Kommission 1977)
In der Zusammenfassung werden entsprechende Trendänderungen der Wirtschaftsbereiche in Sektoren, die nicht zuletzt aus den Veränderungen der

Tabelle 9:

Jahr	Bruttosozialprodukt in jeweiligen Preisen	Bruttosozialprodukt in konstanten Preisen insgesamt	Bruttosozialprodukt in konstanten Preisen je Erwerbstätigen	Industrielle Produktion 1)	Lebenshaltungspreise 2)	Erwerbspersonen 3)	Arbeitslosenquote 4)	Bruttolöhne und -gehälter je Beschäftigten in jeweiligen Preisen		Bruttolöhne und -gehälter je Beschäftigten in konstanten Preisen
	Veränderung gegen Vorjahr in %						in %	DM	1950 = 100	
1950	.	.	.	24,6	— 6,3	.	11,0	2 910	100	100
1951	22,3	10,4	7,9	18,5	7,8	1,9	10,4	3 390	116	108
1952	14,2	8,9	6,9	6,4	2,0	1,5	9,5	3 660	125	114
1953	7,8	8,2	5,4	10,3	— 1,7	1,4	8,4	3 870	133	123
1954	7,4	7,4	4,7	11,5	0,1	2,3	7,6	4 070	140	129
1955	14,4	12,0	7,9	14,9	1,7	2,2	5,6	4 400	151	137
1956	10,5	7,3	4,7	8,0	2,6	1,7	4,4	4 750	163	144
1957	9,0	5,7	3,6	5,7	2,0	1,6	3,7	4 990	171	149
1958	7,2	3,7	2,9	3,1	2,2	0,8	3,7	5 330	183	155
1959	8,8	7,3	6,0	7,4	1,0	0,2	2,6	5 620	193	162
1960	11,7	9,0	7,3	11,4	1,4	0,7	1,3	6 150	211	175
1961	9,4	4,9	3,5	6,4	2,2	1,0	0,8	6 780	232	189
1962	8,8	4,4	4,0	4,3	3,0	0,3	0,7	7 400	254	200
1963	6,0	3,0	2,8	3,5	2,9	0,3	0,8	7 850	269	206
1964	9,8	6,6	6,6	7,9	2,4	— 0,0	0,8	8 560	294	220
1965	9,2	5,5	5,0	5,1	3,1	0,4	0,7	9 340	320	232
1966	6,4	2,5	2,9	1,3	3,7	— 0,3	0,7	10 010	344	240
1967	1,3	— 0,1	3,2	— 2,8	1,7	— 2,1	2,1	10 350	355	244
1968	8,4	6,5	6,4	9,3	1,6	— 0,4	1,5	10 990	377	255
1969	11,7	7,9	6,3	12,9	1,9	0,9	0,9	12 000	412	274
1970	13,6	5,9	4,6	5,9	3,4	1,1	0,7	13 770	473	304
1971	11,3	3,3	3,1	1,6	5,3	0,3	0,8	15 390	528	323
1972	9,4	3,6	3,9	4,5	5,5	— 0,0	1,1	16 770	575	333
1973	11,2	4,9	4,7	6,2	6,9	0,3	1,2	18 780	645	349
1974	7,3	0,4	2,3	— 2,0	7,0	— 0,7	2,6	20 930	718	363
1975	4,4	— 2,5	1,0	— 6,2	6,0	— 1,5	4,7	22 430	770	367
1976	9,1	5,7	6,7	6,9	4,5	— 0,9	4,6	23 990	823	376
1977	6,2	2,4	2,9	2,9	3,9	— 0,6	4,5	25 650	880	387

1 Einschl. Bau; von Kalenderunregelmäßigkeiten bereinigt. – 2 Bis 1962 Preisindex für die Lebenshaltung für 4-Personen-Arbeitnehmerhaushalte mit mittlerem Einkommen, ab 1963 Preisindex für die Lebenshaltung aller privaten Haushalte; jeweils auf Originalbasis berechnet. – 3 Jahresdurchschnitte. – 4 Arbeitslose in % der abhängigen Erwerbspersonen.

Quelle: MONATSBERICHTE der Bundesbank

Industrie resultieren, kurz mitaufgenommen.

1. Branchenstruktur

Der industrielle Sektor teilt sich in 5 Branchengruppen und 40 Branchen:
- Bergbau
- Grundstoff- und Produktionsgüterindustrie
- Investitionsgüterindustrie
- Verbrauchsgüterindustrie
- Nahrungs- und Genußmittelindustrie

Die Anteilstruktur der jeweiligen Gruppen am Effektiven Nettoproduktionsvolumen zeigt einen überproportionalen Anstieg von Grundstoff- und Produktionsgüterindustrie und insb. der Investitionsgüterindustrie und ein Absinken von Bergbau und Verbrauchsgüterindustrie. Diese Strukturveränderungen vollziehen sich im wesentlichen aber schon in den 50er Jahren. Seit Mitte der 60er Jahre ist die Anteilstruktur in etwa gleich. Der Anteil der Grundstoffindustrie liegt bei fast 30 % und der der Investitionsgüterindustrie bei fast 40%. Die Zyklizität der Anteilstruktur ist nicht stark ausgeprägt, was dem annähernd parallelen Verlauf der Konjunkturschwankungen aller Branchengruppen geschuldet scheint.
Selbst der Boom 1972/73 in der Grundstoff- und Produktionsgüterindustrie schlägt sich kaum in einer Veränderung der Anteilstruktur nieder.

Bei der Anteilsstruktur am Kapitalstock sticht das hohe Niveau der Grundstoff- und Produktionsgüterindustrie hervor. Im Gegensatz zu den anderen Gruppen liegt die Anteilsrelation am Kapitalstock in dieser Gruppe wesentlich höher als ihr entsprechender Anteil am NPV.
Auffällig ist der überdurchschnittliche Anstieg der Investitionsgüterindustrie von 1950 bis 1970, ein Prozeß, der sich erst gegen Ende der 60er Jahre verlangsamt.
Die für die Wachstumsentwicklung relevanten Daten von Arbeitsproduktivität, Kapitalproduktivität und Kapitalintensität u. Kapitalrentabilität ergeben folgendes Bild:
- Der Bergbau hat in der Arbeitsproduktivität im Gesamtzeitraum - mit Ausnahme 1960 bis 1970 - sinkende Tendenz; die Raten der Kapitalintensität

steigen durchweg schneller als die der Gesamtindustrie, so daß auch die Kapitalproduktivität unterdurchschnittlich wächst und die Kapitalrentabilität auf ein niedriges Niveau drückt.

- Die Grundstoff- und Produktionsgüterindustrie liegt in der Arbeitsproduktivität leicht über dem Durchschnitt und hat die stärkste Phase von 1965 bis 1970, im Zyklus 1967 - 1975 pendelt die Rate um den Durchschnitt, die Kapitalintensität liegt ungefähr im Durchschnitt, während die Kapitalproduktivität leicht überdurchschnittlich verläuft. Reallohn und Lohnquote wachsen nur unterdurchschnittlich - insb. in den Jahren des "Kampfzyklus" (1969 - 1974). Die auf dem niedrigsten Niveau aller Gruppen stehende Kapitalrentabilität fällt daher geringer und befindet sich 1977 wieder auf dem Stand von 1967.
Beide Faktoren (Kapitalproduktivität und Lohnquote) bewirken gleichermassen diese stagnative Tendenz der Kapitalrentabilität.
Auch wenn der Lohnanteil in diesem Industriesektor wesentlich geringer als in der Investitionsgüterindustrie ist, verfehlt die Behauptung von ALTVATER u.a.: "... während die Kapitalproduktivität umso größere Schwankungen aufweist, die sich voll auf die Entwicklung der Rentabilität auswirkungen." (Altvater 1979, S. 122)
die empirisch beobachtbare Realität.
Im Gegenteil: die kapitalintensivere Produktion führt zu einer vergleichsweise abgeflachten Entwicklung der Kapitalproduktivität und zu hohen Raten der Arbeitsproduktivität.
Insbesondere in Zeiten erfolgreicher Lohnkämpfe erweisen sich kapitalintensivere Produktionsmethoden als Stabilisator für die Entwicklung der Kapitalrentabilität. Die Entwicklungsraten von Arbeitsproduktivität und Kapitalintensität liegen nicht von ungefähr in diesem Sektor dichter als in den anderen zusammen.

- Die Investitionsgüterindustrie hat nachlassende Tendenz in der Arbeitsproduktivität und sinkt unter den allgemeinen Durchschnitt im Zeitraum 1960 - 1970.
Die Kapitalintensität verbleibt im Durchschnitt, während die Kapitalproduktivität ein uneinheitliches Bild zeigt. Nach überdurchschnittlichen Werten in den 50er Jahren sinkt sie 1960 ab und hat von 1970 bis 1975 unterdurchschnittliche Werte.
Als Branchengruppe mit dem ohnehin größten Lohnanteil wird die Investitionsgüterindustrie von den Auswirkungen der "Lohnoffensive" am schwersten getroffen: deutlich über dem Durchschnitt liegende Reallohnerhöhun-

Tabelle 10: Zuwachsraten verschiedener Indikatoren für die GP

Indikator	1967	1968	1969	197o	1971	1972	1973	1974	1975	1976	1977	1978+	1979+
Arbeitsproduktivität	7.7	12,o	6,9	1,9	2,4	7,8	9,o	1,5	-7,7	13,9	2,4	5,6	8,1
Kapitalintensität	11.9	3.6	o.7	2,4	7.6	7,8	3,8	5,1	8,5	4,8	4,o	2,5	1.2
Kapitalproduktivität	-3,7	8,1	6,2	-o,5	-4.8	o,o	5,1	-3,4	-14,9	8,7	-1,5	3.1	6.8
Reallohn	-	6,6	12,7	17,2	1,7	1,o	5,4	3,6	-6,4	1,4	o,3	-	-
Effektives NPV	1,6	12,8	11,2	5,3	1,o	5,1	9,4	-o,2	-12,7	1o.9	o,o	3,8	7,4
Reale Lohnquote	-	-5,6	1,3	11,3	o,6	-4,1	-3,3	3,7	7,2	-8,7	o,3	-	-
Kapitalrentabilität	-	1o,9	5,6	-5,6	-5,1	2,1	7,o	-5,2	-18,o	13,9	-1,5	-	-

---

Jahre	Kapitalrent.	Kap.prod.	Lohnquote	Arb.prod.	Kap.intens.	Reallohn	NPV	BAV
1969-1973	-2,1	-o,6	3,9	22,5	22,9	26,9	22,3	22,4
1969-1974	-7,2	-4,o	7,8	24,3	29,5	31,5	22,o	27,1
1967-1975	-1o,9	-6,3	7,8	37,4	46,6	47,9	33,6	42,5

Quelle: KRENGEL und eigene Berechnungen

gen führen zu einem starken Anstieg der Lohnquote und einem Fall der Kapitalrentabilität, die auch noch 1977 unter dem Niveau von 1967 liegt.

Ein durchschnittlicher Anstieg der Kapitalintensität setzt sich nicht in der Arbeitsproduktivität um, diese Rate entwickelt sich unterdurchschnittlich, so daß auch die Kapitalproduktivität im Zyklus leicht überdurchschnittlich fällt.

Obwohl das Effektive NPV in der Investitionsgüterindustrie seit 1967 stärker als in den anderen Bereichen wächst, kommt es als Folge des hohen Lohnquotenzuwachses zu einer in der mittelfristigen Tendenz fallenden Kapitalrentabilität.

- In der Verbrauchsgüterindustrie steigt nach der 67er Krise die Kapitalintensität in enormen Ausmaß, was sich mittelfristig zwar in einer vergleichsweise höheren Arbeitsproduktivität niederschlägt, die jedoch nicht den Zuwachs der Kapitalintensität kompensieren kann. Ähnlich wie in der Investitionsgüterindustrie verläuft die negative Entwicklung der Kapitalproduktivität. Da - gegensätzlich - die Lohnquote nur wenig ansteigt, wird der Rückgang der Kapitalrentabilität hier vor allem durch die Bewegung der Kapitalproduktivität hervorgerufen.
- Die Nahrungs- und Genußmittelindustrie verbleibt bei Arbeits- und Kapitalproduktivität annähernd bei den Durchschnittswerten und ist bei der Kapitalintensität leicht über dem Durchschnitt.

Der hohe Stand der Kapitalintensität schlägt sich seit 1967 nicht in ebenso hohen Raten der Arbeitsproduktivität durch, so daß die Kapitalproduktivität überdurchschnittlich fällt. Zwar wird hierdurch die Kapitalrentabilität negativ beeinflußt, ohne jedoch einen starken Rückgang zu bewirken, da die Lohnquote weit unter dem Durchschnitt verbleibt. Das hohe Niveau der Kapitalrentabilität begründet sich in kapitalintensiveren Produktionsmethoden, die eine vergleichsweise deutlich höhere Profitquote bedingen. ALTVATER u.a. kehren diesen Zusammenhang um, wenn sie konstatieren:

"... Die Kapitalproduktivität ist hier (insb. wegen überdurchschnittlich hoher Kapitalintensität) niedriger als in Investitions- und Verbrauchsgüterindustrien. Doch wird dies durch die weit überdurchschnittlich hohe Profitquote wettgemacht, die auf den hohen Anteil unqualifizierter Arbeit mitzurückzuführen ist. Niedrige Lohnstückkosten sind in diesem Zweig also die Ursache für die überdurchschnittlich hohe Rentabilität des Kapitals." (Ebenda, S. 122)

Tabelle 11: Zuwachsraten verschiedener Indikatoren für die IG

Indikator	1967	1968	1969	197o	1971	1972	1973	1974	1975	1976	1977	1978+	1979+
Arbeitsproduktivität	o,8	6,1	9,2	2,9	o,o	5,2	5,6	-2,1	2,o	11,o	4,4	o,3	3,7
Kapitalintensität	13,1	2,4	-1,8	1,7	7,5	8,7	3,o	5,4	11,1	5,3	2,8	2,9	2,7
Kapitalproduktivität	-1o,9	3,6	11,3	1,2	-7,o	-3,3	2,6	-7,1	-8,2	5,5	1,6	-2,6	1,o
Reallohn	-	9,4	17,5	17,5	5,5	o,9	7,2	3,6	-4,8	1,8	4,3	-	-
Reales BAV	5,8	4,9	5,9	7,6	7,5	6,o	4,9	4,4	3,6	2,9	2,9	2,9	3,6
Effektives NPV	-5,7	8.7	17,8	8,9	-o,1	2,5	7,6	-3,1	-4,9	8,6	4,5	o.2	4,6
Reale Lohnquote	-	o,7	-o,5	7,9	5,7	-1,6	-o,4	6,9	o.o	-6.1	-o,4	-	-
Kapitalrentabilität	-	2,8	11,6	-5,1	-11,6	-1,7	2,7	-13,3	-8,1	12.4	2,2	-	-

Jahre	Kapitalrent.	Kap.prod.	Lohnquote	Arb.prod.	Kap.intens.	Reallohn	NPV	BAV
1969-1973	-15,3	-6,6	11,8	14,2	22,4	34,2	2o,o	28,6
1969-1974	-26,6	-13,3	19,5	11,8	29,o	39,o	16,3	34,3
1967-1975	-22,5	-8,3	19,8	32,2	44,1	7o,o	41,8	54,5

Quelle: KRENGEL und eigene Berechnungen
(+ die Daten dieser Jahre sind nur bedingt vergleichbar)

Es wird vernachlässigt, daß erst die Substitution von Arbeit durch Kapital diesen Prozeß bewirkt hat, d.h., der kostensparende Effekt von Substitutionsprozessen drückt sich hier aus.
Zwar kompensiert das hohe Niveau der Arbeitsproduktivität nicht die Kapitalintensität, so daß die Kapitalproduktivität fällt, gleichwohl bringen arbeitssparende Investitionen Kostenersparnis im Lohnbereich und erhöhen die Profitquote und damit auch die Rentabilität.
Aufgrund der gleichmäßigen Nachfrageentwicklung verlaufen in diesem Bereich alle Indikatoren in einer abgeflachten Bewegungsform.

In Bezug auf die Kapitalrentabilität bedeuten diese Daten, daß steigende Arbeitsproduktivität die Kapitalrentabilität erhöht und steigende Kapitalintensität und steigende Lohnquote die Kapitalrentabilität verringert. (1)

Betrachten wir die Lohnquote in den Branchengruppen (2), so haben wir eine überdurchschnittlich hohe in der Investitionsgüterindustrie, unterdurchschnittliche in Grundstoff- und Produktionsgüterindustrie und Verbrauchsgüterindustrie und eine geringe im Nahrungs- und Genußmittelbereich.

In der Investitionsgüterindustrie liegt die Lohnquote um ca. 30 % über dem Niveau des industriellen Durchschnitts. Bei der Kapitalproduktivität ergibt sich ein ähnliches Bild, die Investitionsgüterindustrie liegt ca. 15 % über dem Durchschnitt.
Diese Berücksichtigung der Ausgangswerte erscheint mir erforderlich, um die jährlichen Zuwachsraten in ihrem Stellenwert für die Bewegung der Kapitalrentabilität einordnen zu können.
Die Investitionsgüterindustrie mit ihrem hohen Lohnanteil kann beispielsweise Lohnquotenerhöhungen schwerer kompensieren, als die Nahrungs- und Genußmittelindustrie. Bleibt zudem die Arbeitsproduktivität unter dem Zuwachs der Kapitalintensität, fällt auch die Kapitalproduktivität.

Erst im Zusammenhang können die einzelnen Faktoren angemessen interpretiert werden, wie nachfolgend am Beispiel der Kapitalintensität gezeigt werden kann.
Da in dem Begriff der Kapitalintensität (Brutto Anlagevermögen je Beschäftigten) qualitative Momente eingehen, wie unterschiedliche Technologie und verschiedene Anwendung der Technologie, sagt diese Größe für sich genommen nicht viel aus, sondern muß gekoppelt werden mit der Entwicklung der Produktivität. Die Grundstoff- und Produktionsgüterindustrie z. B. hat ihre

Tabelle 12: Zuwachsraten verschiedener Indikatoren für die VG

Indikator	1967	1968	1969	197o	1971	1972	1973	1974	1975	1976	1977	1978‡	1979+
Arbeitsproduktivität	1,4%	9,1%	6,6%	1,9%	5,8%	6,6%	4,o%	2,4%	3,5%	12,3%	4,4%	o,6%	3.6%
Kapitalintensität	13,2	4,4	1,2	5,4	7,8	6,2	6,1	11,2	11,2	4,6	3,o	2,3	1,5
Kapitalproduktivität	-1o,4	4,5	5,3	-3,3	-1,9	o,4	-2,o	-8,o	-6,9	7,3	1,4	-1,6	2,1
Reallohn	-	6,4	1o,8	12,1	4,2	3,3	3,o	-3,4	-6,7	1,8	2,4	-	-
Reales BAV	5.6	4,7	5,5	6,5	6,o	5,o	4,5	3,6	2,2	1,9	1,9	1,9	2.o
Effektives NPV	-5,5	9,4	11,1	2,9	4,o	5,4	2,5	-4,7	-4,9	9,3	3,3	o,2	4,1
Reale Lohnquote	-	-2,7	-o,3	8,8	o,2	--2,1	o,5	1,4	-2,1	-6,9	-o,8	-	-
Kapitalrentabilität	-	6.4	5,4	-8,9	-2,1	2,1	-2,3	-9,o	-5,6	12,9	1,8	-	-

Jahre	Kapitalrent.	Kap.prod.	Lohnquote	Arb.prod.	Kap.intens.	Reallohn	NPV	BAV
1969-1973	-11,o%	-6,6	7,3	19,6	28,o	24,2	15,5	23,9
1969-1974	-19,o	-14,1	8,8	22,4	42,4	2o,1	1o,2	28,3
1967-1975	-14,3	-12,o	3,4	47,3	67,4	32,o	27,5	44,9

Quelle: KRENGEL und eigene Berechnungen

hohe Kapitalintensität durch hohe Raten der Arbeitsproduktivität jahrelang kompensieren können. Zu hohe Kostenbelastung durch steigende Löhne und die Konkurrenzsituation zwingen das Kapital, die Produktivkraft zu erhöhen (Einführung neuer Technologien, höhere Arbeitsintensität), um kurzfristig die Kosten zu senken und die Produktivität zu erhöhen, d.h., mit weniger Beschäftigten gleich oder mehr zu produzieren.
Eine hohe Kapitalintensität ist also nicht immer gleichbedeutend mit einem Sinken der Kapitalrentabilität, solange die Kompensation über die Produktivität gelingt und dieses Faktum hängt wesentlich von den Auseinandersetzungen zwischen Kapital und Arbeit ab.
Darüberhinaus darf nicht vergessen werden, daß arbeitssparende Investitionen, die sich auch in steigender Kapitalintensität ausdrücken, zu Lohnkostenersparnissen führen. Auch wenn die Kapitalintensität höher als die Arbeitsproduktivität steigt, kann die Kapitalrentabilität aufgrund der Lohnkostenersparnis relativ besser dastehen als vor dem Investitionsprozeß.
Zur Entwicklung der Kapitalrentabilität bzw. zu den sie bestimmenden Faktoren werden weitere Ausführungen folgen.
Zur Veranschaulichung der weit auseinandergehenden Strukturen in den Branchengruppen sollen exemplarisch die wichtigsten Branchen durchleuchtet werden.

Wir beschränken uns auf:

- Chemieindustrie	(Ch)	ca. 12 % Anteil am Eff. NPV
- Maschinenbau	(MB)	ca. 10 %
- Elektrotechnik	(E1)	ca. 11 %
- Autoindustrie	(FB)	ca. 7/8 %

Diese 4 Branchen haben zusammengenommen einen Anteil von ca. 40 % am Effektiven Nettoproduktionsvolumen (NPV) des industriellen Sektors.

Schaubild 5:

Korrelation von Kapitalintensität und Lohnstückkosten in der westdeutschen Industrie 1970

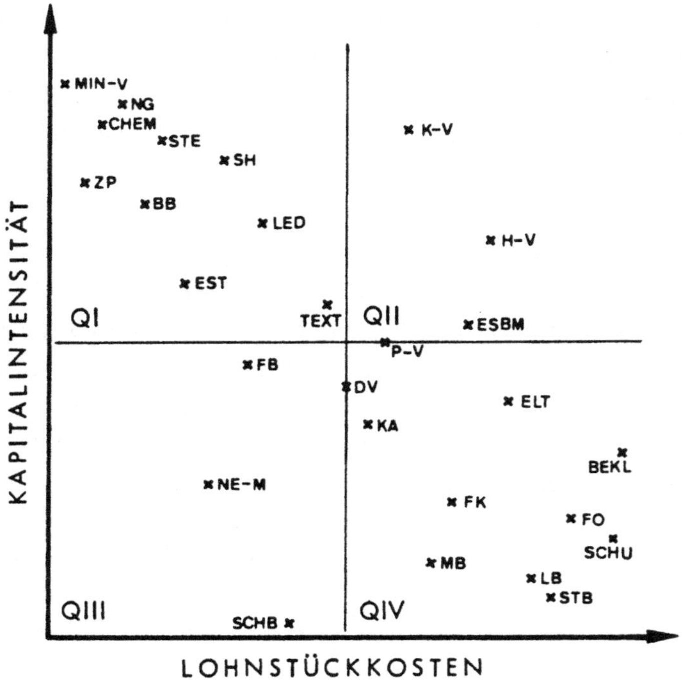

Q I = Quadrant I , hohe Kapitalintensität/ niedriges w
Q II = Quadrant II, hohe Kapitalintensität/ hohes w
Q III = Quadrant III, niedrige Kapitalintensität/ niedriges w
Q IV = Quadrant IV, niedrige Kapitalintensität/ hohes w

Legende der Abkürzungen der Industriezweige: MINV = Mineralölverarbeitung; NG = Nahrungs- und Genußmittelindustrien; CHEM = Chemieindustrie; STE = Industrien der Steine und Erden; SH = Sägewerke und holzbearbeitende Industrie; ZP = Holzschliff, Zellstoff usw.; BB = Bergbau; LED = Lederindustrien; EST = Eisen- und Stahlindustrie; TEXT = Textilindustrie; H-V = Holzverarbeitung; ESBM = Eisen-, Blech-, Metallwarenindustrie; P-V = Papierverarbeitung; DV = Druckereien; EKT = Elektrotechnische Industrie; KA = Gummi- und Asbestverarbeitung; BEKL = Bekleidungsindustrie; FK = Feinkeramik; FO = Feinmechanische und optische Industrie; NE-M = Nichteisen-Metallindustrie; SCHU = Schuhindustrie; MB = Maschinenbau; LB = Luftfahrzeugbau; STB = Stahl- und Leichtmetallbau; SCHB = Schiffbau; FB = Straßenfahrzeugbau; K-V = Kunststoffverarbeitung.

Quelle: Altvater 1979

Es zeigt sich, daß die CH in der Arbeitsproduktivität, der Kapitalintensität und BAI je L die höchsten Ausgangswerte hat. Die überproportional hohen Zuwachsraten des Effektiven NPV lassen den Schluß zu, daß die hohen Kapitalkosten durch hohe Produktivität und die weitaus geringsten Lohnquoten kompensiert werden. Die Kapitalproduktivität steigt von 1960 bis 1970 in der CH (als einziger Branche) noch an und bleibt 1975 noch über dem Niveau von 1960.
Die hohe Kapitalintensität ist Ausdruck eines hohen technologischen Standes der Produktion und Garant für eine hohe Produktivität, die wiederum die Kapitalrentabilität positiv begünstigt.
In der MB finden wir ein anderes Bild vor; in der Tendenz abflachende Zuwachsraten der Arbeitsproduktivität, die ab 1970 das geringste Niveau aller 4 Branchen erreichen, verbinden sich mit ansteigender Kapitalintensität. Die geringsten BAI je L und stark fallende Kapitalproduktivität werden konfrontiert mit überproportionalem Anteil der Lohnquote. Als Tendenz schon in den 60er Jahren vorhanden, verschärft sich die Situation in den 70er Jahren.
In der EL ist die Arbeitsproduktivität zwar nicht so hoch wie in der CH, aber dafür sind die Kapitalintensität und die BAI je L wesentlich geringer. Die Kapitalproduktivität hält sich daher auf dem höchsten Niveau. Hinzu kommt eine Lohnquote, die sich vergleichsweise schwach entwickelt und in den 70er Jahren unter der des MB, dessen Kapitalproduktivität stärker zurückgeht, bleibt.
Die FB hat die schlechteste Ausgangslage mit relativ hoher Kapitalintensität und geringerem Niveau der Arbeitsproduktivität, was sich in deutlich fallender Kapitalproduktivität ausdrückt. Ein Prozeß, der sich schon in den 60er Jahren durchsetzt. Die Entwicklung der Lohnquote kann diese Entwicklung nicht kompensieren, als geringstes Niveau 1960 liegt es 1975 an 2. Stelle hinter dem MB.

Die Ausgangswerte zeigen verschiedene Konstellationen, auf diesem Hintergrund betrachten wir nun die relative Entwicklung der 4 Branchen.

Schaubild 6

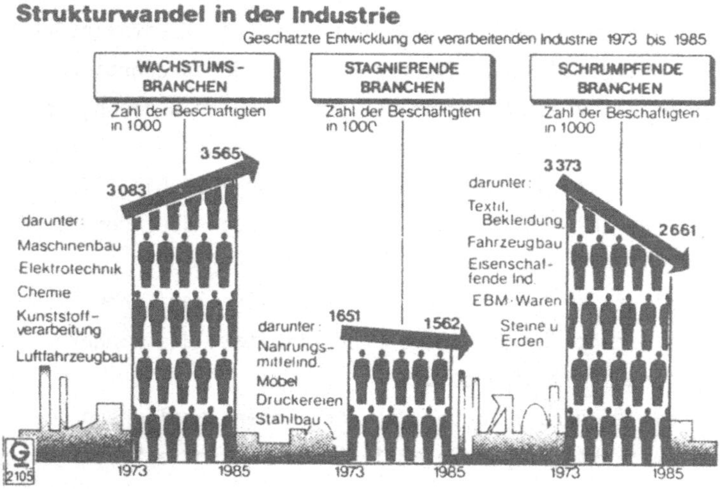

Quelle: Czada 1980

Tabelle 13:

Entwicklung von Profitquote (1-w) und Kapitalrentabilität (r) in ausgewählten Branchen der Industrie 1960 und 1971

Branche		1960 (1-w)	1960 (r)	1971 (1-w)	1971 (r)
Stahl- und Leichtmetallbau	(STB)	0,526	0,793	0,326	0,364
Feinmech. und opt. Industrie	(FO)	0,552	0,684	0,366	0,312
Lederindustrie	(LED)	0,578	0,740	0,486	0,456
Maschinenbau	(MB)	0,608	0,658	0,386	0,299
Feinkeramik	(FK	0,558	0,556	0,456	0,340
Textilindustrie	(TEXT)	0,578	0,410	0,598	0,379
Schiffbau	(SCHB)	0,413	0,215	0,276	0,137
Fahrzeugbau	(FB)	0,678	0,585	0,531	0,335
Eisen- und Stahlindustrie	(EST)	0,632	0,405	0,546	0,290
Nichteisen-Metallindustrie	(NE-M)	0,629	0,335	0,521	0,242
Kunststoffverarbeitung	(K-V)	0,616	0,783	0,684	0,817
Mineralölverarbeitung	(MIN-V)	0,907	0,594	0,927	0,841
Chemische Industrie	(CHEM)	0,706	0,353	0,753	0,534
Ges. Industrie		0,649	0,527	0,601	0,438

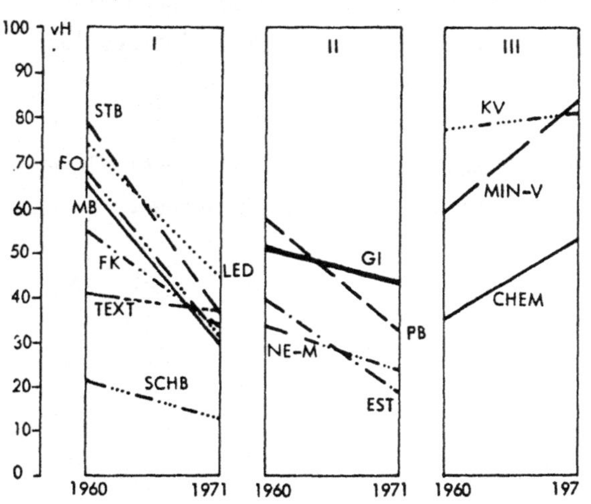

Kapitalrentabilität 1960 und 1971 in ausgewählten Branchen der Industrie der Bundesrepublik

Quelle: Altvater 1979

Die Indexentwicklung zeigt ein ähnliches Bild: die Ch kann ihre Arbeitsproduktivität von 1960 bis 1975 überproportional steigern, die Kapitalintensität steigt in geringeren Relationen, aufgrund ihres höheren Strukturanteils bringt sie jedoch die Kapitalproduktivität 1975 zum sinken. Aber noch in den 70er Jahren steigt die Kapitalproduktivität an. Ihre Lohnquote, die ohnehin auf geringem Niveau liegt, steigt weit unterproportional. Der Anteil der BAI an der Lohn- und Gehaltssumme und am NPV fällt seit 1960 in der Tendenz. Ein überproportionaler Anstieg der Kapitalintensität soll gebremst werden.

Das gegenteilige Bild zeigt sich in der MB; die Arbeitsproduktivität steigt seit 1960 nur unterproportional, während die Kapitalintensität sich durchschnittlich entwickelt. Die Kapitalproduktivität entwickelt sich entsprechend. Anfang der 60er Jahre an der Spitze der Entwicklung, sinkt sie danach überproportional ab. Umgekehrt die Entwicklung der Lohnquote, Anfang der 60er unterdurchschnittlich, steigt die Quote bis Mitte der 70er Jahre um die höchsten Raten. Die Investitionsentwicklung verläuft unterproportional, der Anteil der BAI an der Lohn- und Gehaltssumme und am NPV fällt in überdurchschnittlichen Raten.

Die EL hat den größten Anstieg der Arbeitsproduktivität und der Kapitalintensität. Die Kapitalproduktivität entwickelt sich in abgeschwächter Form zurück. Die Lohnquote steigt - ähnlich wie die CH - nur unterproportional an, die Rate verflacht noch in den 70er Jahren. Die Investitionsentwicklung und ihre Anteilsentwicklung ist nicht so stark rückläufig wie in den anderen Branchen.

Die schlechtesten Entwicklungsbedingungen hat die FB: die Arbeitsproduktivität hat seit 1960 den geringsten Anstieg, während die Kapitalintensität noch ansteigt. Beides drückt sich in einer überdurchschnittlich fallenden Kapitalproduktivität aus, die in ähnlicher Relation wie in der MB fällt. Auffallend ist hier die Steigerung der Lohnquote, die seit 1960 stark expandiert und 1975 an das hohe Niveau im MB heranreicht, gemessen an den Steigerungsraten. Stark rückläufig ist die Investitionsentwicklung. Der ehemals hohe Anteil der BAI je L wird in den 70er Jahren um fast die Hälfte reduziert, gleiche Entwicklungstendenzen bei dem Anteil der BAI an Lohn- und Gehaltssumme und am NPV.

Tabelle 14: Effektives NPV in der CH, MB, EL und FB (Index und Anteil)

Branche	1960	1970	1975	
CH	40,7	100	114,3	(Index)
	7.08	10.51	11.77	(Anteil in %)
MB	64.0	100	95.3	
	12.36	11.02	10.29	
EL	48.9	100	113,4	Quelle:
	8,19	9,96	11. 06	KRENGEL 1977 ff.
FB	48,7	100	99.8	
	6.04	7.49	7,32	

Die Entwicklungsbedingungen finden ihren Niederschlag in der Entwicklung des Effektiven NPV, während CH und El sich überdurchschnittlich entwickeln und ihren Anteil von 1960 über 1970 bis 1975 weiter steigern, fällt der Anteil der MB kontinuierlich, und die FB, die in den 60er Jahren noch ansteigt, fällt ebenfalls in ihrem Anteil in den 70er Jahren.

Tabelle 15: Investitionsentwicklung in der CH,MB,El und FB (Index und Anteil)

Branche	1960	1970	1975	
CH	60,2	100	77,6	(Index)
	13.26	15,18	16,53	(Anteil)
MB	60,3	100	62,7	
	8,89	9,06	7,79	Quelle:
EL	54,4	100	77,0	KRENGEL 1977 ff.
	6,76	8,20	8,85	
FB	65,2	100	48,9	
	9,77	10.33	7,09	

Das gleiche Entwicklungsmuster bei den BAI, während CH und El ihren Anteil steigern, fällt in den 70er Jahren der Anteil bei MB und FB, die selbst zusammen 1975 weniger investieren als die CH.

Exkurs: Entwicklung und Strukturtendenzen im Bauhauptgewerbe

Das Bauhauptgewerbe - als wichtigster Ansatzpunkt staatlicher Konjunkturpolitik - soll in seiner Struktur und in seiner Entwicklung im Zyklus 1967 - 1975 und in der Krise dargestellt werden. (3)

Die Bauwirtschaft ist stärker als andere Branchen an die allgemeine Wirtschaft gekoppelt. (4)
Der staatliche Anteil an der Bauproduktion liegt durchschnittlich bei 30% der gesamten Bauproduktion.
Noch in den 50er Jahren liegen die realen Zuwachsraten des Bauvolumens über denen des BSP. (5) Die Wiederaufbaumaßnahmen nach dem Krieg - unterstützt durch die staatliche mittelbare Investitionspolitik - prägten den Boom der Bauindustrie in den 50er Jahren (sowohl im Wirtschafts- als auch im Wohnungsbau).
Seit Anfang der 60er Jahre verändern sich diese Bedingungen, die Ausprägung der Zyklizität in Baugewerbe und Gesamtwirtschaft nähern sich an und verlaufen parallel. In der Krise erfährt die Bauindustrie einen stärkeren Rückgang als andere Wirtschaftsbereiche und hat überproportional viele Arbeitslose, von denen ein Teil nicht mehr integriert werden kann. Den höchsten Beschäftigungsstand erreicht die Bauindustrie Anfang bis Mitte der 60er Jahre. (6)
Wachstumsdämpfendes Element ist der Rückgang des staatlichen Anteils an der Wohnungsbaufinanzierung, (7) der kontinuierlich abnimmt. Hiermit einher geht ein Wechsel der Strukturabhängigkeit vom Staat zu privaten Kapitalträgern.
Nach der Krise 1966/67 verflacht der Zuwachs des Baugewerbes, es gehört zu den Schlußlichtern der Wachstumsentwicklung. (8)
Die Ansatzpunkte staatlicher Ankurbelungsprogramme in der Krise 1966/67 liegen eindeutig bei der Bauindustrie, jedoch ohne durchschlagende direkte Wirkung, da der prozyklische Charakter der staatlichen Bauinvestitionen erhalten bleibt.
Der folgende Boom 1969/70 findet zeitlich verschoben seine Entsprechung im Baugewerbe, von 1970 bis 1972 kommt es zu einem Bauboom in allen drei Bereichen des Baugewerbes (Wohnungsbau, Wirtschaftsbau, öffentlicher und Verkehrsbau) mit dem Ergebnis, daß der Preisindex in der Bauindustrie zweistellig wird. (9)
Die Strukturanteile der 3 Bereiche ändern sich bis 1974 nicht wesentlich,

Schaubild 7:

ZUR ENTWICKLUNG DES WOHNUNGSBAUS

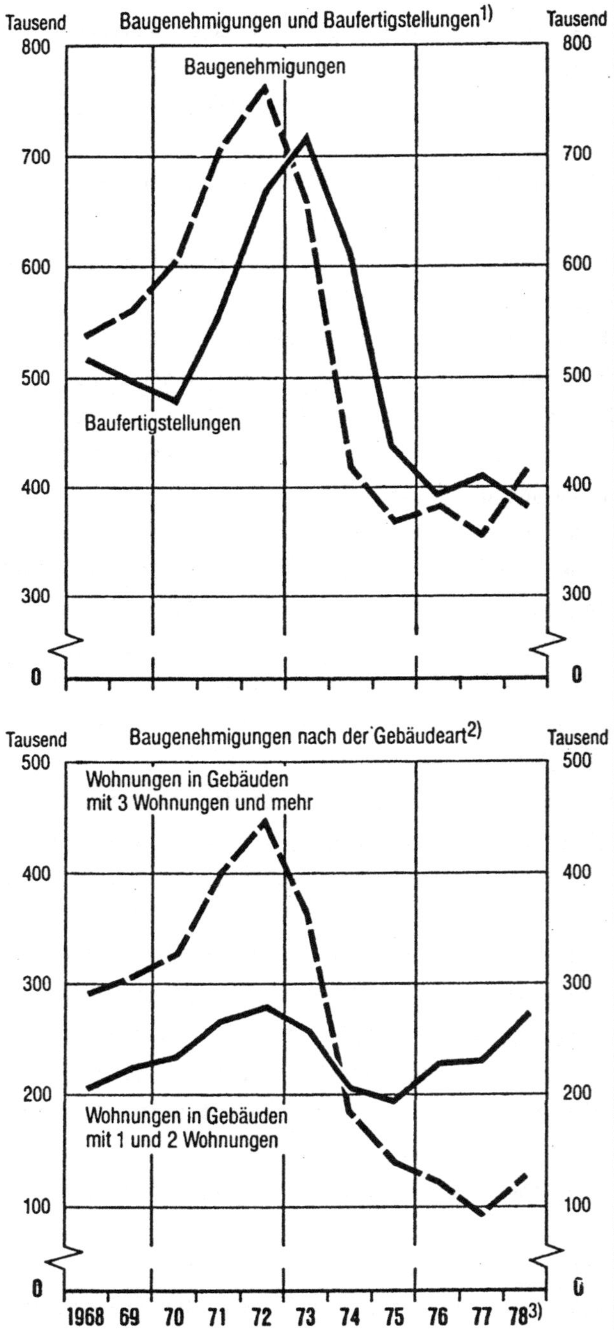

1) Wohnungen in Wohn- und Nichtwohnbauten einschließlich Baumaßnahmen an bestehenden Gebäuden.– 2) Wohnungen in neuerrichteten Wohngebäuden.– 3) Eigene Schätzung.

SR 78 0727

Quelle: SVG 1979

der Wirtschaftsbau nimmt leicht zu. (10)
Die staatliche Stabilitätspolitik ergreift 1970/72 keine spezifischen Maßnahmen gegen die inflationäre Aufblähung im Wohnungsbau und auch nicht im öffentlichen- und Verkehrsbau.

Der Anteil des Bauhauptgewerbes am BIP lag von 1950 bis 1973 relativ konstant zwischen 7 % und 8 %.
1974/75 rutscht der Anteil auf 6,5 %, was einen Hinweis auf die starke Ausprägung der Krise in diesem Bereich gibt. (11)
Ein ähnliches Bild zeigt das NIP, das 1969 - 1972 im Baugewerbe überdurchschnittlich wächst und 1973/74 weit unter dem Durchschnitt liegt, wobei der Anteil um einen Punkt sinkt.
Besonders krass ist der Rückgang der Bauinvestitionen, deren zyklischer Verlauf von strukturellen Trends überlagert wird. Da kaum noch Erweiterungsinvestitionen getätigt werden, bringt selbst eine Steigerung der Ausrüstungsinvestitionen nicht automatisch Bauinvestitionen mit sich.
Obwohl die staatlichen Bauinvestitionen eine relative Konstanz haben, sinkt der Anteil der Bauinvestitionen am BSP um mehr als 3 Punkte zwischen 1970 und 1975.
Die Zunahme der staatlichen Bauinvestitionen 1974/75 kompensiert diesen Fall der Investitionen für Wohn- und Wirtschaftsbauten nur geringfügig.
Diese Entwicklung macht sich auch bei der Struktur des Bauvolumens bemerkbar, es kommt zu Verschiebungen. Der Anteil von Straßenbau und öffentlichem Hochbau steigt in der Krise höher als etwa in der Krise 1966/67, wo der Wohnungsbau noch eine relative Konstanz aufwies. Eine Analyse der Faktorproduktivitäten zeigt einen beschleunigten Anstieg der Kapitalintensität und, da die Arbeitsproduktivität nicht entsprechend steigt, einen langfristigen Fall der Kapitalproduktivität. Kapitalintensivere Produktionsmethoden und nachlassende Nachfrage bewirken einen Beschäftigungsrückgang, der sich auch 1978/79 nicht mehr umkehrt, d. h. der Aufschwung vollzieht sich ohne nennenswerten zusätzlichen Einbezug von Arbeitskräften.
Da der Rationalisierungsprozeß in den meisten Branchen auch nach der Krise anhält, dürfte der Wirtschaftsbau lang- und mittelfristig nicht mehr expandieren können.
Infolgedessen werden Wohnungsbau und Tiefbau wichtiger; beide Bereiche sind Gegenstand politischer Auseinandersetzungen, so daß ein weiteres Wachstum dieser Bereiche wesentlich von deren Konsequenzen und Ergebnis-

sen abhängen. (13) Nicht zuletzt in dem sozialen Konfliktklima der frühen 80er Jahre zeigt sich der immense Stellenwert der Entwicklungsrichtung des Wohnungssektors. Ein Trendbruch deutet sich an: vermehrt Altbaumodernisierung statt Neubau- bzw. "Kahlschlagsanierung".

Der zyklische Rückgang des Baugewerbes 1974/75 ist so wesentlich überlappt von den strukturellen Auswirkungen der Krise (Rationalisierungen) und von der Flaute im Wohnungsbau, wo die Anfang der 70er Jahre geschaffenen Überkapazitäten erst abgebaut werden müssen.
Die Krise verlängert sich in die Bauindustrie, die Nettoproduktion erreichte 1977 immer noch nicht das Niveau von 1970.
Diese strukturelle Krise führt zu einem Beschäftigungsrückgang von 20 %. (15)
Erst die Zunahme des Wohnungsbaus und des überproportional steigenden öffentlichen Hoch- und Tiefbaus, wesentlich geprägt durch das ZIP, leiten 1979 einen Aufschwung im Bauhauptgewerbe ein. (14)
Staatliche Konjunkturpolitik findet im Bauhauptgewerbe nicht nur konjunkturelle, sondern wesentlich strukturelle Krisenerscheinungen vor.

Zusammengefaßt ergeben sich folgende Entwicklungstendenzen für die Gesamtwirtschaft in den 60er und 70er Jahren: (16)

- Der Prozeß der Veränderung der Sektoren kommt 1960 zu einem zwischenzeitlichen Abschluß; erst ab 1975 kommt es wieder zu Veränderungen insb. im Verhältnis vom sekundären zum tertiären Sektor.
  Im Vergleich zu anderen kapitalistischen (hochentwickelten) Ländern ist der sekundäre Sektor überproportional entwickelt.
  Als Gründe seien angeführt: 1) binnenwirtschaftlich begünstigen die Kriegszerstörungen und die Bevölkerungszunahme diese enorme Produktionsausweitung und 2) wird dieser Prozeß durch günstige außenwirtschaftliche Bedingungen (Unterbewertung der DM, billige Rohstoffimporte, Spezialisierung, gute Standortlage etc.) stabilisiert.
  In und durch die Krise 1974/75 erleidet auch das Warenproduzierende Gewerbe deutliche Strukturverluste, wobei die Rückgänge von Wirtschaftszweigen, in denen schwerpunktmäßig Vorprodukte sowie nicht-dauerhafte Konsumgüter erzeugt werden und dem Baugewerbe hervorgerufen werden. Insgesamt bleibt der Rückgang gering.
  1979 beträgt der Anteil des Warenproduzierenden Gewerbes an der Wertschöpfung wieder 50,2 % und erreicht damit das gleiche Niveau wie 1960.
- Auch die Struktur der 10 Wirtschaftsbereiche ist seit 1960 ungefähr gleich. Das Verarbeitende Gewerbe hat seinen führenden Anteil ausgebaut und steuert bis zur Krise 1975 fast die Hälfte zum BIP bei. Durch die Krise wird hier ebenfalls ein Trendbuch gefördert: während die Dienstleistungsbereiche weiter wachsen und ihren Anteil vergrößern, schrumpfen - nominal - das Verarbeitende Gewerbe, vor allem das Baugewerbe und weiterhin die Bereiche Land- und Forstwirtschaft und Fischerei.
- Die sogenannten Faktorproduktivitäten weisen in den Bereichen starke Unterschiede auf. Die günstigsten Bedingungen ergeben sich für die Industrie als eigentlich produktiven Teil der Gesamtwirtschaft.
- Bei der Betrachtung der Branchengruppen ist die Struktur seit 1960 auch annähernd gleich, die Investitionsgüterindustrie behält ihre führende Stellung, während die Grundstoff- und Produktionsgüterindustrie ihren Anteil noch leicht steigern kann.
  Disproportionen zwischen den Gruppen haben sich nicht feststellen lassen.
  Die Entwicklung der Arbeitsproduktivität ist geprägt durch das geringe

Niveau der Zuwachsraten in den 70er Jahren in der GP und in der IG. Die Zuwachsraten verflachen seit 1960 in diesen beiden Bereichen in der Tendenz. VG und N.G verbleiben auf gleichem Zuwachsniveau wie in den 50er Jahren. Bei der Kapitalintensität haben alle Bereiche ansteigende Tendenz seit 1960.
Die Lohnquote steigt seit 1960 überproportional in der Investitionsgüterindustrie und liegt Mitte der 70er Jahre mit ihrem Niveau deutlich an der Spitze der Branchengruppen.
Seit den 60er Jahren haben die Kapitalrentabilitäten fallende Tendenz, wobei die Ursachen durchaus unterschiedlicher Natur sind. Im Zeitraum 1967 - 1975 dürfte die starke Lohnentwicklung, die sich im Anstieg der Lohnquote widerspiegelt, den wichtigsten Faktor ausmachen (insb. in der Investitionsgüterindustrie).
Die seit 1967 unterschiedlich stark sinkende Kapitalproduktivität drückt die im Verhältnis zur Kapitalintensität bisher unzureichende Arbeitsproduktivität aus.
Die einzelnen Kapitalrentabilitäten differieren im beobachteten Zeitraum erheblich, ein Annäherungsprozeß ist nur schwach ausgeprägt.

- Bei der Betrachtung einzelner Branchen in ihrer Entwicklung seit 1960 ergeben sich wesentliche Unterschiede. Während CH und El auch in den 70er Jahren noch zu den Wachstumsbranchen gehören, fallen MB und FB ab. Die MB hat die schlechtesten Ausgangs- und Rahmenbedingungen und erholt sich auch in den 70er Jahren nicht von ihren strukturellen Krisenerscheinungen. Im Gegensatz dazu laufen strukturelle Veränderungsprozesse auf der Grundlage geringerer Investitionsentwicklung in der FB schon Anfang der 70er Jahre ab.
  Die fallende Investitionsentwicklung läßt sich mehr oder weniger stark in allen 4 untersuchten Branchen feststellen.
  Bei der Lohnquotenentwicklung ergeben sich erhebliche Unterschiede, so daß die fallende Kapitalproduktivität unterschiedlich durchschlägt.
  Kennzeichnend für CH und El sind überdurchschnittliche Zuwachsraten der Arbeitsproduktivität, eher unterdurchschnittliche charakteristisch für die Entwicklung in MB und FB in den 70er Jahren.
  Aufgrund der verschiedenen Entwicklungen der Faktoren scheint sich auch die Kapitalrentabilität differenziert entwickelt zu haben. (17)
- Die Entwicklung in der gesamten Industrie unterscheidet sich ebenso wie in den Branchen von den Wachstumskomponenten in den 50er Jahren.

Die Arbeitsproduktivität hat geringere Zuwachsraten, die Lohnquote steigt an, die Kapitalintensität verbleibt auf relativ hohen Zuwachsraten, als Ergebnis fällt in allen Bereichen die Kapitalproduktivität - zumindest in den 70er Jahren.
Besonders die Arbeitsproduktivität verliert seit 1960 ihre kompensatorische Wirkung, wodurch sich, soll der Fall der Kapitalrentabilität aufgefangen werden, der Druck des Kapitals auf die Lohnquote verstärkt. Andererseits erzwingt die Lohnoffensive der Arbeiterschaft Substitutionsprozesse von Arbeit durch Kapital, d.h. eine höhere Kapitalintensität. Als zweite Strategie ist daher der Trend zu niedrigeren Investitionsraten in den 70er Jahren erkennbar, d.h. perspektivisch geht es um arbeits- und kapitalsparende Investitionen.
Auch Veränderungen der Produktionstechnik, ausgedrückt in spezifischen Substitutionsprozessen (von Kohle zu Öl und von Holz zu Kunststoffen), haben auf den Strukturprozeß Auswirkungen. (Vgl. IFO 1981, These 106)

2. Entwicklung der Produktionsbedingungen in der Industrie

Bei der Betrachtung der Branchenentwicklung wurde schon sichtbar, daß in den 70er Jahren strukturverändernde Prozesse <u>in</u> der Produktion stattfinden, die sowohl - geringer - die Branchenstruktur als auch die Entwicklungsrichtung der Gesamtwirtschaft nachhaltig beeinflussen.
Anhand einiger Indikatoren soll diese Tendenz skizziert und für die Krise expliziert werden.

Erwerbstätigkeit

Die Anzahl der in der Industrie Beschäftigten nimmt in der Tendenz seit 1970 ab, wobei die Arbeiter überproportional betroffen sind. (18) Bei Betrachtung der geleisteten Arbeiterstunden ist der Rückgang noch auffälliger - er setzt ab 1970 ein und vergrößert sich sprunghaft in der Krise. 1975 werden in der Industrie rund ein 1/4 Arbeiterstunden weniger geleistet als 1970. Die Entwicklung läuft in den Branchengruppen relativ synchron ab, mit Ausnahme der NG, wo weder Wachstum noch Beschäftigung ausgeprägt zurückgehen. In der CH verläuft der Beschäftigungsabbau abgebremster und nimmt erst 1975 zu. Ähnlich in der El, die jedoch von 1974 auf 1975 mehr als die meisten anderen großen Branchen abbaut. Die MB hat ihren Beschäftigungseinbruch schon 1972 und hält danach sich auf durchschnittlichem Rückgangsniveau. In der FB schwächt sich die Entwicklung zur Krise hin ab, so daß das Entwicklungsniveau 1975 über dem Durchschnitt liegt (hier hatte die Krise schon 1974 ihren Tiefpunkt). Auch 1976 und 1977 nimmt die Zahl der Beschäftigten in der Industrie in geringerem Umfang ab. (19) Bis 1980 bleibt der Beschäftigtenstand in der Industrie auf dem Niveau von 1975.

Die Reduzierung der Zahl der Beschäftigten in der Industrie setzt nach dem Boom 1969/70 ein, verstärkt sich in der Krise und kehrt sich auch nach leichter Beruhigung der Konjunktur nicht mehr um. Zumindest die Zahl der Arbeiter dürfte - auch bei stabilerer Konjunktur - nicht mehr stark zunehmen, vorausgesetzt es kommt zu keinerlei Arbeitszeitverkürzungen.

Bruttoanlagevermögen

Das BAV nimmt in den 60er Jahren relativ gleichmäßig zu. Die Zuwachsraten verflachen erst seit 1973 (trotz Zwischenboom) und erreichen ihren geringsten Zuwachs in der Krise 1974/76.
Auch diese Entwicklung verläuft relativ synchron in den Branchengruppen. Überproportional verläuft in der Krise der Zuwachs in der CH und El.

Investitionen

Die BAI verlaufen ausgeprägt zyklisch bis zum Boom 1969/70, danach sind bis 1975 nur noch Rückgänge zu verzeichnen. Gemessen an ihrem jährlichen Volumen verringern sich die BAI in diesem Zeitraum um fast 30 %.
Den stärksten Rückgang hat schon seit 1971 die Investitionsgüterindustrie zu melden, die allerdings 1969/70 weit überdurchschnittlich investiert hatte. In der Krise selbst ist die Verbrauchsgüterindustrie stark unterdurchschnittlich, diese negative Entwicklung wird wesentlich getragen von der Holzverarbeitungsindustrie und den Bereichen Leder und Textil und Bekleidung. Auffällig ist die Entwicklung in der FB, hier fallen die Investitionen schon 1971 - 1973 überproportional, steigen 1974 kräftig an, um 1975 wieder abzufallen.
Die Nettoinvestitionen fallen seit 1972 noch stärker als die Bruttoinvestitionen, d.h. der Anteil der Abschreibungen an den BAI nimmt in den 70er Jahren verstärkt zu. (20) Ein größer werdender Teil der Investitionen dient also dem Ersatz alter Anlage, wobei berücksichtigt werden muß, daß diese oftmals auch erhebliche Kapazitätseffekte erzielen, d.h. auch bei Ersatzinvestitionen sind technische Verbesserungen sehr wahrscheinlich, so daß ohne Erweiterungsinvestitionen die Produktion erhöht werden kann.
Bemerkenswert ist die Tatsache, daß sich von 1970 - 1974 das Bruttoanlagevermögen der Industrie erheblich verjüngt hat, fast die Hälfte des Ausrüstungsvermögens ist jünger als 8 Jahre. (21) Bei einer durchschnittlichen Abschreibungszeit von 10 Jahren und einer durchschnittlichen "Lebensdauer" von 20 bis 25 Jahren (22) für Ausrüstungsinvestitionen wird das geringe Investitionsvolumen in den 70er Jahren verständlich, auch wenn sich bei fortschreitender technologischer Entwicklung die technologische und investitionsmäßige Umwälzungszeit verkürzen müßte.

Tabelle 16: Anteile der Investitionsarten an den Bruttoinvestitionen

Anteile der Investitionsarten an den Bruttoinvestitionen in Preisen von 1970

in vH

Jahr	Nettoinvestitionen (1)	Ersatzinvestitionen (2)	Erweiterungsinvestitionen (3)	Ersatzinvestitionen (4)	Rationalisierungs-Investitionen (5)
1961	78	22	40	10	50
62	81	19	36	9	55
63	81	19	35	11	54
64	75	25	36	11	53
1965	74	26	40	13	47
66	76	24	37	12	51
67	75	25	27	16	57
68	68	32	35	16	49
69	61	39	53	10	37
1970	71	29	55	11	34
71	76	24	49	16	35
72	75	25	39	18	43
73	66	34	41	17	42
74	61	39	34	21	45
1975	55	45	24	26	50
76	47	53	24	31	45

Quellen: Ifo, München, Sonderbeilage von: Wirtschaftskonjunktur, Heft 9: Zahlen zur Investitionstätigkeit ausgewählter Wirtschaftsbereiche für die Jahre ...... lfd., Tabelle 10, S. 14; Eigenberechnungen (Spalte 1 und 2).

Schaubild 8 : Anteile der Investitionsarten an den BAI

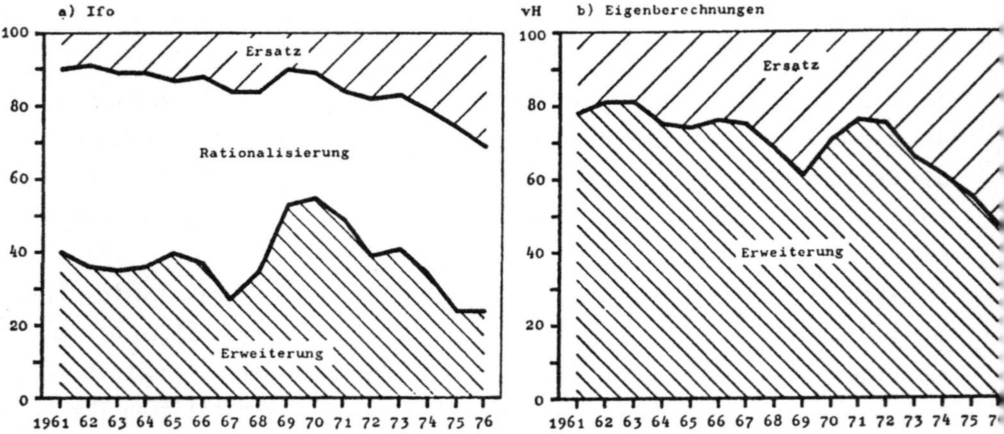

Quelle: KÜCHLE 197

Die stagnative Investitionsentwicklung kehrt diesen Prozeß um: schon 1975 läßt sich eine erhebliche Verschlechterung - in dem Sinne, daß der Modernitätsgrad nachläßt - der Altersstruktur des Anlagevermögens konstatieren. (Vgl. Welsch 1980, S. 112 ff.)
Auch die Aufschlüsselung nach Investitionsarten (23) bestätigt dieses Bild, die Erweiterungsinvestitionen nehmen in ihrem Anteil deutlich ab, während die Ersatz- und Rationalisierungsinvestitionen ansteigen. (24)
Bei der Differenzierung nur zwischen Netto-(Erweiterungs-) und Ersatzinvestitionen wird das Bild noch deutlicher, das Verhältnis kehrt sich von 3 : 1 Anfang der 60er Jahre auf 1 : 1 1975/76. (23)

Nettoproduktionsvolumen

Das Effektive NPV, 1969/70 weit unter den Raten der Investitionen, geht erst 1974/75 in die Minusbereiche, steigt 1976 wieder an - ganz im Gegensatz zu den Nettoinvestitionen. (26)
Berücksichtigt man die Kapazitätsauslastung, die 1973 Höchstwerte (der Zwischenboom wurde ja wesentlich über die Auslastung der Kapazitäten und nicht über Erweiterungen gefahren) und 1974/75 Tiefstwerte verzeichnet und auch von 1976 bis 1978 nicht über das Niveau des Abschwungs 1971/72 hinauskommt und unter 90 % bleibt, so wird deutlich, daß das Potentielle NPV auch in den 70er Jahren weiter gestiegen ist. Die Differenz zwischen Effektivem NPV und Potentiellem NPV vergrößert sich damit.
Setzen wir die verschiedenen Faktoren miteinander in Verbindung, ergibt sich, daß trotz abnehmender Beschäftigung und stagnierender Investitionsentwicklung das Effektive NPV noch leicht und das Potentielle NPV erheblich ansteigt.
Diese Korrelation dürfte einen Hinweis auf die zunehmende Mechanisierung und Automatisierung der Produktion geben.
Die in den 70er Jahren getätigten Investitionen haben somit zwei Konsequenzen: sie reduzieren sowohl Arbeitskräfte als auch Kapital, sie sind arbeits- und kapitalsparend.
An der Entwicklung des Kapitalkoeffizienten (Bruttoanlagevermögen zu Effektivem NPV) schlägt diese Korrelation durch: erstmals 1976 ist der Koeffizient wieder negativ und damit die Kapitalproduktivität positiv. Der relative Rückgang der Kapitalproduktivität verlangsamt sich bzw. steigt zum Teil wieder. (27)

Tabelle 17: Akkumulationsbedingungen in der Industrie (Index und Zuwachsraten)

Indikator	196o	1965	1967	1968	1969	197o	1971	1972	1973	1974	1975	1979[+]	
Arbeiterstunden	1o4.8	1oo.9	88.5	91.7	97,3	1oo	95,8	91,8	91,5	85,6	76,2	74,2	(Index)
	4,4	o,9	-9,7	3,7	6,1	2,8	-4,2	-4,1	-o,4	-6,4	-11,o	-o,1	(Raten)
BAV	51.1	75.5	85.2	89.2	93,9	1oo	1o6,4	112,2	117.2	121,6	125,1	132.8	
	8,7	7,1	5,7	4,7	5,3	6,5	6,4	5,4	4,5	3,7	2,9	-	
BAI	65,5	77,1	66,6	64,1	86,4	1oo	98,4	88,8	85,6	77,3	69,4	84,6	
	25,2	9.9	-11,1	-3,7	34.7	15,8	-1,6	-9,7	-3,6	-9,7	-1o,2		
Effekt. NPV	58,6	77,4	76,1	83,3	94,2	1oo	1o1,6	1o5,4	112,5	11o,2	1o2,8	122,5	
	13,1	6,o	-2,7	9,5	13.1	6,1	1,6	3,7	6,8	-2,1	-6,7	-	
Kapazitätsauslastung	94,7	9o,9	81,6	86,6	94,2	95,2	92,o	91,6	94,7	9o,4	82,8	92,5	
Max. = 1oo	5,4	o,5	-6,6	6,1	8,9	1,o	-3,3	-o,4	3,4	-4,6	-8,6	-	

Quelle: KRENGEL 1977 ff.

Dieser Prozeß wird im Zusammenhang zwischen Investitionen und Effektivem NPV (28) noch deutlicher.
Die Bruttoinvestitionsproduktivität steigt seit 1972 an, was als Hinweis auf die verbesserte Produktivität der Ersatzinvestitionen gewertet werden kann, da der Anteil der Nettoinvestition fällt. Erst in der Krise verlangsamt sich dieser Vorgang. Noch ausgeprägter das Bild bei der Nettoinvestitionsproduktivität; sie steigt von 1970 bis 1976 auf über das Doppelte.

Tabelle 18:

Investitionskennziffern der Industrie

Jahr	Anteile am Bruttosozialprodukt		Nettoinvestitionsproduktivität[1]		Bruttoinvestitionsproduktivität[2]		Nettoinvestitionskoeffizient[3]		Bruttoinvestitionskoeffizient[4]		Kapazitätsauslastungsgrad[5] in vH
	Netto-invest. in vH	Brutto-invest. in vH	potentiell	effektiv	potentiell	effektiv	potentiell	effektiv	potentiell	effektiv	
	(1)	(2)	(3)	(4)	(5)	(6)	(7)	(8)	(9)	(10)	(11)
1961	4,7	6,1	10,13	9,35	7,90	7,30	0,099	0,107	0,127	0,137	93,2
1965	3,9	5,3	12.73	11,52	9,37	8,48	0,079	0,087	0,107	0,118	90,9
66	3,8	5,0	13,27	11,55	10,13	8,82	0,075	0,087	0,099	0,113	87,3
67	3,3	4,4	15,85	12,90	11,82	9,63	0,063	0,078	0,085	0,104	81,6
68	2,7	4,0	18,72	16,16	12,72	10,98	0,053	0,062	0,079	0,091	86,6
69	3,0	4,9	16,34	15,35	9,94	9,33	0,061	0,065	0,101	0,107	94,2
1970	3,7	5,2	12,94	12,30	9,22	8,77	0,077	0,081	0,108	0,114	95,1
71	3,8	5,0	12,85	11,84	9,75	8,98	0,078	0,084	0,103	0,111	92,0
72	3,3	4,4	14,98	13,71	11,21	10,26	0,067	0,073	0,089	0,097	91,6
73	2,7	4,1	18,01	17,04	11,85	11,21	0,056	0,059	0,084	0,089	94,7
74	2,3	3,7	21,51	19,46	13,16	11,91	0,046	0,051	0,076	0,084	90,4
1975	2,0	3,5	26,06	21,60	14,45	11,98	0,038	0,046	0,069	0,083	82,8
76	1,6	3,4	30,11	26,77	14,38	12,79	0,033	0,037	0,070	0,078	86,7

[1]) Potentielles bzw. effektives Nettoproduktionsvolumen zu Nettoinvestitionen. — [2]) Potentielles bzw. effektives Nettoproduktionsvolumen zu Bruttoinvestitionen. — [3]) Kehrwert von Spalte (3) bzw. (4). — [4]) Kehrwert von Spalte (5) bzw. (6). — [5]) Effektives zu potentielles Nettoproduktionsvolumen.

Quellen: Statistisches Bundesamt, Wiesbaden, Fachserie 18, Reihe S 2: Revidierte Ergebnisse 1960—1976, Juli 1977; Statistisches Jahrbuch 1977 R. Krengel u. a., Produktionsvolumen und -potential, Produktionsfaktoren der Industrie im Gebiet der Bundesrepublik Deutschland, 16.—19 Folge, Berlin 1975 ff.; Eigenberechnungen.

Quelle: KÜCHLE 1977

Folge ist das Absinken der Investitionen der Industrie sowohl am BSP als an den Gesamtinvestitionen der Gesamtwirtschaft. (29) Es haben also erhebliche Veränderungen im Produktionsprozeß stattgefunden: ein qualitativer Sprung in der technologischen Entwicklung und deren Anwendung in der Produktion, ein Prozeß, der sich durch die Krise durchzieht und mittel- und langfristige Konsequenzen sowohl für die Beschäftigungsentwicklung als auch für die Investitionsentwicklung in der Industrie hat.
Die Rationalisierungswelle in den 70er Jahren ermöglicht der Industrie mehr Produkte mit weniger Beschäftigten herzustellen.

Als letzter Indikator in diesem Zusammenhang soll das quantitative Verhältnis von "Arbeit" zu "Kapital" untersucht werden.

In der marxistischen Diskussion spielt dieser Komplex eine gewichtige Rolle: das Marx'sche Gesetz des tendenziellen Falls der Profitrate wird von vielen Autoren dergestalt interpretiert, daß eine gestiegene organische Zusammensetzung diesen Fall bewirkt. (Vgl. z.B. Altvater 1979, Hoffmann 1978 und Küchle 1979)
Die Entwicklung vor der Krise 1974/75 - fallende Kapitalrentabilität (Profitrate) - wird wie folgt beschrieben:

Im Jahre 1970 ist die Kapitalrentabilität um 13,4 % niedriger als 1960, u. auch wenn wir die konjunkturell ähnlichen Jahre 1960 u. 1969 vergleichen, zeigt es sich, daß die Kapitalrentabilität (um - 8,9 %) gesunken ist. Diese Tendenz beruht auf einer sinkenden Profitquote (um - 6,5 %), also einer verbesserten Verteilung des Nettoproduktionsvolumens zugunsten der lohnabhängigen Massen, und vor allem auf einem das Wachstum der Arbeitsproduktivität (61,8 %) übersteigenden Wachstum der Kapitalintensität (73,9 %), so daß auch die Kapitalproduktivität in diesem Zeitraum (um - 7,4 %) fällt. In der ersten Hälfte der 70er Jahre ist keine Tendenzumkehr zu verzeichnen." (Altvater u.a. 1979, S. 85/89)

Obwohl ALTVATER u.a. eine Näherungsformel für die organische Zusammensetzung entwickeln, die allerdings von KÜCHLE (1979) für unzureichend gehalten wird, legen sie keine empirischen Daten vor.
Nehmen wir die Kapitalintensität von KRENGEL, wie sie auch von ALTVATER als Indikator für die technische Zusammensetzung des Kapitals benutzt wird, so steigt der Faktor in den 70er Jahren wesentlich schneller an als in den 50er und 60er Jahren und hat auch höhere Zuwachsraten als die Arbeitsproduktivität und die Lohnquote.

Schaubild 9: Kapitalrentabilität, Kapitalintensität und Lohnquote in der Verarbeitenden Industrie

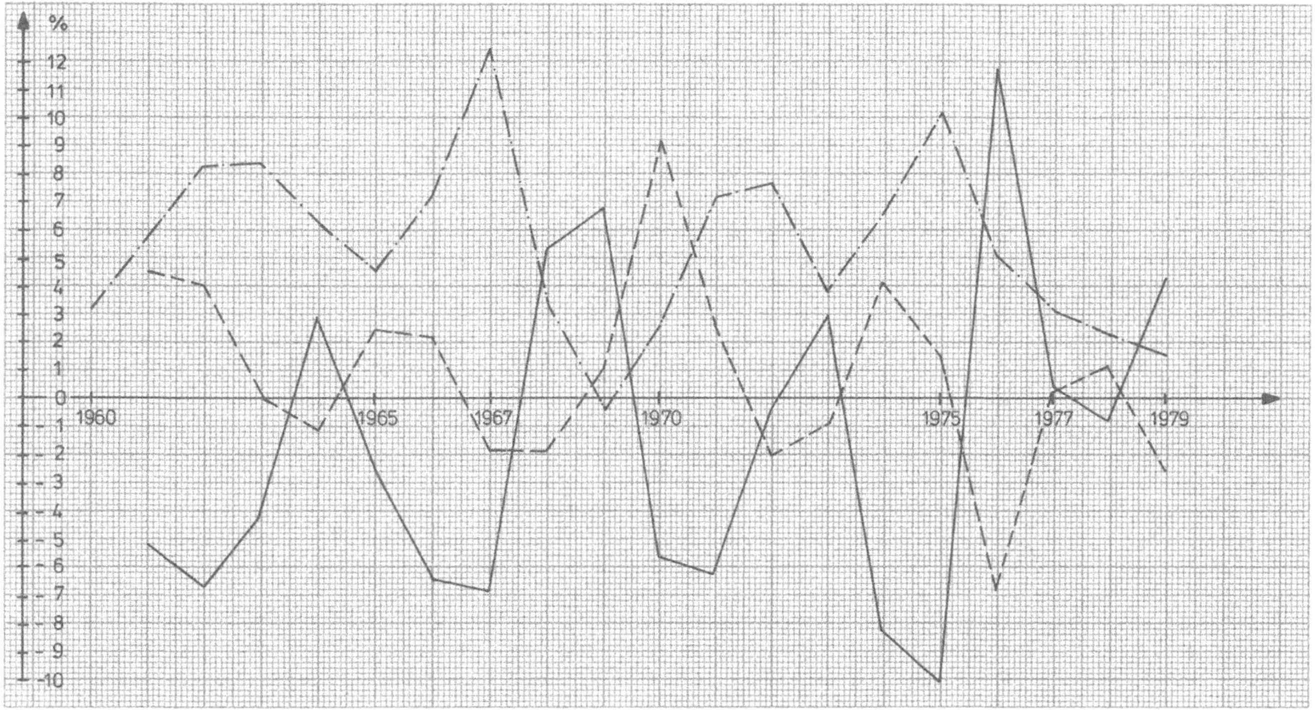

---- Lohnquote ——— Kapitalrentabilität —·—·Kapitalintensität

BLECHSCHMIDT wendet sich gegen diesen Indikator als organische Zusammensetzung, weil der Anstieg der Produktivität, der sich auch im Wachstum des Bruttoanlagevermögens niederschlägt, das Bild verzerrt, (30), d.h. es fehlt die wertmäßige Betrachtung.
Das Verhältnis von Lohn- und Gehaltssumme (als v) zu Anlagevermögen (als c) hält er für eine bessere Annäherung für die organische Zusammensetzung. (31) Nach dieser Interpretation steigt die Lohn- und Gehaltssumme in den 60er Jahren schneller als das Anlagevermögen, in den 70er Jahren kehrt sich das Verhältnis um. Beide Indikatoren deuten die starke Substituierung von Arbeit durch Kapital an, d.h., der Kapitalanteil vergrößert sich in den 70er Jahren schneller als in den Perioden vorher und schneller als die Lohn- und Gehaltssumme.

Eine Interpretation der Zuwächse der einzelnen Indikatoren bzw. ein Vergleich dieser Entwicklung bestätigt die Vermutung, daß der Lohnfaktor für die Erklärung der Krise 1974/75 zentrale Bedeutung hat. Da sich in der wachsenden technischen Zusammensetzung auch eine gestiegene Produktivität ausdrückt, halte ich mit ALTVATER folgende Annäherung

$$\frac{\frac{k}{y}\ \text{(Kapitalkoeffizient)}}{w/y\ \text{(Lohnquote)}} = \frac{k}{w} = \frac{c}{v}$$

für die organische Zusammensetzung für durchaus angemessen.

Tabelle 19: Verhältnis BAV zu Lohn (Organische Zusammensetzung)

	1960	1961	1962	1963	1964	1965	1966	1967	1968
BAV/Lohn	362	357	359	375	373	367	380	420	409
Zuwachs	-	-1.3	0.5	4.5	-0.5	-1.6	3.5	9.5	-2.6

	1960	1970	1971	1972	1973	1974	1975	1976	1977
BAV/Lohn	378	345	353	366	363	368	399	403	402
Zuwachs	-5.1	-8.7	2.3	3.6	-0.8	1.4	8.4	1.0	-0.2

Quelle: eigene Berechnungen

Tabelle 20: Zuwachsraten verschiedener Indikatoren für die Industrie (in %)

Indikatoren	1967	1968	1969	197o	1971	1972	1973	1974	1975	1976	1977	1978⁺	1979⁺
Arbeitsproduktivität	3,6	8,1	7,o	2,3	2,3	6.o	6.1	o.6	o.o	11,8	3,4	2,1	4.7
Kapitalintensität	12,5	3,4	-o,4	2,6	7,2	7,7	3,8	6,6	1o,3	5,o	3,1	2,5	1.2
Kapitalproduktivität	-7,9	4,6	7,4	-o,3	-4,6	-1,6	2,2	-5,6	-9,4	6,5	+,3	-o,2	3.1
Reallohn	-4,5	7.6	14,2	15,4	4,3	1,5	5,7	2,1	-5,4	1,6	2,7	2,5	2,7
Reales BAV	5,7	4,7	5,3	6,5	6,4	5,4	4,5	3,7	2,9	2,4	2,2	1,7	1,9
Effekt. NPV	-2,7	9,5	13.1	6,1	1,6	3,7	6,8	-2,1	-.6,7	9,1	2,5	1,5	5,1
Reale Lohnquote	-1,9	-1,9	1,1	9,2	2,7	-2,2	-1,o	4,1	1,4	-6.8	o.3	1,1	-2,5
Kapitalrentabilität	-	5,7	6,8	-5,7	-6,3	-o,3	3,o	-8,3	-1o,3	11,8	o,o	-	-

Jahre	Kapitalrent.	Kap.prod.	Lohnquote	Arb.prod.	Kap.intens.	Reallohn	NPV	BAI
1969-1973	-9,3	-4,3	8,7	17,7	23,o	29.9	19,4	-1.o
1969-1974	-16,7	-9,7	12,4	18,4	31,1	32,6	17,o	-9.6
1967-1975	-15,7	-8,1	14,o	37,o	49,o	54,1	35,o	5,7

Quelle: Krengel 1977 ff und eigene Berechnungen

Die Verlaufsform dieses Indikators zeigt steigende Tendenz, die sich allerdings über die Krisen vermittelt. 1960 u. 1973 können wir annähernd gleiche Raten konstatieren. Weder vor der Krise 1966/67, noch vor 1974/75 ist die Rate tendenziell ansteigend - eher zeigt sich das Gegenteil. Von 1969 - 1973 fällt diese Rate ebenso wie im gesamten Zyklus. Vergleichen wir die Entwicklung vor der 1967er Krise mit den Daten in den frühen 70er Jahren, wird die Tendenz noch klarer: die Lohn- und Gehaltssumme in der Verarbeitenden Industrie steigt schneller als das BAV.
Die Behauptung einer steigenden organischen Zusammensetzung von ALTVATER läßt sich mit dem von ihnen selbst vorgeschlagenen Verfahren nicht erhärten.
Als Problem erweist sich jedoch die jährliche Zuordnung und der Vergleich mit anderen Jahren.
Nehmen wir bei der Betrachtung der 70er Jahre das Krisenjahr 1975 mit in die Rechnung auf, so steigt das Anlagevermögen schneller als die Lohn- und Gehaltssumme, im Gegensatz zu 1965 - 1970, wo die Lohn- und Gehaltssumme schneller steigt. Auch über den Zyklus betrachtet steigt das BAV geringfügig weniger als die Lohnseite. Nun scheint es problematisch, die Krise in die Betrachtung von vorherein mitaufzunehmen, da erst Tendenzen beobachtet werden sollen, die auf die "Notwendigkeit" einer Krise hinweisen.
Bei der Betrachtung des Zeitraums von 1969 bis 1973 oder 1974 verändert sich das Bild: die Lohnseite steigt wesentlich schneller als die Kapitalseite. Ein Vergleich mit 1960 bis 1964 zeigt, daß der Lohnanteil in den 70er Jahren im Verhältnis noch rascher gestiegen ist.
Von der preismäßigen Seite her ist die organische Zusammensetzung des Kapitals als Tendenz vor der Krise 1974/75 also relativ nicht stärker gestiegen.
Auch die Kapitalproduktivität fällt vor der 1975er Krise langsamer als in den 60er Jahren vor der Krise 1966/67, während die Profitquote schneller fällt.
Im Gegensatz zur Behauptung von ALTVATER hat es tatsächlich in den späten 60er und frühen 70er Jahren eine Tendenzumkehr gegeben: das Gewicht einer steigenden Lohnquote nimmt an Bedeutung für den Fall der Kapitalrentabilität zu, während die Kapitalproduktivität relativ an Bedeutung verliert. (34)
Erst in der Krise selbst fällt der Lohnanteil und geht einher mit einem Anwachsen des Kapitalteils.

Tabelle 21: Vergleich verschiedener Indikatoren für die Industrie (Zuwächse)

Jahre	Kap.prod.	Arb.prod.	Reallohn	BAV	Kap.intens.	Reale Lohnquote	Eff. NPV
196o-1974	-2o,9	77,9	133,2	138	124,9	24,o	88,1
	(-)	(-)	(9,5)	(9,8)	(8,9)	(1,7)	(6,3)
196o-197o	-12,7	53,6	1o4,1	95,5	76,o	19,6	7o,7
	(-)	(-)	(1o,4)	(9,6)	(7,6)	(2,o)	(7,1)
196o-1964	-9,5	19,2	33,9	37,8	31,8	7,4	24.7
	(-)	(-)	(8,5)	(9,5)	(8,o)	(1,9)	(6.2)
1969-1973	-4,3	17,7	29,9	24,8	23,o	8,7	19,4
	(-)	(-)	(7,5)	(6,2)	(5,8)	(2,2)	(4,9)
1967-1975	-8,1	37,o	54,1	46,9	49,o	14,o	35,o
	(-)	(-)	(6.8)	(5.9)	(6.1)	(1.8)	(4,4)

(   ) jährlicher Durchschnitt

Quelle: eigene Berechnungen auf Basis der Zahlen bei KRENGEL 1977 ff.

Der stark ansteigende Anteil der Kosten für die Arbeit in den 60er Jahren zwingt das Kapital zur Substituierung (35) und erhöht zwangsläufig die technische Zusammensetzung, was sich in steigendem BAV pro L ausdrückt. Dieser Prozeß wird, wenn die Produktivität nicht schnell genug ansteigt, selbst zum Kostenfaktor und muß verbilligt werden. Vergleichen wir wieder 1960 - 1964 mit 1969 - 1973, so steigen Kapitalintensität u. BAV im zweiten Untersuchungszeitraum wesentlich langsamer.
Die Kapitalintensität und das BAV steigen erst schneller als die Lohn- und Gehaltssumme, wenn wir die Entwicklung seit 1972 betrachten.
Der überproportional starke Anstieg der Kapitalintensität setzt sich erst in der Krise, verbunden mit einem Rückgang der Beschäftigung, durch.

Für das Kapital relevant sindsteigende Kosten für Kapital und Arbeit in Zusammenhang mit der Entwicklung des Effektiven Nettoproduktionsvolumens.

Im Zeitraum 1960 - 1974 sind Lohn- und Gehaltssumme und BAV annähernd im gleichen Umfang gestiegen - etwas geringfügiger die Kapitalintensität.

Während in der ersten Hälfte der 60er Jahre das BAV schneller als die Löhne steigen, kehrt sich Mitte der 60er Jahre das Bild um.
Die ansteigenden Raten von Lohn- und Gehaltssumme bei hohem Niveau von BAV und Kapitalintensität werden begleitet von in der Tendenz fallenden Raten des Effektiven Nettoproduktionsvolumens.
Infolgedessen verengt sich der Spielraum des Kapitals: sinkende Zuwachsraten der Produktion und Kostenanstieg auf der Lohn- und Kapitalseite. Der Anteil der Lohn- und Gehaltssumme am Neuprodukt nimmt drastisch zu, erst in der Krise kommt es zum Trendwechsel. In den Jahren 1969 - 1973 steigt die reale Lohnquote mehr an als in den Jahren 1960 - 1964. Die Substituierung von Arbeit durch Kapital - Anfang der 60er Jahre - diktiert aus Arbeitskräftemangel - wird Ende der 60er Anfang der 70er Jahre zusätzlich befördert von steigenden Arbeitskosten und setzt sich in der Krise voll durch.

Fazit: In der Entwicklung von Rentabilität und Investitionen drückt sich die Wirkung von steigenden Löhnen <u>und</u> rückläufiger Kapitalproduktivität aus, wobei die Bedeutung des Lohnfaktors vor der 75er Krise relativ zunimmt. Durch arbeits- und kapitalsparende Effekte von Rationalisierungsinvestitionen versucht das Kapital, die für die Rentabilität negativen Konsequenzen dieser beiden Faktoren zu überwinden und gibt damit auch

Schaubild 10 : Kapitalkoeffizient und Lohnstückkosten in der Industrie

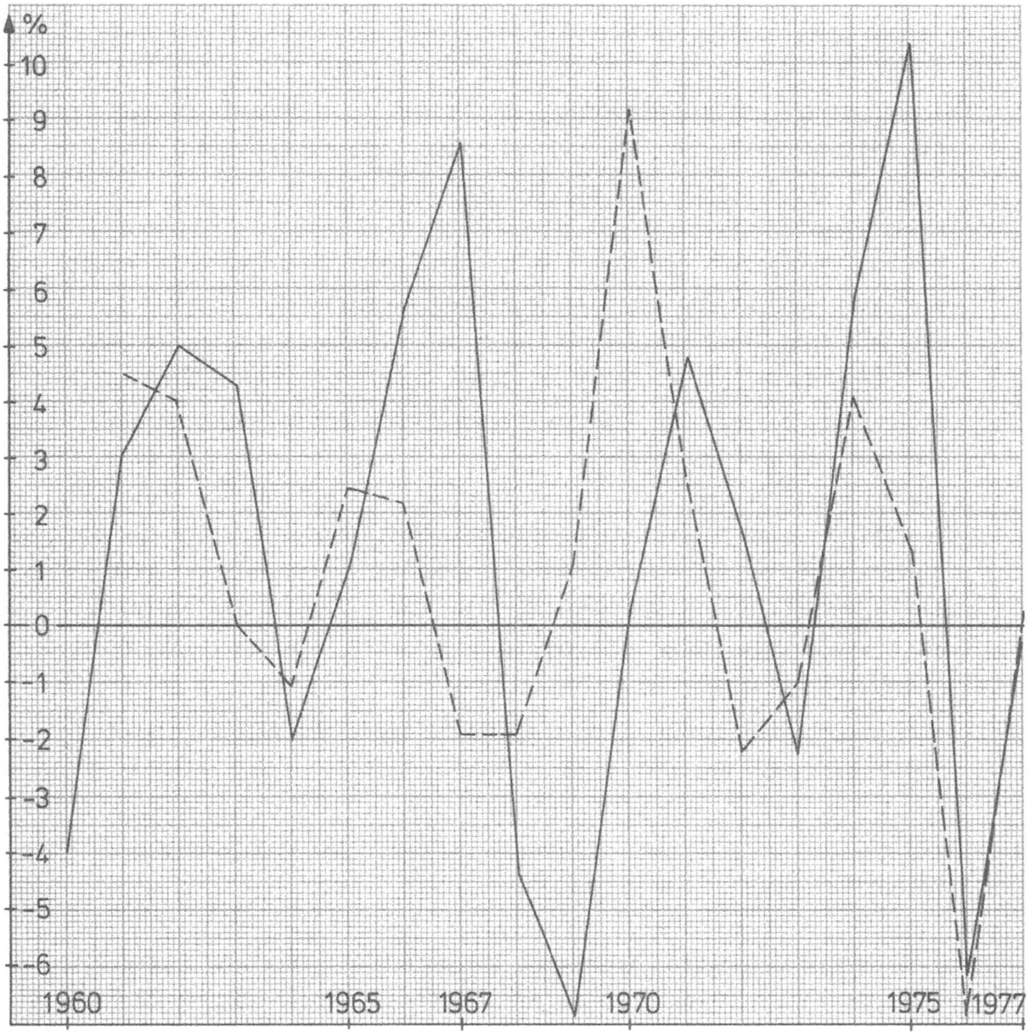

——— Kapitalkoeffizient – – – – Lohnstückkosten

der Krise ihr spezifisches Erscheinungsbild.

3. Nachfragestrukturen

Bei der Betrachtung der Nachfrage (36) lassen sich 3 Momente hervorheben:

- Die Gesamtnachfrage hat von 1950 bis1974 nachlassende Tendenz; das sinkende Niveau der Nachfrage stabilisiert sich erst ab 1970, um in der Krise abzusinken.
- Die Anteilsstruktur ist seit 1960 von steigenden Anteilen beim Privaten Verbrauch und bei der Auslandsnachfrage gekennzeichnet, während der Anteil der Anlageinvestitionen abnimmt. Der Außenbeitrag ist seit 1960 auf hohem Niveau und schwankt im Zyklus, seit 1973 verbleibt er auf relativ hohem Niveau. Der Staatsverbrauch bleibt anteilsmäßig relativ konstant von 1960 bis 1976.
- Die Preisentwicklung verläuft differenziert; allerdings mit steigender Tendenz für alle Bereiche. Von 1950 bis 1964 haben die Preise für die Einfuhr negative Raten und auch die Exportpreise nehmen stark unterdurchschnittlich zu. Seit Mitte der 60er Jahre steigen die Preise für die Verbrauchsnachfrage am stärksten. Die Preise für die Investitionsnachfrage ziehen erst in den 70er Jahren an.
  1974 ändert sich das Bild, die Import und Exportpreise ziehen stark überproportional an. (37)

Privater Verbrauch

Die Bewegung des privaten Verbrauchs hat eine nicht so stark ausgeprägte Zyklizität wie die Investitionsnachfrage. Ein absoluter Rückgang des privaten Verbrauchs (real) ist bis 1975 nicht zu konstatieren.

Tabelle 22: Privater Verbrauch und BAI (reale Raten)

	1967	1968	1969	1970	1971	1972	1973	1974	1975
Verbrauch	0.9	3.8	7.7	7.0	5.6	4.1	2.7	0.2	2.9
BAI	-8.4	8.0	12.1	11.5	4.5	2.7	0.6	-8.1	-4.8

Quelle: Statistisches Taschenbuch 1981

Die Struktur des privaten Verbrauchs hat sich erheblich verändert. (38) Gemessen an den Ausgaben eines 4-Personen-Haushalts nehmen die Ausgaben für Nahrungs- und Genußmittel anteilsmäßig ab, während insbesondere die Ausgaben für Wohnung und Verkehr und Nachrichtenübermittlung zunehmen. Preiseinflüsse, Sättigungstendenzen und Einkommenselastizitäten der einzelnen Konsumgüter bestimmen die jeweilige Verbrauchsstruktur. Güter des gehobenen Bedarfs oder mit langer Lebensdauer haben deutliche Strukturgewinne zu verzeichnen.
Laut IFO (vgl. IFO 1981, These 13) besteht eine Korrelation zwischen Strukturgewinnen und Preisen, d.h., Zuwächse erzielen zumeist Güter mit einem Rückgang des relativen Preises. In der Regel handelt es sich um industriell gefertigte Konsumgüter, deren Herstellung unter relativ "produktiven" Bedingungen vonstatten geht.
Ausgenommen von dieser Korrelation bleiben diverse Haushaltsgeräte, KFZ und Auslandsreise. Trotz steigender Preise verändern sich hier die Verbrauchsgewohnheiten nicht.
Unter Berücksichtigung der Rohstoffpreiserhöhungen 1973/74 läßt sich eine erhebliche Konstanz der Verbrauchsgewohnheiten vermerken, die allerdings zu "Lasten" der Sparquote geht und/oder mit Krediten bezahlt wird. Weder Preiserhöhungen noch relativ schlechtere Einkommenssituation haben die existierende Präferenzordnung verändert.
Offenkundig gibt es einen Trend zur weitgehenden Sättigung des Grundbedarfs. (39)

Schaubild 11: Konsumgüter in Arbeitnehmerhaushalten

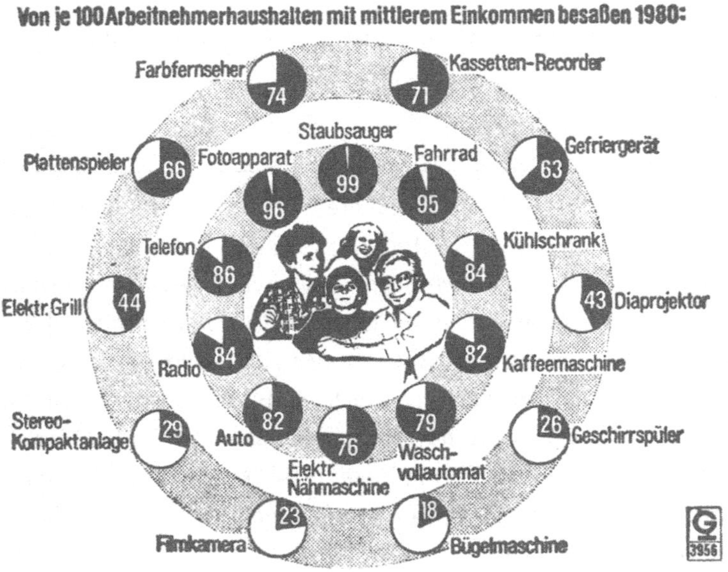

Quelle: FR v. 12. 8. 1981

"Wachstumseffekte bei den langlebigen Gebrauchsgütern hängen deshalb an der Wende zu den achtziger Jahren verstärkt von Qualitätsverbesserungen und Funktionsinnovationen ab (oder gänzlich neuen Produkten), weniger von solchen Wellen des Massenkonsums, wie sie das Wachstum des Privaten Verbrauchs bis in die sechziger Jahre bestimmten."
(IFO 1981, These 27)

Die Sparquote nimmt seit 1960 zu und erreicht 1974/75 einen Nachkriegshöchststand (15,7 %).
Als Folge der Energieverteuerung und geringerem Einkommenszuwachs stagniert seit 1976 die Sparquote, und die Konsumentenkredite nehmen weiter zu; wobei die Kredite schneller als die Ersparnisse steigen.

Zentrale Bestimmungsgröße für das Wachstum des privaten Verbrauchs ist die Entwicklung des verfügbaren Einkommens. Der Anteil der Nettolohn- und Gehaltssumme zeigt abnehmende Tendenz - verstärkt durch die Krise 1974/75 - während die Übertragungen deutlich zunehmen, ebenso wie, wenn auch geringer, die Gewinn- und Vermögenseinkommen. An der Entwicklung der Masseneinkommen läßt sich dieser Trend verfolgen: bis 1976 wachsen Renten, Pensionen und Sozialunterstützungen überproportional und kompensieren die nachlassende Intensität der Lohnzuwächse.

Obwohl die realen Nettolöhne und Gehälter wegen der Massenarbeitslosigkeit seit 1973 wenig und 1975/76 überhaupt nicht zunehmen, fängt sich 1975 der private Verbrauch wieder. Zum einen steigen die Sozialrenten und Beamtenpensionen - aufgrund der damaligen Brutto-Lohnbezogenheit - 1974/75 überproportional und zum anderen nehmen die Konsumentenkredite 1975 wieder zu. (40) Die private Nachfrage hatte ihren Einbruch 1974. Zwei Momente bestimmen diese Entwicklung; die beginnende Massenarbeitslosigkeit führt viele Arbeitnehmerhaushalte zu Sparmaßnahmen aufgrund befürchteter Arbeitslosigkeit, als Folge stieg die Sparquote 1974 auf 15,3 % und auf 15,8 %; während aus dem gleichen Grund die Konsumentenkredite, deren Zuwachsquoten in den 70er Jahren auf relativ hohem Niveau lagen, 1974 kaum zunehmen.
Die Ungewißheit der zukünftigen materiellen Reproduktion und auch die psychologische Wirkung der sogenannten Ölkrise veranlassen viele Haushalte, den Kauf - insb. langlebiger - Massenverbrauchsgüter (Auto, Möbel, Kleidung) zurückzustellen. Insgesamt gesehen ist die direkte Korrelation: weniger Einkommen, weniger Verbrauch nicht zutreffend, wie die Entwicklung von Ersparnis und Krediten und die Entwicklung 1975/76 zeigen.

Tabelle 23: Privater Verbrauch und Masseneinkommen (reale Raten)

	1974	1975	1976	1977
Verbrauch	0.2	2.9	3.7	3.0
Einkommen	3.3	3.5	0.1	2.5

Quelle: MONATSBERICHTE der Bundesbank

Die Zurückhaltung des privaten Verbrauchs bezieht sich nur auf 1974.
Ab 1975/76 steigt der private Verbrauch trotz geringerer Einkommenszuwächse wieder an und erweist sich als stärkstes Konjunkturelement.

Investitionsnachfrage

Verglichen mit den anderen Komponenten zeichnet sich die Investitionsnachfrage durch überdurchschnittliche Zuwachsraten aus. Dieser Prozeß hält bis Mitte der 60er Jahre an, um sich danach umzukehren und in Stagnation einzumünden. (41)

Bau- und Ausrüstungsinvestitionen bzw. ihre Entwicklungslinien differenzieren sich nach 1960 zugunsten eines stärkeren Anteils der Ausrüstungsinvestitionen. (42) Im Erscheinungsbild der Zuwachsraten erkennen wir eine starke zyklische Ausprägung, die sich - zeitlich verschoben - parallel entwickelt.
Am Entwicklungsniveau und auch an der Ratenentwicklung läßt sich deutlich ein Zyklusverlauf von 1967 bis 1975 ablesen. (43)
Der Anteil der Anlageinvestitionen an der Verwendung des Sozialprodukts fällt seit 1971/72, sowohl bei den Ausrüstungs- als auch bei den Bauinvestitionen. (44) Schon seit 1971 haben die Nettoinvestitionen keine Zuwächse mehr. (45)
In der Industrie ist die Investitionsnachfrage noch rückläufiger, was sich am sinkenden Anteil der ind. Investitionen an den Gesamtinvestitionen festmachen läßt. (46)

Die Investitionsnachfrage entwickelt sich auch in den verschiedenen Branchengruppen und Branchen seit 1972 rückläufig, wenn auch auf unterschiedlichem Niveau. Während die IG im Trend unterdurchschnittliche Werte hat, liegt die VG 1973 weit über Niveau und ab 1974 unter Niveau. (47) In der GP verläuft der Prozeß fast parallel zur Gesamtentwicklung, und der Bereich Nahrung und Genuß liegt stark über dem Niveau der anderen. (48)

Alle 4 dargestellten Branchen steigern ihre Investitionsnachfrage trendmäßig ebenfalls nicht in den 70er Jahren.
El und Ch fallen in der Investitionsnachfrage etwas abgeflachter als die beiden anderen Branchen. (49)
Die Investitionsgüternachfrage aus dem Ausland expandiert in den 70er Jahren, so daß für die Produktion in der Investitionsgüterindustrie der binnenkonjunkturelle Einbruch etwas kompensiert wird. (50)

Was sind nun die Gründe für diesen strukturellen Wandlungsprozeß?

- Betrachten wir die gütermäßige Zusammensetzung, wird deutlich, daß die Nachfrage nach Büromaschinen, Datenverarbeitungsgeräten und -einrichtungen sowie nach elektrotechnischen Investitionsgütern überdurchschnittlich wächst, während die Anteile von Maschinenbauerzeugnissen und vor allem von Bauten zurückgehen.

Tabelle 24: Zusammensetzung der Anlageinvestitionen

Güterart	Anteil in % an den gesamten Anlageinvestitionen (Neue Bauten und neue Ausrüstungen)											
	in jeweiligen Preisen					Veränd. 6o-79 in Proz. punkten	in Preisen von 197o					Veränd. 6o-79 in Proz. punkten
	196o	1965	197o	1975	1979		196o	1965	197o	1975	1979	
Maschinenbauerzeugnisse	17,1	16,1	16,o	13,8	14,o	- 3,1	15,7	15,3	16,o	13,1	13,4	- 2,3
Elektrotechnische Investitionsgüter	6,o	6,8	7,7	9,7	9,1	+ 3,1	4,8	6,3	7,7	1o,2	1o,3	+ 5,5
Fahrzeuge	7,8	7,1	8,2	7,7	8,1	+ o,3	5,8	6,4	8,2	7,7	8,2	+ 3,4
Büromaschinen, ADV-Geräte und -Einrichtungen	1,3	1,3	2,4	2,2	2,5	+ 1,2	o,8	1,o	2,4	3,4	5,4	+ 4,6
Sonstige Ausrüstungsgüter	5,4	5,5	5,8	6,o	5,9	+ o,5	4,7	5,o	5,8	5,9	6,1	+ 1,4
Bauinvestitionen	62,4	63,2	59,9	6o,6	6o,4	- 2,o	68,2	66,1	59,9	59,7	56,6	-11,6
Insgesamt	1oo,o	1oo,o	1oo,o	1oo,o	1oo,o	-	1oo,o	1oo,o	1oo,o	1oo,o	1oo,o	

Quelle: IFO 1981, Tabelle 7

Die Veränderungen in der Investitionsnachfrage entsprechen in etwa dem Wandlungsprozeß der Produktionsstruktur.

- Zwar deutet der Rückgang der Investitionen am Sozialprodukt auf eine "Investitionslücke" hin; gliedert man die Anlageinvestitionen jedoch nach Wirtschaftsbereichen, ist zu erkennen, daß der Rückgang weitgehend dem Bereich "Wohnungsvermietung" geschuldet ist, d.h. zwar hat sich der Wachstumsprozeß der Investitionen verlangsamt, gleichwohl läßt sich nicht von einer Lücke sprechen. (51)

Schaubild 12:

Strukturveränderung in der Investitionsnachfrage und ihre Determinanten

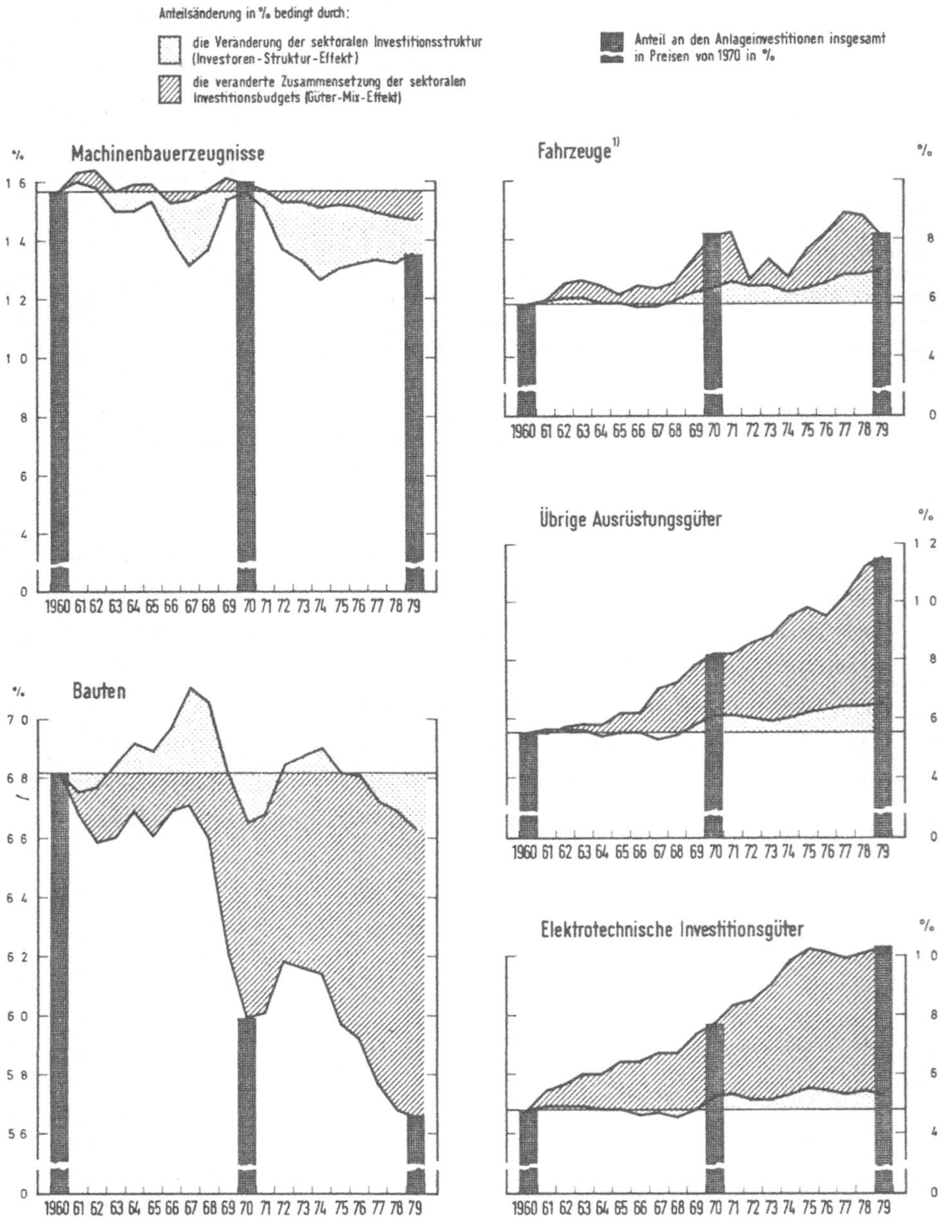

1) Kraftwagen, Schienenfahrzeuge, Schiffe, Luftfahrzeuge.

Quelle: Statistisches Bundesamt; Ifo-Investorenrechnung; Berechnungen des Ifo-Instituts.

IFO-INSTITUT für Wirtschaftsforschung München 508/80

Quelle: IFO 1981

Auslandsnachfrage

Die Auslandsnachfrage steigt seit 1960 kontinuierlich an und hat sowohl 1967 als auch 1974 und mit Abstrichen 1975 stark kompensierende Wirkung für die Binnenkonjunktur.
Der Anteil der Auslandsnachfrage hat sich von 1960 bis 1974 fast verdoppelt und erhält damit in den 70er Jahren ein noch stärkeres Gewicht für die Gesamtwirtschaft und insb. für die Industrie. (52)
Die exportinduzierte (direkte und indirekte) Bruttoproduktion beträgt 1977 23,4 % der gesamten Bruttoproduktion.
Der Anteil der hiervon abhängigen Beschäftigten steigt von 1960 14 % auf 20,5 % im Jahre 1977, d.h., jeder fünfte Arbeitsplatz hängt vom Export ab. (Vgl. DIW 46/7 - 1978)
Der Saldo von Export und Import steigt in den 70er Jahren sprunghaft an und erreicht 1974 einen bisher einmaligen Höhepunkt.

Tabelle 25: Saldo im Außenhandel (in Mrd. DM)

1960	1967	1971	1973	1974	1975	1976	1977	1979	1980
5.2	16.9	15.9	33.0	50.9	37.3	34.5	38.4	22. 4	8.9

Quelle: Statistisches Taschenbuch 1981

Der Anstieg des Saldos 1974 um 54 % hat die reale Rate des BSP (+ 0,4 %) vor einem absoluten Rückgang bewahrt.

Die Anteilsstruktur der Exporte ist bis 1973 relativ stabil geblieben.(53) Erst in der Krise verändern sich die Relationen, die sich jedoch 1977 wieder auf den alten Stand einpendeln. Der Boom in der Auslandsnachfrage 1974 in der Grundstoffindustrie geht relativ schon 1975 wieder zurück, und die Investitionsgüterindustrie, die 1974 einen Anteilseinbruch erlebt, ist ab 1975 wieder auf altem Niveau. Die Auslandsnachfrage scheint den differenzierten Weg der Branchen in die Krise wesentlich beeinflußt zu haben.

Tabelle 26:

Die Exportquoten ausgewählter Industriezweige

Industriegruppe	Anteil des Auslandsumsatzes am Gesamtumsatz in v.H.					
	1950	1958	1967	1970	1974	1975
Straßenfahrzeugbau	11,5	36,3	40,7	40,6	46,1	41,5
Maschinenbau	20,3	30,2	38,0	35,5	43,5	43,7
Eisenschaffende Ind.	16,4	17,8	30,3	24,0	35,2	34,0
Chemische Industrie	12,3	22,5	29,0	31,1	36.0	33,0
NE-Metallindustrie	11,4[1]	14,9	24,4	18,3	22,9	21,6
Kohlenbergbau	27,3	20,8	22,7	22,8	27,8	28,4
Verarb. Industrie	8,3	15,1	18,7	19,3	24,2	23,6

1) 1955

Quelle: ALTVATER 1979

Die Auslandsnachfrage verhilft der GP zur hohen Umsatzsteigerung 1974 (die Zuwachsrate stieg 3 - 4 mal so schnell wie in den anderen Branchengruppen; um 24,9 %), und ihr relativer Einbruch 1975 verschärft die binnenkonjunkturelle Krise erheblich; auch 1976/77 bleiben die Zuwachsraten unter dem Durchschnitt. Ähnlich die Situation in der VG, nur etwas abgeschwächter und nicht so durchschlagend, da der Exportanteil hier wesentlich geringer ist. Der Verlauf in der IG ist nicht so dramatisch, auch in der Krise 1975 steigt der Export (nominal) noch und bewirkt, daß der Umsatz (nominal) nicht negativ wird. Die 4 Branchen haben bis 1974 positive Werte - voran die CH und etwas geringer die El, d.h., alle 4 Branchen kompensieren die nachlassende Inlandsnachfrage durch steigende Auslandsnachfrage.

Der Warenexport induziert eine erheblich höhere Bruttoproduktion durch die Vorleistungen (von bis zu 100 %), (54) ein Vorgang, der besonders die GP begünstigt.

Bei den Zuwächsen muß der Anteil des Exports an der Gesamtproduktion (hier,Umsatz) beachtet werden, der sehr unterschiedlich ausgeprägt ist. GP und IG steigern ihren Anteil von 1/3 bis fast zur Hälfte in den 70er Jahren. Die starke Exportabhängigkeit dokumentiert sich auch an den Werten der 4 Branchen, die alle - bis auf El - einen überdurchschnittlichen Anteil haben, wobei 1974 in der MB und FB mehr für den Export als für die Binnenkonjunktur produziert wird. Entsprechend wirkt sich dieser hohe Anteil auf die analog hohe Beschäftigungsabhängigkeit vom Export aus.

Schaubild 13:

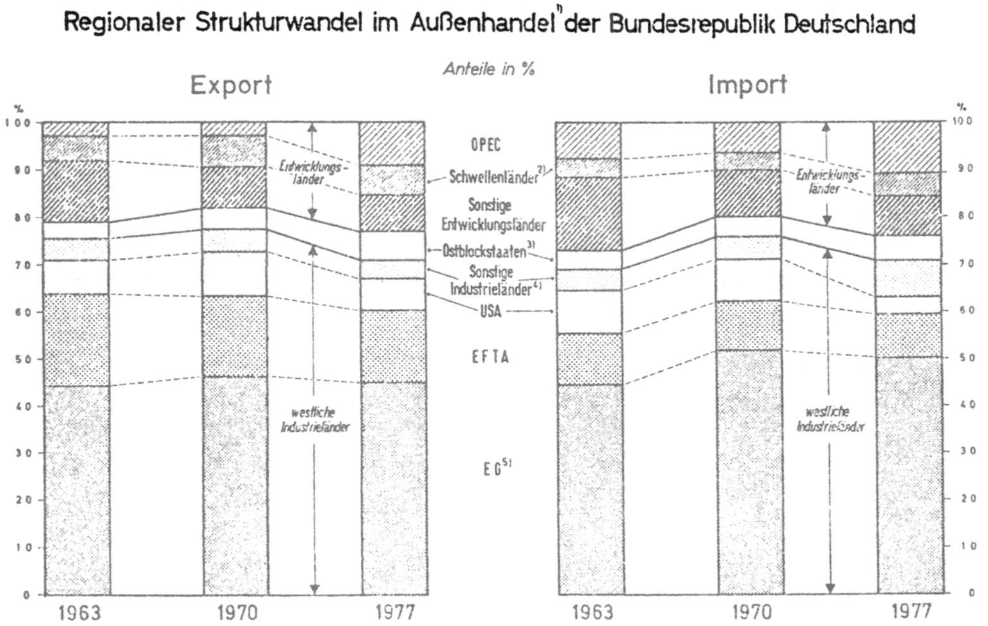

1) Spezialhandel. 2) Griechenland, Jugoslawien, Portugal, Spanien, Honkong, Malaysia, Philippinen, Singapur, Südkorea, Taiwan. 3) RGW-Länder und China. 4) Australien, Japan, Kanada, Südafrika. 5) EG der Neun.
Quelle: OECD, Trade by commodities, Serie C; Berechnungen des Ifo-Instituts.

Quelle: IFO 1981

Durch die massive Erhöhung der Rohstoffpreise 1973/74 verändert sich auch die regionale Struktur von Export und Import.
Bis 1977 kann jedoch die - vorwiegend preislich bedingte - Zunahme der Importe aus den OPEC Ländern durch Exporte in diese Länder weitgehend kompensiert werden.
Seit Ende der 70er Jahre sieht sich die westdeutsche Industrie vor Probleme (internationale Konkurrenz, Ölpreiserhöhungen) gestellt, die wahrscheinlich in den 80er Jahren die Export- und Importstruktur nachhaltig beeinflussen und verändern werden. (Vgl. IFO 1981, These 76)

Seit 1967 nimmt der Kapitalexport jährlich erheblich zu, und 1975/76 übersteigen die jährlichen Volumen beträchtlich die ausländischen Direktinvestitionen in Bundesdeutschland. (55)
Erheblichen Anteil an den steigenden Raten des Kapitalexports hat die CH. (56)
Das Verhältnis von Kapitalimport und Kapitalexport bezeichnet die inter-

nationalen und sektoralen Verflechtungsstrukturen. Das Verflechtungsvolumen nimmt in progressivem Anstieg zu.
Betrachten wir die Branchen, die einen hohen Exportanteil haben, kristallisieren sich die o.a. 4 Branchen und die Eisenschaffende Industrie heraus. Dieser Sektor vereint 1977 fast 70 % der gesamten Industrieexporte. In Verknüpfung mit Auslandsdirektinvestitionen und -produktion zeichnet sich hier der exportorientierte und internationalisierte Kern der westdeutschen Industrie ab. (Vgl. Schlupp 1979, S. 20/1)
Nach SCHLUPP dominieren diese Industriegruppen sowohl die F und E Ausgaben der Wirtschaft als auch die fortschreitende Konzentration bei Großkapitalien. (Ebenda, S. 22)
Als wichtigste Einflußzonen im Exportbereich sind Westeuropa (EG, EFTA) und Osteuropa (mit zunehmender Tendenz) zu nennen.

Staatsnachfrage

Als gesamter Nachfragefaktor ist der Anteil des Staatsverbrauchs am Sozialprodukt bis 1974 relativ konstant geblieben. (57)
Eine genauere Aufschlüsselung wird daher an anderer Stelle mit etwas verschobenen Schwerpunkten gegeben. (Vgl. Struktur der öffentlichen Haushalte)

Fazit: Der relative Rückgang des Privatverbrauchs 1974 ergibt sich aus zwei Aspekten; die Nettoreallohnsumme steigt nur geringfügig, hinzu kommt ein Anstieg der Sparquote um ca. 7 %, nachdem die Sparquote von 1972 auf 1973 gefallen war.
Etwas aufgehalten wird der relative Rückgang des Privatverbrauchs durch den überproportionalen Anstieg von Renten und Pensionen, die eine Stagnation der Masseneinkommen verhindern. (58)
Insbesondere der Kauf langlebiger Verbrauchsgüter (Auto) wird zugunsten einer Ersparnis in Erwartung möglicher Arbeitslosigkeit zurückgestellt.
Gemessen an den Auftragseingängen (57) vollzieht sich die Stagnation in der Investitionsgüter- und Verbrauchsgüterindustrie schon um die Jahreswende 1973/74; am Produktionsergebnis wird die gleiche Tendenz sichtbar, besonders ausgeprägt in der Verbrauchsgüterindustrie, die 1974 den stärksten Konjunkturrückgang hat. (60)
Im Jahr 1975 erfaßt die Krise fast alle Branchen und kumuliert zum tief-

sten Wachstumsrückgang der Nachkriegsgeschichte.
Als schwächstes Moment erweist sich die Inlandsnachfrage nach Investitionsgütern, die schon im 2. Halbjahr 1973 stark rückläufig ist. Als konjunkturstabilisierender Faktor kristallisierte sich einmal mehr die Auslandsnachfrage nach Waren der GP und IG heraus. Auch im Verbrauchsgüterbereich stabilisiert die Auslandsnachfrage - zumindest in der 1. Hälfte 1974 - die fallende Inlandsnachfrage. (61) Der geringe Exportanteil verhindert hier jedoch weitergehende kompensatorische Effekte.
Die Auslandsnachfrage bricht 1975 ein, die Exporte gehen zurück. Die Krise erfaßt nun auch die exportorientierten Sektoren, insb. Branchen aus der GP.
Gleichwohl weisen die angeführten Tendenzen im Privaten Bereich und der Investitionsentwicklung auf die zentrale Rolle des Exports für zukünftiges Wachstum hin.

Verteilungsstrukturen

Im vorletzten Kapitel wurde anhand der relevanten Determinanten entwickelt, daß die Kapitalrentabilität auf der Ebene der gesamten Verarbeitenden Industrie gesunken ist - aufgrund nachlassender Kapitalproduktivität und vor allem wegen fallender Profitquoten.

Tabelle 27: Lohnentwicklung von 1960 - 1982 (je Beschäftigten)

Jahr	Bruttolöhne	Bruttoreallöhne	Nettoreallöhne
1961	10,2 %	7,7 %	6,9 %
1962	9,2	6,0	5,4
1963	6,2	3,2	2,7
1964	9,0	6,3	5,7
1965	9,1	5,7	6,5
1966	7,3	3,6	2,2
1967	3,3	1,9	1,5
1968	6,2	4,8	3,4
1969	9,2	7,0	5,3
1970	14,7	11,1	8,9
1971	11,8	6,3	4,4
1972	9,0	3,5	3,5
1973	12,0	4,9	1,4
1974	11,4	4,4	2,9
1975	7,2	1,0	1,1
1976	7,0	2,5	0,0
1977	6,9	3,3	2,1
1978	5,2	2,6	3,7
1979	5,5	1,5	1,9
1980	6,5	1,1	-0,3
1981	5,0		-1,3
1982	4		-2,5

Quelle: Statistisches Taschenbuch 1982

Nachfolgend wird die Entwicklung auch für die Gesamtwirtschaft und unter Einbezug des Staates beschrieben.

Das Verhältnis von Löhnen zu Gewinnen bzw. auch das Verhältnis von Gewinnen zu Investitionen wird von der "herrschenden Wirtschaftstheorie" als wichtigste Korrelation für die Entwicklung des Wachstums angesehen. (62)

Auch für die marxistische Diskussion ist die Kontroverse um den Fall der Profitrate und/oder um eine "Profitklemme" von herausragender Bedeutung. (63)

Von Interesse ist in dieser Arbeit nicht, ob die Profitrate bzw. die Rentabilität langfristig und/oder tendenziell fällt und ob sich das Marx'sche Gesetz auch in der historischen Situation der Nachkriegsentwicklung als richtig erweist, sondern vielmehr, aufgrund welcher Handlungsbedingungen und in welche Durchsetzungsform sich die Profite entwickeln. (64)

Für Bundesdeutschland liegen mehrere Untersuchungen für die reale Gewinn- und auch für die Profitratenentwicklung (auf der Ebene der Kapitalrentabilität) vor. (65) Alle gehen davon aus, daß die Zuwachsraten der Gewinnentwicklung rückläufig sind. (66)

Schaubild 14:

Indikatoren für die Profitrate.

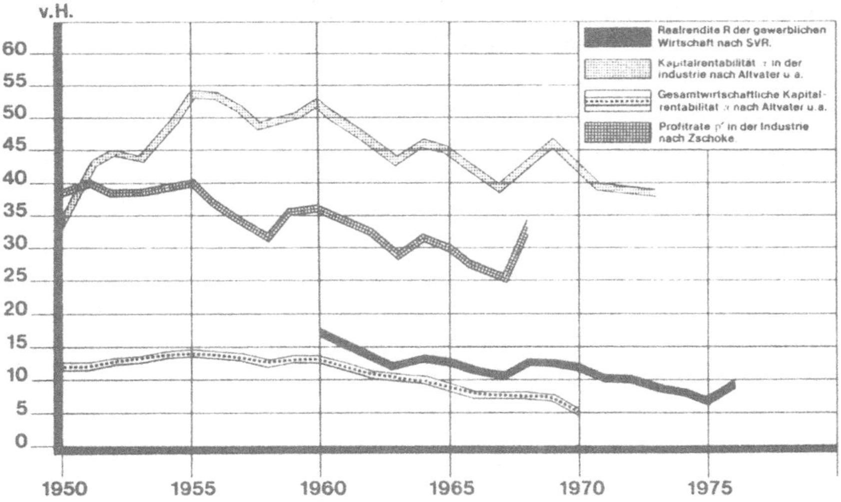

Quelle: SVR, JG 1973, Zf. 13o; Statistisches Bundesamt; Altvater u.a., Zur Entwicklung ...,in: Handbuch 1, a.a.O., S. 272; Krengel u.a., Produktionsvolumen ..., a.a.O.; Zschoke, Kapitalstruktur ..., a.a.O., S. 83.

Schaubild 15: Verhältnis von Bruttolöhnen zu-gewinnen (BL/BG) und von Nettolöhnen zu - gewinnen (NL/NG)

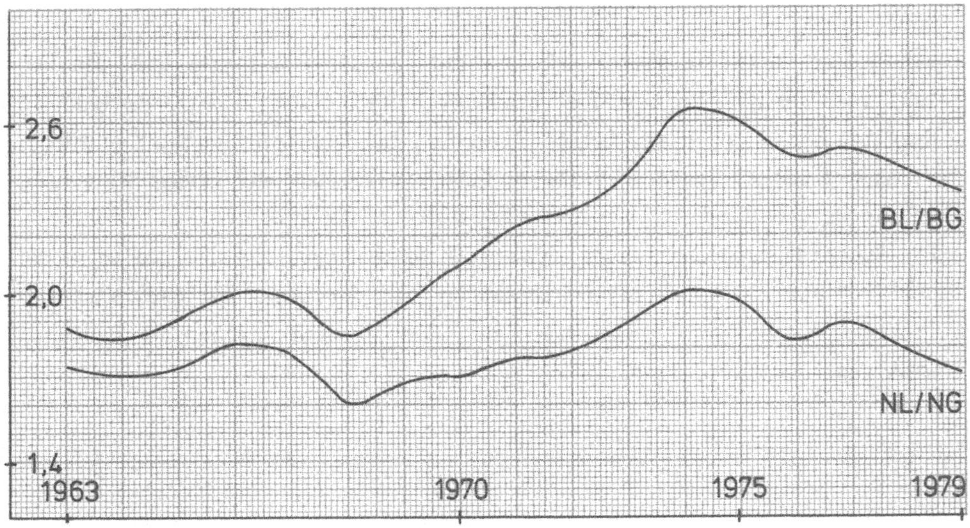

Schaubild 16: Nominale Zuwachsraten von Bruttolöhnen (BL) und Bruttogewinnen (BG)

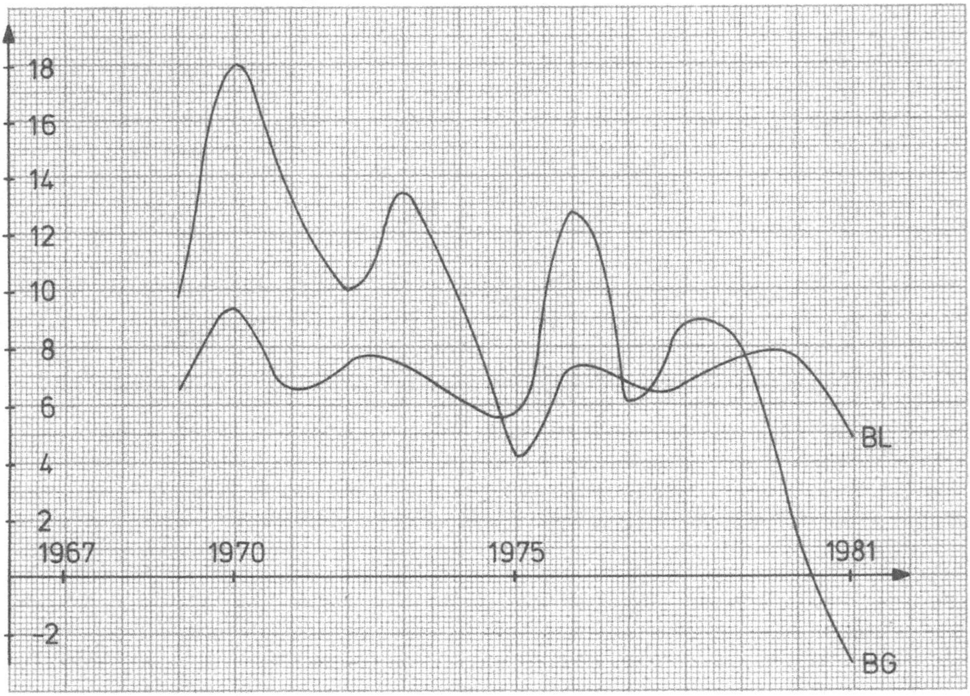

Während die Gewinnquotenentwicklung in der Gesamtwirtschaft in den 50er Jahren noch zweistellige Raten hatte, (67) verflacht das Niveau etwas in den 60er Jahren und hält sich - über den Zyklus gesehen - auf durchschnittlich gleichem Niveau bis 1976. Hierbei handelt es sich um Nominalwerte, die mit Nominallöhnen in Beziehung stehen.
Die Nettogewinne sind gewachsen wie die Bruttogewinne, die Abgabenlast scheint sich relativ nicht erhöht zu haben. (68)

Die Löhne, d.h. die Einkommen aus unselbständiger Arbeit sind im gleichen Zeitraum - brutto - jeweils schneller angestiegen.

Tabelle 28:

Verteilung des Volkseinkommens

Veränderung gegenüber dem Vorjahr in vH

Zeitraum	Volkseinkommen	Einkommen aus			
		unselbständiger Arbeit		Unternehmertätigkeit und Vermögen	
		brutto [1]	netto [2] [3]	brutto [4]	netto [3] [5]
1965 bis 1970 [6]	+ 8,2	+ 9,0	+ 7,2	+ 6,4	+ 7,3
1971 bis 1981 [6]	+ 7,3	+ 8,0	+ 6,6	+ 5,5	+ 5,5
1965 bis 1981 [6]	+ 7,8	+ 8,6	+ 7,1	+ 5,8	+ 6,0
1970	+14,6	+18,6	+15,5	+ 6,9	+11,3
1971	+10,9	+13,4	+11,2	+ 5,5	+ 4,9
1972	+ 9,7	+10,1	+ 9,6	+ 8,9	+ 9,1
1973	+11,9	+13,5	+ 9,0	+ 8,1	+ 3,9
1974	+ 7,1	+10,2	+ 8,1	− 0,5	− 0,8
1975	+ 3,9	+ 4,2	+ 3,7	+ 3,0	+ 5,2
1976	+ 9,5	+ 7,5	+ 4,0	+14,8	+14,1
1977	+ 6,5	+ 7,0	+ 6,1	+ 5,0	− 0,1
1978	+ 7,8	+ 6,7	+ 7,6	+10,8	+14,8
1979	+ 7,7	+ 7,7	+ 8,0	+ 7,6	+ 9,6
1980 [7]	+ 5,6	+ 8,3	+ 6,3	− 1,2	+ 0,4
1981 [7]	+ 3,3	+ 4,7	+ 3,9	− 0,7	+ 0,7
1982 [8]	+ 3½	+ 2½	+ 1	+ 6	+ 8

Quelle: SVG 1981

Besonders krass ist der Unterschied in den Jahren 1969 bis 1973, wo im jährlichen Durchschnitt die nominalen Bruttolöhne fast doppelt so stark wie die nominalen Bruttogewinne steigen.
Auffällig ist bei den Löhnen, daß hier die Brutto- immer schneller steigen als die Nettobeträge, d.h., die Abgaben sich überproportional erhöhen.

Schaubild 17: **Entwicklung der bereinigten Brutto- und Nettolohnquote in v.H.**

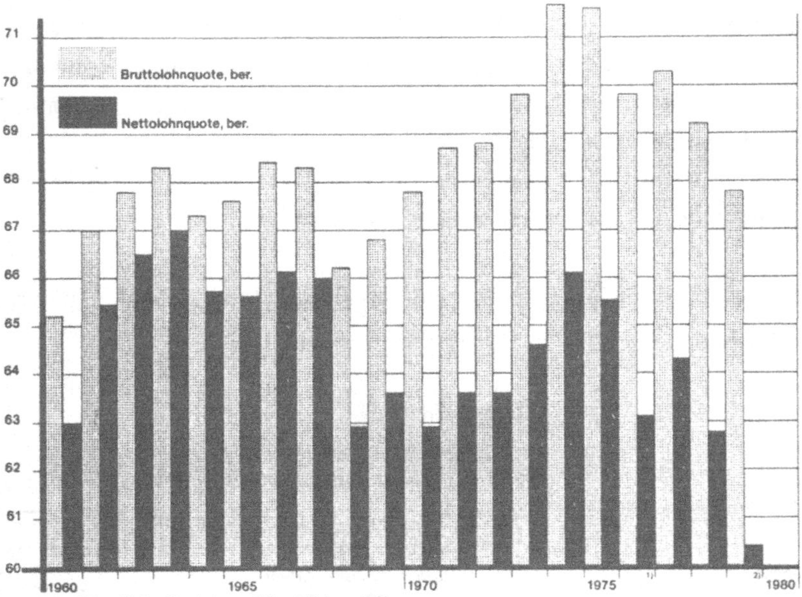

1) Ab 1976 vorläufige Ergebnisse 2) Geschätzt vom WSI.

Entwicklung des Anteils der Nettoeinkommen an den Bruttoeinkommen in v.H.

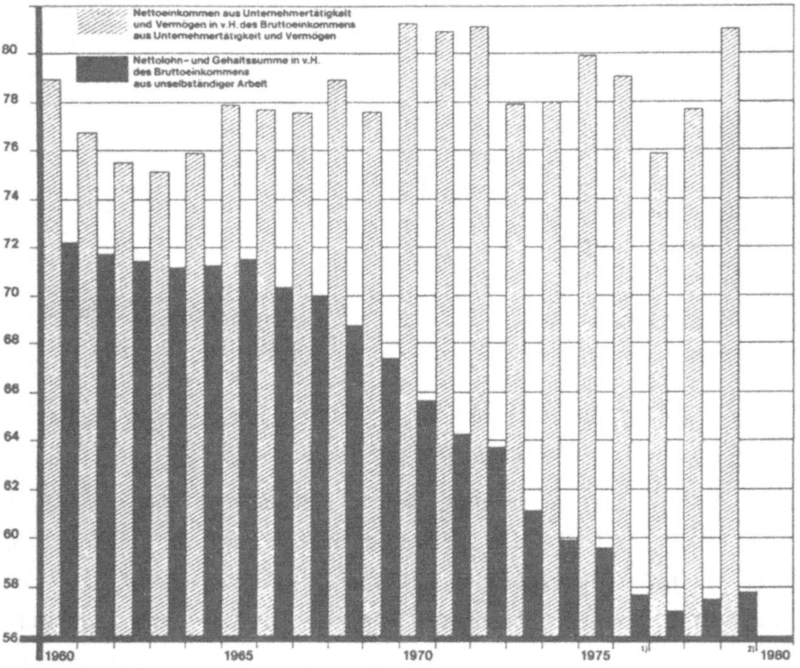

1) Ab 1976 vorläufige Ergebnisse 2) Geschätzt vom WSI.

Quelle: Vgl. Tabelle 2 im folgenden Text

Quelle: WSI Nr. 3/ 1979

Vor der Krise 1974/75 steigen also die Löhne gesamtwirtschaftlich schneller als die Gewinne.
Auf der Bruttoebene steigen zweifelsohne die Einkommen aus "abhängiger Beschäftigung" wesentlich stärker als die Gewinne, auf der Nettoebene verschiebt bzw. modifiziert sich das Bild zugunsten der Gewinne, d.h., der raschere und ausgeprägtere Anstieg der Löhne und Gehälter verflacht hier etwas.
Ab 1969 öffnet und verbreitert sich die Schere zwischen brutto und netto: Steuern und Sozialabgaben verändern die Ergebnisse der Primärverteilung. Insbesondere in den Jahren 1969 bis 1974, die als "Lohnoffensive" der Arbeiterschaft bezeichnet wurden, verzerren die Raten der Abgaben das Ergebnis dieser Arbeiteroffensive.
Der Staat erweist sich als der eigentliche Nutznießer der Lohnerhöhungen. Durch Inflation und progressive Besteuerung reduzieren sich die Lohnerhöhungen auf ein wesentlich geringeres Niveau; hinzu kommt, daß die Inflation auch auf die Besteuerung nicht ohne Auswirkungen bleibt. Da der Nominallohn besteuert wird, geraten auch Einkommensklassen in höhere Progressionsstufen, die ehemals weniger belastet werden sollten - als Ausgleich zur Primärverteilung und in Hinblick auf "soziale Gerechtigkeit". Diese Entwicklung drückt sich auch in der Bewegung der Lohnquote, d.h. in der Aufteilung des Volkseinkommens aus.
Sowohl die tatsächliche, als auch die bereinigte Lohnquote steigen ab 1969 wieder an und erreichen 1975 den Höchststand der Nachkriegsentwicklung. (69)
Obwohl die Lohnseite rasch steigt, ist das Volumen der Gewinne ab Mitte der 60er Jahre nicht wesentlich geringer geworden - erst in der Krise verflachen die Raten deutlich, was natürlich wesentlich auch der Unterauslastung der Kapazitäten geschuldet ist.
Zwar läßt sich auch für die Nettolohnquote im Trend ein ähnliches Bild zeichnen, jedoch verflachen die Zuwachsraten, und im Vergleich zu den frühen 60er Jahren steigt die Quote nicht mehr an.
Am Indikator der Lohnkostenbelastung wird diese Tendenz ebenfalls deutlich. Ab 1969 erfolgt ein Trendumbruch, der sich ebenfalls netto nicht so krass ausdrückt. (70)
Vergleichen wir die Reallöhne mit der Produktivität, läßt sich konstatieren: von 1969 bis 1974 wachsen die Löhne erheblich rascher, das Band von Lohn und Produktivität wird durchbrochen und die Kapitalrentabilität wird erheblich gedrückt.

Tabelle 29: Langfristige Entwicklung von Gewinnen und Löhnen

Jahre	Volkseinkommen	Gewinne brutto	Gewinne netto	Löhne brutto	Löhne netto
1961-1978	317,5%	205,4	196,6	391,2	292,7
1961-1964	36,3	21,0	16,5	47,7	44,3
1970-1973	55,8	34,8	35,3	66,6	51,1
1969-1973	71,7	42,9	41,1	87,4	66,7
1969-1974	84,0	43,1	41,4	106,2	80,0
1974-1978	39,1	37,5	36,0	39,7	32,0
1961-1970	122,1	80,5	86,2	149,4	132,2
1971-1978	88,0	69,2	60,4	97,0	73,5

Quelle: eigene Berechnungen auf Basis der Zahlen in SVG

Tabelle 30: Produktivität und Löhne in der Industrie (Raten)

	1960	1961	1962	1963	1964	1965	1966	1967	1968	1969	1970
Prod.	7,5	2,7	3,1	<u>3,9</u>	<u>8,3</u>	3,6	1,5	3,6	8,1	7,0	2,3
Löhne		<u>11,0</u>	<u>8,1</u>	3,2	8,1	<u>8,5</u>	<u>3,2</u>	-4,5	7,6	<u>14,2</u>	<u>15,4</u>

	1971	1972	1973	1974	1975	1976	1977	1978	1979
Prod.	2,3	<u>6,0</u>	<u>6,1</u>	0,6	0,0	<u>11,8</u>	<u>3,4</u>	2,1	<u>4,7</u>
Löhne	<u>4,3</u>	1,5	5,7	<u>2,1</u>	-5,4	1,6	2,7	<u>2,5</u>	2,7

Quelle: KRENGEL 1977 ff.

Tabelle 31: Löhne und Produktivität in der Gesamtwirtschaft

	1960	1961	1962	1963	1964	1965	1966	1967	1968	1969	1970
BIP pro Einw.		4,0	4,4	3,0	7,4	5,4	2,9	3,6	6,7	6,7	5,0
Reallohn brutto pro Einw.		8,0	6,8	3,0	7,1	5,4	3,4	1,6	5,1	7,5	11,3
	1971	1972	1973	1974	1975	1976	1977	1978			
BIP	3,3	4,4	5,0	2,8	1,7	7,4	3,3	2,8			
Lohn	5,4	3,7	5,0	3,7	1,0	3,0	3,5	3,3			

Quelle: SVG 1982 und eigene Berechnungen

Auch in der Industrie ist ein ähnliches Bild zu verzeichnen: die Zuwachsraten der Gewinne gehen etwas zurück in den 60er und 70er Jahren, Realrendite und Rentabilität zeigen von 1960 an fallende Zuwachstendenz. (71) Seit 1969 hat die Rendite (Bruttoeinkommen aus Unternehmertätigkeit und Vermögen in v. H. des Produktionswertes) stark fallende Tendenz. (72) Durch die eigenen Berechnungen auf Basis der Zahlen von KRENGEL läßt sich diese Tendenz erhärten: von 1969 bis 1975 fällt in der Verarbeitenden Industrie ebenso wie in allen Branchengruppen die Rentabilität in erheblichem Ausmaß. Im gesamten Zyklus 1967 bis 1975 fällt die Kapitalrentabilität um 15,7 %, während die Lohnquote um 14 % steigt bei gleichzeitigem Rückgang der Kapitalproduktivität um 8,1 %.
Noch ausgeprägter als in der Gesamtwirtschaft übersteigt die reale Bruttolohnentwicklung die Produktivitätsraten in den Jahren 1969 bis 1974.

Bei diesen hohen Negativraten darf nicht vergessen werden, daß die Ausgangsbedingungen in Bundesdeutschland nach dem Krieg und in den 50er Jahren außerordentlich gut waren. Allerdings muß die Frage nach der unteren Grenze der Rentabilität gestellt werden. (73)

Fazit: Der fallende Trend der Rentabilitätsentwicklung setzt sich auch im Zyklus ab 1967 durch. Vergleichsweise niedrige Produktivitätsziffern bei steigendem Kapitalanteil pro Arbeitsplatz und insbesondere bei überproportional wachsenden Löhnen führen zu einem erheblichen Rückgang der Rentabilität.

Auf der Netto-Ebene setzt sich der Prozeß wachsenden Lohnanteils nur bedingt und abgeflacht durch, so daß ein zunehmender Einfluß des Staates auf die Verteilungsstrukturen vermutet werden kann.

Internationalisierung und internationaler Angleich der Konjunktur

Die Ungleichgewichtigkeit und -zeitigkeit der konjunkturellen Entwicklung hatte sich in der Vergangenheit für einige Länder - insb. auch Bundesdeutschland - als exportfördernd und binnenkonjunkturkompensierend erwiesen.

Tabelle 32: Bruttoinlandsprodukt in verschiedenen Ländern

Jahr	BR Deutschland	Belgien	Frankreich	Italien	Niederlande	Großbritannien	USA	Japan
	ECU							
1960	1 231	1 157	1 245	700	908	1 287	2 655	·
1962	1 484	1 285	1 455	·	1 041	1 396	2 826	·
1963	1 557	1 372	1 603	970	1 114	1 478	2 937	·
1964	1 694	1 522	1 760	1 054	1 293	1 602	3 093	·
1965	1 831	1 642	1 877	1 126	1 424	1 710	3 306	853
1966	1 929	1 754	2 016	1 212	1 531	1 815	3 578	984
1967	1 958	1 878	2 171	1 332	1 668	1 879	3 759	1 155
1968	2 184	2 072	2 424	1 485	1 895	1 833	4 200	1 410
1969	2 468	2 309	2 632	1 640	2 135	1 968	4 510	1 643
1970	2 991	2 562	2 715	1 834	2 376	2 152	4 685	1 937
1971	3 379	2 809	2 949	1 959	2 687	2 392	4 891	2 127
1972	3 745	3 226	3 354	2 110	3 058	2 520	4 987	2 558
1973	4 524	3 768	3 910	2 281	3 649	2 586	5 024	3 124
1974	5 159	4 540	4 250	2 576	4 388	2 897	5 565	3 536
1975	5 484	5 085	5 180	2 774	4 890	3 322	5 761	3 631
1976	6 481	6 067	5 936	2 999	5 901	3 566	7 047	4 485
1977	7 383	6 916	6 320	3 344	6 738	3 904	7 633	5 353
1978	8 225	7 566	6 977	3 630	7 337	4 408	7 585	6 682
1979	9 088	8 027	7 797	4 151	7 760	5 234	7 777	6 367

Quelle: Statistisches Taschenbuch 1982

Noch 1966/67 verläuft die Konjunktur differenziert in den einzelnen Ländern und begünstigt insb. die BRD, die einen schärferen konjunkturellen Einbruch hat. 1974/75 läßt sich nun in fast allen Ländern der OECD ein tiefer konjunktureller Einbruch feststellen.
Erstmals nach Kriegsende geht die kapitalistische Konjunktur ziemlich geschlossen ins "kalte Wasser".

Während die USA, Japan und BRD schon 1974 in die Krise kommen, folgen die meisten anderen Ländern mit absoluten Rückgängen erst 1975. Die Stagnation in der Einfuhr der führenden kapitalistischen Länder verschärft die jeweiligen nationalen Krisenerscheinungen. Ausdruck dieses

Zusammenhangs ist die negative Rate des Welthandels 1975 mit der Folge verschärfter internationaler Konkurrenz. (73)
Der Anteil des BRD Exports am Welthandel , seit 1960 mit Ausnahme der Jahre 1971/72 immer ansteigend, fällt 1975 leicht ab. (74)
Die enger werdende Verflechtung des internationalen Kapitals läßt sich sowohl an der Struktur des westdeutschen Exports und Imports (der größte Anteil bleibt im Austausch zwischen den EG Ländern), als auch am sprunghaft ansteigenden Volumen des Kapitalexports erkennen. Damit weitet sich die nationale Konjunktur stärker in den internationalen Zusammenhang, und die gegenseitigen Abhängigkeiten verstärken sich. (75)
Perspektivisch ist daher, falls der Welthandel nicht mehr in den Relationen der 50er und 60er Jahre expandiert, mit Konfliktstoff auch zwischen den kapitalistischen Ländern zu rechnen. Welche Konsequenzen eine Verengung für die sogenannte "dritte" und "vierte" Welt bedeuten, kann nur erahnt, aber hier nicht näher beschrieben werden.
Als bisher wichtigste Zäsur erweisen sich die Veränderungen in der Preispolitik der OPEC-Länder, d.h., die Industrieländer mit ihrer hohen Rohstoffabhängigkeit müssen ihre Importquote anwachsen lassen und sehen sich gezwungen, zur Vermeidung von außenwirtschaftlichen Ungleichgewichten, diese Zunahme durch vermehrte Exporte möglichst zu kompensieren.
Aus Schaubild 18 wird deutlich, daß 1977 allein die Bundesrepublik einen positiven Saldo im Handel mit den OPEC-Ländern erreicht. Die erste "Ölpreiswelle" stürzt also keinesfalls die bundesdeutsche Wirtschaft in die Krise; im Gegenteil, durch die Preiserhöhungen wird es den OPEC-Ländern möglich, verstärkt Industrieanlagen zu importieren, nicht zuletzt aus der BRD.
Von 1973 bis 1977 verdreifachen sich annähernd die deutschen Exporte in diese Länder.
Neben den OPEC-Ländern gehört die Bundesrepublik somit zu den mittelfristigen Gewinnern dieser Preiserhöhungen, zu Lasten der Länder der sogenannten 3. und 4. Welt, die neben den gestiegenen Rohstoffpreisen nun auch die hierdurch steigenden Preise der Exportgüter der Industrieländer bezahlen müssen.

Schaubild 18:

Wirkungen der ersten Ölpreiswelle auf den Außenhandel

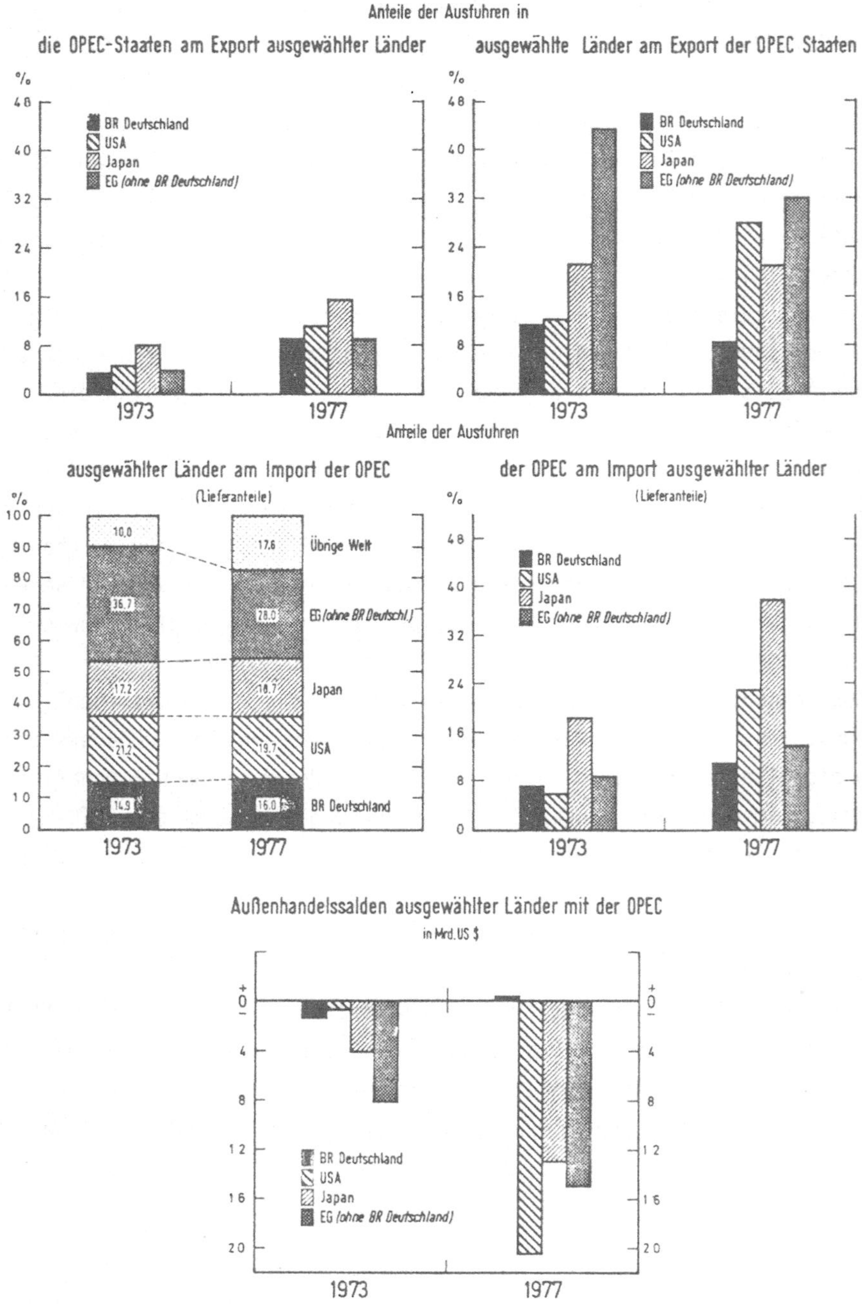

Quelle: OECD, Trade by commodities, Serie C; Berechnungen des Ifo-Instituts.

IFO-INSTITUT für Wirtschaftsforschung München

496/80

Quelle: IFO 1981

6. Zusammenfassung

Die beschriebenen Entwicklungstrends überlagern und bestimmen bis zu einem gewissen Grad den Zeitraum 1967 - 1975. In der Krise 1975 kommen zyklische Faktoren mit strukturellen zusammen und bestimmen die Verlaufsform der Krise.
Im Vergleich zu anderen hochindustrialisierten kapitalistischen Ländern bildet sich in Bundesdeutschland ein, in Bezug auf den jeweiligen Beitrag zur Wertschöpfung, anteilsmäßig überproportionaler "sekundärer Sektor" - mit stark exportorientierten Industriebranchen als Kern - heraus.
Bis in die 70er Jahre hinein werden aus dem "primären Sektor" freigesetzte Arbeitskräfte vom sekundären und tertiären absorbiert - ab 1975 verliert sich diese Tendenz: die Beschäftigung im sekundären Sektor ist relativ und auch absolut rückläufig und die Absorptionsfähigkeit des tertiären - nicht zuletzt aufgrund politischer Kalküle - stark reduziert.

gen Anteil der Bruttowertschöpfung - das Verarbeitende Gewerbe als stabilster und relativ zunehmender Bereich, obwohl auch hier ab 1975 die Beschäftigungszahl abnimmt.
Bis zur Krise 1974/75 dominieren die sogenannten Wachstumsbranchen den Expansionsprozeß des industriellen Bereichs.
Der industrielle Sektor als Motor der gesamtwirtschaftlichen Entwicklung erfährt in den 70er Jahren bis zur Krise 1974/75 erhebliche Modifikationen: von der Nachfrageseite her durch die Verlangsamung binnenkonjunktureller Konsumimpulse, die durch eine gewisse Sättigung des Grundbedarfs und die Konstanz der personalen Einkommensverteilung ausgelöst werden, und von der Seite der Produktionsstruktur her durch den verstärkten Zwang zu kapitalinvensiveren Produktionsmethoden, bewirkt durch den Arbeitskräftemangel und die expansiv ansteigende Bruttolohnkostenbelastung.
In der fallenden Investitionsquote seit Beginn der 70er Jahre drücken sich verschiedene Komponenten aus.
Als Reflex auf die im Vergleich zur Arbeitsproduktivität überproportional ansteigende Kapitalintensität kommt es zu Investitionen mit hohem kapitalsparenden Effekt, soweit technologische Innovationen, deren Entwicklungsgrad und vor allem -tempo allgemein nachgelassen haben, bereitstehen.

Insbesondere in den Jahren vor der Krise zeichnen sich die Rationalisie-

rungsinvestitionen jedoch durch arbeitssparende Effekte aus. Diese Rationalisierungswelle in den 70er Jahren, die sich vor der Krise abzeichnet und durch die Krise hindurch entwickelt, kann als Antwort des "Kapitals" auf fallende Kapitalproduktivität und gestiegenem Lohnanteil am Wertprodukt interpretiert werden.
Beide letztgenannten Faktoren bewirken seit 1960 einen fallenden Trend der Kapitalrentabilität.
In der Krise erfährt der Substitutionsprozeß von Arbeit durch Kapital seinen Kulminationspunkt; trotzdem gelingt der Aufschwung nicht - der traditionelle konjunkturelle und industrielle Zyklus ändert seine Verlaufsform.

Als Schranke erweist sich vordergründig die Ausweitung der Produktion; das Senken der Lohnquote und die entsprechend höhere Profitquote reichen anscheinend nicht aus, um vermittels einer verbesserten Kapitalrentabilität auch Erweiterungsinvestitionen in beschäftigungsweiternden Dimensionen zu induzieren.
Die seit 1945 den Akkumulationsprozeß prägenden Bedingungen haben sich mit der Krise 1975 endgültig verändert.

Zwar stabilisiert sich der industrielle Sektor auch nach der 75er Krise wieder - jedoch unter veränderten Rahmenbedingungen: zum einen durchlaufen die verschiedenen Branchen, einschließlich der Wachstumsbranchen spezifisch differenzierte Entwicklungen und zum anderen verändert sich, mit langfristigen "Beschäftigungsproblemen" als Resultat, die innere Produktionsstruktur nachhaltig. Technologische Innovationen erlauben eine fortschreitende Substitution von Arbeit durch Kapital.
Die Krise 1974/75 erfährt ihre spezifische Bedeutung, ihre Schärfe und ausgeprägte Intensität im funktionalen Zusammenhang dieser Größen: sowohl die Reallohn- als die Kapitalintensitätszuwächse übersteigen die Raten der Arbeitsproduktivität, und die Nachfrage weitet sich langsamer aus.
Diese Konstellation läßt sich auf zwei Entwicklungstendenzen zurückführen; einerseits erhöht sich seit 1960 der Druck auf die Rentabilität durch anwachsende Lohnquoten und andererseits entspricht die vorhandene Nachfragestruktur nicht den potentiellen Möglichkeiten einer technologisch verbesserten Produktionsstruktur. Beide Momente können als Konsequenz des politisch-sozialen Grundkonsens beschrieben werden.

Während Vollbeschäftigung und Ausbau des Sozialstaats Lohnzuwächse begünstigen und miterklären, verhindert die Konstellation zwischen den sozialen Führungsgruppen eine nachhaltige Veränderung der Einkommensverteilung, so daß sich steigende Löhne als Profitklemme ausdrücken und verbesserte Produktionsbedingungen keine Entsprechung in der Nachfrage finden können.

Kapital und Staat sehen die Lösung dieses strukturellen Dilemmas in einer weiteren Ausdehnung des Exports.
Auch die Zuwächse der Exportnachfrage - bis 1974 und auch 1981 wieder herausragende "Wachstumsstütze" - flachen jedoch nach der Krise ab.
Da die Importe schneller steigen, verringert sich auch der Warenhandelsüberschuß.
Kurzfristig beeinflußt die 1. Ölpreiswelle die Konjunktur negativ und insb. ihre "politische Vermarktung" verschärft die Krisensituation 1974/75. Im überproportionalen Anstieg der Sparquote und der geringen Zunahme der Konsumentenkredite drückt sich dieser Prozeß aus.
Die bundesdeutsche Exportwirtschaft kann im weiteren Verlauf die Folgen der Aufhebung der faktischen Unterbewertung der DM durch die Freigabe der Wechselkurse bewältigen und sogar in eine neue Exportoffensive umsetzen sowie die negativen Auswirkungen der ersten "Ölpreiswelle" mittelfristig kompensieren.
Sind die Lohnzuwächse in den 60er Jahren noch Ausdruck des "Arrangements" zwischen Kapital und Gewerkschaften, erfährt der Verteilungskampf ab Ende der 60er Jahre einen Bedeutungswandel. Von 1969 bis 1974 entwickelt sich eine "Lohnoffensive", die bei ohnehin fallender Kapitalrentabilität und nachlassener Produktionsausweitung, zu einem erheblichen Anstieg der Bruttolohnquote, d.h. des Relationsanteils der Beschäftigten am Neuprodukt, führt.
Die realen Bruttolöhne übersteigen langfristig und insb. in der "Lohnoffensive" deutlich die Zuwächse der Produktivität. Die "Lohnoffensive" reicht bis ins erste Krisenjahr (1974) und wird erst im Krisentiefpunkt (1975) aufgehalten und verändert.

Nach der Krise schwächt sich die Dynamik des Verteilungskampfes ab, die Verteilungsrelationen ändern sich zugunsten des Kapitals, das die Krise zur massenhaften Freisetzung von Arbeitskräften nutzt.
Steigt in diesem Zeitraum auch die industrielle Lohnquote und gesamtwirtschaftlich die Bruttolohnquote, so setzt sich dieser Prozeß auf der Ebene

der personellen Einkommensverteilung nur vermittelt und z.T. umgekehrt durch.
Zwar steigen auch die realen Nettolöhne - in deutlich abgeschwächter Form gegenüber den Bruttolöhnen - und die Nettolohnquote, berücksichtigt man jedoch die Veränderung der Beschäftigtenstruktur, verändern sich die Relationen langfristig nicht wesentlich; von Umverteilung kann nur bedingt gesprochen werden. Der für die Arbeitnehmer erfolgreiche Verteilungskampf um den Bruttolohn erfährt in der sich progressiv öffnenden Schere zwischen brutto und netto, d.h. in der Steuer- und Sozialabgabenentwicklung, eine Konterkarierung.
Hierin offenbart sich der Erfolg staatlicher Einkommenspolitik, fernab von Lohnleitlinien und Konzertierter Aktion, deren Scheitern vordergründig und, wie sich zeigt, unzutreffend als Scheitern staatlicher Einflußnahme auf die Lohnentwicklung angesehen wird.
Der Staat hat sich als Garant stabiler Nettoverteilungsstrukturen und sozialer Einkommensungleichgewichte bewährt.
Die Tendenz der Primärverteilung wird durch die staatliche Einnahmepolitik nachhaltig gebrochen. Insbesondere in der von mir als "Lohnoffensive" bezeichneten Phase bewirken extrem hohe Sozial- und Steuerabgaben eine Korrektur der Primärverteilung.

Zunahme und Verstetigung des Privaten Verbrauchs reichen in den 70er Jahren nicht zur Verstetigung des konjunkturellen Zyklus aus, da die abnehmende Investitionsnachfrage, beschrieben im Wechsel von der Dominanz der Erweiterungs- zu den Rationalisierungsinvestitionen, binnenkonjunkturelle Schranken für eine erneute beschleunigte Ausweitung der Produktion setzt, sofern die weitere beschleunigte Ausdehnung des privaten Konsums durch die vorhandene Struktur der Einkommensverteilung und des Produktionsangebots begrenzt wird.
Umso gewichtiger werden die exportorientierten Sektoren und Branchen der Industrie, die in den 70er Jahren, trotz ebenfalls nachlassender Zuwachsdynamik, immer mehr dominanten Einfluß auf die Bewegungsrichtung der Industrie und der Gesamtwirtschaft gewinnen. Eine Betonung der existentiellen Bedeutung eines "offenen Weltmarkts" für Bundesdeutschland erübrigt sich.
Binnenkonjunkturell dürfte in den 70er Jahren eine gewisse Grenze in der Produktion und in der Nachfrage erreicht sein.

Der arbeits- und kapitalsparende Effekt neuer Technologien verbessert die Rahmenbedingungen für die Kapitalrentabilität, zuerst auch ohne größere Produktionsausweitung, und bringt eine erhebliche Freisetzung von Arbeitskräften mit sich, was auf der einen Seite die Lohnsumme und -kosten verringert, auf der anderen Seite jedoch restriktiv auf die Entwicklung des Privaten Verbrauchs wirkt, auch wenn diese Auswirkungen durch eine gewisse Sättigung des Grundbedarfs und durch staatliche Sozialleistungen begleitet bzw. kompensiert werden.
Eine Ausweitung der Konsumnachfrage würde Umverteilungen zwischen den sozialen Gruppen implizieren und dadurch auch das soziale und ideologische Gefüge der Bundesrepublik beeinträchtigen, so daß Kapital und Staat die Entwicklung exportorientierter Branchen forcieren und parallel die Realisierung auf dem Weltmarkt zu sichern suchen.

IV. Krise 1974/75

1. Der Weg in die Krise

Im 2. Quartal 1974 wird das reale BSP bzw. die Zuwachsrate negativ: die Rezession beginnt.

Tabelle 33: Quartalswerte verschiedener Indikatoren 1974/75

Jahr		BSP	Priv.Verbrauch.	Staatsverb.	Ausrüst.Inv.	Bauinv.	Export
1974	I	0.5	0.0	0.5	-6,5	2.0	10.0
	II	-0.5	0.5	2.0	-0.5	-7.5	-1.0
	III	0.0	0.5	2.5	3.0	-3.0	2.0
	IV	-2.0	0.0	-0.5	-5.5	-3.0	-4.0
1975	I	-1.0	1.0	1.0	-0.5	0.0	-5.5
	II	0.0	1.5	2.0	2.5	-2.5	1.0
	III	1.0	0.5	1.5	2.0	0.5	0.5
	IV	2.0	1.5	1.0	4.5	1.0	3.5

Quelle: BEIHEFTE der B.B.

Während der Private Verbrauch stagniert und der Staatsverbrauch zunimmt, konstatieren wir beträchtliche Rückgänge bei Ausrüstungs- und Bauinvestitionen. Diese - als Trend seit 1970 zu beobachtende - Abnahme beginnt schon ab II. Quartal 1973. Die Daten von Export und Saldo zeigen, daß 1974 der binnenkonjunkturelle Einbruch kompensiert wird.
Ein Vergleich der Entwicklung der Beiträge zur Bruttowertschöpfung offenbart den überproportionalen Rückgang des Warenproduzierenden Gewerbes. (Vgl. IFO 1979/80, S. A3)
Am rasantesten erfolgt der Einbruch im Bauhauptgewerbe, annähernd parallel - vom Zeitpunkt und der Intensität her - entwickeln sich die Rückgänge in der IG und VG (vgl. Beihefte der B.B.), während der Kriseneintritt in der Grundstoff- und Produktionsgüterindustrie erst auf die zweite Jahreshälfte 1974 zu datieren ist.
Im Verbrauchsgütergewerbe entwickelt sich die Produktion schon ab III. Quartal 1973 rückläufig. Der vom Statistischen Bundesamt aufgestellte Indikator für Investitionsgüter und Verbrauchsgüter bestätigt diese Ten-

denz: der Index für letztere sinkt ab 3. Quartal 1973.
(Zu diesem Indikator vgl. KÜCHLE 1979, S. 285 f.)
Diese Daten legen den Schluß nahe, daß der Kriseneinbruch über den Rückgang des Privaten Verbrauchs bzw. der Konsumnachfrage erfolgt. Doch der Schein trügt. Die Betrachtung zweier Indikatoren soll diese Behauptung untermauern.

1. Das Verfügbare Einkommen aller privaten Haushalte und die Masseneinkommen steigen 1973 und 1974 nominal aber auch real:

	Masseneink.	Verfügb.Eink.	Preise	Privater Verbr.
1973	+ 9,8	+ 9,1	+ 7,0	+ 9,8
1974	+ 10,3	+ 8,5	+ 7,0	+ 7,3
1975	+ 9,4	+ 9,9	+ 6,0	+ 9,5

Schlüsseln wir die Masseneinkommen auf, die ja aus den Nettolöhnen und Gehältern, Sozialrenten und Unterstützungen und Beamtenpensionen bestehen, läßt sich ein überproportionaler Anstieg der Sozialrenten feststellen. (1974 um 16,1 % und 1975 um 27,4 % (wegen Neuregelung des Kindergeldbezugs)

Die Rate des Privaten Verbrauchs liegt 1974 deutlich niedriger, was auf eine steigende Sparquote hinweist, die tatsächlich 1974 auf 15,0 % steigt. Hinzu kommt eine Stagnation der Konsumenten und Ratenkredite seit Beginn des Jahres 1974. (Vgl. Küchler 1979, S. 283)

Mrd. DM	1972	1973	1974	1975	1976
Ersparnis	76,6	80,2	92,9	104,3	97,6
Kredite	77,2	86,0	86,9	99,09	120,95

Quelle: Küchle 1979

Der starke Anstieg der Ersparnis und die Stagnation der Privaten Kreditaufnahme im Jahre 1974 - wobei die Ersparnis wieder die Kredite übertrifft - weist in eine andere Richtung: nicht ein Rückgang der zahlungsfähigen Nachfrage, sondern eine bewußte Zurückhaltung der Kaufkraft eines großen Teils der Privaten Haushalte bewirkt die Stagnation des Privaten Verbrauchs.

Meine Vermutung läuft auf die These hinaus, daß aufgrund befürchteter Arbeitslosigkeit viele Arbeitnehmer insb. den Kauf "langlebiger" Konsumgüter zurückgestellt haben.

2. Differenzieren wir den Auftragseingang nach In- und Ausland in Bezug auf die Branchengruppen, ergibt sich ein von der Gesamtnachfrage zu diferenzierendes Bild.
Die Investitionsgüterindustrie kompensiert ihren binnenkonjunkturellen Ausfall durch beträchtliche Steigerungen der Auslandsnachfrage.
Die Inlandsnachfrage fällt hier ab dem II. Quartal 1974, während die Verbrauchsgüterindustrie nach stagnativem Beginn ab III. Quartal 1974 rückläufig ist. In der GP verläuft (ab 3. Quartal) die Inlandsnachfrage zwar leicht abnehmend, die Auslandsnachfrage expandiert jedoch und gleicht den Rückgang aus.

Tabelle 34: Auftragseingänge

		Investitionsgüter		Verbrauchsgüter	
		Inland	Ausland	Inland	Ausland
73)	III.	110	162	121	143
	IV.	110	159	117	155
74)	I.	118	178	127	173
	II.	116	183	127	161
	III.	111	183	123	158
	IV.	112	178	122	145

Quelle: Beihefte der B.B.

Anhand des Auftragseingangs (Inland) läßt sich weder ein zeitlich vorangehender Abschwung in der Verbrauchsgüter- oder Investitionsgüterindustrie feststellen: im Gegenteil, der Kriseneinbruch erfolgt parallel. Die Quartalsziffern für die industrielle Produktion bestätigen diese Behauptung.

Im Jahre 1975 erfaßt die Krise annähernd sämtliche Bereiche der Industrie. Der Rückgang von Produktion und Wachstum führt zum stärksten Konjunktureinbruch seit 1950.
Nachfolgend seien die wichtigsten globalen konjunkturellen Erscheinungsformen der Krise beschrieben:

- Die Krise äußert sich in Produktionseinbrüchen und -rückgängen in fast allen Bereichen der Wirtschaft, insb. in der Industrie und dem Bauhauptgewerbe. Gesamtwirtschaftlich ist ein absoluter Rückgang von Bsp, BIP und BAI zu konstatieren.
- Folge bzw. Symptome der Krise sind Massenarbeitslosigkeit, Investitionsrückgang, Unterauslastung der Kapazitäten, Konkurse etc.
- Die Entwicklung der Krise hat primär binnenkonjunkturellen Charakter, der Export kompensiert in der Anfangsphase den Rückgang des Sozialprodukts. Der relative Rückgang des Exports 1975 als Folge der aus der einsetzenden Synchronität des internationalen Krisenverlaufs resultierenden Verengung des Weltmarktes schlägt voll auf die Produktionsziffern durch.
- Die Profitentwicklung ist vor der Krise stark rückläufig.

2. Ursachen der Krise

In der Krise verschaffen sich Widersprüche Luft, die nicht monokausal abgeleitet werden können.
Aus der Darstellung und Analyse des Zyklus und der langfristigen strukturellen Trends läßt sich ein Bündel von Phänomen herausfiltern, deren zeitliches Zusammentreffen und kumulatives Zusammenwirken erst die Intensität und Schärfe der 75er Krise erklären.
Allerdings beruhen die meisten dieser Ursachenkomponenten auf einem gemeinsamen Nenner; sie sind Resultat der politisch-sozialen Grundbedingungen der Gesellschaft.
Vor einer Erläuterung dieser Annahme werden nachfolgend die wichtigsten Komponenten beschrieben:

- In den 70er Jahren laufen die bisher bestimmenden Faktoren der " Nachkriegsentwicklung" endgültig aus, und ein neuer Akkumulationstyp beginnt sich herauszubilden.
- Es kommt zu einer relativen Sättigung des Grundbedarfs in der Konsumnachfrage; die Entwicklung neuer Produkte und ihrer Vermarktung reichen nicht aus, das expansive Entwicklungstempo der 50er und 60er Jahre aufrechtzuerhalten.

- Die zyklische Krise der Gesamtwirtschaft wird verschärft und überlagert von strukturellen Krisen in wichtigen Branchen - auch ehemaligen Wachstumsbranchen - Bau, Automobil, Maschinenbau, Textil - und führt zusätzlich zur konjunkturellen zu einer sektoralen Freisetzung von Arbeitskräften. Die entstehenden Überkapazitäten in einigen Bereichen können selbst durch steigende Auslandsnachfrage nicht kompensiert werden. Der relative Exporteinbruch 1975 verschärft die strukturellen Momente und erzwingt die Notwendigkeit von weitreichenden Umstrukturierungsprozessen.

- Im Vergleich zu 1966/67 wirken 1974/75 die Wachstumsbranchen nicht kompensierend, sondern geraten besonders intensiv in die Krise.
- Ausbau des Sozialstaats und Vollbeschäftigungspolitik begünstigen seit Anfang der 60er Jahre gewerkschaftliche Lohnkämpfe und heben die Lohnquote auf ein höheres Niveau.
- Mit der Regierungsübernahme der sozialliberalen Koalition findet atmosphärisch ein Klima, das auf politisch-soziale Veränderungen abzielt, Unterstützung.
- In den Jahren 1969 bis 1974 kommt es zu einer "Lohnoffensive" der Arbeiterschaft; als Resultat führen diese Lohnkämpfe kurzzeitig zu einer erheblichen Störung des "Verteilungsgleichgewichts".
- Verteilungskämpfe, Arbeitskräftemangel und internationale Konkurrenz veranlassen das Kapital zur verstärkten Neuanlage von fixem Kapital. Über kapital- und arbeitssparende Investitionen erhofft man sich eine Verbesserung der Wettbewerbsposition und eine relative Unabhängigkeit von der "Arbeitskraft". Bis 1975 setzen sich diese technologischen Veränderungen nicht in einer hinreichenden Produktivität um und finden auch keine entsprechende Nachfrage.
- Die Bedingungen der Produktion werden für das Kapital somit von zwei Seiten belastet; durch den Anstieg des fixen Kapitalteils und den dadurch bedingten Anstieg der technischen Zusammensetzung und durch das Sinken der Profitrate aufgrund steigender Löhne. Als die Nachfrage absinkt und die Umsätze rückläufig sind, sinkt auch die Profitmasse.
- Krisenverschärfend wirkt auch der ab Anfang der 70er Jahre einsetzende synchrone Konjunkturverlauf in allen wichtigen kapitalistischen Ländern. 1975 sind alle Länder in der Krise, in der Bundesrepublik sind mit die stärksten negativen Ausschläge zu verzeichnen; Folge ist zunehmende Konkurrenz, mögliche Protektionen und eine Verengung des Weltmarktes.
- Die 1973/74 manifest werdende Krise der Energie- und Rohstoffbasis bringt sowohl sprunghafte Preissteigerungen als auch die Notwendigkeit struktureller Anpassungsprozesse (die nicht nur teuer, sondern auch

politisch brisant sind; vgl. Atomkraftwerke) in den kapitalistischen Ländern mit sich.

- Die Neuanlage von produktivem Kapital wird kurzzeitig unrentabler als die Anlage von Geldkapital im In- und Ausland, was sich im Rückgang der Inlandsinvestitionen und dem Anstieg des Kapitalexports ausdrückt.
- Durch eine restriktive Konjunktur- und Geldpolitik wird eine Ausweitung der Inflation, die kurzzeitig Disproportionen verdecken kann, in relativ engen Grenzen gehalten.

Da im Jahre 1974 die Bundesrepublik die höchsten Zuwachsraten des Exports und des Saldos der Handelsbilanz erreicht, dürfte die Krise vorwiegend binnenkonjunkturelle Gründe haben. Sicherlich verschärft der relative Rückgang des Exports 1975 und die Öl-Preiserhöhungen die Krisensituation, ihr prinzipieller Erklärungsgehalt dürfte jedoch eher als gering einzuschätzen sein.

Veränderungen der Nachfrage spielen gleichfalls - wie ein Vergleich der Aufschwungphasen 1967/68 mit 75/76 anzeigt - eine eher untergeordnete Rolle zur Erklärung der Krise. Im Detail zeigt sich folgendes:

1. Zwar hat es 1967 zwei Sonderprogramme gegeben, gleichwohl liegt der konjunkturelle Impuls der öffentlichen Haushalte 1975/76 wesentlich höher.

Konjunktureller Impuls (Mrd. DM)

1967	1968	1975	1976
+0,1	-0,1	+35,9	+12,3

Quelle: SVG

Die zusätzlichen Ausgaben 1967/68 haben allenfalls die vorher beschlossenen Kürzungen des Gesamthaushalts kompensiert, während 1975/76 erhebliche expansive Einflüsse vom Gesamthaushalt ausgehen. (1) Finanziert werden diese zusätzlichen Ausgaben in wesentlich stärkerem Ausmaß als 1967/68 über deficit-spending.

2. Auch die Erhöhung der Exportnachfrage übersteigt 1968 nicht das Niveau von 1976

Raten des Exports (in %)

1967	1968	1975	1976
+7,9	+14,5	-3,9	+15,8

Quelle: Leistung in Zahlen 1978

Im Gegensatz zu 1975, wo der Rückgang des Exports krisenverschärfend wirkt, kompensiert im Krisenjahr 1967 die Exportnachfrage den binnenkonjunkturellen Einbruch.
In den beiden Aufschwungsjahren sind die Quoten annähernd gleich.

3. In der Einkommensentwicklung läßt sich ebenfalls kein wesentlicher Unterschied zeigen.

Verfügbare Einkommen (nominal)

1967	1968	1975	1976
+2,4	+7,8	+9,9	+5,8

Quelle: Statistisches Taschenbuch 1980

Nettolohn- und Gehaltssumme (nominal)

1967	1968	1975	1976
-0,5	-5,4	+3,6	+3, 9

Quelle: Ebenda

Die (real) vergleichsweise niedrigen Zuwächse der realen Nettolohn- und Gehaltssumme werden 1975/76 durch den überproportionalen Anstieg der Renten und Pensionen kompensiert, d. h., durchaus im Sinne (links) keynesianischer Logik sind die Einkommen der niedrigen Einkommensbezieher überproportional gestiegen.

Masseneinkommen (nominal)

1967	1968	1975	1976
+1,9	+5,2	+9,4	+5,1

Quelle: Monatsberichte der B. B.

An den Raten des realen Privaten Verbrauchs läßt sich dieser Prozeß ablesen: auch im Krisenjahr 1975 bleibt der Private Verbrauch vergleichsweise hoch.

Privater Verbrauch (real)

1967	1968	1975	1976
+1,0	+4,5	+3,1	+3,4

Quelle: Statistisches Taschenbuch 1980

4. Ein weiteres Moment kommt hinzu; zusätzliche Private Nachfrage kann sich auch im Importbereich niederschlagen.

Raten des Imports (1) und Handelsbilanz (Mrd.) (2)

	1967	1968	(1974)	1975	1976
(1)	3,4	15,7		2,6	20,5
(2)	16,9	18,4	(50,8)	37,3	34,5

Quelle: Leistung in Zahlen

In den sinkenden Raten der Handelsbilanz 1975/76 drückt sich eine vergleichsweise hohe Importzuwachsrate aus, d.h., ein erheblicher Teil der verfügbaren Einkommen ist in das Ausland geflossen, wobei der drastische Anstieg des Imports 1976 nur zu einem geringen Teil steigenden Rohstoffpreisen geschuldet ist. (2)

Ein Vergleich der Aufschwungjahre zeigt, daß eine Erhöhung der realen Nachfrage nicht notwendigerweise zu einem Wirtschaftsaufschwung führen muß. Bedingungen und Quantitäten, die noch 1967/68 ausreichen, einen neuen Boom zu induzieren, verpuffen 1975/76.

Empirisch erhärten läßt sich die Kaufkraftthese an der bundesdeutschen Entwicklung nicht.
Sowohl 1967 als auch 1975 dürften andere Faktoren entscheidend gewesen sein.
Die von neoklassisch orientierten Autoren vorgebrachten Einwände gegen die Kaufkrafttheorie scheinen von daher eine gewisse Plausibilität zu haben. (3)
Sozial sicherlich wünschenswerte Lohnerhöhungen führen nach der "ökonomischen Logik" nicht zu florierendem Wachstum, sondern scheinen - bei sonst gleichen Bedingungen - durch das Entstehen einer Profitklemme kontraintentionale Wirkungen zu haben.
Das bisher in der Bundesrepublik zu beobachtende Zyklusbild spricht zudem gegen die Behauptung, zu niedrige Löhne bringen die Krise und hohe Löhne führen aus ihr heraus. Sowohl vor der Krise 1966/67, als auch 1974/75 erreicht die Lohnquote ihr jeweils höchstes Niveau im Zyklus.

Lohnquote, bereinigt (2) und unbereinigt (1)

	1966	1967	1968	1974	1975	1976
(1)	66,6	66,4	64,8	72,6	72,3	71,3
(2)	63,3	63,2	61,3	66,3	66,1	64,9

Quelle: Statistisches Taschenbuch

1968 entwickelt sich bei gesunkener Lohnquote der Aufschwung zu einem Boom, während 1976 - unter gleichen Voraussetzungen - der Aufschwung schnell versandet.
Obwohl die Lohnquote bis 1981 immer weiter absinkt, kommt es in diesem Zyklus zu keinem Boom noch zu einem weiteren Anstieg der Arbeitslosigkeit.

Die zyklische und krisenhafte Entwicklung des Kapitalismus seit seinen Anfängen und auch in der Nachkriegszeit und seine internationale - periodische - Ausprägung relativieren gleichfalls eine Krisenerklärung, die das Verhalten des Staates in den Mittelpunkt stellen.
In diesen Ansätzen läuft die Erklärung für die ökonomische Krise 1974/75 dahin, daß staatliche Mehrausgaben destabilisierend wirken, und daß darüberhinaus die staatliche Verschuldung die private Kreditaufnahme einengt und inflationstreibend wirkt.
Beide Argumente können für die zu analysierende Phase zurückgewiesen

werden: die diversen "Staatsquoten" haben real bis zum Ausbruch der Krise keine ansteigende Tendenz (vergl. BÖTTGER/GRETSCHMANN, 1980 , S. 218 und VESPER, 1977, S. 40), die staatlichen Investitionen sind rückläufig (vergl. DIW 31/1977, S. 269), und für 1973 läßt sich sogar ein restriktiver Konjunkturimpuls feststellen (vergl. DIW, 36/1979, S. 376). Die Kritik an der wachsenden Staatsverschuldung, so richtig sie die Folgen beschreiben mag, vernachlässigt, daß die rasante Ausbreitung der Verschuldung vor allem Reflex der krisenhaften Entwicklung des privaten Sektors ist, und daß die zusätzlichen staatlichen Ausgaben nicht zuletzt dem privaten Kapital zugute kommen. Für die Jahre 1974/75 kann auch nicht, wie die private Liquiditäts- und Zinsentwicklung zeigt, von einer einengenden Funktion staatlicher Kreditaufnahme gesprochen werden.

Ebenso wie keynesianische Ansätze überschätzen diese Erklärungen die Möglichkeiten und Auswirkungen staatlicher Wirtschaftspolitik, deren Finanzierungsfundament von der konjunkturellen Bewegung abhängt. Die akzeptierte Autonomie des privaten Kapitals schafft die Bedingungen und Widersprüche, in denen sich der konjunkturpolitische Spielraum verfängt.

Gegen ein nachfrageorientiertes Modell lassen sich mehrere empirische Einwände formulieren; die Einkommensentwicklung steigt seit dem Ende des 2. Weltkriegs trendmäßig,so daß der Private Verbrauch einen relativ verstetigten Verlauf nimmt. Die staatliche Nachfrage hat aufgrund ihrer Struktur und ihrer Konjunkturabhängigkeit relativ enge Grenzen und bleibt auf die quantitative Dimension beschränkt. Im Konjunkturprogramm 1974 offenbaren sich deutlich die Schwächen dieser Position; die kurzfristig ansteigende Investitionsnachfrage zieht nicht etwa erweiterte Produktion, Nachfrage und Beschäftigung nach sich, sondern unterstützt den Trend zu arbeits- und kapitalsparenden Investitionen.

Auch die positive private Nachfrageentwicklung 1976 - als Impuls noch stärker als 1968 - führt nicht , vermittels Akzelerator - Multiplikator, zu einer mittelfristig wachstumsfördernden Konjunktur.

Diese Erklärungsversuche und die dahinter stehenden Theorien übertragen auf die Wirtschaftssubjekte gesamtwirtschaftliche Rationalität, die sie aufgrund der privatdezentralen Entscheidungsstrukturen des Systems nicht haben können und unterstellen den "agierenden Wirtschaftssubjekten" erfahrungsloses Handeln, indem quasi zeit- und raumlose Abfolgemechanismen konstruiert werden. (4)

Im Gegensatz hierzu gehen andere Ansätze von der prinzipiellen Instabilität des privaten Sektors aus und implizieren damit, im Gegensatz zu den

o.a. Modellen, daß eine dauerhafte systemimmanente Überwindung krisenhafter Prozesse nicht möglich ist, unabhängig wie sich der Staat verhält und unabhängig von Nachfragestützungen. Die Überakkumulationstheorie z.B. beschreibt diese prinzipielle Instabilität als Ausdruck kapitalimmanenter Gesetzmäßigkeiten; der Zwang zur Mechanisierung impliziert eine steigende Organische Zusammensetzung, die in zyklischer Vermittlung einen Fall der Profitrate auslöst. (5)
Allerdings läßt sich ein Fall der Profitrate aufgrund zu hoher organischer Zusammensetzung im Aufschwung/Boom nicht nachweisen. Im Gegenteil: während des Booms korrespondieren vergleichsweise hohe Lohnraten mit relativ niedrigeren Kapitalintensitätszuwächsen. Insofern kommt dem Profitklemmenansatz eine höhere, empirisch belegbare Plausibilität zu. Das abrupte Ende der "Lohnoffensive" mit Beginn der ökonomischen Krise relativiert jedoch die operaistische Interpretation des Akkumulationsprozesses als alleiniges Resultat der Arbeiterinitiative. (6)
Nach meiner Analyse kommt dem Verteilungskampf eine entscheidende Bedeutung zu: durch seine Dynamik verändern sich die wichtigen Teildeterminanten der Konjunktur (Inflation, Verhältnis Lohn - Profit, Verhältnis Lohn - Produktivität etc.). Zusammen mit langfristigen Entwicklungstrends in der Branchenentwicklung, der Technologie und des Exports/Imports prägen diese Faktoren die Verlaufsform der Krise, die mehr als eine zyklische Erscheinung darstellt.

Nun könnte ein ökonomisches System durchaus mit einer höheren Lohnquote und produktivitätsfördernden Technologieinnovationen leben bzw. sogar einen neuen Wachstumszyklus einleiten, wenn nicht die politisch-sozialen Konsensbedingungen hierfür notwendige Veränderungen verunmöglichen würden. Diese (vorerst durchaus immanenten) Veränderungen berühren sowohl die Produktionsbedingungen (Humanisierung der Arbeit etc.) als auch die Verteilungsrelationen zwischen Kapital, Arbeit und Staat. (Höherer Staatsanteil, Erhöhung der Masseneinkommen etc.) Nur würden - und hier liegt das gesellschaftliche Problem - ein relativer Abbau sozialer Hierarchien und materieller Ungleichgewichte unabdingbar sein.
Unter den gegebenen sozialen und politischen Prämissen kann selbst unter verbesserten Angebotsbedingungen nur bedingt ein neuer Wachstumszyklus eingeleitet werden, da die vorhandene Nachfragestruktur, die aus der Verteilungsstruktur resultiert, relativ enge Grenzen für eine binnenkonjunkturelle Expansion setzt.

Kurzzeitig bietet die weitere Ausdehnung des Exports eine gewisse Kompensationsmöglichkeit, die bisher vom Kapital auch voll ausgeschöpft wird. Sollte sich dieser Kurs fortsetzen, dürften mittel- und langfristig handelspolitische Restriktionen die Antwort der internationalen Konkurrenz sein.
Binnenkonjunkturell läßt sich das Dilemma von Verwertungs- oder Realisierungskrise nicht dauerhaft lösen.
Die strukturelle Dimension der 75er Krise - und dies findet in der ökonomischen Entwicklung bis 1982 seine Bestätigung - deutet auf die Ablösung des bisherigen Akkumulationsmodells hin. Insofern stellt die 75er Krise eine einschneidende Zäsur der ökonomischen Nachkriegsentwicklung dar.

In der Realität der ökonomischen Krise offenbart sich darüberhinaus die Grenze für systemimmanente Veränderungsmöglichkeiten von politischen Handlungsimperativen und sozialer Neustrukturierung.
Aufgrund der empirischen Analyse vermute ich, daß durch die angeführten Modifikationen im politisch-sozialen und politisch-staatlichen Bereich ökonomische Gleichgewichts- bzw. Ungleichgewichtsbedingungen nachhaltig getroffen wurden, so daß aus der zyklischen, konjunkturellen Krise eine strukturelle und über die Ökonomie hinausgehende Krise entsteht, die durch staatliche und Kapital-Politiken als gesellschaftliches Drehmoment benutzt werden kann, zumal die "verstaatlichte Arbeiterbewegung" in Form der Gewerkschaft und der SPD sich dieser Logik nicht verschließt bzw. sie sogar mitträgt und forciert.
In einer Phase weltweiter politischer und sozialer Instabilitäten und Verteilungskämpfe rückt die ökonomische Krise "alte" soziale und politische Hierarchien wieder zurecht und verschafft der "Logik des Kapitals" wieder eine eindeutige gesellschaftliche Dominanz.

3. Arbeitskämpfe in der Krise

Die spontanen Streiks 1973 und die weiterhin hohe Inflationsrate 1974 schaffen die Rahmenbedingungen für die Tarifauseinandersetzungen 1974, die von den Gewerkschaften recht konsequent geführt werden. Durch die "Vorreiterposition" des öffentlichen Dienstes und durch längere Streiks gelingt es, erhebliche Nettoreallohnerhöhungen zu erkämpfen.

Tabelle 35: Streiks 1974 - 1976

1974	1 051 000	sog. "verlorene Arbeitstage" 250 352 Beteiligte
1975	69 989	sog. "verlorene Arbeitstage" 35 814 Beteiligte
1976	414 083	sog. "verlorene Arbeitstage" 117 450 Beteiligte ohne 169 312 mit Ausgesperrten

Quelle: Gewerkschaftspolitik in der Krise, S. 115

Für das Jahr 1974 werden die "Lohnvorschläge" der Bundesregierung übertroffen, die Nominallöhne steigen trotz beginnender Krisentendenzen noch einmal massiv an. (11,4 %). Dieser Arbeitskampf um Lohnprozente sollte der vorerst letzte sein. Erst 1978 kommt es branchenübergreifend wieder zu größeren Lohnkämpfen.
Lohnauseinandersetzungen stehen seit Ende der 60er Jahre unzweifelhaft im Mittelpunkt der Arbeitskämpfe; aber seit der Rationalisierungswelle nach der Rezession 1966/67 nehmen auch die Arbeitsbedingungen einen größeren Stellenwert in gewerkschaftlichen Strategien ein. In den spontanen Streiks 1973 wird das Gewicht der gegen die Arbeitsbedingungen gerichteten Forderungen bedeutender. Ansatzweise verbinden sich Lohnauseinandersetzungen mit dem Kampf gegen kapitalistische Arbeitsbedingungen zu einer einheitlichen Perspektive und stellen von daher auch die Arbeit selbst zur Disposition - zumindest ihre Bedingungen und ihren Stellenwert.
Im gleichen Jahr (1973) werden Probleme der Arbeitsbedingungen in die gewerkschaftliche Manteltarifpolitik aufgenommen. Im Tarifgebiet Nordbaden/Nordwürttemberg kommt es im Herbst 1973 im Bereich der Metallindustrie zu längeren Streiks für einen Rahmentarifvertrag II. (Vgl. Müller-Jentsch 1979)

Die Lohnauseinandersetzungen im Jahr 1975 stehen unter dem Eindruck der Massenarbeitslosigkeit, die gewerkschaftliche Tarifpolitik trägt der Krisenzeit Rechnung und ist durch Zurückhaltung charakterisiert. Trotzdem gelingt es für die Beschäftigten einen Brutto- Reallohnabbau zu verhindern. Die Entlastung auf der Lohnseite gelingt dem Kapital über die Lohn-

und Gehaltssumme, die nun aufgrund der hohen Arbeitslosigkeit abnimmt.

Die wenigen Streiks im Jahr 1975 sind geprägt durch vereinzelte Proteste gegen Betriebsstillegungen und Entlassungen: die Krise zeitigt ihre Wirkung. (7)
Erst 1976 kommt es wieder zu einem größeren gewerkschaftlichen Streik. Nachdem die wichtigsten Bereiche (Metall, ÖTV, Bau) Tariflohnerhöhungen im Rahmen der "Lohnvorschläge" abgeschlossen haben, wird durch die härtesten Streiks seit 1973 in der Druckindustrie die staatliche empfohlene Stillhaltepolitik durchbrochen.
Die ökonomische Krise bremst die "Lohnoffensive" und schafft die Bedingungen für die Gegenoffensive des Kapitals,die sich über die unmittelbare Krisenzeit hinaus fortsetzt und auch in der Lohnpolitik mittelfristig Erfolge - Veränderung der Verteilungsrelationen zu ihren Gunsten - erzielen kann.
Dieser harte Kurs in der Lohnpolitik, der ideologisch und propagandistische Unterstützung durch Bundesregierung und SVR erfährt, wird durch eine restriktive betriebliche Personalpolitik ergänzt.
Für die meisten Beschäftigten bringt die Krise vorerst kaum Reallohneinbußen und die veränderten - verschlechterten - Arbeitsbedingungen werden zumeist kampflos hingenommen. Die quantitative Erhaltung von Arbeitsplätzen steht wieder ganz im Mittelpunkt gewerkschaftlicher Defensivpolitik.
Auch den Auswirkungen der massiven technologischen Veränderungen, deren Vehemenz durch das Erscheinungsbild der Krise überlagert wird, wird nur zaghaft Widerstand entgegengesetzt und wenn, nur unter dem Gesichtspunkt der quantitativen Erhaltung der Arbeitsplätze.
Die Gewerkschaften stehen in der Rationalisierungsdebatte in einem Dilemma: hatten sie doch in der Vergangenheit immer die Notwendigkeit von Modernisierung und Rationalisierung betont (in Zeiten, in denen der strukturelle Freisetzungs- dem Aufsaugungsprozeß von Arbeitskräften entsprach) und stehen im Prinzip auch heute noch hinter dieser Argumentation, obwohl sie in den Branchen wie im Druck- und Metallbereich, wo der Kern ihrer Mitglieder betroffen ist, sich gezwungen sehen, gegen die Auswirkungen der Rationalisierung zu kämpfen. Ein offensives Konzept kann die Gewerkschaft nicht anbieten, obschon abzusehen ist, daß der strukturelle Freisetzungsprozeß aufgrund technologischer Innovationen noch zunehmen wird.

"Autonome Kämpfe" sind seit 1973 kaum noch zu beobachten; auch wenn hohe Ablehnungsraten bei (nach Streiks) erzielten Kompromissen die Harmonie gemäßigter gewerkschaftlicher Politik stören, darf nicht übersehen werden, daß sich die Basis für militante Auseinandersetzungen verringert hat, nicht zuletzt durch repressive betriebliche und gewerkschaftliche Maßnahmen.
Dennoch verändert sich seit der Krise auch die gewerkschaftliche Tarifpolitik und paßt sich den veränderten Bedingungen "immanent" an, d.h., sie wird noch "maßvoller" und entwickelt vor allem keine Konzepte zur Bekämpfung der Arbeitslosigkeit.
Tieferliegende Probleme wie die von BRÜCKNER angesprochene Zerstörung der inneren und äußeren Natur des Menschen und ihr Zusammenhang werden in den Auseinandersetzungen zwischen Kapital und Arbeit nicht thematisiert, gerade nicht in Krisenzeiten, wo beide Seiten letztendlich auf eine systemimmanente Krisenlösung setzen und hoffen.
Wenn Kapital und Arbeit ebenso wie auch der Staat auf quantitatives Wachstum als perspektivische Problemlösung vertrauen, erweist sich vordergründig die Logik des Kapitals (für die Beteiligten) allemal als die richtige. Die"Lohnoffensive" läßt sich im nachhinein als Kampf um einen höheren Anteil am Wertprodukt beschreiben und findet, obschon partiell über die Verteilungsdimension hinausweisend, mit der Krise ihr vorläufiges Ende.

Hierin liegt der eigentliche Grund für das Scheitern der "Lohnoffensive" und die mangelnde Bewältigung der nachfolgenden Beschäftigungskrise: die Arbeiterschaft fühlt sich in ihrer großen Mehrheit (vertreten durch die Gewerkschaft) konzeptionell und programmatisch den gegebenen gesellschaftlichen Strukturen verpflichtet - und diese erlauben weder grundsätzlich andere Produktions- und Arbeitsbedingungen noch langfristig überproportional steigende Löhne.

4. Folgen und Funktion der Krise

Begreift man die Jahre 1974/75 als Tiefpunkt des Zyklus und als Punkt, an dem sich längerfristige Entwicklungstendenzen brechen bzw. in veränderter Form durchsetzen können, so ergeben sich folgende Ergebnisse und Folgen der Krise.

In der Produktion selbst setzt sich die Tendenz durch, nicht nur arbeitssparend sondern vor allem auch kapitalsparend zu investieren.

Arbeitskräfte in der Industrie (Raten)

	1974	1975	1976
Arbeiter	-3,7	-8,1	-2,4
Beschäftigte	-2,7	-6,7	-2,4

Quelle: Krengel 1977 ff.

Die Arbeitskräfte nehmen auch im leichten Aufschwung 1976 noch weiter ab. Der Rückgang der Beschäftigten vollzieht sich überproportional über die Arbeiteranzahl, die sich in der V. von 1973 bis 1976 um 80.000 verringert. (8)

Durch den Abbau der Kurzarbeit steigt die Zahl der geleisteten Beschäftigten- und Arbeiterstunden 1976 geringfügig an.

Die abnehmende Tendenz der Beschäftigtenstunden setzt sich seit 1970 durch - zyklische Schwankungen sind nicht mehr feststellbar.

Umsatz u. Eff. NPV (Raten)

	1974	1975	1976
Umsatz	11,9	-2,1	11,7
Eff.NPV	-2,1	-6,7	9,1

Quelle: Krengel 1977 ff.

Trotz des sinkenden Arbeitskräfteeinsatzes gelingt es der Industrie bei steigender Nachfrage, das Effektive Nettoproduktionsvolumen erheblich zu steigern, wenn auch beachtet werden muß, daß 1976 erst wieder das Entwicklungsniveau von 1973 erreicht ist.

Mit fast 100 000 Beschäftigten weniger wird 1976 das gleiche Volumen produziert wie 1973.

BAI u. BAV der Industrie (Raten)

	1974	1975	1976	1977
BAI	-8,6	-9,9	-0,0	-1,0
BAV	+3,7	+2,9	+2,4	+2,2

Quelle: Krengel 1977 ff.

Auch die Investitionsentwicklung verändert ihren Trend kaum. Nach dem Tiefpunkt der Krise steigt die reale Investitionsentwicklung nicht nennenswert an, so daß auch das Bruttoanlagevermögen wesentlich geringer als in den Jahren zuvor anwächst.

Investitionsproduktivität

	1974	1975	1976
NAI/NPV	19,46	21,60	26,77
BAI/NPV	11,91	11,98	12,79

Quelle: Krengel 1977 ff.

Wir können also feststellen, daß ein steigendes NPV mit weniger Kapital und Arbeitskraft geschaffen wird. Die Neuinvestitionen implizieren ein hohes Maß an veränderter Technologie, die sich sowohl arbeits- als auch kapitalsparend auswirkt.
Folge ist eine sprunghaft ansteigende Arbeitsproduktivität, die von 1975 auf 1976 genauso anwächst wie von 1970 bis 1975.
Diese ansteigende Arbeitsproduktivität entwächst nicht nur der verbesserten Technologie im Produktionsprozeß, sondern findet ihre Begründung auch in der Disziplinierung der Arbeitskräfte, d.h. in erhöhter Arbeitsintensivierung durch neue Technologien und durch Taylorisierung immer neuer Produktionszweige. Der Vormarsch der Elektronik in die Produktion und Verwaltung (Mikroprozessoren) charakterisiert diesen Prozeß, der auch im Aufschwung für weitere Freisetzungen von Arbeitskräften verantwortlich ist.

Die weiterhin hohe Arbeitslosigkeit gerade im Verarbeitenden Gewerbe (9/1976: 320 000; 9/1977: 274 000) weist auf diesen Vorgang hin. In der Branchenstruktur ändert sich anteilsmäßig nichts wesentliches.

Anteilsstruktur der Branchen am Eff. NPV, in %

	1974	1975	1976
GP	30,15	28,22	28,79
IG	39,13	39,93	39,86
VG	17,36	17,72	17,81
Ch	12,50	11,77	12,53
MB	10,16	10,29	9,75
E1	11,10	11,06	11,26
FB	6,57	7,32	7,73

Quelle: Krengel 1977 ff.

Das relative Absinken des MB deutet zweierlei an: zum einen wird in diesem Bereich, der ausschließlich Investitionsgüter produziert, die neue Technologie zuerst eingeführt, zum anderen steigt die Nachfrage nicht mehr in dem Maße, da die neueren Technologien in den anderen Branchen weniger Erweiterungsinvestitionen erforderlich machen.
Hinzu kommt, daß der Investitionsboom 1960 - 1970 insb. in dieser Branche zu Überinvestitionen geführt hat.
Durch die kapitalsparenden Neuinvestitionen und den hohen Beschäftigungsrückgang nimmt die Kapitalintensität in der Krise vergleichsweise unterproportional zu.

Kapitalintensität

	1974	1975	1976
BAV/je Beschäft.	6,6	10,3	5,0
BAI/je Beschäft.	-6,2	-3,4	2,9

Quelle: Krengel 1977 ff.

Die in der Krise ansteigende Kapitalintensität setzt sich nur dann in einer Steigerung der Kapitalproduktivität durch, wenn die Arbeitsproduktivität in höherem Maße steigt.

Arbeitsproduktivität:

	1974	1975	1976
Eff. NPV/je Beschäft.	0,6	-0,0	11,8
Eff. NPV/je Arbeiter	1,7	1,5	11,7

Quelle: Krengel 1977 ff.

Schon 1976 wächst die Arbeitsproduktivität wieder mehr als die Intensität, ein Hinweis, daß zumindest kurzfristig die Kapitalproduktivität wieder ansteigt. (Im Jahr 1976 um 6,5 %)
Trotz ansteigender Nachfrage 1976 kommt es also weder zu vermehrten Neuinvestitionen noch zu vermehrten Einbezug von Arbeitskräften, was durch die Krise hindurch auf einen grundlegenden Strukturwandel schließen läßt.

Die Entwicklung in den nachfolgenden Jahren scheint dieser These zu entsprechen; weder 1977 noch 1978 kommt es zu einer Trendwende auf dem Arbeitsmarkt und in der Investitionsentwicklung. Allerdings wächst 1977/78 die Kapitalintensität wieder schneller als die Arbeitsproduktivität.
Die Krise selbst scheint hier nicht - wie noch 1966/67 - einen Trendwechsel mittelfristiger Natur gebracht zu haben.
Strukturelle Momente scheinen zyklische zu überlappen, d. h. , während sonst am Ausgang der Krise hin zum Aufschwung die strukturellen Faktoren sich im Zyklus auflösen, vollzieht sich dieser Prozeß 1974 - 1978 nicht.
Die zyklischen Folgen der Krise (Kapitalvernichtung, Kapitalentwertung etc.) sind auch 1974/75 an der Zahl der Konkurse, der Unterauslastung der Kapazitäten, fallenden Zinsen, ungleichen und nicht genügend ansteigenden Inflationsraten und an der am Scheitelpunkt der Krise 1975 besonders hohen Arbeitslosigkeit sichtbar.
Obwohl diese zyklischen Reinigungsprozesse unverhältnismäßig intensiv ablaufen, kommt es nicht zu einem Aufschwung/Boom. Es beginnt eine Phase reduzierten Wachstums, d.h., der folgende Zyklus hat erheblich abgeschwächte Wachstumsraten und kann den Abbau der Massenarbeitslosigkeit nicht einleiten.

Allerdings erstreckt sich die Funktion der Krise über unmittelbar ökonomische Folgen hinaus.
Krisen sind Zeiten des Wandels, des Umbruchs; sie sind (bisher) weniger lebensbedrohend als vielmehr entwicklungsnotwendig für den Kapitalismus. In Krisenzeiten vollzieht sich ein sozialer und ökonomischer, nicht unbedingt auch politischer Restrukturierungsprozeß. (9)
Entgegen der Annahme, ökonomische Krisen würden das "revolutionäre Potential" vergrößern und vertiefen, bringt die politische Entwicklung in der BRD seit Mitte der 70er Jahre eine Roll-back konservativer bis reaktionärer Ideologien und Konzepte.

"... daß sich die dann doch ausbrechende ökonomische Krise für eine sozialistische Bewegung nicht nur als wirkungslos, sondern gar als abträglich erweisen könnten. Tatsächlich hat sie nicht nur staatliche Reformpläne gestützt, sondern auch im privaten Bereich kapitalistische Strukturen wieder stabilisiert. Begleiter war dieser Anpassungsprozeß von einer auffälligen Rück-Strukturierung des gesellschaftlichen Bewußtseins." (Voigt 1979, S. 384)

Sicherlich verdankt sich dieser Prozeß auch dem politisch- sozialen Scheitern(lassen) der Reformpolitik und der abgehobenen und wirkungslosen Politik der Linken, aber die sozialen Auswirkungen der ökonomischen Krise befördern und verstärken die Bestrebungen nach sozialer und ökonomischer Restrukturierung der Gesellschaft.
Aktiver Träger dieses Restrukturierungsprozesses ist neben dem "Kapital" das in den 60er und frühen 70er Jahren verloren gegangenes gesellschaftliches Terrain zurückzugewinnen trachtet, der Staat mit seiner Wirtschafts- und Sozialpolitik, die auf finanzielle Umverteilung zugunsten des Kapitals abzielt (10) und der gleichzeitig das Instrumentarium der sozialen Disziplinierung verfeinert und den veränderten Bedingungen anpaßt. (1)
Widerstand gegen diesen alle gesellschaftlichen Bereiche umfassenden Restrukturierungsprozeß regt sich eher von der gesellschaftlichen Peripherie her (12) als von der Arbeiterschaft und den Gewerkschaften (13).

"Mit Bezug auf das Konzept der Krise erscheint es wichtig zu betonen, daß die Krise der 70er Jahre das kapitalistische Systemder europäischen Staaten nicht geschwächt hat. Diese Krise war nicht nur Mittel einer Restrukturierung des Systems, sondern sie stärkte insgesamt die Bindung an dieses System. Allgemein gesagt: diese Jahre waren nicht eine Periode von politischen Unruhen oder umfassender Kritik des gesamten Systems. Um die 'schwierige Situation' zu meistern, wurde vielmehr versucht, neue Loyalitäten zu erzeugen, welche Zweifel und Kritik als destruktiv und gefährlich für die Erhaltung des existierenden Lebensstandards betrachteten. In einer Situation des Wohlstands hat noch der gewöhnliche Arbeiter ein bescheidenes Eigentum zu verlieren, und es erscheint ihm vorteilhafter, mit dem etablierten politischen System bis zu einem gewissen Grad zu kooperieren als das ungewisse Experiment radikaler Veränderungen zu wagen. " (Moser 1980, S. 229)

Vermittelt über die ökonomische Krise und ihre politische Verarbeitung gelingt es Kapital und Staat zwar kurzzeitig, die Grundlagen für ein neues Akkumulationsmodell zu schaffen und den politisch- sozialen Konsens zwischen Kapital und Arbeit auf veränderter Basis zu stabilisieren, der Erosionsprozeß der Subjektbasis der Gesellschaft - in der neueren politologischen Diskussion mit Wertewandel und -verlust, (14) Orientierungs- und Perspektivlosigkeit etc. umschrieben - kann bisher jedoch substanziell nicht beeinflußt werden.
Im Gegenteil; trotz der gelungenen politisch-sozialen Restrukturierung und der verstärkten Bindung an das System in den sozialen Kernbereichen der Gesellschaft, scheint es, als ob die Auswirkungen der ökonomischen Krise und der politischen Restriktionen den Entwurzelungsprozeß der Subjekte eher noch verstärken, (15) da ihre Wirkung vornehmlich auf der Erzeugung von Angst und Zweifel gründet und starke Entsolidarisierungseffekte zeitigt.
Ökonomische Krise und politische Restriktionen erweisen sich als zwei Seiten der gleichen Medaille: sie sind Mittel sozialer Befriedigung qua Disziplinierung. So hat eine ökonomische Krise selbst unmittelbare ordnungspolitische Implikationen.
"Ökonomische Krisen haben offenbar nicht die Funktion, Ausbeutung und Unterdrückung im Trend zu verstärken, sondern sie im Durchschnitt auf einem Niveau zu halten, das die Reproduktion der Akkumulation sichert. Diese Balance ist ständig gefährdet, weil der Akkumulationsprozeß nicht nur die intensive Verfolgung von Einzelinteressen produziert, sondern auch immer wieder die Bedingungen für daraus resultierende inflationäre Ansprüche schafft, die seine Möglichkeiten tendenziell übersteigen. Die ökonomische Krise reduziert diese Ansprüche auf ein mit der Akkumulation kompatibles Maß. Auf diese Weise wird die Zerstörung des Systems durch eine endogene Überbeanspruchung verhindert." (Voigt 1979, S. 387 f.)

Gerade in Zeiten gesellschaftlichen Wandels kann durch die politische "Benutzung" der ökonomischen Krise ein gesellschaftliches Klima geschaffen werden, das quer zu Bestrebungen nach sozialer Emanzipation steht.

Während einerseits die materiellen und technischen Bedingungen für eine "emanzipatorische Gesellschaft" längst gereift sind, vergrößern sich andererseits im politisch-sozialen Raum individualistisch orientierte Bewußtseins- und Verhaltensmuster, die eine Veränderung der Gesellschaft in diese Richtung als ferne Utopie erscheinen lassen.

5. Zusammenfassung

Die Krise 1974/75 entwickelt sich binnenkonjunkturell und branchenübergreifend, insb. ehemalige Wachstumsbranchen werden von der Krise erfaßt. Während der Export 1974 noch kompensatorische Effekte zeitigt, verschärft ein relativer Rückgang 1975 die Krisensituation.
Vor allem drei Momente verursachen und verschärfen die konjunkturelle Krise: 1) die Faktoren der Nachkriegsentwicklung verlieren endgültig an Bedeutung, 2) Arbeitskräftemangel, erfolgreiche Lohnkämpfe und die internationale Konkurrenz erzwingen eine technologisch verbesserte Produktionsstruktur, die bei unzureichender Nachfragestruktur weitere Arbeitslosigkeit heranruft und 3) begünstigten Vollbeschäftigung und "Reformstaat" eine "Lohnoffensive", die kurzzeitig zur Profitklemme führt.

Als eigentlicher Krisengrund werden die Prämissen des politisch-sozialen Grundkonsens der relevanten gesellschaftlichen Führungsgruppen vermutet, die entsprechende und notwendige Veränderungen der Produktions- und Verteilungsstrukturen verhindern, so daß selbst politisch- soziale und politisch-staatliche Momente (Lohnkämpfe, Sozialstaat, Vollbeschäftigung) die immanenten Widersprüche der Ökonomie eher verstärken.
Die Funktion der Krise geht insofern über unmittelbar ökonomische Folgen (Kapitalentwertung, Lohnsenkung, Produktivitätserhöhung etc.) hinaus und befördert gesellschaftliche Restrukturierungsprozesse. Das Abflauen der Arbeitskämpfe, ihr weithin defensiver Charakter und die Dethematisierung von Reformen bezeugen diesen Prozeß.
Durch die Folgen der Krise wird darüberhinaus eine Verschiebung gesellschaftlicher Konfliktlinien bewirkt.

V. Konjunkturpolitik in der Krise

1. Diskretionäre Maßnahmen 1974 - 1976

a. Kleine Sonderprogramme

Nachdem die Binnenkonjunktur schon seit Mitte 1973 stagniert und kompensiert wird durch die Auslandsnachfrage, verschlechtert sich im Laufe des Jahres 1974 die Konjunktur weiter bis hin zu absoluten Rückgängen der Produktion im 2. Halbjahr.
Die Arbeitslosigkeit verdoppelt sich von Mitte 1973 bis Mitte 1974 und überschreitet die Halbmillionengrenze schon im April 1974.
Im weiteren beschleunigt sich die Zunahme noch. Zusammen mit der Kurzarbeit wird im Herbst die Millionengrenze überschritten.
Trotz wirtschaftlicher Stagnation und Massenarbeitslosigkeit steigen die Preise weiter (auf 7 %) - die Stagflation hält "Einzug" in Bundesdeutschland und verwirrt wirtschaftspolitische Modelle und Praxis gleichermaßen.
Bundesregierung und Bundesbank - ganz im Geiste ihrer Stabilitätspolitik - reagieren verhalten. Als einzige expansive Maßnahme wird im Februar 1974 ein "Einmaliges Sonderprogramm für die Gebiete mit speziellen Strukturproblemen" in Höhe von 600 Mio. DM verabschiedet, um im Zusammenhang mit der "konjunkturellen Beruhigung" im Jahre 1974 besondere strukturelle Schwierigkeiten und Beschäftigungsrisiken zu glätten. (1)
Die Auswirkungen dieses Programms auf die Beschäftigung gehen gegen Null, wie die regional und sektoral sich weiter differenziert ausbreitende Arbeitslosigkeit zeigt. Als wirtschaftliches "Hauptübel" und damit auch als Priorität der Konjunkturpolitik wird weiterhin die Inflationsbekämpfung angesehen.
Diese Strategie wird modelltheoretisch vom SVR abgesichert, der meint, nur über Stabilitätspolitik kann langfristig und mittelfristig Wachstum und Beschäftigung gesichert werden. (2)
Neben stabilitätspolitischen Zielsetzungen spielen jedoch auch strukturelle Erwägungen eine Rolle. Die Bundesregierung begreift den Rückgang der Konjunktur auch als nützlichen und notwendigen Prozeß des Abbaus struktureller Überkapazitäten in einigen Branchen, den sie durch "Nichttätigkeit" fördern bzw. nicht stören will. (3)

Hinzu kommt, daß sicherlich bis Ende 1974 die konjunkturelle Entwicklung falsch eingeschätzt wird.
Das Jahr 1974 wird als Tiefpunkt des Zyklus angesehen; 1975 soll sich wieder ein leichter Aufschwung anbahnen (4) - gemäß dem klassischen Zyklusmodell.
Erst unter dem Druck der zunehmenden Massenarbeitslosigkeit, die immer noch trotz ihrer strukturellen Komponente als kurzfristig definiert wird, verabschiedet die Bundesregierung im September 1974 ein weiteres Sonderprogramm zur regionalen und lokalen Abstützung der Beschäftigung. Das Programm hat ein Volumen von 950 Mio. DM und umfaßt

- Baumaßnahmen in Höhe von 700 Mio. DM, die gemeinsam von Bund und Ländern finanziert werden, in Orten und Gebieten mit überdurchschnittlicher Arbeitslosigkeit;
- Investitionsmaßnahmen des Bundes in Höhe von 250 Mio. DM.

Die Maßnahmen betreffen Hochbauprojekte. (5) Zusammen mit dem Februar Sonderprogramm ergibt sich ein Investitionsvolumen von 1,25 Mrd. DM (6) - vorwiegend zur Verbesserung der kommunalen Infrastruktur.
Diese Sonderprogramme können die Zunahme der Arbeitslosen im Bauhauptgewerbe - denn allein hier wird ein Effekt erreicht - nicht bremsen.
Die registrierte (7) Arbeitslosigkeit steigt von 1974 bis 1975 von 120 000 auf 210 000 Arbeitslose.
Diese zu konstatierende ineffektive Wirkung ergibt sich aus zwei Momenten:

(1) dem geringen Umfang und
(2) der verspäteten Wirksamkeit; die Ausgaben überschneiden sich Anfang 1975 mit im Ansatz verhaltener Investitionstätigkeit der Gemeinden und mit der Ausweitung der Rezession.

Die Strukturkrise bzw. der Umbruchsprozeß in der Bauwirtschaft - verbunden mit "überzyklischer" Freisetzung von Arbeitskräften - wird überlappt vom konjunkturellen Rückgang und läßt die Sonderprogramme als äußerst geringe Kompensation erscheinen; als ein nur kalter Tropfen auf den sich erhitzenden Stein.

b. Winterhilfsprogramm

Im Dezember 1974 ändert die Regierung ihren Kurs: Unter dem Eindruck weiterhin rückläufiger Konjunktur und einem befürchteten Einbruch der Auslandsnachfrage kommt es erstmals seit 1967 wieder zu einem umfangreichen Ankurbelungsprogramm, das - ganz im Sinne der Keynes'schen Nachfragepolitik - insb. die private Investitionstätigkeit anregen soll.

Das "Programm zur Förderung von Beschäftigung und Wachstum bei Stabilität" umfaßt folgende Maßnahmen:
- zusätzliche öffentliche Investitionen in Höhe von 1,13 Mrd. DM;
- Beschäftigungshilfen im Gesamtumfang von 600 Mio. DM, Lohnzuschüsse im Werte von 500 Mio. DM für Betriebe, die vor dem 1. 5. 1975 längerfristig Arbeitslose einstellen. Mobilitätszulage für Arbeitnehmer, die durch Orts- oder Berufswechsel eine neue Tätigkeit aufnehmen (100 Mio. DM);
- Verlängerung des Bezugs von Kurzarbeitergeld von 12 auf 24 Monate.
- Investitionen des Bundeshaushalts 1975 sollen auf das 1. Halbjahr vorgezogen werden;
- als Kernstück des Programms erhalten Unternehmen eine Investitionszulage von 7,5 % in der Zeit vom 30. 11. 1974 bis zum 30. 6. 1975 für die Bereitstellung neuer Anlagen (Investitionszuschüsse von 7,5 % auch im Bereich des sozialen Wohnungsbaus);
- für bestimmte energiesparende Investitionen wird künftig unbefristet und zusätzlich zu den übrigen Zulagen eine Zulage von 7,5 % gewährt (insgesamt 15 %);
- Förderung kleiner und mittlerer Unternehmen durch 500 Mio. DM aus dem ERP Wirtschaftsplan und Finanzierungshilfen. (8)

Soweit die wichtigsten Maßnahmen des Konjunkturprogramms, die nun im einzelnen behandelt werden sollen.

Im Gegensatz zu den Konjunkturprogrammen von 1967, die sich fast ausschließlich auf die Ausweitung öffentlicher Investitionsausgaben bezogen, liegt das Kernstück des 74er Konjunkturprogramms in der Gewährung der Investitionszulage, die ein geschätztes Volumen von 7 Mrd. DM umfaßt.

Das Mittel der Investitionszulage - nicht zu verwechseln mit der im STWG vorgesehenen Investitionsprämie - bezieht sich auf alle Unternehmungen, unabhängig von ihrer ESt und KSt; d.h., auch Unternehmungen, die 1975 keine oder nur geringe Gewinnerträge haben, kommen im Unterschied zur Investitionsprämie in den Genuß der Zulage. (9)
Die Investitionszulage bremst sicherlich kurzzeitig einen noch stärkeren Rückgang der Investitionen ab. Es wird bewirkt, daß geplante Investitionen von den Unternehmungen vorgezogen werden; eine Belebung der Investitionstätigkeit wird jedoch 1975 nicht erreicht.
Nach einer Untersuchung des IFO (10) hat die Investitionszulage den Trend der Reduktion geplanter Investitionen für 1975 abgemildert und zusätzlich Investitionsausgaben von 2,6 Mrd. DM 1975 induziert. (11)

Als Folge steigt zur Jahresmitte die Investitionsnachfrage sprunghaft an, (12) um danach wieder auf das alte - niedrige - Niveau zu fallen.

Die Unternehmungen haben auf die Zulage mit einem teilweisen Vorziehen ihrer Investitionsvorhaben und keineswegs mit einer nennenswerten Aufstockung reagiert. (13) Ihre Planungen werden geprägt von der Unsicherheit über die weitere konjunkturelle Entwicklung, insb. über Tiefe und Dauer der Weltrezession. (14)
Der Umfang der Investitionszulage übertrifft noch die Schätzungen: eine "teure" Maßnahme der Konjunkturpolitik bleibt ohne durchgreifende Wirkung (15) auf Wachstum und Beschäftigung.
Wie die Auftragseingänge zeigen, wirkt sich die Investitionszulage in erster Linie für die Investitionsgüterindustrie aus. Die Investitionsgüterindustrie selbst hält sich nach Terminende wieder zurück. (16)

Als Ergebnis läßt sich noch festhalten; der Anteil der Firmen, die auch ursprünglich nicht geplante Bestellungen vornehmen, ist verschwindend gering. (17) Motiv für zusätzliche Investitionen (die Anzahl nimmt mit Größe des Betriebes zu) ist das Vorziehen ohnehin geplanter Investitionen.
Als Grund, keine zusätzlichen Investitionsvorhaben zu tätigen, werden freie Kapazitäten, ungünstige Nachfrageerwartungen und Ungewißheit über längerfristige Entwicklung genannt. Mangelnde Finanzierungsmöglichkeiten spielen nur bei einer Minderheit (19%) die ausschlaggebende Rolle.
Im ersten Halbjahr 1975 werden - nach IFO - 8 % der Investitionsausgaben unter dem Eindruck der Investitionszulage getätigt.

Nach Auslaufen der Gewährungsfrist fällt das Niveau der Investitionsnachfrage wieder. (18)
Hinzu kommt, daß die meisten Unternehmungen die Zulage überwiegend für Rationalisierungsinvestitionen nutzen. Mehr noch als in den Jahren 1966/67 sinkt der Anteil der Kapazitätserweiterungen und steigt der Anteil der Rationalisierungen. Gleichfalls hoch ist der Anteil der Ersatzbeschaffungen. (19)
Diese Tendenz ist verbunden mit der Einführung neuer Produktionsmethoden, die die Personal- und Kapitalkosten senken sollen, d.h., als Folgewirkung kommt es zu Freisetzungen weiterer Arbeitskräfte. (20)

Die beiden eingesetzten Mittel - Lohnkostenzuschüsse (ein Zuschuß von 60 % des Bruttolohns erhalten Betriebe, die in Gebieten mit überdurchschnittlicher Arbeitslosigkeit vor dem 1. 5. 1975 längerfristig Arbeitslose einstellen) und die einmalige Mobilitätszulage (500 DM maximal, je nach Dauer der Arbeitslosigkeit) für Arbeitnehmer, scheinen nur geringe Wirkungen zu haben. (21)
Von insgesamt 600 Mio. DM werden kurzfristig nur ca. 2/3 in Anspruch genommen. Lohnkostenzuschüsse, die eine Vergrößerung der Belegschaften bewirken sollen, werden nicht im erwarteten Ausmaß in Anspruch genommen, und die Mobilitätszulage, die längerfristig Arbeitslosen gewährt wird, ist zu gering, um mehr als den Kreis der Arbeitnehmer, die ohnehin einen Ortswechsel planten, anzusprechen.
Zusätzliche öffentliche Investitionen sind ebenfalls zu gering, um durchgreifende Effekte zu erzielen, zumal das Vorziehen von Investitionsvorhaben nicht im geplanten Maße abläuft. Die gesamten öffentlichen Investitionen überschreiten im 1. Halbjahr 1975 kaum das Vorjahresniveau. Der Effekt zusätzlicher Investitionen besteht bestenfalls in der Kompensation rückläufiger Margen.

Zusammenfassend kann man sagen, daß das Konjunkturprogramm von 1974 aufgrund des späten Zeitpunktes, seiner Struktur und seines geringen direkten Umfangs nicht oder nur unwesentlich zur Investition- bzw. Konjunkturbelebung und zur Verhinderung weiteren Beschäftigungsabbaus beigetragen hat. Ob die induzierten zusätzlichen Investitionen nur eine zeitliche Verschiebung im Jahr 1975 anstelle eines Anstiegs für das Gesamtjahr darstellen, kann vermutet, aber nicht exakt belegt werden. Ein psychologisches Signal, wie noch die Eventualhaushalte 1967, ist das 74er Konjunkturprogramm nicht!

c. Steuerreform

Die Erwartungen sozialdemokratischer Keynesianer und "Macher" werden zu diesem Zeitpunkt nicht annähernd erfüllt; die Arbeitslosigkeit steigt zu Beginn des Jahres 1975 noch rasanter und erreicht schon im April - trotz relativer Kompensation durch den saisonalen Faktor - die Millionengrenze, die erst im Sommer 1978 (22) wieder unterschritten wird. Parallel hierzu erreicht die Zahl der Kurzarbeiter Anfang 1975 fast die Millionengrenze.
Im Frühsommer 1975 beobachten wir den absoluten Tiefpunkt der konjunkturellen Nachkriegsentwicklung:
- 2 Millionen Arbeitslose und Kurzarbeiter;
- das BSP sinkt um 2,5 % und die Produktion um fast 10 %;
- die Preise stiegen weiterhin um 6 %;
- die Auslandsnachfrage nimmt - allerdings auf hohem Niveau - drastisch ab und kann keine Kompensationsfunktion mehr erfüllen.

Die Bundesregierung hofft in dieser Phase auf die Wirkung ihres Dezemberprogramms und äußert z. T. schon die Befürchtung, daß eine verspätete Wirkung des Programms einen beginnenden Aufschwung zum "Überhitzen" bringen könnten.
Diese Befürchtungen erweisen sich als grundlos; das Konjunkturprogramm verpufft relativ wirkungslos, und die Konjunktur bleibt weiter auf stagnativem Kurs.
Angesichts dieser Lage beschleunigt die SPD die Vollendung und Verabschiedung der Steuerreform, die Anfang 1975 in Kraft tritt und als Massenkonsum stimulierendes Programm "verkauft" wird.
Die Steuerreform, die nach der Bundestagswahl 1969 im Rahmen der versprochenen Reformpolitik auch Ver- bzw. Umverteilungsaspekte aufnehmen sollte, wird kein "Jahrhundertwerk", wie intendiert, sondern ist kaum mehr als ein kurzfristiger Ausgleich für die inflationär aufgeblähte Steuerprogression. (23)
Wesentlich unter konjunktur- und arbeitsmarktpolitischen (24) Gesichtspunkten verabschiedet, bringen die Ergebnisse dieser Reform weder Nachfrageimpulse noch Umverteilungsaspekte.

Den größten absoluten Vorteil haben die höheren Einkommen (über 5000 DM), und relativ am meisten profitieren die mittleren Einkommensbezieher. (23) Die Keynes'sche Prämisse des sinkenden Hangs zum Verbrauch mit steigendem Einkommen, die eine überproportionale Ankurbelung der unteren Einkommen aus nachfragepolitischen Gründen erfordert hätte, kommt nicht zum Tragen.
Das Volumen der Steuerreform bzw. die Steuerausfälle für 1975 betrugen rund 14 Mrd. DM. Als gegenläufige Faktoren müssen jedoch in diesem Zusammenhang beachtet werden:

- Ab Januar 1975 steigen die Sozialversicherungsbeiträge (Arbeitslosenversicherung auf 2 %, Renten und Krankenversich-rungen)
- Die Tarifabschlüsse sind 1975 wesentlich geringer als in den Jahren zuvor.

Als Folge steigt der Privatverbrauch daher in der 1. Hälfte des Jahres 1975 nicht wesentlich an.
Hohe Sparquote und geringe Konsumentenkredite charakterisieren die Situation. (26) Diese Kaufzurückhaltung entsteht aus Vorsorge für mögliche Arbeitslosigkeit und vollzieht sich im Aufschieben des Kaufs langlebiger Verbrauchsgüter. Erst im 2. Halbjahr 1975 lockert sich die Stagnation des privaten Verbrauchs als Ergebnis eines ersten Gewöhnungsprozesses an die Krise und ihrer möglichen individuellen Konsequenzen und als Folge der massiven öffentlichen Propaganda, die den Aufschwung spätestens im Herbst wie Phönix aus der Asche steigen sieht. (27)

Wie überhaupt im Sommer 1975 zur Offensive gegen die Wirtschaftskrise geblasen wird - die Folgen sind inzwischen stärker als erwartet und erlauben keine zurückhaltende Wirtschaftspolitik mehr, wie sie noch in den Haushaltsansätzen von 1975/76 sichtbar wird, will man nicht weiter an Glaubwürdigkeit verlieren, bzw. die Kontrolle über die wirtschaftliche Entwicklung vollends verlieren.
Zusätzlich zu den optimistischen Prognosen und Prophetien betreffs des Aufschwungs charakterisieren 3 Momente die Konjunkturpolitik des Jahres 1975

- Die restriktive Geldpolitik der Bundesbank, die noch fast das gesamte Jahr Bestand hat, wird gelockert, ohne das niedrige Niveau von 1972 zu erreichen (um ein halbes Prozent).

- Die Ausgaben der öffentlichen Haushalte werden erhöht - auch die Ansätze für 1976 -, so daß die konjunkturellen Impulse der Staatsausgaben höher sind als ursprünglich projektiert.
- Die Bundesregierung beschließt ein zusätzliches Konjunkturprogramm in Höhe von 5,75 Mrd. DM, das zwar haushaltsmäßig erst 1976 kassenwirksam wird, deren konjunkturellen Impulse aber überwiegend 1975 betreffen.

d. Bauprogramm

Das "Programm zur Stärkung von Bau- und anderen Investitionen" wird Ende August 1975 verabschiedet und umfaßt folgende Punkte:

- kommunale Infrastruktur und Stadtsanierung	2,45 Mrd.
- bundeseigene Investitionen	1,2 Mrd.
- Wohnungssanierung	0,7 Mrd.
- Zwischenfinanzierung von Bausparverträgen	0,3 Mrd.
- Arbeitsbeschaffungsmaßnahmen	0,6 Mrd.
- ERP Umweltschutzmaßnahmen	0,5 Mrd.
	5,75 Mrd.

Durch das Volumen von 5,75 Mrd. wird eine Endnachfrage von 9,48 Mrd. DM induziert, (28) wobei der größte Teil sich auf die Bauindustrie mit 7,8 Mrd. DM bezieht.
Unter Berücksichtigung von Einkommenszuwächsen, Folgeinvestitionen und bestimmter Relationen zwischen den Bereichen wird - laut STÄGLIN (1976) - eine Produktion von 16,3 Mrd. DM notwendig, um der Endnachfrage zu entsprechen. Diese Produktion führt wieder zu vermehrten Einkommen, so daß schließlich Produktionseffekte von 22,1 Mrd. DM induziert werden. Diese Produktionseffekte entsprechen rund 1,1 % des Umsatzes von 1975.
Unter Berücksichtigung aller direkten, indirekten und einkommensmultiplikativen Wirkungen hat das Programm nach dieser Berechnung Beschäftigung für insgesamt 283 000 Personen hervorgerufen. (29) Alleine auf das Baugewerbe entfallen 109 000 Arbeitsmöglichkeiten, was einem Anteil von 6,21 % am gesamten Beschäftigungsstand im Baugewerbe entspricht. In den Branchengruppen und in der Industrie insgesamt sind

die Beschäftigungswirkungen wesentlich geringer (67 000 Personen oder 0,88 %).
Relativ am meisten wirksam ist das Programm in der Grundind. (1,2 %) und am wenigsten in der Invstg. (0,79 %) und NG (0,64 % der hier Beschäftigten).
So gesehen erstreckt sich die Wirkung des 75er Programms auf fast alle Wirtschaftszweige, auch wenn die Auswirkungen z. T. marginal sind. Im Baugewerbe kommt es immerhin zu nennenswerten Produktions- und Beschäftigungseffekten.
Die einzelnen Teile des Programms haben jedoch unterschiedliche Intensität. Das Modernisierungsprogramm z.B. hat - nach Meinung des SVR - wesentlich zur Belebung der Baunachfrage beigetragen.
Infolgedessen liegt der Index der öffentlichen Hoch- und Tiefbaunachfrage 1975 (auch 1974) weit über dem Index des privaten Wohnungsbaus. (30) Gemessen am Auftragsbestand zeigen jedoch beide Bereiche weiterhin einen Rückgang - wenn auch, aufgrund der öffentlichen Nachfrage, nicht so stark ausgeprägt wie 1974. In der Struktur des Gesamtumsatzes erhöht sich der Anteil des öffentlichen Hochbaus wie auch des Tiefbaus. (31)

Ein weiterer Rückgang und Struktureinbruch wird höchstwahrscheinlich durch das Bauprogramm verhindert, ohne daß das Niveau der Vorkrisenzeit erreicht wird.
Anders als das Modernisierungsprogramm werden die zinsbegünstigten Zwischenfinanzierungskredite nur mit Zurückhaltung aufgenommen. (32)
Insgesamt liegt die von den Bauprogrammen ausgehende Endnachfrage - auch wenn die Berechnung hinterfragt und nach unten korrigiert wird - weit über dem Niveau der Ausgangszahlen und betrifft auch andere Wirtschaftszweige als die Bauindustrie. Weitergehende Effekte - auch in Bezug auf Beschäftigung - können jedoch nur im Baugewerbe beobachtet werden. Hier kommt es zur Kompensation des Rückgangs der privaten Baunachfrage, auch wenn die staatlichen Bauinvestitionen 1975 nur um 0,8 % anstiegen.

e. Geldpolitik

Neben der Finanz- und Steuerpolitik bleibt die Geld- und Kreditpolitik in der Krise zu beachten.

Der 1973 erfolgte Kurswechsel in Richtung auf eine rigide Stabilisierungspolitik wird fast das ganze Jahr 1974 noch durchgehalten. Erst im Herbst 1974 kommt es zu geringfügigen Zinssenkungen.

Tabelle 36: Zinssatz und Geldmenge

	1974				1975			
Quartal	I	II	III	IV	I	II	III	IV
Diskontsatz	7	7	7	6,5	5,5	5,0	4,0	3,5
				6,0	5,0	4,5	3,5	
Lombardsatz	9	9	9	8,5	7,5	6,0	5,0	4,5
				8,0	6,5	5,5	4,5	
Geldmenge %	5,7	5,4	6,5	6,2	7,3	6,9	8,1	10,1
Liquiditäts-reserve	2,2	1,5	2,0	4,5	10,8	9,1	13,2	14,9

Quelle: IMSF 1976, S. 97 und M. B. der B.B. 6/78, S. 46

Eine expansive Politik beginnt 1975, wobei erst Ende 1975 das 1972 gültige Niveau (3,5) erreicht wird. Eine ähnliche Tendenz läßt sich bei den Liquiditätsreserven der Banken, die noch 1974 ein niedriges Niveau haben, beobachten.
Bis weit in die Krise hinein versucht die Bundesbank, ihre restriktiv orientierte Antiinflationspolitik beizubehalten und erschwert insb. den kleinen und mittleren Unternehmen, die keine großen finanziellen Rücklagen haben, die Kreditaufnahme und verengt ihren Spielraum, mit der Folge, daß die Zahl der Konkurse 1974/75 sprunghaft ansteigt. (35)

Im Versuch der Geldmengensteuerung - im Dezember 1974 verkündet die Bundesbank die Steuerung der Geldmenge für 1975 (durchschnittlich 8 %) - setzt sich der auch weiterhin auf Stabilisierung bedachte Kurs der Bundesbank fort. Wir können den Übergang von einer im Kern liquiditätsorientierten zu einer Geldbasissteuerungspolitik konstatieren. Trotz Priorität der Geldmengenpolitik sollen die Liquiditätsreserven auch weiterhin konjunkturpolitisch eingesetzt werden. (34)
Diese Politik hat sicherlich den Trend zu fallenden Preissteigerungsraten mit begünstigt, aber auf der anderen Seite nicht versucht, den Weg in die Krise aufzuhalten.
Der Wandel von einer kurzfristigen Konjunkturpolitik zu einer mittel-

fristig orientierten Stabilitätspolitik wird auch in der Krise 1974/75 prinzipiell nicht mehr rückgängig gemacht.

f. Einschätzung der Konjunkturpolitik in der Krise

Als Faktum läßt sich feststellen, daß die diversen Konjunkturprogramme den Trend der Wirtschaftsentwicklung nicht nachhaltig beeinflussen können.
Anstelle einer Initialzündung für einen erneuten Wachstumsprozeß verpuffen die nicht unerheblichen finanziellen Mittel im Sog des konjunkturellen Tiefgangs. Allenfalls Kompensationseffekte lassen sich testieren.

Während das "Winterhilfsprogramm" nur zu einer zeitlichen Verschiebung von Investitionen führt, die zudem überwiegend Rationalisierungszwekken dienen, kompensiert die Steuerreform Abgabenerhöhungen und entzerrt kurzzeitig die inflationäre Aufblähung der Steuerprogression, und das Bauprogramm kann weitergehende Beschäftigungseffekte nur in der Bauindustrie induzieren.
Trotz eines relativ zu 1966/67 wesentlich höheren finanziellen Einsatzes der Konjunkturpolitik versickern die Mittel, und der restriktive Trend der Wirtschaftsentwicklung kann nicht gebrochen werden.
Insbesondere zwei Erklärungsmuster für das "Versagen" der Konjunkturpolitik drängen sich nach der Analyse des Konjunkturverlaufs auf:

1. Globale Politiken können die strukturelle Dimension der Krise nicht erfassen, wobei vor allem die Folgen kapitalintensiverer Produktionsmethoden und die notwendige Veränderung der Nachfragestruktur unbeeinflußt bleiben.
2. Die Teildeterminanten des Zyklus bzw. ihre Korrelationen haben sich verändert, so daß insb. der Konflikt zwischen Stabilität und Wachstum und die relative Entkoppelung von Wachstum und Beschäftigung keynesianische Wirtschaftspolitik vor bisher unlösbare Rätsel stellen.

Von einem Paradigmenwechsel (vom Keynesianismus zum Monetarismus) kann anhand des Umfangs und der Ausrichtung der Programme nicht gesprochen werden, zumal mit dem Andauern der Krise der Staat selbst in die Finanzkrise gerät. Zur Untermauerung dieser Vermutung wird nachfolgend die Frage nach der Kontinuität staatlicher Konjunkturpolitik seit 1967 in Anbetracht veränderter struktureller Bedingungen gestellt.

2. Kurswechsel der Konjunkturpolitik

Die empirische Betrachtung des Konjunkturverlaufs und der Konjunkturpolitik seit 1967 läßt zwei Ebenen besonders hervortreten; die Veränderung der inneren Strukturen und der Verlaufsform des wirtschaftlichen Prozesses und das offensichtliche Versagen der Globalsteuerung in Bezug auf eine Steuerung des Wirtschaftsverlaufs im Sinne des § 1 des STWG.

Vermutlich verlieren konstituierende Faktoren des Wachstums der westdeutschen Wirtschaft nach dem 2. Weltkrieg in den 60er Jahren ihre ursprüngliche Intensität; mit der Rezession 1966/67 und spätestens 1975 stellte sich die Normalität des konjunkturellen Verlaufs auch in Bundesdeutschland ein, wir konstatieren den Übergang vom Wachstums- zum Krisenzyklus.

Zu diesem Zeitpunkt wird ein konjunkturpolitisches Instrumentarium entworfen und mit dem STWG auch verwirklicht, das für sich in Anspruch nimmt, durch Beeinflussung der Nachfrageaggregate den Konjunkturverlauf im Sinne eines gesamtwirtschaftlichen Gleichgewichts zu planen und zu steuern. Dieses auf KEYNES und den Erfahrungen und Erkenntnissen des bisherigen historischen konjunkturellen Verlaufs basierende Konzept der Konjunktur- und Wirtschaftspolitik impliziert Vorstellungen, die immer noch zum grossen Teil von den "Kräften des Marktes" in Bezug auf ein gesichertes und mittelfristig garantiertes Wachstum der Wirtschaft ausgehen.
Der Einbezug der Sozialdemokratie in die Regierung und die Schaffung der Konzertierten Aktion bilden den Versuch, die Klassenauseinandersetzungen (zu diesem Zeitpunkt primär die Lohnkämpfe) "kalkulierbar" zu machen. Die Anbindung der meisten Arbeiter an Gewerkschaft und SPD soll den Konsenspunkt "gesamtwirtschaftlicher Verantwortung" für die Arbeiterschaft institutionell verbindlich machen. (Insbesondere in Bezug auf den Kostenfaktor Lohn) Auf der anderen Seite drücken Keynesianisierung und sozialdemokratische Regierungsbeteiligung auch gewachsene Stellung und Einfluß der Arbeiterschaft aus.
In und durch die Krise 1966/67 vollziehen sich Strukturveränderungen auf der ökonomischen und politischen Ebene. Der Wechsel vom "Nachkriegsdeutsch-

land" zum "Reformprojekt Bundesrepublik" vollzieht sich vordergründig in der Krise, setzt sich parlamentarisch endgültig in Form der sozialliberalen Koalition durch und verändert gleichzeitig auch die internationale Position der Bundesrepublik - in ökonomischer und politischer Hinsicht.

Ziel für die Beseitigung von Störungen im Konjunktur- und Wachstumszyklus ist nach dem keynesianisch gefärbten Konzept der offiziellen Wirtschaftspolitik die Nachfrageseite des Wirtschaftssystems. Nach der keynesianischen Wirtschaftspolitik wird Inflation hervorgerufen, indem die gesamtwirtschaftliche Nachfrage die Möglichkeiten des Güterangebots übersteigt. Diese Erklärung versteht die Inflation als eine aus dem konjunkturellen Zyklus entspringende Erscheinung mit zyklischer Verlaufsform; d.h., im Aufschwung bei steigender Investitionstätigkeit und steigendem Einkommen vergrößert sich der Konsum und die Nachfrage nach Investitions- und Verbrauchsgütern und übertrifft damit das kurzfristig vorhandene Angebot. Im Abschwung müßten bei rückläufiger Investitionstätigkeit und sinkender Nachfrage demnach die Preise fallen.
Als Voraussetzung für einen hohen Beschäftigungsstand gilt ein angemessenes und stetiges Wachstum der Wirtschaft, das quasi automatisch die Vollbeschäftigung nach sich zieht.
Nach diesem Konzept ist es Aufgabe der Konjunkturpolitik, durch Steuerung der gesamtwirtschaftlichen Nachfrage das wirtschaftliche Wachstum zu verstetigen, d.h., die Wachstumszyklen zu glätten und damit gleichzeitig Stabilitätspolitik zu betreiben.
Dem konjunkturpolitischen Instrumentarium wird damit ein doppeltes Ziel zugemessen: durch Verminderung der Nachfrage sowohl den Aufschwung/Boom zu bremsen und Überhitzung zu verhindern, als auch gleichzeitig die Inflationsentwicklung im Boom abzuschwächen und in der Rezession durch Erhöhung der privaten Konsum- und Investitionsnachfrage die Investitionstätigkeit anzuregen, um eine schärfere Ausprägung der Rezession zu verhindern. Stabilitätspolitische Maßnahmen sind in dieser Phase nicht notwendig, da die Nachfragetheorie der Konjunkturerklärung von sinkenden oder zumindest konstanten Preisen im Abschwung/Rezession ausgeht. Die Realität des konjunkturellen Verlaufs bestätigte dieses Modell nicht; auch in den Abschwungphasen 1970/71 und 1974 steigen die Preise weiter an. Aus einem bis 1967 zu beobachtenden leicht zyklischen Verlauf der Inflation entwikkelt sich seit dem Boom 1969 unabhängig vom Zyklus ein kontinuierlicher Anstieg der Inflation. Analog dazu verläuft die Investitionsentwicklung,

die sich in früheren Phasen in starker zyklischer Korrelation zu den Schwankungen des wirtschaftlichen Wachstums bewegt hat. Bis zur Krise stagniert oder entwickelt sich die Investitionstätigkeit zurück. Der Rückgang der Beschäftigung setzt Ende 1973 ein und verstärkt sich in der Krise.
Die Krise 1974/75, die bisher tiefste und längste Depressionsphase der westdeutschen Wirtschaftsentwicklung zeitigt eine Verletzung aller vier Teilziele staatlicher Konjunkturpolitik.
Als Gesamturteil läßt sich feststellen: Weder die Stabilitäts- noch die Antirezessionspolitik erzielen von 1967 bis 1975 durchschlagende ökonomische Wirkung.

Mit dem Einsetzen stagflativer Tendenzen verschärfen sich die Zielkonflikte. Die bis Ende 1974 (zumindest in der Signalsetzung) betriebene restriktive Politik der Bundesbank und der Konjunkturpolitik haben deutlich gemacht, daß die Priorität in einer eindeutigen Stabilitätspolitik liegt. Im Schatten der Stabilitätspolitik steht die Beschäftigungsentwicklung, die als zyklische Erscheinung oder als kurzfristiges strukturelles Phänomen interpretiert wird.
Begreifen wir die Inflation seit 1969 auch als Ausdruck der Kapitalstrategie über Preiserhöhungen, den Profitratenfall zu bremsen und die Verteilungsverhältnisse wieder zu ihren Gunsten zu ändern, so zeigt der Kampfzyklus der Arbeiterschaft von 1969 bis 1973, daß die Inflation explizit als Lohnkürzung begriffen und in die Lohnauseinandersetzungen miteinbezogen wird. Es gelingt der Arbeiterschaft bis zur Krise, die Verteilungsverhältnisse weiter zu ihren Gunsten auszubauen. Konzertierte Aktion und "Lohnleitlinien" bzw. -empfehlungen können diese Dynamik nicht verhindern, allenfalls schwächen.
In dieser Phase begünstigt eine restriktive Stabilitätspolitik die Lohnseite. In dem Maße wie hohe Nominallohnzuwächse durch begrenzte Preisraten nur bedingt übergewälzt werden können, kommt es zu einer Verschiebung der realen Verteilungsverhältnisse zugunsten der Lohnseite. Gleichermaßen wird eine Eskalation der Verteilungskämpfe eingedämmt, die zu akzeptierenden Inflationsraten und sozialen Instabilitäten führen würden (könnten).

Insofern und in Anbetracht des international wesentlich höheren Inflationsniveauklimas kann die Stabilitätspolitik zwar nicht die eigenen Ansprüche erfüllen, wird gleichwohl ihrer übergeordneten Funktion - Erhaltung der sozialen Stabilität - gerecht.

Mit der ökonomischen Krise ändern sich diese Bedingungen.
Mit dem Sonderprogramm 1974 und 1975 versucht der Staat, mit explizit keynesianischer Nachfragepolitik Signale zu setzen und den zyklischen Prozeß in Richtung Aufschwung/Boom zu beschleunigen. Während das Zulageprogramm nur den strukturellen Wandel des Produktionsprozesses unterstützt und weder Wachstum noch Beschäftigung sichert, bringt das Bauprogramm, zumindest im Baugewerbe, kompensatorische Impulse und verhindert einen weiteren Rückgang der Beschäftigung. Die konjunkturbedingten Steuereinnahmenausfälle und die wachsende Transferzahlungen (Löhne, Pensionen, Zuschüsse zur Arbeitslosenversicherung, Renten) bringen den Staat jedoch in eine Finanzkrise.
Weniger Beschäftigungszuwachs in den Gebietskörperschaften und fallender Investitionsanteil sind schon 1974/75 die Folgen. Trotz Massenarbeitslosigkeit ist der Staat nicht bereit, die Neuverschuldung unbegrenzt weiter auszudehnen, vor allem, um seine eigene, langfristig angelegte Stabilitätspolitik nicht zu konterkarieren.
Der Keynesianismus bundesdeutscher Prägung scheitert in der Krise an seinen eigenen Fundamenten.
Die Konjunkturpolitik im Zeitraum 1967 - 1975 sieht sich mit folgenden zentralen Problemen und Widersprüchen konfrontiert:

- Die Grundlage auf kurzfristige Wirkung aufgebauter Konjunkturpolitik, das Zyklusbild, verändert seine zeitlichen und korrelativen Bestimmungsfaktoren. Globalpolitik erhält in dieser Situation sogar ihrem Anspruch entgegengesetzte Wirkung.
- Die finanzielle Plattform für größere investive Interventionen des Staates verengt sich und verbaut letztendlich die Grundlage für explizit keynesianische Nachfragepolitik auf der staatlichen Ausgabenseite.
- Die Priorität auf Stabilitätspolitik, mit langfristiger Zielsetzung, gerät in der Krise in Widerspruch mit den Wachstums- und Beschäftigungszielen; bleibt aber notwendig, da der Export zur wichtigsten Konjunkturstütze der 70er Jahre wird und akzelerierende Inflationsraten als bedrohlicher eingeschätzt werden in Bezug auf soziale und politische Stabilität.
- Die Strukturveränderungen des Produktionsprozesses überlagern die zyklische Bewegung und werden von kurzfristig orientierter Konjunkturpolitik nicht berührt; abgesehen davon, daß Nachfragemanipulationen kaum oder nur sehr mittelbar die "Qualität" der Produktion betreffen.

- Die Einbindung der Arbeiterschaft ist in Bezug auf die Lohnpolitik in den frühen 70er Jahren nicht gelungen. Die Vollbeschäftigungsgarantie und die Diskussion um "gerechte" Verteilung und soziale Symmetrie - beides vermittelt sich wesentlich über die Sozialdemokratie als Regierungspartei - bestärken das Selbstbewußtsein der Arbeiterschaft und decken in der Praxis den Widerspruch zwischen der SPD als Arbeiter- und als Regierungspartei auf.
- Die Internationalisierung der Konjunktur und der hohe Verflechtungsgrad erfordern eine internationale Koordination und Abstimmung der Konjunkturpolitik, die im letzten Zyklus nicht gegeben war. Für die BRD relativierte sich dieser Punkt in der Vergangenheit, da die Exportstruktur und -entwicklung bisher stark konjunkturunabhängige Dimension enthielt. Bei andauernder internationaler Stagnation verschiebt sich hier jedoch die Ausgangslage.
- Verringert sich auf der investiven Seite der Einfluß des Staates, so ist in anderen Bereichen eine gegenteilige Tendenz zu bemerken. Die gesamtgesellschaftlichen Reproduktionskosten erhöhen sich, und in der Krise weitet sich das Feld der gesellschaftlichen Konsumtion aus. Die finanzielle Belastung, die sich hierdurch ergibt, wird zu immer größeren Teilen von den Arbeitnehmern getragen, unter der materiellen Voraussetzung der sich weiter öffnenden Schere zwischen Brutto- und Nettolohn bei den abhängig Beschäftigten, während beim Kapital und den Unternehmern die steuerliche Belastung kaum zunimmt und in der Krise sogar zurückgeht.

Obschon die Grenzen keynesianischer Wirtschaftspolitik im Zyklus offen zutage treten, wird der Kurs - stabilitätsorientierte Globalpolitik - nicht aufgegeben.
Auch wenn Wirtschaftspolitik nicht grundsätzlich auf andere Fundamente gestellt wird, läßt sich dennoch seit der Krise eine geänderte Interpretation des Keynesianismus beobachten: ungeachtet der Beschäftigungskrise setzt die Regierung das Schwergewicht weiter auf stabilitätspolitische Erwägungen. Analog zum "Ende des Reformklimas" verändern sich die regierungsoffiziellen Ansprüche und Erwartungen an die Wirtschaftspolitik.

3. Ende des Reformklimas

Schon vor dem offiziell eingeläuteten Ende der Reformpolitik läßt sich - mißt man die Politik nur an ihren eigenen Ansprüchen - deren Scheitern konstatieren. Weder die ehemals groß angekündigte Bildungs- noch die Sozial- und Arbeitsmarktpolitik oder gar die Steuer- und Mitbestimmungspolitik haben strukturelle Änderungen qualitativer Art zur Folge. Fortschreibung bestehender Strukturen, bürokratische Zerstückelung und immanenter Pragmatismus kennzeichnen diese Politik, die gemäß ihres technokratischen Modernitätsverständnisses formell-institutionelle Mitbeteiligung mit realer Partizipation und quantitative Ergänzung des sozialen Netzes mit sozialer Gleichheit in Eins gesetzt.
Vom Ergebnis her - und dies wird durch den erfolgten Abbau sozialpolitischer "Reformen" bis 1981 bestätigt - reduziert sich die Reformpolitik der "Brandt-Ära" auf die Erzeugung bzw. staatliche Vermittlung eines Reformwollens, das weder strukturelle Spuren hinterläßt - klammert man die sogenannte Innere Sicherheit und die Ostpolitik aus - noch Ansatzpunkte in Richtung "sozialer Gleichheit" verwirklicht.

"Die Modernisierung des Kapitalismus durch Reformpolitik im Rahmen zirkulationspolitischer Staatsintervention konfligiert mit der ökonomischen Souveränität der privatautonomen Warenbesitzer und induziert eine politökonomische Entwicklungsdynamik, an der die Reformpolitik mittelfristig mit hoher Wahrscheinlichkeit selber wieder scheitert.
Damit steht zwar nicht eine politische Systemkrise auf der Tagesordnung, wohl aber eine politische Krise einer Partei wie der Sozialdemokratie, die auf Reformpolitik und Ausbau des Wohlfahrtsstaates angewiesen ist, um sich selbst als regierungsfähig zu erhalten. Denn gerade die durch zirkulationspolitische Reformen mitbewirkte politökonomische Krisendynamik macht neue kostenintensive Reformen mit lediglich zirkulationspolitischer Steuerungsqualität unmöglich und gleichzeitig die Rücknahme wohlfahrtsstaatlicher Leistungen notwendig. Genau darin bestand die Ausgangslage der neuen sozialliberalen Reform." (Schmidt 1976, S. 71)

Die in diesem Zitat von SCHMIDT zum Ausdruck kommende Einschätzung, daß die SPD substanziell eine Reformpartei sei und letztendlich an ökonomischen Restriktionen scheitert, verkennt die grundsätzliche und prinzipielle Staats- und Kapitalismusbefürwortung der SPD, der es primär um die möglichst effektive Verwaltung und erst sekundär um die reformerische Gestaltung/Veränderung der Gesellschaft geht.
An den Punkten, wo reformpolitische Erwägungen mit Kapitalinteressen zusammenstoßen (z.B. in der Berufsbildungsreform), erweist sich sehr

schnell der untergeordnete Stellenwert von Reformen.
So kann nicht verwundern, daß seit dem Haushaltsstrukturgesetz von 1975 unter dem Vorwand der staatlichen Finanzkrise ein dynamischer Abbau dieser "Reformen" 1981 zu einem gesellschaftlichen Zustand führt, der in qualitativer Hinsicht hinter den Stand von 1969 zurückfällt.
Durchaus umstritten sind auch die quantitativen Auswirkungen; diverse Untersuchungen kommen zu dem Ergebnis, daß die Staatsleistungen seit 1969 sogar leicht rückläufig sind. (35)

"Es kann überhaupt keine Rede davon sein, daß unter den beiden SPD-Regierungen die öffentlichen Leistungen verbessert worden sind; nicht nur, daß von den großen Reformvorhaben nichts verwirklicht werden konnte, die Lage ist noch schlimmer - es konnte unter der sozial-liberalen Koalition nicht einmal das bescheidene Niveau der öffentlichen Basisleistungen aufrechterhalten werden, das die vorangegangenen CDU/CSU-Regierungen bis zum Jahre 1966 realisiert hatten." (SPD u. Staat, S. 99)

Im Verhältnis zu den Gesamtausgaben und zum BSP fällt der Anteil der öffentlichen Investitionen seit 1969 tendenziell zugunsten des Personalbereichs ab.
Das Schlagwort von der zunehmenden "öffentlichen Armut" und dem "privaten Reichtum" (GALBRAITH) findet hier eine teilweise Bestätigung.
Durchforstet man die einzelnen Reformprojekte nach ihren finanziellen Verteilungswirkungen, (36) fällt der klasseninterne Charakter der Umverteilungen auf, d.h., die finanziellen Kosten der jeweiligen Reformen gehen nicht direkt zu Lasten der Vermögens- und Produktivkapitalbesitzer, sondern werden von Teilen der Lohnabhängigen getragen. Die Mehrzahl der Lohnabhängigen wird seit 1969 mit überproportional wachsenden Abgaben an den Staat konfrontiert.

"Die Verteilungsleistungen beruhten vorrangig auf einer Intraklassenverteilung innerhalb der abhängig Beschäftigten, speziell innerhalb der Arbeiter- und Angestelltenschaft, während die relative Privilegierung der Beamtenschaft weitgehend unangetastet blieb."
(Schmidt 1978, S. 66)

Allerdings bleiben die von SCHMIDT angesprochenen Umverteilungseffekte - wie die Entwicklung der personellen Einkommensverteilung zeigt - (38) in relativ engen Grenzen.

Indirekt bzw. vermittelt über die Lohnkämpfe werden diese Belastungen in der Phase 1969 - 1974 an das Kapital weitergegeben.
Durch die Antizipation von Inflation und staatlichen Lohnabzügen in die Lohnauseinandersetzungen und durch ihre phasenweise gelungene Um-

setzung verstärkt sich der Druck auf die Profitrate des Kapitals. Ohne daß die Reformpolitik intentional gegen Interessen des Kapitals verstoßen hätte, erzeugt sie ein Klima steigender Erwartungen, die sie mittel- und langfristig nicht befriedigen kann.
In dieses Vakuum stößt - kurzzeitig erfolgreich - die Lohnoffensive der Arbeiterschaft, die unter den Bedingungen einer vollbeschäftigten Ökonomie eine gewisse (passive) staatliche Unterstützung oder zumindest Tolerierung erfährt. Mit den 73er Streiks ändert sich dieses staatliche Verhalten.

Konzeptionell und programmatisch hat sich die Sozialdemokratie - einmal mehr - der Logik kapitalistischer Ökonomie und staatstragender Politik verpflichtet, so daß ein Lamento über fehlende Reformkonzeptionen ins Leere gehen muß. (39)
Das "Reformmodell" der SPD in den späten 70er und 80er Jahren stellt auf die finanzielle Entlastung und politisch-soziale bis moralische Unterstützung des Kapitals ab - bei gleichzeitiger Rechtfertigung und Forderung von materiellen Opfern seitens der Lohnabhängigen. Und hierin ist der eigentliche Inhalt der Reformpolitik zu sehen: die Arbeiterschaft disziplinierend in das staatlich-politische, auf die Gesellschaft vermittelnde Kapitalinteresse direkt einzubinden.
Mit der direkten Koppelung von quantitativem Wachstum und reformpolitischen Erwägungen, (40) ohne daß eine strukturelle Dimension - partiell auch gegen Kapitalinteressen - einbezogen wird, macht sich Reformpolitik von gesellschaftlichen Bedingungen abhängig, deren - zumindest punktuelle - Veränderung ihre Intention war (ist).
Unter dieser Prämisse endet die Reformpolitik offiziell mit der Wirtschaftskrise. Realiter hat es seit 1969 - abgesehen von der "Inneren Sicherheit" und der Ostpolitik - keine Politik gegeben, die die Bezeichnung "Reformpolitik" zu Recht tragen könnte.

4. Zusammenfassung

Obschon die staatliche Konjunkturpolitik ihre Möglichkeiten insb. 1975 in hohem Maße ausschöpft, bleibt der stagnative Trend der Wirtschaftsentwicklung ungebrochen.
Die Dominanz struktureller Komponenten (Rationalisierungsinvestitionen,

Verteilungs- und Nachfragestruktur) und die teilweise Entkopplung von Korrelationen der Teildeterminanten im Zyklus (Preise - Wachstum, Wachstum - Beschäftigung) verhindern Initialwirkungen der Konjunkturpolitik und erzwingen über die Finanzkrise einen immanenten Kurswechsel der Wirtschaftspolitik.

Von einem Paradigmenwechsel vom Keynesianismus zum Monetarismus kann nicht gesprochen werden. Die Ausrichtung der Wirtschaftspolitik ändert sich nur scheinbar. Explizite Vollbeschäftigungspolitik wird relativiert und der Stabilitätspolitik größtenteils untergeordnet, doch dieses dürfte wesentlich der Wirkungslosigkeit der Beschäftigungspolitik geschuldet sein, zumal der Anspruch, Vollbeschäftigungspolitik zu betreiben, in früheren Jahren keine Maßnahmen erforderte. Somit scheitert das keynesianische Vollbeschäftigungspostulat schon in der ersten schweren Bewährungsprobe.

Im Primat der Inflationsbekämpfung, die sich aus der vermuteten Schwachstelle zur Entstehung sozialer Instabilitäten aufgrund akzelerierender Inflationsraten und den Folgen verminderter internationaler Wettbewerbsfähigkeit begründet, liegt die eigentliche Kontinuität keynesianisch inspirierter Globallenkung von 1967 bis 1975.

Analog zum "Scheitern" der Konjunkturpolitik vollzieht sich die Abkehr vom Reformanspruch staatlicher Politik insgesamt.

Mit der substanziellen Verpflichtung auf die Logik kapitalistischer Ökonomie und einem staatsfixierten Politikverständnis muß die "Reformphase" offiziell mit der Wirtschaftskrise enden. Wichtiger als das erklärte Abrücken von Reformversprechen scheint jedoch die Veränderung des staatlich vermittelten politischen und sozialen Klimas zu werden.

Ökonomische Krise und staatliche Politik erzeugen eine Verschiebung gesellschaftlicher Konfliktlinien mit der Konsequenz von Marginalisierung einerseits und korporativistische Strukturen andererseits.

VI. Reduziertes Wachstum und die sozialen Konsequenzen veränderter Kapitalstrategien; Zeitraum 1975 - 1982

Als für diesen Zeitraum typische, da ihn weitgehend prägende Komponenten werden neben der Investitionsentwicklung, die Lohn-Preis-Entwicklung, die Ausrichtung der Arbeitskämpfe und vor allem die Struktur der Arbeitslosigkeit untersucht. Auf diesem Hintergrund kann nachfolgend der Einfluß und die Perspektive veränderter wirtschaftspolitischer Konzepte und Praktiken beurteilt werden.

1. Allgemeine Tendenzen der Konjunkturentwicklung

Nach den Produktionseinbrüchen in der Krise 1974/75 zieht die Produktion 1976 wieder an. Aber der"Aufschwung nach Maß" - seit SCHILLER der Traum der Wirtschaftspolitiker - versandet schon 1977, erst 1979 kommt es wieder zu einem kleinen Zwischenhoch, und 1981/82 befindet sich die Bundesrepublik, wie die Daten des BSP und der industriellen Nettoproduktion anzeigen, abermals in einer wirtschaftlichen Krise.
Der wachstumsärmste Zyklus seit Kriegsende belegt, daß mit der 75er Krise der Übergang zu einem neuen Akkumulationstyp vollzogen wird. Trotz Schärfe und Tiefe der 75er Krise verlangsamt sich das Wachstum; konjunkturelle "Krisenreinigungsprozesse" haben nicht ausgereicht, an die Wachstumsraten früherer Jahre anzuknüpfen.
An der Entwicklung der Auftragseingänge wird deutlich, daß sich der 76er Aufschwung in der Grundstoff- und Investitionsgüterindustrie wesentlich über die Auslandsnachfrage entwickelt. (1)
Insbesondere die Investitionsgüterindustrie profitiert von diesem Anstieg, der jedoch schon zum Jahresende 1976 erlahmt und - nur kurzzeitig durch einen Anstieg der Inlandsnachfrage 1977 kompensiert - 1977/78 zu einem Produktionsniveau unterhalb des Jahres 1974 führt. (2)
Die Produktionsziffern liegen in diesem Zeitraum nur unerheblich über dem Niveau des Jahres 1973, (3) d.h., der leichte Anstieg des Wachstums hat gerade erst die Verluste der Krisenjahre kompensieren können.

Differenzieren wir die Bereiche der Industrie, ist die unterdurchschnittliche Entwicklung in der Grundstoff- und Produktionsgüterindustrie erkennbar, die sowohl im Inlands- als auch im Auslandsumsatz mit den ande-

Schaubild 19:Produktion ausgewählter Zweige des Verarb. Gewerbes

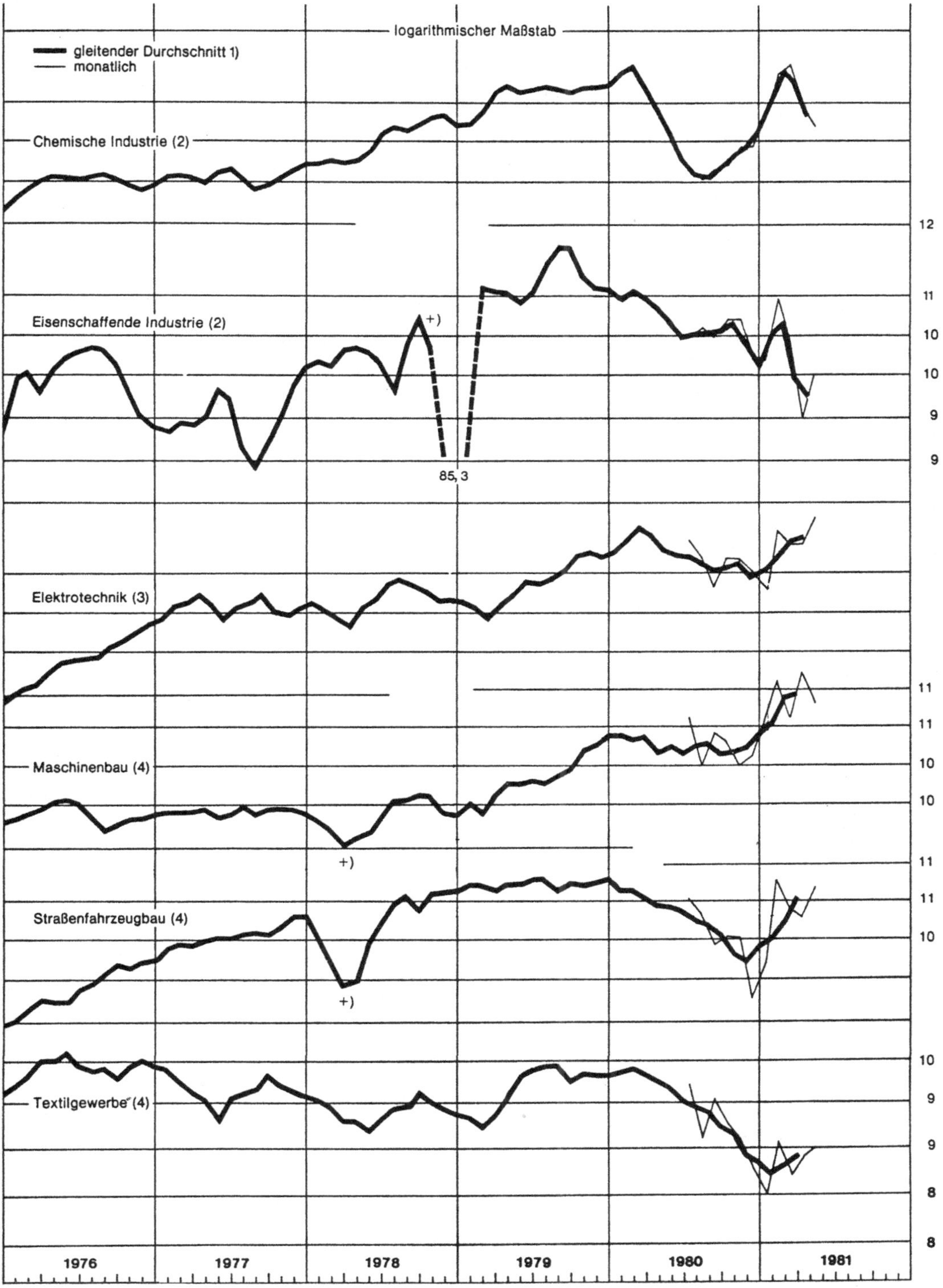

Quelle: Beihefte der Monatsberichte der Bundesbank

ren Industriegruppen nicht Schritt halten kann. Erst 1978/79 erholt sich - vermittelt über die Auslandsnachfrage - dieser Bereich und gelangt an die Spitze der Wachstumsentwicklung, um allerdings schon 1980 mit negativen Raten, die 81er Krise einzuleiten, wobei insb. die Chemische Industrie und die Eisenschaffende Industrie den Rückgang im Jahr 1980 prägen.
Während Investitions- und Verbrauchsgüterindustrie in diesem Jahr den erheblichen Einbruch der Auslandsaufträge noch binnenkonjunkturell kompensieren, verbleibt der G.- und P.industrie hier kein Spielraum.
Nicht zuletzt die sogenannte Stahlkrise, d.h. die verminderte Konkurrenzfähigkeit dieser Branche gegenüber Japan und den USA, dürfte diese abweichende Entwicklung geprägt haben.

Tabelle 37: BSP (1) und NPV (2-5)

	1975	1976	1977	1978	1979	1980	1981
(1)	-1,8	+5,3	+2,6	+3,6	+4,5	-1,8	-1*
(2)	-6,7	+8,5	+2,5	+1,5	+5,1	+1*	-3*
(3)	-12,4	+11	-0,0	+3,7	+7,4	-2*	-5*
(4)	-4,6	+7,5	+4,6	+0,1	+4,6	+3*	-3*
(5)	-5,6	+8,5	+3,3	+0,2	+4,1	+1*	-3*

*Schätzungen des DIW

(2) Verarbeitendes Gewerbe
(3) Grundstoff- und Produktionsgüterindustr.
(4) Investitionsgüterind.
(5) Verbrauchsgüterind.

Quelle: DIW - Wochenberichte

Nach Meinung des IFO (vgl. IFO 1981, Kap. 1.4) bestimmen mehrere Faktoren die Entwicklung des Außenhandels in den 70er Jahren.
- drastische Erhöhung des Ölpreises
- Entstehung und Erschließung neuer Märkte
- verstärkte Konkurrenz aus Japan und den Schwellenländern Südostasiens
- starke Veränderungen der Wechselkurse

Export- und Importquoten im Verhältnis zum BSP und auch der Anteil am Welthandel haben sich jedoch nicht mehr so drastisch wie in den 50er und 60er Jahren verändert. (4)

Allenfalls die Rohstofferhöhungen haben den Anteil des Imports erhöht, was sich auch in den seit 1979 sinkenden Salden der Handelsbilanz ausdrückt. (5)
Deutlich gewachsen ist die Exportquote in den meisten Industriebetrieben; die Abhängigkeit vom Weltmarkt hat sich vergrößert.
Anders als 1974 kann der Außenhandel 1980 binnenkonjunkturelle Abschwünge nur unzureichend kompensieren; allerdings wird 1981/82 durch die faktische Unterbewertung der DM der Außenhandel wieder zur wichtigsten Konjunkturstütze.

Tabelle 38: Export (1), Import (2) und Saldo (3)

	1975	1976	1977	1978	1979	1980	1981	1982	
(1)	-3,9	+15,8	+6,6	+4,1	+10,4	+11,4%	+15.o	+7.9	
(2)	+2,6	+20,6	+5,9	+3,6	+19,8	+16,9%	+11.2	+2.9	
(3)	+37,3	+34,5	+38,4	+41,2	+22,4	+ 8,9	+27.7	+51.2	Mrd.

Quelle: Monatsberichte der B. B.

Die zunehmende Verflechtung und Abhängigkeit der wichtigsten Industrieländer untereinander finden im annähernd synchronen Konjunkturverlauf im Zeitraum 1976 - 1982 ihre Entsprechung.
In den Jahren 1980/81/2 dürften in allen Ländern ökonomische Krisenerscheinungen auftreten, (6) was eine Beeinträchtigung der Ausweitung des Welthandels impliziert, wobei durch die Unterbewertung der DM und die weiterhin günstige Spezialisierung des westdeutschen Exports diese Ausfälle partiell kompensiert werden können.

2. Investitionslücke?

In der Investitionsentwicklung drückt sich - parallel zum BSP - ebenfalls die beobachtbare Zyklizität aus: dem Aufschwung 1976 folgt 1977 ein relativer Rückgang, 1979 ein Zwischenhoch, und 1980/81 sind erstmals wieder reale Rückgänge zu verzeichnen

Tabelle 39: Investitionsentwicklung (nominal)

	1975	1976	1977	1978	1979	1980*	1981*	1982
(0)	-4,2	+4,7	+4,0	+6,3	+8,5	+3	-4	-6,5
(1)	+0,4	+6,5	+7,7	+8,2	+10,0	+2	-2	-6
(2)	-6,9	+3,6	+1,5	+4,9	+7,4	+3,5	-5	-6
(3)	-3,1	-3,9	-4,8	+7,9	+6,7	+3,5	-8,5	

(0) Anlageinvestitionen
(1) Ausrüstungsinvestitionen
(2) Bauinvestitionen
(3) Bauinvestitionen des Staates

Quelle: DIW-Wochenberichte

Im Vergleich zum Zyklus 1967 - 1975 sind auch in diesem Bereich die Wachstumsraten wesentlich geringer - ein Investitionsboom, wie noch 1969/70 hat sich nicht entwickelt.
Über den gesamten Zyklus hinweg bleibt das Niveau der Anlageinvestitionen unter dem des Sozialprodukts.
Selbst die überdurchschnittlichen Steigerungsraten im Zwischenhoch 1979 führen nicht zu Indexzahlen, um das Niveau des BSP zu erreichen.
Die schon vor der Krise 1974/75 zu beobachtende Verlangsamung der Investitionsentwicklung setzt sich auch im Zyklus durch, was als Hinweis auf eine erneute Dominanz von Rationalisierungsinvestitionen gewertet werden kann.

"Die Ergebnisse von Unternehmensbefragungen bestätigen, daß für eine immer größere Zahl von Unternehmen, jedenfalls im verarbeitenden Gewerbe, entscheidende Investitionsimpulse vom technischen Fortschritt sowie von dem Bemühen ausgehen, Öl als Energieträger und als Rohstoff für eine Vielzahl von Erzeugnissen einzusparen oder zu ersetzen. Fast jedes zweite Industrieunternehmen gab beim Ifo-Investitionstest an, daß seine Investitionen im Jahre 1980 der Einführung neuer Produktionsverfahren dienten. Viele investierten zudem auch, weil sie neue Produkte in ihr Angebot aufnehmen und so ihre Wettbewerbsfähigkeit verbessern wollen. Am ausgeprägtesten war die Innovationsaktivität in den Investitionsgüterindustrien selbst." (SVG 1980, S. 54 f.)

Obschon die Investitionsquote in diesem Zyklus weiterhin fällt bzw. stagniert, hat sich die Investitionsintensität erheblich beschleunigt, so daß die relativ nachlassende Investitionstätigkeit annähernd gleiche

Schaubild 20:

Bruttosozialprodukt und Anlageinvestitionen zu Preisen von 1970

arbeitstägliche und saisonbereinigte Vierteljahrswerte [1]
1973 I = 100

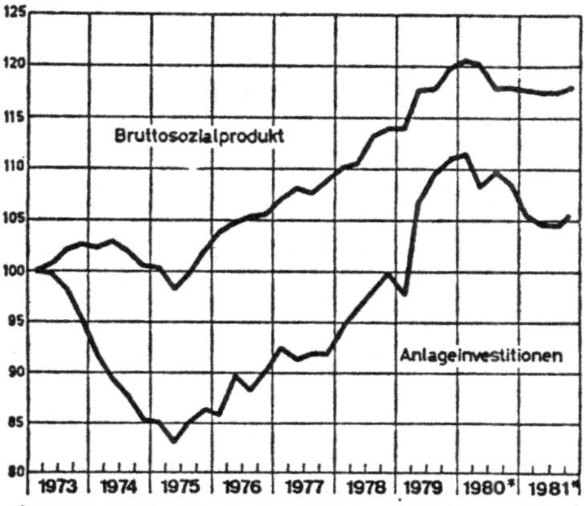

1) Saisonbereinigt nach dem Berliner Verfahren. - * Ab 4. Quartal 1980 Vorausschätzung des DIW.

Quelle: DIW 1-2/1981

Produktivitätsraten wie in den Zyklen seit 1950, für den Bereich der Industrie zumindest, impliziert:

"... erhöhte sich die Arbeitsproduktivität von 1955 bis 1979 bei ununterbrochen zunehmenden Kapitaleinsatz je Beschäftigten, obwohl das Investitionsvolumen in den siebziger Jahren, von 1971 bis 1975,stark sank und auch in der Phase wieder wachsender Investitionen bis 1980 den bisherigen Höchststand von 1971 nicht wieder erreicht hat. Durch die Erdölkrisen von 1973/74 und 1979/80 sowie die Weltrezession von 1974/75 ist die Stabilität des Produktivitätsfortschritts im produzierenden Gewerbe insgesamt nicht beeinträchtigt worden, obwohl in einigen erdölabhängigen Sektoren des Grundstoffbereichs Produktion und Produktivität deutlich geschmälert worden sind. In anderen Sektoren ist dagegen eine Beschleunigung erzielt worden." (DIW 48/1980, S. 507)

Insbesondere neoklassisch orientierte Autoren sprechen jedoch von einer Investitionslücke, die, hervorgerufen durch zu hohe Löhne und zu geringe Innovationen, zu einer Arbeitsplatzlücke führt.

"In einer Reihe von Ländern - wie den Vereinigten Staaten, Italien und Großbritannien - scheint sich schon seit längerer Zeit strukturelle Arbeitslosigkeit in Gestalt einer Arbeitsplatzlücke herausgebildet zu haben, nicht zuletzt als Folge zu hoher Reallöhne und unsicherer Absatzerwartungen. Genaue Schätzungen über die Größe dieser Lücke gibt es freilich nicht. Ein Ergebnis der letzten Rezession ist, daß auch Länder wie die Bundesrepublik Deutschland mit einem strukturellen Beschäftigungsproblem daraus hervorgegangen sind. In der Bundesrepublik Deutschland war die Investitionsschwäche schon seit Beginn der siebziger Jahre ausgeprägt und hat sich dann in der Rezession zu einer Arbeitsplatzlücke ausgeweitet." (Fels 1977, S. 24 f.)

SVR und Bundesbank gehen davon aus, daß nur ein steigender Anteil des Investitionskapitals binnen- und außenwirtschaftlich strukturelle Anpassungsprozesse bewältigen kann. (7)

"An die Stelle unrentabel gewordener Produktion muß neue Produktion in rentabel gewordenen Bereichen treten, und es muß ein größerer Teil der möglichen Mehrproduktion für den Export bereitgestellt werden, zu Lasten des Teils, der für die zusätzliche Verwendung im Inland verfügbar ist, und zwar zu Lasten der konsumtiven Verwendung, da der notwendige Strukturwandel die Schaffung neuer Kapazitäten und damit einen steigenden Investitionsanteil erfordert." (SVG 1980, S.44)

Durch niedrige Lohnzuwächse - noch unterhalb der sog. kostenniveauneutralen - und Umschichtungen im Staatshaushalt zugunsten investiver Ausgaben sollen die Rahmenbedingungen für einen steigenden Investitionskapitalbedarf geschaffen werden.

"Dazu gehören vor allem Bemühungen zur Erhöhung der gesamtwirtschaftlichen Investitionsquote, und zwar durch verstärkte Investitionstätigkeit speziell in der privaten Wirtschaft, in der sich die Arbeitsproduktivität am ehesten weiter steigern läßt. Voraussetzung hierfür ist ein günstiges Investitionsklima, was freilich nur gegeben ist, wenn weiterhin in der Wirtschaft hinreichende Erträge erwartet und erzielt werden können, wenn die Steuerpolitik der Notwendigkeit ausreichender Eigenfinanzierung der Unternehmen Rechnung trägt und an den Kreditmärkten hinreichend günstige Bedingungen für die Fremdfinanzierung von Investitionen herrschen. Was die Ertragsverhältnisse anbelangt, so kommt der Lohnpolitik der Sozialpartner eine Schlüsselrolle zu: Lohnsteigerungen, die anderen zwangsläufigen Kostenerhöhungen, wie der Verteuerung von Energie, nicht genügend Rechnung tragen, würden die Anpassung der Wirtschaft an die geänderten Produktionsbedingungen erschweren und die Investitionsbereitschaft lähmen." (Monatsberichte der Bundesbank 1/1980, S. 16 f.)

Nun läßt sich der empirische Nachweis einer Investitionslücke schwerlich führen, da eine fiktive Zahl an einer tatsächlichen gemessen wird, d. h., die Kriterien für die Ermittlung des fiktiven Bedarfs müßten expliziert werden. (8)

Gemessen an der Entwicklung von Kapitalintensitä- und Beschäftigung läßt sich eine "Lücke" konstatieren: hiernach fehlen 1976 22,1 Mrd. DM an Anlagezugängen, um die Zahl der Arbeitsplätze konstant zu halten. (9)

Allerdings läßt sich einwenden, daß allein durch die Vollauslastung des

bestehenden Kapitalstocks die Arbeitslosigkeit erheblich abgebaut würde (10), und daß der mögliche arbeits- und kapitalsparende Effekt und die notwendige Realisierung der Produktionsausweitung übersehen werden.
An der sektoralen Entwicklung des Kapitalkoeffizienten, der bis zu einem gewissen Grad den innovativen Charakter von Investitionen ausdrückt, lassen sich zwei Tendenzen festmachen:

- In den Branchen, die insb. innovative Güter herstellen, steigt der Kapitalkoeffizient in den 70er Jahren nicht oder nur geringfügig, d.h. für diese Bereiche läßt sich kein erhöhter Investitionskapitalbedarf ausmachen.

Tabelle 40:

Entwicklung des Kapitalkoeffizienten in ausgewählten Industrien[1]
Potentieller Kapitalkoeffizient[a)]

Jahr	Maschinenbau	Chemie	Büromaschinen, EDV	Straßenfahrzeugbau	Elektrotechnik	Verarbeitendes Gewerbe
1970	0,86	1,75	0,83	1,03	0,84	1,06
1972	0,90	1,69	0,83	1,06	0,85	1,09
1974	0,95	1,62	0,83	1,10	0,85	1,11
1976	1,00	1,56	0,83	1,13	0,85	1,14
1978	1,05	1,50	0,84	1,17	0,85	1,16

a) Brutto-Anlagevermögen zu potentiellem Nettoproduktionsvolumen.

1) Deutsches Institut für Wirtschaftsforschung (DIW), Produktionsvolumen und -potential, Produktionsfaktoren des Bergbaus und des Verarbeitenden Gewerbes in der Bundesrepublik Deutschland, Statistische Kennziffern, 21. Folge, Neuberechnung 1970—1978, Berlin, 1980.

Quelle: WSI 5/1981, S. 277

- in den Branchen und Wirtschaftsbereichen mit steigendem Kapitalkoeffizienten dürfte ein Anstieg der Investitionstätigkeit zuerst kapital- und arbeitssparende Effekte verursachen, und falls die Nachfrage sich nicht entsprechend ausdehnen läßt, würde die Arbeitslosigkeit eher zunehmen.

  "Dies ist das Paradox: Die durch die technischen Möglichkeiten steigende Produktivität der Arbeit und des Kapitals gegebenen Wachstumschancen bei sinkenden Kosten werden nicht genützt, weil die Nachfrage fehlt. Die für die Beschäftigung verhängnisvolle Investitionslücke entsteht, weil sonst die für die Kapitalverwertung verhängnisvolle Überinvestition entstehen würde." (Memorandum 1980, S. 131)

Kapitalistisches Wachstum bewegt sich immer zwischen den Polen "Investitionslücke" und "Überinvestition", und es spricht einiges dafür, daß die ökonomische Entwicklung von 1948 - 1974 als Ausnahme und nicht als Normalität zu betrachten ist, d.h., die Aufeinanderfolge von Investitionstätigkeit, Wachstum und steigender Kaufkraft gerät bei einem bestimmten

Niveau der Reallöhne und des Wachstums und teilweiser Sättigung des Grundbedarfs in ein Dilemma: einerseits drückt ein hohes Reallohnniveau auf die Profite und damit auch auf die Investitionstätigkeit, andererseits fehlt bei sinkenden Löhnen und entsprechendem Anstieg von Profit und Investitionstätigkeit letztendlich die zusätzliche Nachfrage, um die Produktionsausweitung absorbieren zu können. (11)

3. Löhne, Wachstum und Preise

Aus der Argumentation und den Vorschlägen von SVR und Bundesbank kann man unschwer auf die Strategie des westdeutschen Kapitals in seiner Mehrheit schließen.
Durch Senken der Löhne sollen Profite und möglichst arbeits- und kapitalsparende Investitionen vermehrt werden. Die Ausweitung der Produktion soll sich vornehmlich über externe Nachfrage (Export) realisieren.

Nachdem kurzfristig Umsatz und Profite verbessert würden, könnte mittelfristig die Arbeitslosigkeit abgebaut werden, da vermittels eines kumulativen Prozesses auch binnenwirtschaftlich Produktion und Nachfrage anheben.
Trotz verlangsamten Wachstums und zurückgehenden Lohnzuwachsraten steigen die Preise auch in diesem Zyklus an,

Tabelle 41: Preise; (1) Industrie, (2) Privatverbr.

	1975	1976	1977	1978	1979	1980	1981	1982
(1)	+4,7	+3,7	+2,7	+1,1	+4,8	+7,6	+7*	+5,8
(2)	+6,0	+4,3	+3,7	+2,7	+4,1	+5,5	+6*	+5.3

*Schätzung Quelle: Monatsberichte der B.B.

wobei 1979/80 die Verdoppelung der Rohstoffpreise einen Teil der Quote ausmacht.
Im internationalen Vergleich allerdings lassen sich diese Inflationsraten als gering bezeichnen. (12) Auch weiterhin wird die kapitalistische Weltwirtschaft von rasanten Inflationsraten bestimmt, so daß das geringe Preisniveau in der Bundesrepublik positiv auf die Bewertung der

DM (13) und den Export durchschlägt. Diese hohen Inflationsraten deuten auf einen weiterhin dynamischen, jeweils nationalen und internationalen Verteilungskampf hin, wobei sich in der Bundesrepublik die Profit-Lohn-Preis-Spirale noch verhältnismäßig schwach ausgeprägt hat.
Während in Frankreich, Italien, Japan und der BRD noch Bruttoreallohnzuwächse abzulesen sind, bleibt die Lohnentwicklung in GB stagnativ und ist in den USA sogar rückläufig.
Wie der Vergleich zeigt, gehen Lohnreduktionen nicht unbedingt mit steigenden Wachstumszahlen und sinkenden Preisen einher. Im Gegenteil: 1980 steigen die Inflationsraten in den USA und GB noch weiter an, und das reale Wachstum liegt unter dem Durchschnitt, während in Frankreich und Italien relativ günstige Wachstumsraten und durchschnittlich ansteigende Preisraten zu beobachten sind. (14)

4. Von der Inflation zur Stagflation

Zwar geht die Inflation bzw. die Steigerungsraten in der Krise zurück, dennoch bleiben auch in diesem Zyklus mit reduziertem Wachstum (1975 - 1981) die jährlichen Inflationsraten durchschnittlich auf einem annähernd gleichen Niveau wie im vorangegangenen Zyklus.

Tabelle 42: Jährliche, durchschnittliche Zunahme von:

	Preisen	BSP[1]	Löhne[2]	Produktivität[3]
1967 - 1975	+ 5,5	4,4	7,2(4,4)	4,7
1975 - 1981	+ 4,9	3,1	1,8(1,0)	2,9

[1] reales Wachstum
[2] Bruttoeinkommen real (Nettorealeinkommen) je Beschäftigten
[3] Bruttoinlandsprodukt in Preisen von 1970 je Beschäftigten

Quelle: eigene Berechnungen auf Basis der Zahlen in SVG 1981 und Statistisches Taschenbuch 1981

Der Preisauftrieb wird zwar von 1974 bis 1978 relativ gebremst, ab 1979 entwickelt sich jedoch ein neuer Preisauftrieb, der sich auch in den Krisenjahren 1980/81 nicht verlangsamt.

Anders als im Zeitraum 1967 - 1975 spielen die Löhne in diesem Prozeß eine eher untergeordnete Rolle; ihre Zuwachsraten liegen im jährlichen Durchschnitt deutlich unter den jeweiligen Produktivitätsziffern. Auch die erneute drastische Zunahme des Ölpreises 1979/80 erklärt diese Preiserhöhungen nicht hinreichend.

Nun ist die Stagflation historisch kein unbekanntes Phänomen, (15) sie entzieht sich jedoch einer monokausalen Erklärung.

ALTVATER u.a. (16) bestimmen die Stagflation aus einem - konjunkturunabhängigen - Zwang zur Preiserhöhung aufgrund der Kapitalstruktur (hoher Fixkostenanteil), knüpfen aber darüberhinaus das Gelingen der Preissetzung an drei Bedingungen:

geringe Konkurrenzintensität; relativ geringe Nachfrageelastizität; branchenspezifisch hohe Markzutrittsschranken. (17)

In seinen - zu ergänzenden - Grundzügen bietet dieses Modell eine höhere Plausibilität als Theorieansätze, die Preiserhöhungen über die Monopolmacht zu entwickeln suchen. (18)

DEMELE sieht eher eine Abhängigkeit der Preis- von der Produktivitätsentwicklung, d.h., Branchen/Betriebe mit überdurchschnittlichen Produktivitätserhöhungen unterliegen dem Zwang zur Preiserhöhung in geringerem Ausmaß als unterdurchschnittlich produktive Bereiche. (19) Ähnlich argumentiert MENSCH, indem er vermittels der Innovation die Stagflation mit dem Wachstumsprozeß korreliert:

"Die Stagflation beginnt, wenn das günstige Verhältnis von wenig Stagnationen und vielen Innovationen umschlägt in ein ungünstiges Verhältnis von vielen Stagnationen und wenig Innovationen." (Mensch 1977, S. 113)

Da die Inflation - auf der Verteilungsebene - immer den Versuch der Umverteilung (zwischen den Kapitalien und zwischen Kapital und Arbeit) ausdrückt, läßt sich der "Akzelerationsprozeß der Inflation" (ZINN) - wenn überhaupt - nur politisch bremsen; entweder durch eine restriktive Stabilitätspolitik der Regierung und/oder durch Lohnzurückhaltung seitens der Gewerkschaften.

Beide Momente haben bisher in der Bundesrepublik den Inflationsprozeß in relativ engen Grenzen gelassen, nicht jedoch einen erneuten Anstieg verhindern können.

Lohnzurückhaltung und Steuererleichterungen entlasten zwar die Kostenseite des Kapitals,und eine rigide Stabilitätspolitik begrenzt den Preisüberwälzungsspielraum; innerhalb dieser Schranken versucht das Kapital jedoch den vorhandenen Raum auszunutzen, so daß der Ruf nach wirksameren

Mitteln der Preisbekämpfung (Preiskontrollen) laut wird. (20) Staatlicherseits wird dieser Prozeß der relativ begrenzten Inflation - als Moment der Profitratenstabilisierung - toleriert, ergänzt er doch den wirtschaftspolitischen Kurs der Kostenentlastung für die Kapitalseite.

"Der Stagflationsprozeß spiegelt also die Wirkungen des Verteilungskampfes wider: Preiserhöhungen und/oder Investitionszurückhaltung stellen objektive Instrumente der Unternehmer dar, den für sie (scheinbar) ungünstigen Umverteilungsprozeß immer wieder rückgängig zu machen." (Zinn 1978, S. 118)

Ob jedoch durch Inflation und hierdurch bewirkte Profitratenstabilisierung zumindest die Stagnation überwunden werden kann, bleibt ungewiß.

Folgt man der ZINN'schen Argumentation, die vom Widerspruch zwischen kapitalistischem Verteilungsgleichgewicht und den Anforderungen des Investitions- und Kapazitätsgleichgewichts ausgeht (21), besteht die Gefahr, daß durch Inflation und Investitionszurückhaltung die Masseneinkommen unterhalb des Punktes sinken, wo die Nachfrage nur umstrukturiert wird, d.h. ein absoluter Rückgang der Nachfrage, mit den entsprechenden Folgen für den gesamten Produktionsprozeß, unausweichlich wird.
Stagflation bezeichnet in der jetzigen historischen Phase einen strukturellen Wandlungsprozeß in Richtung auf ein neues Verteilungsgleichgewicht (zugunsten des Kapitals) und drückt gleichzeitig den Trendwechsel zwischen Perioden prosperierendem und reduziertem Wachstum aus: sie symbolisiert die Geburtswehen eines neuen Akkumulationsmodells.
Voraussetzung für die Stagflation in dieser Periode sind Überkapazitäten auf der Angebotsseite und eine (zumindest teilweise) gesättigte Nachfrage bzw. eine spezifische - unelastische - Nachfragestruktur.
Über die Kostenkompensation (Löhne, Rohstoffe etc.) hinaus versuchen die Kapitale in den Bereichen, wo es eine stabile Nachfragestruktur zuläßt, Umverteilungseffekte zu ihren Gunsten durchzusetzen.
Hierbei unterliegen Kapitale mit unterdurchschnittlichen Produktivitätsmargen sicherlich einem stärkeren Zwang zur Preiserhöhung als Kapitale mit vergleichsweise hohen Produktivitätsziffern.
Lohnzurückhaltung und Stabilitätspolitik auf Grundlage gegebener Instrumente bewirken in dieser Phase allenfalls eine Begrenzung des kumulativen Stagflationsprozesses, den Umverteilungseffekt können (und/oder wollen) sie nicht verhindern.

5. Arbeitskämpfe

Von Seiten der Beschäftigten bzw. ihrer Gewerkschaften kommt es in dieser Zeitperiode nur zu 3 größeren Streiks, und zwar 1976 in der Druckindustrie und 1978 in der Druck- und in der Metallindustrie.
Nachdem 1974 noch massive Streikaktionen, vor allem im Öffentlichen Dienst ein Absinken der Reallöhne verhindern, herrscht bis 1978 weitgehend "Funkstille".
Weder spontane noch gewerkschaftlich organisierte Streiks begegnen der Umverteilung zugunsten des Kapitals. Aber auch der andauernden Massenarbeitslosigkeit stehen die Gewerkschaften recht hilflos gegenüber; mit moralischen Appellen an die staatliche Wirtschaftspolitik, wieder verstärkt Vollbeschäftigungspolitik zu betreiben, und vereinzelten Demonstrationen und Warnstreiks vor allem gegen Betriebsstillegungen steht, wie die Erfahrungen der letzten Jahre zeigen, der Kampf gegen Arbeitslosigkeit auf "verlorenem Fuß".
Eine gewisse Ausnahme bildet der Druckbereich; hier kommt es schon im Frühjahr 1976 zu größeren Streikaktionen. Vordergründig geht der Arbeitskampf zwar um Lohnprozente, doch spielen die Erfahrungen mit Rationalisierungen während der letzten Jahre als Hintergrund eine wesentliche Rolle.
In der fehlenden Vermittlung dieser beiden Probleme liegt ein entscheidender Grund für das "Scheitern" der Streiks.

"Die Tarifstrategie der Gewerkschaft war trotz der aktiven Vorbereitung von Beginn an von einem tiefgreifenden Widerspruch geprägt. Sie lief darauf hinaus, an der Lohnfront das Terrain zu halten, das an der Arbeitsplatzfront verloren gegangen war. Die Gewerkschaft hatte zwar darin recht, daß Lohnzurückhaltung keine Arbeitsplätze sicher, ebensowenig ist jedoch Lohnmilitanz ein Mittel der Arbeitsplatzsicherung. Für die Tarifrunde 1976 galt damit, daß das Rationalisierungsproblem zwar Hintergrund, nicht jedoch Gegenstand der Streikbewegung war. Die Folge des strategischen Widerspruchs zeigte sich später im Herbst 76" (Kritisches Jahrbuch 1976, S. 13)

In einer Situation, in der zunehmend Arbeitsplätze wegrationalisiert werden, kämpft die Gewerkschaft um Lohnprozente, ohne das Problem der Arbeitsplatzsicherheit zu berücksichtigen.
Entsprechend hart fällt die Gegenwehr der betroffenen Kapitale aus: es kommt zu einer bundesweiten Aussperrung. Intention dieser Aussperrung, die von den gesamten Arbeitgeberverbänden geschlossen unterstützt wird, ist das Setzen eines "Signals" zur präventiven Verhinderung von Arbeits-

kämpfen in wirtschaftlichen Krisensituationen.
Ohne weitgehende Zugeständnisse seitens der Arbeitgeber geht der Streik zu Ende. Streik und Aussperrung bringen die IG Druck an den Rand des finanziellen Ruins, zumal die Solidarität anderer Einzelgewerkschaften recht beschränkt bleibt.
An der nur geringen Zustimmungsquote der Streikenden (43,6 % sprechen sich gegen den Kompromiß aus) drückt sich jedoch auch eine immer noch vorhandene "härtere" Position bei Teilen der Basis aus.
Inwieweit dieser Streik weitere Streikaktionen oder Resignation verbreitet, bleibt umstritten.
"Wenn auch die IG Druck als kleine Gewerkschaft keinen 'richtungsweisenden Sieg' präsentieren konnten, so zeigte sie doch eine Alternative zu der Stillhalte-Politik der großen Gewerkschaften. Allerdings wurde für die Kämpfenden auch erfahrbar, daß Widerstand in der Krise die organisierte Abwehr der Unternehmer ebenso wie den Machtapparat des Staates mobilisiert. Daß Widerstand schwer, aber auch, daß Widerstand möglich ist - das bleibt die wesentliche Erfahrung aus diesem Streik. " (Ebenda, S. 19)

Gegen diese optimistische Einschätzung sprechen die fehlenden Streikaktionen 1976/77 in anderen Bereichen. Anders als noch 1969 kommt es 1977 nicht zu Aktionen, um die im Aufschwung 1976 entstandenen Verteilungsdisproportionen zu konterkarieren. Im Gegenteil: 1977 geht als eines der streikärmsten Jahre in die Statistik ein. (22)
Erst 1978 kommt es wieder zu größeren Streikaktionen, vor allem im Druckbereich und in der Metallindustrie.
Eingeleitet wird diese Tarifrunde durch einen Streik im Hafenbereich; ein von der Gewerkschaftsführung erreichter Verhandlungskompromiß wird in der Urabstimmung abgelehnt und eröffnet den Weg zu Lohnerhöhungen von 7 %.
In der Druckindustrie geht es 1978 vorrangig nicht um Lohnprozente, sondern um die Arbeitsplatz-, Qualifikations- und Einkommenssicherung von Facharbeitergruppen, deren berufliche Existenz durch technologische und arbeitsorganisatorische Rationalisierungsprozesse bedroht wird.

Mit diesem Streik beginnt der gewerkschaftliche Kampf gegen Rationalisierungsfolgen; entsprechend hart und grundsätzlich wird insb. von der Kapitalseite dieser Streik ausgetragen.
Schwerpunktstreiks der Gewerkschaft begegnet die Arbeitgeberseite vorerst mit regional begrenzten Aussperrungen, die nach erneuten Streiks bundesweit und befristet auf 48 Std. ausgedehnt werden. Eine abermalige bundesweite Aussperrung führt schließlich zu einem Kompromiß im Arbeitskampf- und zwar durch politische Schlichtung. Das ausgehandelte Ergeb-

nis stellt ein weitgehendes Rationalisierungsschutzabkommen dar und nicht eine Kontrolle über technische und soziale Folgen von Rationalisierungen.

"Mit dem RTS-Vertrag ist das generelle tarifpolitische Ziel der IG Druck und Papier gescheitert, die Arbeitsplätze an der neuen Technik zu tarifieren. Durchgesetzt werden konnte jedoch eine weitgehende Besitzstandsicherung und - für spezifische Arbeitsplätze - eine befristete Besetzungsregelung." (Kritisches Jahrbuch 1978/79, S. 22)

Eine mittelfristig abzusehende Verringerung der Facharbeiter kann durch dieses Abkommen nicht aufgehalten werden. (23)
Auch in der Metallindustrie gehen die Arbeitskämpfe 1978 zentral um Rationalisierungsschutzabkommen. Auf die regional begrenzten Schwerpunktstreiks (Nordwürttemberg/Nordbaden; einem traditionell kampfstarken Bezirk) reagieren die Kapitale ebenfalls mit Aussperrungen, wovon eine doppelt so hohe Anzahl von Personen im Vergleich zu den Auswirkungen der Streiks betroffen ist.
Gemessen an den umfangreichen Streikaktionen schließt auch hier die Gewerkschaftsführung einen eher dürftigen Kompromiß, der die Forderungen der "Basis" nur unzureichend aufnimmt und deshalb auch nur geringe Zustimmung findet. (55,4 % für und 35,3 % gegen). Zwar führt das Abkommen zu einem gewissen zeitlich befristeten individuellen Schutz vor Abgruppierungen, aber weder eine grundsätzliche individuelle, noch eine weitergehende kollektive Absicherung, wie noch im Forderungskatalog enthalten, konnten durchgesetzt werden, und auch der Lohnabschluß bleibt mit 5,6 % weit hinter den Erwartungen zurück. (24)
Wenn trotzdem 1978 die realen Nettolöhne erstmals und einmalig für diesen Zeitraum relativ kräftig (3,6 %) ansteigen, liegt dies primär an der steuerlichen Entlastung der Einkommen und nicht an verteilungspolitischen Erfolgen. Die staatliche Intention, mit diesen kurzzeitigen Steuererleichterungen die Tarifrunde zu entschärfen, hat sich damit implizit umgesetzt.

Ende 1978 beginnt erstmalig ein größerer Streik für den Erhalt des Beschäftigungsvolumens in einer besonders krisenbetroffenen Branche, der Stahlindustrie. Seine herausragende Bedeutung erlangt der Streik durch seinen inhaltlichen Kern: dem Kampf um die 35-Std.-Woche. Durch Verkürzung der Wochenarbeitszeit soll die vorhandene Arbeit besser verteilt und verstärkt Arbeitslosigkeit abgebaut werden.

"Hervorgehoben werden muß aber, daß die Tarifauseinandersetzung 1978/79 in der Stahlindustrie letztendlich objektiv den Charakter einer "Durchbruchsschlacht' zur schrittweisen Erreichung der 35-Stunden-Woche hatte, auch im Hinblick auf andere Branchen." (F.R. v. 13.2.1981)

Analog zu den vorangegangenen Arbeitskämpfen wird auch dieser Streik von den Stahlkapitalen grundsätzlich und unnachgiebig gekontert. Aufgrund der Absatzkrise können sie relativ problemlos auf die begrenzten Streiks mit massiven Aussperrungen antworten.

"Er ordnete sich ein in deren Strategie, die Gewerkschaften finanziell zu schwächen und die Aussperrung als ein dem Streik adäquates Kampfmittel der Arbeitgeber herauszustellen, um so die Streikbereitschaft und -fähigkeit der Gewerkschaften mittelfristig entscheidend zu beeinträchtigen." (Kritisches Jahrbuch 1979/80, S. 15)

Im folgenden verbindet die IG Metall den Streik mit der Forderung nach Verbot der Aussperrung, weitet jedoch den Streik nicht entscheidend aus und verzichtet weitgehend auf Solidaritätsstreiks in anderen Bereichen. Durch politische Schlichtung kommt es schließlich zu einer Einigung, die aus Gewerkschaftssicht kaum den langen Streik rechtfertigen dürfte: Lohnerhöhungen von 3,2 % und eine stufenweise Verlängerung des Urlaubs auf 6 Wochen - von der Kapitalseite schon vor Streikbeginn angeboten - eine Verringerung der Arbeitszeit für Nachtschichtler und ältere Arbeitnehmer bewegen die IG Metall zu einem Verzicht auf den Einstieg in die 35-Std.-Woche, um die laut Tarifvertrag erst 1984 (!) wieder gestritten werden darf.

Ohne Frage hat die Kapitalseite abermals einen Tarifkampf erfolgreich beenden können.

"Den Unternehmen ist es zweifellos gelungen, einen tarifpolitischen Durchbruch auf dem Weg zur 35-Stunden-Woche zu verhindern. Die IG Metall hat für besonders belastete Arbeitnehmergruppen eine beachtenswerte Ausweitung ihrer Freizeit und sicherlich auch begrenzte beschäftigungspolitische Effekte erzielt. Die grundlegenden Beschäftigungsprobleme dieser Branche sind damit aber nicht gelöst worden." (F.R. v. 13. 2. 1981)

Die hohe Zahl von Ablehnungen (40,94 % gegen und 49,5 % für) gegen diesen Kompromiß drückt die z.T. vorhandene Stimmung an der Basis nur unzureichend aus. (25) In die Kritik wird von betrieblichen Gewerkschaftsgruppen ausdrücklich die IG Metall-Führung einbezogen.

"In diesem Arbeitskampf ist uns eine Lektion erteilt worden. Die Mitglieder der großen Tarifkommission, darunter die Bezirksleiter der vier Tarifbezirke im Einvernehmen mit den Kollegen Janssen, Mayr und Loderer, haben durch Mehrheitsbeschluß mitten im Arbeitskampf das ursprüngliche Streikziel fallengelassen." (aus: Entschließung der Mannesmann Vertrauensleute in ZEIT v. 23. 3. 1979)

Als Konsequenz werden von den Mannesmann-Vertrauensleuten neben dem Rücktritt bzw. der Nichtwiederwahl führender Funktionäre Satzungsänderungen gefordert, die der Basis ein größeres Mitspracherecht bei Streikentscheidungen zubilligen.

Um dem "Teufelskreis" von sinkendem Einkommen, geringer Bildung, Nachtarbeit, hohen Unfallraten, Krebs, Frühinvalidität, Arbeit bis zum Umfallen und sinkender Lebenserwartungen zu durchbrechen, wird erwogen:

"Müssen wir nicht wieder wie schon eine Generation vor uns die Frage stellen, wer produziert zu wessen Nutzen, und daraus den Schluß ziehen, daß wir die Diskussion über die Sozialisierung der großen Industrie auf die Tagesordnung setzen?
Müssen wir nicht gegen die uneingeschränkte Verfügung der Kapitaleigner über den technischen Fortschritt, Investition, Produktion, ihr Tempo, ihre Richtung, Strategien und Forderungen entwickeln, die darauf zielen, daß wir selbst Herr über die Produktion werden?" (Ebenda)

Konträr zur "Lohnoffensive" 1969 - 1974, wo die Gewerkschaften durch spontane Streiks zu einer radikaleren Tarifpolitik getrieben wurden, deuten die Erfahrungen in diesem Zyklus auf einen gewerkschaftlichen Strategiewechsel hin: Unmut und vorhandene Radikalität an der Basis werden frühzeitig geortet, in größere Streiks unter gewerkschaftlicher Führung kanalisiert, so daß potentiellen eigenständigen Aktionen der Boden entzogen wird.
Diese Vermutung wird durch Äußerungen von Teilnehmern des Stahlstreiks bestätigt:"... der Eindruck hat sich immer mehr verstärkt, die wollten einen Sturm im Wasserglas und es ist hier und da ein bißchen übergeschwappt." (Kritisches Jahrbuch 1979/80, S. 49)
Ohne eine Erweiterung der Kampfmittel und ohne sektorale und regionale Ausweitung, zu der die IG Metall nicht in der Lage oder nicht bereit war, haben sich weder Lohnerfolge geschweige denn Ergebnisse bei der Bekämpfung der Arbeitslosigkeit erreichen lassen.
So schlußfolgerte die schon zitierte ISO-Studie zu Recht:

"Veränderte und erweiterte Inhalte der Tarifpolitik erfordern von den Gewerkschaften eine Überprüfung der im Konfliktfall verfügbaren Durchsetzungsmöglichkeiten und Handlungspotentiale. Das hat der Stahlstreik beispielhaft gezeigt." (F.R. v. 13. 2. 1981)

Alle Streiks bzw. Arbeitskämpfe von 1976 und 1978 verdeutlichen zudem ein weiteres: die Kapitalverbände haben die stagnative Wachstumssituation und die hohe Arbeitslosigkeit genutzt und "offensiven Klassenkampf" betrieben.
Dabei geht es ihnen nicht nur um möglichst geringe Lohnerhöhungen, sondern auch um grundsätzliches: die Sicherung der alleinigen Kontrolle und Bestimmung über Ausmaß und Richtung des Produktionsprozesses.

Noch vor 10 Jahren waren die Kapitalverbände bzw. das von ihnen repräsentierte (Herrschafts-) Verhältnis Gegenstand politischer Kontroversen; sie

sahen sich gezwungen, reaktive Politik zu betreiben und befanden sich in der Gefahr, Elemente ihrer sozialen Hegemonie zu verlieren. (Mitbestimmungsdiskussion, Investitionslenkung etc.)
Im Zeitraum von 1975 - 82 wird diese Gefahr nicht nur kurzfristig gebannt, die Diskussion z.B. um das Mitbestimmungsgesetz, die Montanmitbestimmung, die Verkürzung der Arbeitszeit und ein neues Berufsbildungsgesetz zeigen wieder die gesellschaftliche Macht des Kapitals, der weder die Gewerkschaften noch der Staat etwas entgegensetzen können und/oder wollen.

In wirtschaftlichen Krisen- oder Stagnationszeiten befinden sich die bundesdeutschen Gewerkschaften tatsächlich in einem Dilemma: einerseits müssen sie als Interessenvertreter der arbeitenden Bevölkerung Lohnreduktionen und Arbeitslosigkeit zu verhindern suchen, andererseits gebietet die kapitalistische Logik, der sich die Gewerkschaften integral und funktional zuordnen, Lohnzurückhaltung und das Akzeptieren der privatkapitalistischen Dominanz, um im Gefolge neuerlichen Wachstums wieder Lohnerhöhungen und Vollbeschäftigung zu erreichen.
Bei anhaltend hoher Arbeitslosigkeit und stagnativem Wachstum können sich die Gewerkschaften ohne konzeptionelle und strategische Änderung aus diesem Dilemma, das letztendlich bisher zu Lohnreduktion <u>und</u> Arbeitslosigkeit geführt hat, nicht befreien.
Wie der sogenannte Tabu-Katalog offenbart, haben die Kapitalverbände in diesem Punkt mehr "strategische Weitsicht" und verteidigen auch im Detail ihre Dominanz, um strukturelle Einfallstore in Richtung Systemveränderung zu verhindern. (26)
Nicht zuletzt das politische Selbstverständnis der Gewerkschaften - soziale und ökonomische Probleme nicht auf die politische Sphäre zu vermitteln und politisch lösen zu wollen - führt letztendlich zu einem für die Gewerkschaften in dieser Phase bezeichnenden Zustand gesellschaftspolitischer Hilfslosigkeit. (27)

6. Einkommensverteilung

Betrachten wir nun die zyklische Lohnentwicklung näher.

Tabelle 43: Löhne je Beschäftigten

	1975	1976	1977	1978	1979	1980	1981	1982
(1)	+7,2	+7,0	+6,9	+5,2	+5,5	+6,5*	+4,0*	4
(2)	+7,3	+4,3	+5,6	+6,2	+5,8	+5,0*	+4,0*	2.5
(3)	+1,0	+2,5	+3,3	+2,6	+1,5	+1,1*		
(4)	+1,1	-0,0	+2,1	+3,6	+1,9	+0,5*	-1,5*	

* Schätzungen

(1) Bruttolohn (nominal)

(2) Nettolohn (nominal)

(3) Bruttolohn (real)

(4) Nettolohn (real)

Quelle: Statistisches Taschenbuch 1981 und DIW-Wochenberichte

Während die nominalen Bruttolöhne noch erheblich gestiegen sind, reduzieren sich diese Erhöhungen auf der Ebene von realen Nettolöhnen auf ein nur geringes Maß. In den Jahren 1976, 1980, 1981 und 1982 stagnieren die Löhne bzw. sind sogar rückläufig.
Es handelt sich um die geringsten realen Nettolohnerhöhungen in einem Zyklus der Nachkriegsentwicklung in der Bundesrepublik.
Gleichzeitig steigen die Abgaben trotz der Steuererleichterungen 1978 - 1981 auch in diesem Zyklus überproportional.
Von 1975 bis 1979 nehmen die Abzüge (Steuern, Sozialbeiträge) um ca. 34 % zu und die Bruttolöhne nur um 27 %, d.h., die staatlich erzwungene Abgabenlast schwächt sich im Vergleich zum Zeitraum 1967 - 1975 zwar ab, dennoch liegen sie im Niveauverlauf immer noch über dem Durchschnitt der Bruttolöhne.
Vergleichen wir diesen Trend nun mit der Entwicklung der Gewinne.

Tabelle 44: Gewinnentwicklung (nominal)

	1975	1976	1977	1978	1979	1980	1981	1982
(1)	+5,4	+12,8	+6,0	+10,3	+10,3	+5*	+1,5*	+4.5
(2)	+8,2	+11,2	+1,4	+14,1	+12,0	+6,5*	+1*	+5.5

(1) brutto
(2) netto

Quelle: SVG (1982)

Im jährlichen Durchschnitt wachsen die Gewinne nur unwesentlich langsamer als im vorangegangenen Zyklus, wobei die Nettogewinne sogar geringfügig mehr steigen.

Tabelle 45: Zyklusdurchschnitt von Löhnen und Gewinnen (1975 - 81)

	Löhne		Gewinne	
brutto	+7,7	Ø	+9,1	(nominal)
netto	+6,5	Ø	+9,2	(nominal)

Ohne Berücksichtigung der Veränderungen in der Beschäftigtenstruktur nehmen die Gewinne erheblich mehr zu als die Löhne, d.h., auch die unbereinigte Lohnquote hat sich massiv zugunsten der Unternehmer entwickelt.

Tabelle 46: Verhältnis Lohn/Gewinn (nominal)

	brutto		netto	
1967	1,98		1,79	
		+31,8%		+8,9%
1975	2,61		1,95	
		-5.4%		-1o.3 %
1981	2.47		1.75	

Auf der Netto-Ebene liegt das Verhältnis von Löhnen zu Gewinnen für die Gewinne noch günstiger als 1967.

Im letzten Zyklus haben somit vermittels staatlicher Einflußnahme Umverteilungen zugunsten des Kapitals stattgefunden, die die Lohnerfolge im vorletzten Zyklus mehr als kompensiert haben.

Bezüglich der Rentabilität interessieren jedoch vor allem die Bruttowerte, da die Bruttoeinkommen vom Wertprodukt abgezogen werden, und der Rest die Profitquote bildet.
Hier zeigt sich zwar auch ein Rückzug zu Lasten der Löhne, dieser kann aber nicht die Verluste des vorletzten Zyklus vollständig korrigieren.

Unter Berücksichtigung der veränderten Beschäftigungssituation (weniger Selbständige) relativiert sich das Bild: die bereinigte Bruttolohnquote liegt nur geringfügig über dem Niveau von 1966/67.

Tabelle 47: Lohnquote

Jahr	Lohnquote		Anteil der Arbeitnehmer an den Erwerbstätigen
	tatsächlich [1]	bereinigt [2]	
1960	60,1	60,1	77,2
1961	62,4	61,8	78,0
1962	63,9	62,5	78,8
1963	64,9	63,0	79,5
1964	64,5	62,0	80,3
1965	65,3	62,3	80,9
1966	66,4	63,1	81,2
1967	66,1	62,9	81,1
1968	64,7	61,2	81,6
1969	65,7	61,4	82,5
1970	68,0	62,9	83,4
1971	69,6	63,7	84,3
1972	69,8	63,6	84,6
1973	70,8	64,2	85,1
1974	72,9	66,0	85,2
1975	73,1	66,1	85,3
1976	71,8	64,6	85,7
1977	72,2	64,6	86,2
1978	71,4	63,6	86,6
1979	71,5	63,4	87,0
1980 [3]	73,3	64,7	87,4
1981 [3]	74,3	65,5	87,6
1982 [4]	73,6	64,8	87,6

[1]) Bruttoeinkommen aus unselbständiger Arbeit in vH des Volkseinkommens.
[2]) Lohnquote bei konstant gehaltenem Anteil der Arbeitnehmer an den Erwerbstätigen im Jahre 1960.
[3]) Vorläufige Ergebnisse.
[4]) Eigene Schätzung.

Quelle: SVG 1982

Hinsichtlich der funktionalen Einkommensverteilung bringen die Auswirkungen der 75er Krise eine Trendwende für die Phase bis 1982. Diese Wende zieht sich über den gesamten Zyklus und kommt erst (kurzzeitig) in der erneuten Konjunkturkrise 1981/82 zum Stillstand.

Abschließend ein Blick auf die Zusammenhänge zwischen funktioneller und personeller Einkommensverteilung.
Mit funktioneller Einkommensverteilung fassen wir die Reallohnposition des SVR's; hier wird die Einkommensgröße je Beschäftigten durch verschiedene Faktoren gewichtet (Produktivität, Preise, Terms of Trade etc.)

Tabelle 48: Reallohnposition

1967	1968	1969	1970	1971	1972	1973	1974
100	99,3	100,09	106,1	108,01	107,9	109,6	112,9

1975	1976	1977	1978	1980	1981
111,34	108,89	108,78	108,58	107,39	108,14*

Quelle: SVG

Im letzten Zyklus wird der Trend zugunsten der Arbeitnehmer deutlich gebrochen, der Index liegt 1979 unter dem von 1972. Die Erfolge des 1967 - 1975er Zyklus können nicht gehalten, geschweige denn ausgebaut werden. Um insgesamt 3,5 % fällt die Position von 1975 bis 1979. Allerdings liegt das Niveau immer noch deutlich über dem des Jahres 1967.

Indikatoren für die personelle Verteilung unterliegen erheblichen methodischen Schwierigkeiten (28); als Annäherung vergleichen wir die durchschnittlichen Haushaltseinkommen der verschiedenen sozialen Gruppen.
Vor der Einzelbetrachtung soll der Vergleich zwischen den Summen von Selbständigen- und Arbeiter/Angestellten/Beamten-Einkommen erste Hinweise auf den Entwicklungstrend geben.

Tabelle 49: Einkommensverteilung nach sozialen Gruppen

	1970	1971	1972	1973	1974	1975	1976	1977
Selbst.	93,7	108,2	123,6	130,1	135,5	144,2	160,2	166,3
Arbeiter/ Angestel./ Beamte	244,3	282,1	308,1	337,9	356,7	382,4	396,6	418,3
Quotient A-A-B/S	2,61	2,61	2,49	2,60	2,63	2,65	2,48	2,52

Quelle: eigene Berechnungen auf Basis der DIW-Wochenberichte

Auch hier bricht sich mit der 75er Krise der Trend, ab 1976 verändert sich die Verteilung zugunsten der Selbständigen, wobei anzumerken bleibt, daß von 1970 bis 1974 im Gegensatz zur funktionellen Verteilung des SVR die Quoten nicht oder nur geringfügig zunehmen. Die Jahre 1972 und 1973 stechen dabei hervor; der bemerkenswerte Rückgang 1972 wird im Jahre 1973 wieder wettgemacht, nicht zuletzt als Resultat der spontanen Streiks und der hierdurch erkämpften Zulagen.

Die Aufteilung pro Haushalt bestätigt das erhaltene Bild; seit 1976 nimmt der relative Anteil der Arbeiterhaushalte am Einkommen ab, wenn auch in abgeschwächter Form.
Von 1970 bis 1978 verändern sich die Verteilungsrelationen deutlich zugunsten der Selbständigenhaushalte. Dieser Trend bezieht sich auf die Relation zu allen anderen sozialen Gruppen.
Die überproportionale Zunahme der Renten begründet sich in dem Zuwachs an Rentnerhaushalten und nicht in einer überproportionalen Steigerung der Rentner- und Haushaltseinkommen.
Gegenüber Arbeiter- und Angestelltenhaushalten können sich die Rentner leicht verbessern, und das Verhältnis zwischen Arbeiter- und Angestelltenhaushalten bleibt in etwa gleich.
Welchen Einfluß hat nun die Sekundärverteilung durch den Staat auf diesen Prozeß?

Tabelle 50: Vergleich der Einkommensentwicklung nach sozialen Gruppen

Verhältnis	197o insgesamt	197o pro Haush.	1978 insgesamt	1978 pro Haushalt
Arbeiter/ Selbständiger	1,72	o.41	1,38	o.35
Angestellter/ Selbständiger	1,25	o.47	1.22	o.4o
Rentner/ Selbständiger	o.91	o.24	1.o3	o.22
Arbeiter/ Rentner	1.88	1.66	1.33	1.6o
Angestellter/ Rentner	1.38	1.92	1.18	1.86
Arbeiter/ Angestellter	1.37	o.87	1.13	o.86

Veränderungen von 197o -1978: (1) insgesamt; (2) pro Haushalt

	Arbeiter/ Selbständiger	Angestellter/ Selbständiger	Rentner/ Selbst.	Arbeiter/ Rentner	Angest./ Rentner	Arbeiter/ Angestellter
(1)	-2o.o%	-2%	15%	-27%	-15%	-18%
(2)	-15%	-15%	-8%	-4%	-3%	-1%

bei den Selbständigenhaushalten werden die Einkommen aus Land- und Forstwirtschaft nicht berücksichtigt

Quelle: eigene Berechnungen auf Basis der Zahlen in DIW 29/79

Tabelle 51: Einkommensverteilung pro Haushalt
zwischen Selbst. und Arbeitern

	1970	1978	Veränderung
(1)	0,42	0,38	-10%
(2)	0,41	0,35	-15%

(1) Quotient der Bruttohaushaltseinkommen Arb./Selb.

(2) Quotient der Nettohaushaltseinkommen ARB./Selb.

Quelle: eigene Berechnungen auf Basis der Zahlen in DIW 29/1979

Vergleichen wir die Brutto- mit den Nettorelationen zwischen Selbständigen- und Arbeiterhaushalten, zeigt sich der Einfluß staatlicher Umverteilungsmechanismen: es existiert in der Primärverteilung ein starker Trend zugunsten der Selbständigenhaushalte, der durch die Sekundärverteilung noch verstärkt wird.
Hiernach geht ungefähr ein Drittel der Verschiebungen auf staatliche Einflußnahmen zurück. (29)

7. Arbeitslosigkeit als Strukturproblem

Arbeitslosigkeit ist in der Bundesrepublik seit dem Ende der 50er Jahre kein gesellschaftliches Problemfeld mehr; bis zur Rezession 1966/67 fällt die Arbeitslosenquote kontinuierlich ab. Erstmals 1967 nimmt die Arbeitslosigkeit kurzzeitig und konjunkturell bedingt wieder zu. Hierauf folgt bis 1973/74 eine Phase der Vollbeschäftigung, wobei in einzelnen Branchen sogar Arbeitskräftemangel vorherrscht. Diese Arbeitskräfteknappheit führt einerseits zum stärkeren Einbezug von ausländischen Arbeitskräften und andererseits zu kapitalintensiveren Methoden der Produktion.
Die partielle Veränderung der technologischen Basis und ihre Anwendung auf die Produktion gelingt nach 1967 nicht in dem Maße, das nötig gewesen wäre, der steigenden Nachfrage mit weniger "Arbeit" gerecht zu werden.

So steigt aufgrund der ausländischen Arbeitskräfte die Anzahl der abhängig Beschäftigten bis 1973 noch geringfügig an. Die Ausländer werden vorwiegend in den Fließbandsektoren der Industrie beschäftigt, ein Bereich

der seit der technologischen Erneuerungswelle Ende der 50er Jahre expandiert und zu einer "Neuzusammensetzung der Arbeiterklasse"geführt hat. (1) Indem insbesondere ausländische Arbeiter das Kontingent der Massenarbeiter auffüllen, verschiebt sich die innere Hierarchie der Arbeiterschaft und bekommt ethnische Merkmale.
Der Prozeß der Substituierung von Arbeit durch Kapital und die Verschiebung der Branchenstruktur und der Sektoren zueinander führt über alle Zyklen hinweg zu einem kontinuierlichen Wechsel von Freisetzung und erneuter Einbeziehung von Arbeitskräften.

Tabelle 52: Sektorale Anteilsstruktur der Erwerbstätigen in %

	1950	1955	1960	1965	1970	1975	1979
primärer Sektor	23,1	17,6	13,7	10,7	8,5	7,1	6,1
sekundärer Sektor	42,5	47,1	47,9	49,1	48,8	45,7	44,7
tertiärer Sektor	34,4	35,3	38,4	40,2	42,7	47,2	49,2

Quelle: SVG

Wie aus der Übersicht zu entnehmen, verlagert sich die Beschäftigung auf den sekundären und den tertiären Sektor. In der Krise 1974/75 nimmt erstmals auch die Beschäftigung im sekundären Sektor deutlich ab, und der tertiäre expandiert noch einmal sprunghaft.
Differenziert nach Wirtschaftsbereichen wird die gleiche Tendenz sichtbar; während Land- und Forstwirtschaft und Energiewirtschaft und Bergbau abnehmen, steigt der Anteil des Verarbeitenden Gewerbes (mit gleichbleibender Tendenz seit 1960) und vor allem der der Bereiche Staat und Sonstige Dienstleistungen. (2)
Im industriellen Sektor ist die Beschäftigtenstruktur ebenfalls in Bewegung. Der Anteil der Beschäftigten steigt insbesondere in der IG und fällt in der VG und im Bergbau. (3)
Bis 1973 entspricht der Freisetzung von Arbeitskräften eine Aufnahme in anderen Bereichen. (vergl. das Schaubild in SVG 1976, S. 56)
In der Krise überlagern jedoch strukturelle Momente die zyklischen, so daß auch nach 1976 die Arbeitslosigkeit auf hohem Niveau bleibt, d.h.

der Umsetzungsprozeß nicht mehr funktioniert.

Eine Unterscheidung zwischen strukturell und konjunkturell bedingter Arbeitslosigkeit scheint kaum möglich, da die konjunkturelle Bewegung immer auch strukturelle Momente beinhaltet, d.h. alles was strukturell bedingt ist, schlägt sich auch konjunkturell nieder und umgekehrt. Abzugrenzen hiervon bleibt die Struktualisierung innerhalb der Gruppe der Arbeitslosen. (4) Knüpft der Begriff struktureller Arbeitslosigkeit an diesen Vorgang an, d.h. an "Merkmals- und Strukturdiskrepanzen zwischen Arbeitslosen und angebotenen Arbeitsplätzen" - so der Ansatz des IAB (5) - lassen sich Quantitäten angeben. (6)

Arbeitslosigkeit konstituiert sich in den wenigsten Fällen über Massenentlassungen, die Instrumente des Beschäftigungsabbaus liegen vielmehr unterhalb dieser Schwelle: Aufhebungsverträge und Frühverrentung sind die hervorstechenden Merkmale einer restriktiven betrieblichen Beschäftigungspolitik. (7)
Mit dieser Personalpolitik lassen sich zwei innerbetrieblich und gesellschaftlich wichtige Punkte erreichen: Arbeitslosigkeit erscheint einerseits als individuelles Problem, das sich einvernehmlich ohne Konflikte lösen läßt, und andererseits werden die Stammbelegschaften kaum von Entlassungen betroffen, was einen möglichen breiten Widerstand über Gewerkschaften/Betriebsräte in den meisten Fällen frühzeitig eindämmt.

In vielen Fällen wird daher Arbeitslosigkeit nicht als potentiell kollektives Schicksal angesehen, sondern als primär vom eigenen Verhalten abhängiges. (8)
"Die differentielle Verteilung von Krisenlasten begünstigt die Differenzierung von subjektiver Betroffenheit und Krisenwahrnehmung; die Abwälzung der Arbeitsplatzvernichtung auf Randgruppen, aber auch ihre Ummünzung in freiwillige Entscheidungen fördert die Verdrängung gemeinsamer Existenzrisiken." (DOMBOIS, Prokla 36, S. 185)

Staatlicherseits und auch von den Gewerkschaften wird diese Personalpolitik voll unterstützt: der Staat hilft mit Zuschüssen für die Frühverrentung (9) und dem Abschieben von Ausländern, die Gewerkschaften betreiben bestenfalls eine defensive Politik des Sozialplans, im Kern akzeptieren sie "Rationalisierungszwänge" zur Sicherung der Rentabilität.
Zur Verhinderung sozialer Konflikte läuft der Personalabbau über drei Schienen: Monetarisierung, Individualisierung und Differenzierung von Krisenlasten und -betroffenheit: eine im Zusammenwirken von Kapital,

Staat und Gewerkschaften bisher durchaus "erfolgreiche" Strategie, da Massenarbeitslosigkeit bisher nicht Gegenstand gesellschaftlicher Konfliktlinien geworden ist. (vergl. MÜLLER - JENTSCH, 1979)

Schaubild 21: Arbeitslosenquoten

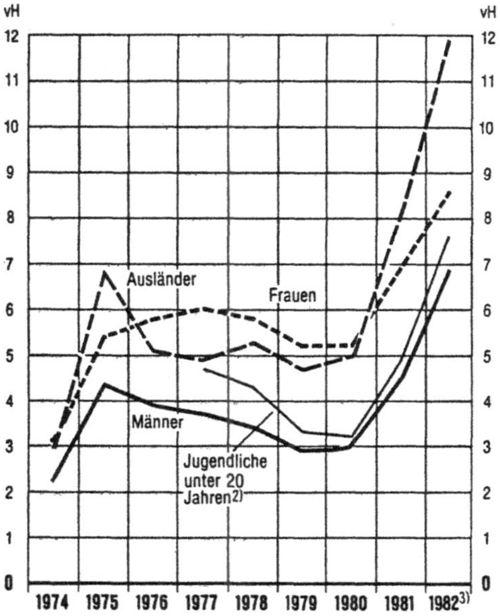

1) Anteil der Arbeitslosen an den abhängigen Erwerbspersonen nach Mikrozensus-Ergebnissen; Jahresdurchschnittsquoten. – 2) Jahresdurchschnitte erst seit 1977. – 3) Eigene Schätzung.

Quelle: SVG 1982

Die Arbeitslosigkeit setzt schon 1974 überproportional im Baugewerbe und in der Verarbeitenden Industrie ein. (10) Von 1974 auf 1975 bleibt diese Struktur erhalten; in beiden Bereichen steigt die Arbeitslosenzahl noch einmal stark an.

An der Erwerbstätigenzahl bzw. dessen sektorale Abnahme zeigt sich ein analoges Bild. (11)

Ab Mitte 1975 verändert sich die Struktur: während die Arbeitslosigkeit in der Verarbeitenden Industrie und im Baugewerbe abnimmt, steigt die Zahl der Arbeitslosen nun in allen anderen Bereichen an. (12)

Im Jahr 1975 sind in der Industrie die meisten Arbeitslosen gemeldet, ab 1976 verschiebt sich die Betroffenheit auf die Dienstleistungsbereiche. Diese Struktur hält bis 1977/78 an. (13) Von 10 Arbeitslosen kommen 4 aus den Dienstleistungsbereichen und fast 3 aus dem Verarbeitenden Gewerbe. Bis 1979 nimmt die industrielle Arbeitslosigkeit ab, um jedoch 1980/81 von einem erhöhten "strukturellen Sockel" aus, neue Höhen zu erklimmen. In der konjunkturellen Krisenphase 1981/82 erreicht die Jahresarbeitslosigkeit den höchsten Stand seit dem Ende der 50er Jahre.

Schaubild 22:

Zur Struktur der Arbeitslosigkeit

Arbeitslose	September									
	1977		1978		1979		1980		1981	
	1000	Anteil in vH	1000	Anteil in vH	1000	Anteil in vH	1000	Anteil in vH	1000	Anteil in vH
Insgesamt	911	*100*	864	*100*	737	*100*	823	*100*	1256	*100*
Männer	424	*46,6*	389	*45,0*	317	*43,0*	369	*44,8*	616	*49,1*
Frauen	487	*53,4*	476	*55,0*	420	*57,0*	454	*55,2*	640	*50,9*
Nach Nationalität										
Deutsche	827	*90,7*	774	*89,6*	659	*89,5*	722	*87,7*	1075	*85,6*
Ausländer	84	*9,3*	90	*10,4*	77	*10,5*	101	*12,3*	181	*14,4*
Nach Berufsausbildung										
mit Abschluß	426	*46,8*	394	*45,6*	344	*46,7*	379	*46,0*	568	*45,2*
ohne Abschluß	485	*53,2*	470	*54,4*	393	*53,3*	444	*54,0*	688	*54,8*
Stellung im Beruf										
Facharbeiter	117	*12,9*	114	*13,2*	94	*12,7*	109	*13,2*	182	*14,5*
Nichtfacharbeiter	413	*45,3*	406	*47,0*	340	*46,1*	392	*47,6*	632	*50,3*
Angestellte										
mit gehobener Tätigkeit	246	*27,0*	219	*25,3*	193	*26,2*	205	*24,9*	282	*22,5*
mit einfacher Tätigkeit	135	*14,8*	125	*14,5*	110	*15,0*	117	*14,2*	160	*12,8*
Nach gewünschter Arbeitszeit										
Vollzeitarbeit	732	*80,4*	686	*79,4*	581	*78,9*	660	*80,2*	1044	*83,1*
Teilzeitarbeit	179	*19,6*	178	*20,6*	155	*21,1*	163	*19,8*	212	*16,9*
Mit gesundheitlichen Einschränkungen	244	*26,8*	254	*29,4*	250	*33,9*	265	*32,2*	323	*25,7*
darunter: Schwerbehinderte	46	*5,0*	55	*6,3*	61	*8,3*	67	*8,2*	90	*7,2*
Nach Dauer der Arbeitslosigkeit										
unter 1 Monat	146	*16,0*	136	*15,7*	122	*16,6*	145	*17,7*	200	*15,9*
1 bis unter 3 Monate	233	*25,6*	217	*25,1*	186	*25,2*	226	*27,5*	332	*26,4*
3 bis unter 6 Monate	165	*18,1*	154	*17,8*	135	*18,3*	153	*18,6*	245	*19,5*
6 bis unter 12 Monate	199	*21,8*	183	*21,1*	147	*20,0*	158	*19,2*	276	*21,9*
1 bis unter 2 Jahre	106	*11,7*	98	*11,3*	85	*11,6*	79	*9,6*	131	*10,4*
2 Jahre und länger	63	*6,9*	77	*9,0*	61	*8,3*	61	*7,4*	73	*5,8*
Nach Altersgruppen										
unter 20 Jahre	106	*11,6*	92	*10,6*	69	*9,3*	81	*9,9*	135	*10,8*
20 bis unter 25 Jahre	162	*17,8*	154	*17,8*	124	*16,8*	144	*17,4*	240	*19,1*
25 bis unter 35 Jahre	232	*25,4*	217	*25,2*	181	*24,5*	207	*25,1*	334	*26,6*
35 bis unter 45 Jahre	169	*18,6*	157	*18,2*	129	*17,5*	143	*17,4*	216	*17,2*
45 bis unter 55 Jahre	135	*14,8*	128	*14,9*	111	*15,1*	121	*14,7*	173	*13,8*
55 Jahre und älter	108	*11,8*	115	*13,4*	123	*16,7*	128	*15,5*	158	*12,6*
darunter 59 Jahre und älter	43	*4,7*	43	*5,0*	61	*8,3*	64	*7,8*	81	*6,4*
Mit Sozialplan	.	.	.	.	17	*2,4*	24	*2,9*	28	*2,2*
Leistungen nach dem Arbeitsförderungsgesetz										
Bezieher von Arbeitslosengeld	385	*42,3*	342	*39,6*	280	*38,0*	308	*37,4*	499	*39,7*
Bezieher von Arbeitslosenhilfe	133	*14,6*	127	*14,7*	98	*13,3*	97	*11,8*	147	*11,7*
Leistungen beantragt	232	*25,4*	214	*24,8*	189	*25,7*	242	*29,4*	342	*27,3*
keine Leistungen	161	*17,7*	181	*20,9*	170	*23,0*	176	*21,4*	268	*21,4*
Nachrichtlich: Vor der Arbeitslosigkeit in schulischer Ausbildung	50	*5,5*	43	*5,0*	32	*4,3*	37	*4,5*	63	*5,0*

Quelle: SVG 1981

Tabelle 53: Durchschnittliche Arbeitslosigkeit pro Jahr

1975	1976	1977	1978	1979	1980	1981	1982	
1,074	1,060	1,030	0,993	0,876	0,889	1,256	1,833	Millionen

Quelle:

Überproportional von Arbeitslosigkeit betroffen sind Frauen, Ausländer, Jugendliche, Behinderte, Ungelernte und ältere Arbeitnehmer.
Diese spezifische Struktur spiegelt sich auch in der unterschiedlichen Dauer der Arbeitslosigkeit wieder.
Während die Anteilsstruktur der bis zu 6 Monaten Arbeitslosen relativ gleich bleibt, nimmt die Anzahl der Personen, die länger als ein Jahr arbeitslos sind, bis 1979 zu. Durch den hohen Zugang von Arbeitslosen als Folge der zyklischen Krise geht ihr Anteil 1980 zurück.
Annähernd jeder Fünfte ist 1979 länger als 1 Jahr arbeitslos, wobei in dieser Gruppe überdurchschnittlich Arbeitnehmer mit gesundheitlichen Einschränkungen und ältere Personen anzutreffen sind.
Bei den Männern ist der Anteil der längerfristig Arbeitslosen höher als bei den Frauen, die sich wahrscheinlich nach Beendigung des Bezugs von Arbeitslosengeld nicht weiter beim Arbeitsamt melden und in die "stille Reserve" zurückkehren. Ähnlich kann die relativ niedrige Dauerarbeitslosigkeit bei Ausländern erklärt werden: sie müssen in ihre Heimatländer zurück oder verlassen freiwillig die Bundesrepublik. Auffallend hoch ist insbesondere die Zahl der ungelernten Arbeiter, die über 2 Jahre arbeitslos bleiben. (15)
Ziehen wir die Berufsausbildung in die Betrachtung mit ein, zeigt sich, daß Personen ohne abgeschlossene Berufsausbildung anteilsmäßig (in ihrer Gruppe) mehr Dauerarbeitslose haben, durchaus vergleichbar mit der Situation der Hochschulabgänger, wo die hohe Zahl der Dauerarbeitslosen über 1 Jahr noch statistisch nach unten verzerrt wird, da seit dem Haushaltsstrukturgesetz von 1975 arbeitslose Hochschulabgänger weder Arbeitslosengeld noch -hilfe bekommen. (16) Auch das Alter korreliert mit der Dauer der Arbeitslosigkeit: je älter der Betroffene desto länger dauert die beschäftigungslose Zeit. (17) Seit 1974 nimmt die Zahl der "höher Qualifizierten" an den Arbeitslosen beständig zu. (18)
Ebenfalls hoch ist 1974/75 der Anteil der arbeitslosen Jugendlichen unter 25 Jahren. Ihre Anzahl liegt 1975 bei über 100000 und sinkt in den Jahren

1976/77 nur geringfügig. Erst ab 1978/79 verringert sich ihre Zahl und ihr relativer Anteil. Von einem Trendbruch kann jedoch nicht gesprochen werden, da als Folge der zyklischen Krise und des Drängens geburtenstarker Jahrgänge auf den Arbeitsmarkt 1980 die Zahl wieder einen neuen Höchststand erreicht; Ende 1980 sind über 80000 Personen unter 20 Jahren und 143000 zwischen 20 und 25 Jahren offiziell arbeitslos gemeldet. (vergl. ANBA 1/1981)

Bei den Jugendlichen ist der Anteil der Personen mit und ohne Hauptschulabschluß besonders hoch. Von fehlenden Ausbildungsplätzen wird diese Gruppe überproportional berührt, da sich das Qualifikationsniveau nach "oben" verschiebt. (19)
Auch sektoral und regional finden wir einen gespaltenen Arbeitsmarkt vor, d.h. in bestimmten Regionen werden Arbeitskräfte mit besonderen Qualifikationen gesucht, während Arbeitskräfte mit gleicher Qualifikation in anderen Regionen keine Arbeit finden. (20)
Obwohl ein hoher Prozentsatz der Arbeitslosen nicht zum Ortswechsel bewegt werden kann, spielt die Mobilität nicht die entscheidende Rolle bei der gegenwärtigen Arbeitslosigkeit (21). Es gibt in keiner Region der Bundesrepublik längerfristig unbesetzte Arbeitsplätze in nennenswertem Umfang.

Zwar gibt es in einzelnen Berufen (insbesondere bei Facharbeitern) regional ausgeprägt einen stärkeren Arbeitsbedarf und vereinzelt wird sogar von Arbeitskräftemangel für einzelne Branchen gesprochen (vergl. SVG, 1979, S. 58), hieraus jedoch den Schluß zu ziehen, Arbeitslosigkeit sei ein Qualifikations- oder Regionalproblem, scheint verfehlt. Die Ursachenbestimmung der Arbeitslosigkeit darf nicht von der Strukturbewegung der Wirtschaft abgelöst werden.
Allerdings steht auch fest, daß viele Arbeitslose zumindest kurzzeitig nicht bereit scheinen, Arbeit um jeden Preis anzunehmen, insbesondere nicht bei Arbeitsplatz- oder Lohnverschlechterung und bei regionaler Veränderungsnotwendigkeit.

Es kann festgehalten werden: die Arbeitslosigkeit setzt mit der Krise 1974/75 als Massenarbeitslosigkeit ein und bleibt die folgenden Jahre auf hohem Niveau, um 1981/82 erneut anzusteigen.
Mit dem Andauern der Arbeitslosigkeit schält sich eine spezifische Struktur der Betroffenheit heraus; Arbeitslosigkeit konzentriert sich auf Frauen, Ausländer, Behinderte, ältere und jüngere Arbeitnehmer, Ungelern-

te und auf Personen aus wirtschaftlich schwachen Regionen. Dieser Entwicklungsprozeß kann als Strukturalisierung bezeichnet werden. Angestellte, vornehmlich weibliche, sind bis 1977 in steigender und ab 1978 in abnehmender Anzahl arbeitslos. In den Gruppen ältere Arbeitnehmer, Behinderte, Ungelernte und Hochschulabhänger nimmt die durchschnittliche Dauer der Arbeitslosigkeit zu. Bei vielen Betroffenen und insbesondere bei Dauerarbeitslosen bringt eine erneute Eingliederung in den Produktionsprozeß berufliche Dequalifikation und materielle Einbußen mit sich. (22)
Struktur und Dauer der Arbeitslosigkeit deuten an, daß mit konjunkturellen Schwankungen allein Ausmaß und Dauer der Arbeitslosigkeit nicht erklärt werden können. Vor allem die spezifische Ausgestaltung weist über ökonomische Bestimmungen hinaus.
Die ausgeprägte Betroffenheit von bestimmten sozialen Gruppen (sogenannten Randgruppen) als Dauerarbeitslose läßt vermuten, daß die gesellschaftlichen Führungsgruppen das Problem der Arbeitslosigkeit sozial und gesellschaftlich zu entschärfen suchen.
Gleichwohl kommt es infolge der jahrelangen Massenarbeitslosigkeit zu einer Veränderung des politisch-sozialen Klimas zugunsten des Kapitals, ohne daß die Gewerkschaften initiativ werden.
So kann zwar der Klassenkonflikt latent gehalten werden, die gesellschaftlichen Konfliktlinien verstärken sich jedoch eher.
Die im wesentlichen aus den "Problemgruppen" bestehenden Dauerarbeitslosen (23) werden gewissermaßen vom Arbeitsmarkt ausgesperrt und dann gesellschaftsoffiziell als Randgruppe definiert. Der gesellschaftlichen Marginalisierung folgt zumeist die soziale Diskriminierung:

"..., daß nicht nur die finanziellen Belastungen eine Rolle spielen bei der Entwicklung psychischer Probleme infolge von Arbeitslosigkeit, sondern außerdem die zuvor genannten Überlegungen bezüglich Zerstörung der Lebensperspektive und des Tagesplanes, des Rollenverlustes, der Diskriminierung, der sozialen Isolation, des Verlustes von Befriedigung durch die Arbeit berücksichtigt werden müssen." (WSI - Mitteilungen 11/1977, S.678)

Als"industrielle Reservearmee" im engeren Sinne spielen diese "Problemgruppen" eine eher untergeordnete Rolle, da sie im konjunktuellen Wechselspiel keiner Kon- und Extraktion mehr ausgesetzt sind. (24) Ihre Funktion liegt primär im politisch-sozialen Bereich; sie scheinen im strategischen Konzept der sozialen Befriedung eine zentrale Rolle einzunehmen. (25)
Von größerer unmittelbarer ökonomischer Wichtigkeit für das Kapital dürften die vorübergehend Arbeitslosen sein, die einem beständigen Ein- und Austritt aus dem Arbeitsleben unterworfen werden und bei Neueinstellung

zumeist berufliche Herabstufung und Lohneinbußen hinnehmen müssen. In den jährlichen Durchschnittszahlen kommt das quantitative Ausmaß an Arbeitslosigkeit nur unzureichend zum Vorschein; während im jährlichen Durchschnitt z.B. 1978 993 000 Arbeitslose offiziell verzeichnet sind, werden insgesamt 3082 000, also mehr als das Dreifache, arbeitslos.

Tabelle 54:

Betroffenheit und Dauerarbeitslosigkeit

	1978	1979
Arbeitslosenquote in v. H.[a])	4.4	3.8
Betroffenheitsquote in v. H.[b])	11.5	10.5
Neuzugänge an Arbeitslosen in 1000	3082	2840
60 Jahre und ältere Arbeitslose in 1000[c])	34	31
1 Jahr und länger Arbeitslose in 1000[c])	203	163

a) Registrierte Arbeitslose in v. H. der abhängigen Erwerbspersonen

b) $\frac{\text{Zugänge an Arbeitslosen : durchschnittliche Mehrfacharbeitslosigkeit}}{\text{abhängige Erwerbspersonen}} \times 100$

(Unterstellt wurde die durchschnittliche Mehrfacharbeitslosigkeit des Jahres 1977)

c) Mai 1978 und Mai 1979

Quelle: Memorandum 198o

Rechnet man diese Zahlen hoch, dürfte zwischen 1975 und 1982 ungefähr jeder 3. bis 4. Arbeitnehmer (ohne den Öffentlichen Dienst) mindestens einmal arbeitslos gewesen sein. (26)
Neben der Erhöhung der Arbeitsdisziplin und Lohndruck wirkt dieses Ausmaß an Arbeitslosigkeit sicherlich - und hier liegt ihre wichtige gesellschaftspolitische Funktion - sozial disziplinierend und entsolidarisierend.

Welches sind nun die strukturellen Momente, die sowohl den Zyklus als auch Ausmaß und Dauer der Arbeitslosigkeit bestimmen?
Vordergründig entsteht Arbeitslosigkeit aus der Differenz zwischen höherem Produktivitäts- und niedrigerem Wirtschaftswachstum. (27) Im letzten Zyklus (1975 - 1981) steigt das Sozialprodukt im jährlichen Durchschnitt um 3 %, die Produktivität dagegen um 3,5 %.

Analog zur Erklärung von zyklischen Krisen lassen sich auch hier 3 relevante Erklärungsmuster finden:

1. Arbeitslosigkeit als Resultat von zu hohen Löhnen (SVR, Neoklassiker, etc.). Allerdings hält dieser Ansatz, so wie er formuliert wird, der empirischen Überprüfung nicht Stand, da sowohl die Reallohnposition als die Rentabilitätsrate in diesem Zyklus annähernd wieder das Niveau der späten 60er Jahre haben. Zur damaligen Zeit herrschte bei diesem Reallohnniveau Vollbeschäftigung, während heute die Arbeitslosigkeit weiter zunimmt, was den SVR in seinem vorletzten Gutachten konstatieren läßt:

"Ein und dieselbe Reallohnposition, ein und dieselbe Erlös - Kosten - Relation kann auf längere Sicht sowohl mit einem hohen wie mit einem weniger hohen Beschäftigungsstand verbunden sein." (SVG, 1980, S. 81)

und er fügt - ohne weitere Begründung - hinzu:

"Letztlich ist es die Höhe der Reallöhne, welche die Menge an rentablen Beschäftigungsmöglichkeiten bestimmt." (ebenda)

Aus dieser ebenso banalen wie unter Gleichgewichtsgesichtspunkten kreislauftheoretisch richtigen Feststellung wird das ganze Dilemma der Gewerkschaften und Arbeitnehmer deutlich: setzen sie höhere Löhne durch, verstärkt das Kapital Substituierungsprozesse von Arbeit durch Kapital, um Kosten zu sparen und die Profite zu steigern. Folge sind Freisetzungen und Lohnsummenreduktion. Bleibt das Reallohnniveau weiterhin hoch, setzt sich der Substituierungsprozeß fort, d.h. Arbeitslosigkeit usw..
Üben die Gewerkschaften Lohnzurückhaltung, und das Reallohnniveau sinkt, kann es kurzfristig zu zusätzlicher Produktion und Beschäftigung kommen, wobei eine geringe Produktivität und Nachfrage wieder restriktiv auf die Produktion wirken und Freisetzungen hervorbringen.
Diese Argumentation verknüpft die Lohnentwicklung mit einer kurzfristigen ökonomischen Rationalität, d.h. bei gegebenen technologischen Möglichkeiten der Substitution ist jedes Reallohnniveau zu hoch. Nur konsequent wäre nach diesem Ansatz eine permanente Lohnreduktion, die jedoch nicht ohne Auswirkungen auf das gesamtwirtschaftliche Gleichgewicht bleiben kann, da die Binnennachfrage langfristig sinken würde.

Das kapitalistische Wirtschaftssystem pendelt im Anpassungsprozeß zwischen Profitkompression und mangelnder Nachfrage.

"..., das Gewinnkompressionen, die als das Resultat "zu hoher Löhne" erscheinen, auch bei niedrigen Löhnen nicht vermeidbar sind, weil eben niedrige Lohnkosten auch niedrige Kaufkraft der Lohnempfänger bedeuten, so daß das System entweder über den Nachfragemangel oder über gewinnsenkende Umverteilungen in die Krise schliddert. Aber in beiden Fällen sind die Profite bzw. die Kapitalrentabilitäten zu gering, um das zum Vollbeschäftigungsgleichgewicht notwendige Investitionsvolumen hervorrufen zu können." (ZINN, 1978, S. 36)

Unter diesen Bedingungen gibt es im Kapitalismus auch ökonomisch keine Garantie für Vollbeschäftigung, sie entsteht eher kurzfristig als Resultat des jeweiligen Anpassungsprozesses und verfestigt sich nur unter spezifisch politisch-sozialen Bedingungen.
Der Kurzschluß zwischen Reallohnniveau und Beschäftigungsstand degradiert das Argument zu hoher Löhne zur Tautologie oder wird beliebig.

2. Arbeitslosigkeit als Folge einer unzureichenden Nachfrage, d.h. zu niedriger Löhne und zu hoher Gewinne, steht im Kern unterkonsumtionstheoretisch argumentierender Ansätze (Memorandum, etc.).
Wird diese Begründung nicht nur zur Erklärung der Krise, sondern auch zur Analyse der nachfolgenden Phase reduzierten Wachstums herangezogen, muß die Frage beantwortet werden, warum die Arbeitslosigkeit 1976 - 1979 aufgrund relativ geringerer Löhne nicht weiter ansteigt, und warum in anderen Ländern mit jeweils unterschiedlichem Lohnniveau ebenfalls Unterbeschäftigung vorherrscht. (28)
Zusätzliche Nachfragesteigerungen führen - wie in allen kapitalistischen Ländern beobachtet werden kann - eher zu einem Anstieg der Inflation als der Produktion.
Ein Zusammenhang zwischen Einkommenserhöhungen <u>und</u> Nachfrageboom <u>und</u> Investitionssteigerungen läßt sich bei den gegebenen Angebots- und Nachfragestrukturen nicht mehr konstruieren.
HENSCHEL vermutet, daß eine unzureichende Angebotsstruktur, bedingt durch erhebliche Risiken bei Neuinvestitionen aufgrund eines hohen Sättigungsgrades im Grundbedarf, als Erklärung eine große Plausibilität hat und schlußfolgert eine "beschränkte Nachfragerealisierung bei noch unbefriedigten Bedürfnissen und ausreichenden Finanzierungsmitteln." (HENSCHEL in WSI Mitteilungen 4/1980, S. 208)

3. Ansätze, die mit der Überinvestition bzw. Überakkumulation argumentieren, betonen den Zusammenhang von 3 Momenten:

- steigende Kapitalintensität in Verbindung mit geringen Wachstums- und Produktivitätsraten drücken auf die Profitrate und führen zur Freisetzung von Arbeitskräften

- als Voraussetzung für diesen Prozeß werden steigende Konzentration und Zentralisation des Kapitals geortet

- ergänzend wird auf die Folgen einer Internationalisierung der Produktion hingewiesen. (29)

"Aufgrund der angewachsenen technischen Zusammensetzung des Kapitals (die von der Weltmarktkonkurrenz erzwungen wird) entwickeln die Einzelkapitale Strategien, zumindest den Lohnkostenfaktor durch Rationalisierungsinvestitionen niedrig zu halten." (ALTVATER, 1979, S. 273)

Richtig an dieser Argumentation scheint mir die Beobachtung, daß in zunehmenden Maße Rationalisierungsinvestitionen getätigt werden, allerdings wird vernachlässigt, daß diese Investitionen zunehmend auch kapitalsparenden und nicht nur arbeitssparenden Gehalt haben, so daß von der Seite des Kapitalkoeffizienten her die Rentabilität entlastet wird (30), d.h. erst ein entsprechendes Lohnniveau müßte den Widerspruch forcieren.
Zudem ist der Kapitalkoeffizient, was gegen die Argumentation von ALTVATER spricht, von 1975 bis 1981 eher gesunken als gestiegen,bzw. hat sich die Zunahme in der jeweiligen Konjunkturphase verflacht, ohne daß die Arbeitslosigkeit wesentlich abgenommen hätte.

Es scheint, als ob alle Ansätze für sich genommen eine nicht hinreichende Plausibilität erlangen, die andauernde Massenarbeitslosigkeit zu erklären.

Über monokausale Begründungen hinausgehend scheinen mir folgende Aspekte eine zentrale Rolle zu spielen:

a. Die kapitalistische Wirtschaft in der Bundesrepublik hat ein Entwicklungsniveau erreicht, das von hohem Reallohnstand, hoher Konzentration und Zentralisation des Kapitals, weitgehenden Sättigungstendenzen im Grundbedarf, einer historisch überholten Nachfragestruktur und hohem technologischen Standard geprägt ist, d.h. die vormals vorhandenen Ungleichgewichte (hohe Binnennachfrage, Möglichkeiten eines umfassenden Technologietransfers, etc.) fallen als Impulse für expansives Wachstum weg, so daß ein neuer "Gleichgewichtsanpassungsprozeß" sich erst konstituieren muß.

b. Technologische Verbesserungen erlauben eine fortgesetzte Substituierung von Arbeit durch Kapital, die sowohl durch die internationale Konkurrenz als durch das vergleichsweise hohe Reallohnniveau hervorgerufen wird. Bei gegebenen Nachfragestrukturen auf dem Binnenmarkt und begrenzten Realisierungsmöglichkeiten auf dem Weltmarkt kommt eine kapitalintensive Produktion auch mittelfristig und langfristig mit deutlich weniger Arbeitskräften aus, so daß Arbeitslosigkeit zum Strukturproblem wird. Ein neuer Akkumulationstyp, der einen vermehrten Einbezug von Arbeitskräften überflüssig macht, beginnt sich zu konstituieren, d.h. während Produktion und Produktivität wieder ansteigen können, bleibt die Massenarbeitslosigkeit bestehen.

c. Da bei den gegebenen Nachfrage- und Angebotsstrukturen eine Erhöhung der Konsumnachfrage eher verpuffen (Importe, Auslandsreisen, etc.) oder sich in Preiserhöhungen auflösen würde, entsprechen Strategien zur Verbesserung der Angebotsseite, wie sie von Seiten des Kapitals und ihren Apologeten vorgetragen werden, durchaus ökonomischer Rationalität und Logik.
Allerdings geht dieser Versuch zur Senkung des Kapitalkoeffizienten und der Reallöhne zumindest kurz- und mittelfristig mit einem erheblichen Anstieg der Arbeitslosigkeit einher, sei es durch vergleichsweise hohe Produktivitätsziffern oder mangels Nachfrage. Langfristig erfordert dieser Weg ein deutlich gesunkenes Reallohnniveau, auf dessen Grundlage ein neuer Wachstumsprozeß sich kumulativ entwickeln kann.

d. Durch die veränderten Bedingungen auf dem Weltmarkt werden bisher übliche und getätigte Ausweichstrategien zumindest erschwert. Sowohl die verschärfte internationale Konkurrenz als die instabile politische Weltlage als die mehrmaligen Erhöhungen der Rohstoffpreise als auch die internationale Geld- und Währungspolitik haben restriktive Auswirkungen.

Sind jedoch ab einem bestimmten Punkt die Exportmärkte nicht unbegrenzt aufnahmefähig, und bleibt der Binnenmarkt durch beschränkte Nachfragemöglichkeiten verstopft, können sich auch technologische Verbesserungen der Produktion bzw. höhere Produktivität nicht im Sinne von erweitertem Wachstum zur Verringerung der Arbeitslosigkeit umsetzen, sie schaffen sich eher Luft durch unausgelastete Kapazitäten und hohe Preisraten.

Wir erleben somit seit den 70er Jahren das Paradoxon, daß steigende Produktivitäten zu stagnativem Wachstum und Inflation führen.

e. Mit dem jahrelangen Fortbestehen der Arbeitslosigkeit, ohne daß schwerwiegende Legitimationsprobleme entstehen, erweist sie sich als soziales Disziplinierungsmittel, d.h. die Arbeitslosigkeit wird zumindest von Kapitalseite aber z.T. auch vom Staat politisch und sozial genutzt.

Insbesondere die bisherige Verhinderung der Arbeitszeitverkürzung, der wahrscheinlich einzig möglichen Strategie, Arbeitslosigkeit kurz- und langfristig abzubauen, zeigt den aktiven und passiven Widerstand dieser Seite gegen einen Abbau der Arbeitslosigkeit unter gegebenen ökonomischen und sozialen Bedingungen.

f. Angesichts der Tatsache jahrelanger Massenarbeitslosigkeit in fast allen "hochentwickelten" kapitalistischen Ländern und in Anbetracht ihrer jeweiligen durchaus unterschiedlichen Profitraten, Nachfrage- und Produktionsstrukturen, etc. scheint kurz- und mittelfristig nur eine politische Lösung des Arbeitslosenproblems möglich zu sein, d.h. durch staatlich erzwungene Strukturveränderungen des ökonomischen Systems oder zumindest durch andere Perspektiven und Inhalte wirtschaftspolitischer Maßnahmen. Eine "ökonomieimmanente" Beseitigung der Arbeitslosigkeit hätte weitreichende restriktive soziale und materielle Folgen für die Mehrheit der Lohnabhängigen.

8. Zusammenfassung

Auf die Krise folgt ein wachstumsarmer Konjunkturzyklus, der von steigender "Investitionsproduktivität", einer gleichbleibend hohen, sich struktural verfestigenden Arbeitslosigkeit und einem hohen Niveau der Inflation geprägt wird.
Diese Verlaufsform der Teildeterminanten kann als Ergebnis einer offensiven Kapitalstrategie interpretiert werden: als Versuch über Rationalisierungsinvestitionen die Abhängigkeit von der Arbeitskraft zu verringern und als Bemühen, gleichzeitig die Verteilungsrelationen, die sich im vorangegangenen Zyklus herausgebildet haben, zu korrigieren.

In Umrissen werden die Konturen eines neuen Akkumulationstyps sichtbar. Forcierter Einsatz arbeits- und kapitalsparender Technologien bei zunehmender Entwertung von Arbeit und Arbeitskraft bis hin zu Dauerarbeitslosigkeit, und eine abermalige Ausweitung des Exports bezeichnen die Säulen dieses Typs.
An den veränderten Inhalten und Ergebnissen der Arbeitskämpfe kann die Umsetzung dieser Offensive beobachtet werden. Insbesondere in den Konflikten um die Folgen der Einführung neuer Technologien und die Verkürzung der Arbeitszeit beweisen die Kapitalverbände strategische und tak-

tische Weitsicht und lassen gewerkschaftliche Politik, die zudem konzeptions- und perspektivlos bleibt, schon im Ansatz scheitern.

In dem Maße, wie sich die Arbeitslosigkeit nicht im beginnenden Konjunkturaufschwung auflöst, bildet sich eine spezifische Strukturalisierung heraus. Arbeitslosigkeit betrifft verstärkt und ausgeprägt gesellschaftlich ohnehin benachteiligte Gruppen.
Über eine monokausale Begründung hinaus werden die Ursachen der strukturellen Arbeitslosigkeit als Konsequenz verfestigter Angebots- und Nachfragestrukturen, veränderter Wachstumsbedingungen sowie politisch-sozialer Widerstände gegen eine politische Lösung des Problems beschrieben. Nur durch gezielte politische Intervention scheint unter diesen Bedingungen ein Abbau der Arbeitslosigkeit denkbar.

VII. Diskretionäre Konjunkturpolitik im Zyklus 1975 - 1982

1. Konsolidierungsphase 1976/77

Als Einschnitt für einen immanenten Trendwechsel in der Konjunkturpolitik kann das Haushaltsstrukturgesetz von 1975 beschrieben werden, das unter dem Stichwort der "Konsolidierung der Haushalte" die öffentliche Verschuldung in Grenzen halten, den Staatsanteil verringern und die Investitionsausgaben steigern soll. Infolgedessen verhalten sich die staatlichen Ausgaben 1976/77 nicht mehr antizyklisch und strahlen keine expansiven konjunkturellen Impulse mehr aus. Insbesondere durch rückläufige Sachinvestitionen werden die durch das Bauprogramm von 1975 induzierten Impulse wieder gestopt.
Die "Sparpolitik" wirkt sich, im Gegensatz zu ihrem Anspruch, also auch auf die investitiven Ausgaben aus.
Gleichfalls restriktiv gerät die staatliche Beschäftigungspolitik; zeitweise ist die Zahl der Beschäftigten sogar rückläufig. (1)
Während des Jahres 1976 kommt es nur zu einem bescheidenen arbeitsmarktpolitischen Programm, das mit einem Volumen von 430 Mio. DM als Mobilitätszulage und Eingliederungsbeihilfe dienen soll. Allerdings werden die Mittel kaum in Anspruch genommen und einem neuen arbeitsmarktpolitischen Programm zur Verfügung gestellt.
Auf der Ausgabenseite ist 1976/77 eindeutig ein restriktiver Kurs abzulesen, insbesondere bei den Sachinvestitionen.

Tabelle 55: Ausgaben der Gebietskörperschaften (nominal), Zuwachs in %

	1976	1977	1978	1979
Ausgaben	4,7%	5,5%	9,5%	8,0%
Sachinvest.	-4,6%	1,1%	12,7%	8,5%
Personalausg.	5,6%	6,6%	6,3%	6,5%
Zinsausgaben	5,7%	6,6%	9,2%	8 %
Finanzierungssaldo	-47,6%	-33,0%	-46,9%	

Quelle: DIW 36/1978

Schlüsseln wir die Sachinvestitionen weiter auf, zeigt sich ein überproportionaler Rückgang der Bauinvestitionen,und zwar 1976 um real 3,4% und 1977 um 4,6%. (vergl. DIW 36/1978)
In den Jahren 1975 bis 1977 fällt der Anteil der staatlichen Bauinvestitionen an den gesamten Bauinvestitionen von 28,3% auf 24,8%. (vergl. SVG, 1977, S. 86)
Insgesamt berechnet sich 1976 ein kontraktiver konjunktureller Effekt von ca. 10 Mrd. DM, wobei der überwiegende Teil auf die diskretionäre Komponente entfällt und dies, obwohl ein Teil der expansiven Impulse des Vorjahres noch wirksam werden, während gleichzeitig Konsolidierungsmaßnahmen erst 1977 durchschlagen. (4)
Dieser stark kontraktive Kurs staatlicher Wirtschaftspolitik fällt Mitte bis Ende des Jahres 1976 mit einem Einbruch in der Auslandsnachfrage zusammen, so daß schon im Laufe des Jahres 1976 der langersehnte Aufschwung ein schnelles Ende findet.
Sowohl der Nachfrageimpulsindikator des DIW (5) als auch die Konjunkturgerechtigkeitsmaße des IFO (6) zeigen für 1976 diesen restriktiven Einfluß des Staates auf die Gesamtwirtschaft.
Dieser Kurs wird auch 1977 unverändert fortgesetzt, trotz stagnativer Konjunkturentwicklung. Für 1977 errechnet sich - nach IFO - ein kontraktiver konjunktureller Effekt von mehr als 16 Mrd. DM. Nach Schätzungen des IFO hätten selbst bei einem nur konjunkturneutralen Haushalt etwa 200000 bis 300000 Personen zusätzlich in den Arbeitsprozeß eingegliedert werden können. (7)
Allerdings dürfte diese Annahme etwas zu hoch liegen, da die Produktionswirksamkeit von staatlichen Induktionen nicht direkt in Beschäftigung umschlägt. (8) Berechnungen des DIW haben ergeben, daß es eine Schwelle für arbeitsmarktrelevante Produktionsimpulse gibt, d.h. erst bei einer bestimmten Höhe der zusätzlichen Produktion und der zusätzlichen Beschäftigung werden neue Arbeitskräfte eingestellt. Unterhalb dieser Schwelle reagieren die Betriebe mit Überstunden oder mit Einstellung von sogenannten Leiharbeitern.
Begleitet wird dieser restriktive Ausgabenkurs durch zwei die Kapitalseite betreffende steuerliche Änderungen (Einführung eines Verlustrücktrags und Aufhebung der Doppelsteuerung im Rahmen der Körperschaftssteuer), die jedoch den Haushalt nur unwesentlich belasten und daher mehr als Signalwirkung zur Verbesserung der "Rahmenbedingungen" gedacht sind. (9)

Wesentlich effektiver geraten die im Zuge des Haushaltsstrukturgesetzes erlassenen Erhöhungen der Tabak- und vor allem der Branntweinsteuer, die am 1. 1. 1977 in Kraft treten. Allerdings im umgekehrten Sinne: sie beeinflußen die private Konsumtätigkeit negativ (allerdings nur gering, da der Genußmittelsektor eine relative verstetigte Konstanz aufweist), während sie gleichzeitig die Öffentlichen Haushalte jährlich um 1,5 - 2 Mrd. DM entlasten. (10)

2. Expansive Investitionspolitik unter Berücksichtigung struktureller Konsolidierung 1978-1980

Zur Revision dieses restriktiven Kurses kommt es - bei anhaltender Stagnation im Jahre 1977 - schon im Laufe des Jahres. Sowohl auf der Ausgabenseite (ZIP) als auch auf der Einnahmenseite (Steueränderungen) entstehen wieder expansive Impulse, die jedoch erst 1978/79 die Konjunktur positiv beeinflußen.
Im März 1977 wird ein mehrjähriges Programm für Zukunftsinvestitionen (ZIP) verabschiedet. (11) Dieses Programm - in erster Linie gedacht zur Verstetigung staatlicher Investitionsausgaben - wird in die aktuelle Konjunktur- und Beschäftigungspolitik eingebracht und Teile werden sogar auf 1977/78 vorgezogen, um den bisherigen restriktiven Kurs noch zu modifizieren.
Folgende Aufgaben umfaßt das ZIP:
- Verbesserungen im Verkehrssystem (3,7 Mrd. DM)
- Rationelle und umweltfreundliche Energieverwendung (3,5 Mrd. DM)
- Wasserwirtschaftliche Vorsorge (4 Mrd. DM)
- Verbesserung der Wohnumwelt (4 mrd. DM)
- Berufsbildung (0,6 Mrd. DM)

---

gesamt: 16 Mrd. DM

Der überwiegende Teil wird mit ca. 51% vom Bund bezahlt. Den Rest teilen sich Länder (22%) und Gemeinden (14%) und sonstige Träger (13,8%).

Obschon ein Teil (3,5 Mrd. DM) noch 1977 produktionswirksam wird, verringert sich der Anteil der investitiven Ausgaben weiter. Unter Berücksichtigung der gesamten Wirtschaftspolitik kann das ZIP erstmals 1978 auf die Gesamtwirtschaft durchschlagen und positive Beschäftigungseffekte erzie-

len.
Der Schwerpunkt des Kurswechsels liegt jedoch eindeutig auf der Einnahmenseite, indem durch zwei Steueränderungen (Steueränderungsgesetz 1977 und Gesetz zur Steuerentlastung und Investitionsförderung) Privater Verbrauch und Investitionstätigkeit angekurbelt werden sollen.

Das Steueränderungsgesetz 1977, das am 1.1.1978 in Kraft tritt, bringt folgende Positionen:
- Erhöhung der Umsatzsteuersätze auf 6 bzw. 12%, mit einem Mehraufkommen von 6,2 Mrd. DM wird gerechnet. Hieraus ergibt sich eine differenzierte Belastung der Privaten Haushalte: Rentnerhaushalt 6,-- DM monatlich, 4 Personen Arbeitnehmerhaushalt mit mittlerem Einkommen 14,-- DM und mit höherem Einkommen 22,-- DM
- Verbesserung des Familienlastenausgleichs (Erhöhung des Kindergelds). Die Mehraufwendungen belaufen sich auf 1,8 Mrd. DM
- Entlastungen bei der EST und LST durch bessere Berücksichtigung der Vorsorgeaufwendungen (2,5 Mrd. DM jährlich)
- Entlastungen bei der Gewerbesteuer (650 Mio. DM jährlich)
- Entlastungen bei der Vermögenssteuer durch Herabsetzung der Sätze (Mindereinnahmen von 1,5 bis 3,0 Mrd. DM)
- Erweiterung des § 7b ESTG (550 Mio. DM)
- Grunderwerbssteuerbefreiung (600 Mio. DM)
- Vergünstigungen im Bereich der Sparförderung und Vermögensbildung für Arbeitslose, eine Quantifizierung wird nicht angegeben (12)

Durch das gesamte Steueränderungsgesetz 1977 erfolgt eine Entlastung des privaten Sektors um 6,3 Mrd. DM.
Kurz vor Weihnachten 1977 wird dieses Programm durch ein Gesetz zur Steuerentlastung und Investitionsförderung ergänzt:

- Erhöhung des Weihnachtsfreibetrages (2,1 Mrd. DM)
- Erhöhung des Grundfreibetrages auf 3300/6600 DM (2,1 Mrd. DM)
- Einführung eines sogenannten allgemeinen Tariffreibetrags, der sich je nach Steuerklasse unterschiedlich auswirkt. (5,2 Mrd. DM)
- verbesserte Abschreibungsmöglichkeiten durch Erhöhung der degressiven Abschreibung und die Wiedereinführung der im Jahre 1973 wegen des Baubooms abgeschafften degressiven Abschreibung für Abnutzung bei Gebäuden. (230 Mio. DM)

Insgesamt bringt das Gesetz eine Entlastung des Privaten Sektors um 10,5 Mrd. DM. (13) Zusätzlich mit der Investitionszulage nach § 4b InvZIG, der Reform der Gewerbesteuer und der Verbesserung der betrieblichen Altersversorgung (1,9 Mr.d DM für 1978) entstehen für den Staatshaushalt Mindereinnehmen von 18,7 Mrd. DM für das Jahr 1978.
Bei Berücksichtigung der Mehrwertsteuererhöhung (6,2 Mrd. DM) ergibt sich immerhin noch eine Steuerentlastung von 5 - 10 % für die meisten Haushalte. Berechnet auf das Bruttoeinkommen entspricht dies einer Verbesserung von 1 - 2 %.
Zur Feststellung der Nachfragewirksamkeit muß das unterschiedliche Konsumverhalten von Nichtselbständigen- und Selbständigen- Haushalten beachtet werden. Rund 11 Mrd. DM (58,8% der beiden Programme) kommen den Nichtselbständigen zugute , die eine höhere Konsumquote (rund 80% marginale Konsumquote) als die Selbständigen (50%) haben. (14)
In Anbetracht dessen induzieren die Steuerprogramme eine Endnachfrage von 10,5 Mrd. DM. Zusammen mit dem ZIP (den 1978 wirksam werdenden Teilen) ergibt sich eine hervorgerufene Endnachfrage von 15,5 Mrd. DM (15), die zu einer Ausweitung der Bruttoproduktion von 23,5 Mrd.DM führen.

Da auch die Gesamthaushalte der Gebietskörperschaften 1978 wieder expansiv sind, dürften die diskretionären Maßnehmen voll wirksam werden. Berechnungen des IFO bestätigen diese Vermutung: die Staatshaushalte sind 1978 expansiv ausgerichtet. (16)

Als Folge dieser Politik nimmt die Verschuldung wieder zu (1978 auf ca. 47 Mrd. DM Neuverschuldung), wenn auch bei der Größenordnung der Programme geringer als erwartet. Die Steuereinnahmen steigen auch 1978 wieder an (um ca. 6 %), als Folge des Steuersystems, das bei anhaltender Inflation die Einkommen progressiv abschöpft. Mit anderen Worten; ein großer Teil der Steuerentlastungen wird von den jährlichen "schleichenden Steuererhöhungen" wieder getilgt.
Insofern sind die Steuerverbesserungen seit 1975 eigentlich nur als Ausgleich für die inflationäre Aufblähung des Steuerabzugs zu interpretieren. (Was sich durch die relative Konstanz der Steuerquote belegen läßt)
Das Schwergewicht konjunkturpolitischer Maßnahmen hat sich verlagert: während 1974/75 (abgesehen von der Steuerreform) noch über Ausgabensteigerungen versucht wird, die Konjunktur anzukurbeln, überwiegen in der

Folgezeit einnahmenpolitische Maßnahmen.
Insgesamt (von 1975 - 1979) steht ein Volumen von 20 Mrd. DM für Ausgabenprogramme einem von 55 Mrd. DM für Steueränderungen gegenüber.

Diese Ausgabensumme wird noch gedrückt durch die Konsolidierungsmaßnahmen, die sich in erster Linie in Ausgabenminderungen niederschlagen.

Alles aufgerechnet steht sogar eine Einsparung auf der Ausgabenseite.

Unter Einschluß der Kindergeldverbesserungen seit 1975 erreichen die Mindereinnahmen ein Volumen von fast 100 Mrd. DM.
Allerdings bewirken diese steuerlichen Entlastungen keine annähernd so hohe Produktions- und Beschäftigungseffekte wie zusätzliche Ausgaben.
(17)
Auch wenn Steuersenkungen bei den Unternehmungen zu Gewinnverbesserungen führen, folgt hieraus - zumal bei Unterauslastung der Kapazitäten - keine Garantie für Erweiterungsinvestitionen, wie die Entwicklung in den Jahren 1978/79 beweist.
Auch ein Anstieg des Privaten Verbrauchs zeiht nicht automatisch Produktionswirkungen nach sich; höhere Sparquoten und ein steigender Anteil der Importe an den Gütern des Privaten Verbrauchs reduzieren den Effekt.

Aus der nachfolgenden Aufschlüsselung der diversen Maßnahmen (Tabelle 56) ist die einnahmenpolitische Dominanz der Konjunkturpolitik seit 1975 deutlich sichtbar.

Im Sommer 1978 nach dem Weltwirtschaftsgipfel verkündet die Bundesregierung ein neues Programm: Maßnahmen zur Stärkung der Nachfrage und zur Verbesserung des Wirtschaftswachstums. (19) Unter diesem pompösen Titel verbergen sich größtenteils steuerliche Erleichterungen für Arbeitnehmer und Selbständige und nur in geringem Ausmaß Ausgabensteigerungen.

Tabelle 56:

Die wichtigsten finanzpolitischen Beschlüsse seit 1974 und ihre finanziellen Auswirkungen für die Jahre 1975 bis 1979[1])
in Mill. DM

Art der Maßnahmen	1975	1976	1977	1978	1979	1975 bis 1979
Einnahmenseite						
Konjunktur- und wachstumspolitische Maßnahmen insgesamt	*- 100*	*- 4 250*	*- 5 400*	*- 15 850*	*- 29 550*	*- 55 150*
Gewährung einer befristeten Investitionszulage[2]) (1974)	- 100	- 4 250	- 3 800	- 1 100	- 300	- 9 550
Steueränderungsgesetz (1977)[3])	-	-	-	- 4 450	- 6 400	- 10 850
Gesetz zur Steuerentlastung und Investitionsförderung (1977)	-	-	- 1 600	- 10 300	- 12 300	- 24 200
Heizenergieeinsparungsprogramm (1978)	-	-	-	-	- 450	- 450
Steuerliche Maßnahmen nach Kabinettsbeschluß vom 28. 7. 1978	-	-	-	-	- 10 100	- 10 100
Sonstige Maßnahmen insgesamt	*- 3 850*	*- 650*	*+ 1 250*	*+ 8 250*	*+ 12 850*	*+ 17 850*
Steuerreform 1975[4])	- 4 200	- 5 000	- 5 400	- 4 500	- 4 700	- 23 800
IV. Umsatzsteueränderungsgesetz (1974)[5])	- 350	- 400	- 450	- 450	- 500	- 2 150
Verlängerung der Heizölsteuer bis 1979 (1974)[6])	+ 700	+ 950	+ 1 000	+ 1 200	+ 1 550	+ 5 400
Haushaltsstrukturgesetz (1975)[7])	-	+ 3 800	+ 6 100	+ 6 800	+ 7 500	+ 24 200
Erhöhung der Mehrwertsteuer (Steueränderungsgesetz 1977)	-	-	-	+ 5 200	+ 6 500	+ 11 700
Erhöhung der Mehrwertsteuer nach Kabinettsbeschluß vom 28. 7. 1978					+ 2 500	+ 2 500
Summe Mindereinnahmen	*- 3 950*	*- 4 900*	*- 4 150*	*- 7 600*	*- 16 700*	*- 37 300*
Ausgabenseite						
Konjunktur- und wachstumspolitische Maßnahmen insgesamt	*+ 2 600*	*+ 4 550*	*+ 1 300*	*+ 4 650*	*+ 6 750*	*+ 19 850*
Regionale und lokale Abstützung der Beschäftigung (1974)	+ 750	+ 100	+ 50	+ 50	-	+ 950
Förderung von Beschäftigung und Wachstum (1974)[8])	+ 1 600	+ 450	+ 100	+ 50	-	+ 2 200
Stärkung von Bau- und anderen Investitionen (1975)	+ 250	+ 4 000	+ 1 000	+ 450	+ 50	+ 5 750
Arbeitsmarktpolitische Maßnahmen (1976)[9])	-	-	+ 20	-	-	+ 20

Art der Maßnahme	1975	1976	1977	1978	1979	1975 bis 1979
Zukunftsinvestitionsprogramm (1977)	-	-	+ 100	+ 3 500	+ 4 400	+ 8 000
Maßnahmen zur Arbeitsbeschaffung (1977)	-	-	+ 30	+ 200	+ 200	+ 430
Heizenergieeinsparungsprogramm (1977)	-	-	-	+ 400	+ 800	+ 1 200
Ausgabenpolitische Maßnahmen nach Kabinettsbeschluß vom 28. 7. 1978	-	-	-	-	+ 1 300	+ 1 300
Sonstige Maßnahmen insgesamt	*+ 2 600*	*- 5 000*	*- 6 650*	*- 7 800*	*- 8 850*	*- 28 300*
Einschränkung der Sparförderung (1975)	-	- 1 400	- 1 600	- 1 800	- 2 000	- 6 800
Haushaltsstrukturgesetz (Minderausgaben)	-	- 3 600	- 5 050	- 6 000	- 6 850	- 21 500
Summe Mehrausgaben[10])		*- 450*	*- 5 350*	*- 3 150*	*- 2 100*	*- 8 450*
Kindergeld	*+ 10 000*	*+ 11 500*	*+ 10 800*	*- 12 550*	*+ 14 000*	*+ 58 850*
Erhöhung des Kindergeldes zum 1. 1. 1975	+ 10 000	+ 11 500	+ 10 800	+ 10 800	+ 10 800	+ 53 900
zum 1. 1. 1978	-	-	-	+ 1 750	+ 1 700	+ 3 450
zum 1. 1. 1979	-	-	-	-	+ 1 500	+ 1 500

[1]) Steuermehreinnahmen und Haushaltsmehrausgaben (+); Steuerminderausgaben und Haushaltsminderausgaben (-).
[2]) Investitionszulage in Höhe von 7,5 vH für bewegliche Wirtschaftsgüter, Gebäude und Gebäudeteile sowie für Großprojekte von energiepolitischer Bedeutung, die nach dem 30. November 1974 und vor dem 1. Juli 1975 bestellt oder mit deren Herstellung in dieser Zeit begonnen wurde.
[3]) Einschl. Ausdehnung § 7b EStG und Grunderwerbsteuerbefreiung, ohne Erhöhung der Mehrwertsteuer.
[4]) Ohne Reform des Kindergeldes und Änderung der Sparförderung.
[5]) Anhebung der Pauschalen für Betriebe der Land- und Forstwirtschaft zur Abgeltung von Vorsteuern.
[6]) Einschl. Kennzeichnung von steuerbegünstigtem leichten Heizöl.
[7]) Erhöhung der Tabak- und Branntweinsteuer und Anhebung des Beitragssatzes in der Arbeitslosenversicherung.
[8]) Einschl. ERP-Mittel.
[9]) Dieses Programmangebot wurde kaum in Anspruch genommen; die Haushaltsmittel wurden z.T. in das Arbeitsmarktprogramm 1977 eingestellt.
[10]) Ohne Kindergeld.

Quelle: DIW-Wochenbericht Nr. 36/1978, S. 356.

Quelle: DIW 36/78, S. 356

Im einzelnen umfaßt das Programm folgende wichtige Punkte:

Tabelle 57: Konjunkturprogramm 1978

1. Einkommensteuer: Erhöhung des Grundfreibetrags von 3 300 DM (Ledige)/6 600 DM (Verheiratete) auf 3 690 DM/7 380 DM. Volle Beseitigung des Tarifsprungs beim Übergang aus der proportionalen in die progressive Besteuerung. Einführung des auf 9 000 DM begrenzten Realsplittings bei der Besteuerung von unterhaltsverpflichteten Geschiedenen (sämtlich ab 1979).

   Erhöhung des Vorwegabzugs bei den Sonderausgaben von bisher 1 500 DM (Ledige)/3 000 DM (Verheiratete) auf 2 500 DM/5 000 DM. Anerkennung von Kinderbetreuungskosten in Höhe von 1 200 DM je Jahr als außergewöhnliche Belastung (beides ab 1980).
2. Umsatzsteuer: Erhöhung der Steuersätze von 6 vH/12 vH auf 6,5 vH/13 vH ab 1. Juli 1979.
3. Gewerbesteuer: Abschaffung der Lohnsummensteuer. Erhöhung des Freibetrags für natürliche Personen bei der Gewerbeertragsteuer von 24 000 DM auf 36 000 DM (jeweils ab 1980).

   Erhöhung des Freibetrags bei der Gewerbekapitalsteuer von 60 000 DM auf 120 000 DM. Einführung eines Freibetrags in Höhe von 50 000 DM für Dauerschulden bei der Gewerbekapitalsteuer (jeweils ab 1981).
4. Finanzausgleich: Ab 1980 Anhebung des Gemeindeanteils an der Einkommensteuer von 14 vH auf 15 vH sowie Senkung der Gewerbesteuerumlage der Gemeinden an Bund und Länder um ein Drittel.
5. Kindergeld: Erhöhung des Kindergeldes für das dritte und jedes weitere Kind ab 1. 1. 1979 um 50 DM auf 200 DM. Erhöhung des Kindergeldes für das zweite Kind um 20 DM auf 100 DM ab 1. 7. 1979.
6. Rentenversicherung: Herabsetzung der flexiblen Altersgrenze für Schwerbehinderte ab 1979 auf das 61. Lebensjahr und ab 1980 auf das 60. Lebensjahr.
7. Mutterschutz: Ab 1.7.1979 Einführung eines 4monatigen Mutterurlaubs im Anschluß an die 8-Wochen-Freistellung nach der Geburt des Kindes. Der Nettolohnausgleich soll bis zu monatlich 750 DM betragen bei Arbeitsplatzgarantie und fortbestehender sozialer Sicherung.

Quelle: SVG 1979, S. 104

Zusammengenommen haben die drei Steuerpakte kassenmäßige Auswirkungen von ca. 50 Mrd. DM für die Jahre 1978 bis 1980

Tabelle 58: Kassenmäßige Auswirkungen der Steuerprogramme

	Steueränderungsgesetz 1977 2)			Gesetz zur Steuerentlastung und Investitionsförderung			Steueränderungsgesetz 1979			Insgesamt		
	1978	1979	1980	1978	1979	1980	1978	1979	1980	1978	1979	1980
Lohnsteuer	-1,70	-2,50	-2,65	-8,30	- 8,90	- 9,20	.	-7,50	-10,30	-10,00	-18,90	-22,15
Einkommensteuer	-0,20	-0,30	-0,80	-0,65	- 1,20	- 2,40	.	-1,85	. 2,20	- 0,85	- 3,35	- 5,40
Körperschaftsteuer	-	+0,05	+0,25	-0,60	- 1,10	- 1,40	.	.	+ 0,20	- 0,60	- 1,05	- 0,95
Vermögensteuer	-1,30	-1,55	-1,60	.	.	.	.	.	.	- 1,30	- 1,55	- 1,60
Grunderwerbsteuer	-0,60	-0,60	-0,60	.	.	.	.	.	.	- 0,60	- 0,60	- 0,60
Gewerbesteuer	-0,50	-0,55	-0,65	-0,10	. 0,30	- 1,20	.	-0,95	- 1,20	- 0,60	- 1,80	- 3,05
Lohnsummensteuer	-0,15	-0,25	-0,25	.		.	.	.	- 2,80	- 0,15	- 0,25	- 3,05
Steuern vom Umsatz	+5,25	+6,65	+7,20	.	.	.	.	+2,60	+ 7,60	+ 5,25	+ 9,25	+14,80
Summe	+0,80	+0,95	+0,90	-[illegible],65	-11,50	-14,20	.	-7,70	- 8,70	- 8,85	-18,25	-22,00

1) Mindereinnahmen (-) bzw. Mehreinnahmen (+).- 2 Einschl. Ausdehnung § 7b EStG und Grunderwerbsteuerbefreiung.

Quelle: DIW 14/1980

Die Beschäftigungswirkungen dieser drei Programme und des ZIP (bis 1979 sind 15,1 Mrd. DM vergeben) sind - gemessen an dem Volumen - relativ gering.

Tabelle 59:

Beschäftigungswirkungen der finanzpolitischen Maßnahmen 1978 und 1979
in 1000 Personen

	Rechnerische Beschäftigungswirkungen[1]				Netto-wir-kungen[3]
	Unmittelbare Nachfrageimpulse	Nachfrageinduzierte Vorleistungen	Multiplikatorinduzierte Folgewirkungen[2]	Gesamtwirkungen	
Unternehmensbereich insgesamt[4]	150	120	80	350	160
dar. Verarbeitendes Gewerbe	53	51	30	134	52
Grundstoffe u. Produktionsgüter	4	18	5	27	2
Investitionsgüter	22	17	8	47	15
Verbrauchsgüter	19	11	12	42	23
Nahrungs- u. Genußmittel	8	5		8	12
Bauwirtschaft	35	4	1	40	37
Handel u. Dienstleistungen[4]	46	34	31	111	71

1) Ergebnisse der Input-Output-Rechnung ohne Berücksichtigung von Produktivitätsreserven.- 2) Einschl. der durch den zusätzlichen privaten Verbrauch induzierten Vorleistungen.- 3) Rechnerische Beschäftigungswirkungen unter Berücksichtigung von 70 vH der multiplikatorinduzierten Folgewirkungen abzüglich Arbeitskraftreserven.- 4) Ohne Wohnungsvermietung.-

Quelle: DIW 11/1980, S. 124

Es wird eine zusätzliche Beschäftigung von 160 000 Erwerbspersonen bewirkt, die zu fast 70 % auf die Bereiche Bauwirtschaft, Handel und Dienstleistungen entfällt.
Gleichzeitig wird 1978/79 die restriktive Personalpolitik der Gebietskörperschaft gelockert, so daß noch einmal 140 000 (20) Arbeitsplätze hinzugezählt werden müssen, um die Beschäftigungswirksamkeit staatlicher Politik in diesen beiden Jahren ermitteln zu können. (21)
Hiermit sind die Hälfte der in diesen Jahren neuen (unselbständigen) Beschäftigtenstellen durch staatlichen Einfluß geschaffen worden.

Gleichwohl verbleibt die Arbeitslosenquote auf hohem Niveau: auch im Aufschwungjahr 1979 beträgt die Arbeitslosenzahl noch 876 000 bzw. 3,8% im jährlichen Durchschnitt.
Betrachten wir nun die Verteilungswirkungen dieser Programme (22):

Tabelle 60:

Einkommenshöhenspezifische Entlastungen aus den Änderungen im Einkommensteuerrecht (Beispielsrechnung für einen verheirateten Arbeitnehmer ohne Kinder)

jährliches Bruttoarbeitsentgelt	jährliche Entlastung aus den Steuerpaketen von 1977[1]			jährliche Entlastung aus dem Steuerpaket von 1978[2]			jährliche Gesamtentlastung[3]		
	in DM	in vH		in DM	in vH		in DM	in vH	
		des bisherigen Nettoeinkommens[4]	der bisherigen Steuerlast		des bisherigen Nettoeinkommens[4]	der bisherigen Steuerlast		des bisherigen Nettoeinkommens[4]	der bisherigen Steuerlast
	(1)	(2)	(3)	(4)	(5)	(6)	(7)	(8)	(9)
15.000	422	3,6	43,2	172	1,4	31,0	594	5,1	61,0
30.000	488	2,3	12,7	318	1,5	9,4	806	3,8	20,9
45.000	828	2,7	10,9	594	1,9	8,7	1.422	4,7	18,7
60.000	1.006	2,6	7,7	1.378	3,4	11,4	2.384	6,0	18,1
75.000	1.106	2,3	5,7	1.750	3,6	9,5	2.856	6,0	14,7
90.000	1.170	2,1	4,4	1.930	3,4	7,7	3.100	5,5	11,8

[1]) Differenz zwischen Steuerlast nach Rechtsstand 1978 und Rechtsstand 1977 (ohne Weihnachtsfreibetragsanhebung) bei Anwendung der Werbun kostenpauschale und zusätzlich zu den Sozialversicherungsabgaben getätigte Vorsorgeaufwendungen von 3 vH des Bruttoarbeitsentgelts.

[2]) Differenz zwischen Steuerlast nach Rechtsstand 1980 (einschl. erhöhter Vorwegabzug) und Rechtsstand 1978 (ohne Weihnachtsfreibetragsanhebu bei gleichen Annahmen (siehe Anm. 1).

[3]) Differenz zwischen Steuerlast nach Rechtsstand 1980 (einschl. erhöhter Vorwegabzug) und Rechtsstand 1977 (ohne Weihnachtsfreibetragsanhebur bei gleichen Annahmen (siehe Anmerkung 1).

[4]) Bruttoeinkommen (hier ausschl. Arbeitsentgelt) abzüglich direkte Steuern und Abgaben zur Sozialversicherung.

Quelle: Eigene Berechnungen. Differenzen durch Rundungen.

Quelle: WSI 5/1979, S. 272

Bezogen auf die Veränderungen im Einkommensteuerrecht lassen sich durchaus unterschiedliche Entlastungseffekte festmachen; insb. Einkommensbezieher über 60 000 DM jährlich profitieren überdurchschnittlich von diesen Maßnahmen.

Unter diese Gruppe fallen nur wenige Haushalte von Arbeiterfamilien, wenig mehr Angestelltenhaushalte, während ein großer Teil der Selbständigen-Haushalte diese Einkommensgrenze überschreiten dürfte. (23) Werden die anderen Bestimmungen der Programme (Kindergelderhöhung, Entlastungen im Bereich der Gewerbesteuer, Umsatzsteuererhöhung) in die Überlegungen miteinbezogen, verstärkt sich die Tendenz.

"Insgesamt werden die einkommenshöhen- und berufsstellungsspezifischen Verteilungseffekte der Einkommenssteueränderungen durch die übrigen Bestandteile der Steuerpakte von 1977/78 eher verstärkt als abgeschwächt." (WSI 5/1979, S. 274)

Am Beispiel der Mehrwertsteuererhöhung 1978 kann gezeigt werden, daß nur sehr hohe Einkommensbezieher von einer Erhöhung dieser Steuerart unterproportional getroffen werden.

Tabelle 61:

Einkommenshöhen- und berufsstellungsspezifische Mehrbelastungen aus der Anhebung der Umsatzsteuersätze um 2 vH (1 vH)[1])

monatliches Nettoeinkommen[2]) in DM / berufliche Stellung (Einkommensklasse 1800 bis unter 2500 DM)	jährliche Mehrbelastung pro Haushalt[3]) in DM (1)	in VH des Nettoeinkommens[3]) (2)
unter 600	58	1.0
600 bis unter 800	84	1.0
800 bis unter 1.000	107	1.0
1.000 bis unter 1.200	131	1.0
1.200 bis unter 1.500	162	1.0
1.500 bis unter 1.800	201	1.0
1.800 bis unter 2.500	250	1.0
2.500 bis unter 5.000	340	0.9
5.000 bis unter 15.000	484	0.6
Selbständiger	211	0.8
Beamter	260	1.0
Angestellter	266	1.0
Arbeiter	253	1.0

1) bei vollständiger Vorwälzung auf die Prudoktpreise.
2) Bruttoeinkommen abzüglich direkte Steuern und Sozialversicherungsabgaben.
3) Durchschnittswerte ab 1980, da die im Steuerpaket 1978 beschlossene zweite Anhebung der Umsatzsteuersätze erst zum 1.7.1979 in Kraft tritt

Quelle: Eigene Berechnungen nach: Statistisches Bundesamt (Hrsg.) Wirtschaftsrechnungen, Fachserie 15, Einkommens- und Verbrauchsstichprobe 1973, Heft 4 und 5, Stuttgart und Mainz 1977; Fachsereie M, Preise-Löhne-Wirtschaftsrechnungen, Reihe 18, Einkommens- und Verbrauchsstichproben, Nr. 3, 1973, Stuttgart und Mainz 1976. Differenzen durch Rundungen. Zum methodischen Vorgehen bei der Belastungsrechnung siehe *Huppertz, P.H./Wartenberg, U.*, Wirkt die Umsatzsteuer a.a.O., S. 396-398.

Quelle: WSI 5/1979, S. 274

Unter Berücksichtigung der höheren marginalen Konsumquote niedriger Einkommensbezieher wird der letztendlich "unsoziale" Charakter von Erhöhungen der indirekten Steuern deutlich. (24)

Zusammenfassend kommt HUPPERTZ zu dem Ergebnis, daß

"Abweichend von den eingangs angeführten Wirkungsprognosen aus dem Regierungslager beinhalten die Einkommenssteuerrechtsänderungen der Steuerpakete von 1977/78 Verteilungsnachteile der Bezieher niedriger Einkommen gegenüber den mittleren und vor allem den oberen Einkommensschichten sowie der Arbeitnehmer gegenüber den Selbständigen." (WSI 5/1979,S.275)

Sowohl unter beschäftigungspolitischen (relativ geringer Effekt) als unter verteilungspolitischen Aspekten (relative Bevorzugung höherer Einkommensgruppen) läßt sich den Programmen keine spezifisch ökonomische oder eine an sozialer"Gerechtigkeit" orientierte Logik abgewinnen. Es scheint als ob iedologische Komponenten (Leistungsgesellschaft, Anreiz f. Höherverdienende, Legitimationserfordernisse gegenüber gesellschaftlichen Führungsgruppen etc.) vorrangig Bedeutung haben. (25)

Insgesamt haben die staatlichen Tätigkeiten 1978/79 und auch 1980 noch expansiven Charakter, wenn auch im Vergleich zu 1974/75 die Impulse 1980 und vor allem 1981 wesentlich geringer ausgeprägt sein dürften.

Mit dem Steuerentlastungsgesetz 1981 setzt die Bundesregierung den bisher (seit 1977) praktizierten Kurs finanzpolitischer Maßnahmen mittels steuerlicher Entlastungen fort.
Kernstück dieser Reform sind die Veränderung des Lohn- und Einkommens-

Tabelle 62: Steuerentlastung 1981

Jahresbruttolöhne und -gehälter von...DM bis	...unter...DM	Steuerpflichtige in vH	Jahresbruttolöhne und -gehälter[2] pro Kopf in DM	Lohnsteuer in DM Tarif 79[3]	Lohnsteuer in DM Tarif 81[4]	Steuerentlastung 1981 pro Kopf in DM	Steuerentlastung 1981 pro Kopf in vH	Steuermindereinnahmen 1981 insgesamt in Mill.DM	Steuermindereinnahmen 1981 insgesamt in vH[5]
			Lohnsteuerpflichtige insgesamt						
	9 600	17,4	4 353	38	30	- 8	-21,1	28,9	0,5
9 600	12 000	3,6	10 836	444	413	- 31	- 7,0	23,5	0,4
12 000	16 000	6,8	14 052	916	863	- 53	- 5,8	75,3	1,2
16 000	20 000	7,7	18 040	1 580	1 527	- 53	- 3,4	84,8	1,4
20 000	25 000	10,0	22 522	2 307	2 240	- 67	- 2,9	138,7	2,2
25 000	36 000	18,8	30 474	3 917	3 762	- 155	- 4,0	604,0	9,7
36 000	50 000	15,5	42 928	6 854	6 573	- 281	- 4,3	903,4	14,4
50 000	75 000	12,3	62 253	12 382	11 710	- 672	- 5,7	1 714,8	27,4
75 000	100 000	4,9	87 126	22 327	20 976	-1 351	- 6,4	1 367,2	21,8
100 000	und mehr	3,0	142 515	49 335	47 256	-2 079	- 4,2	1 317,1	21,0
	Insgesamt	100	34 356	6 348	6 047	- 301	- 4,7	6 257,7	100
			dar.: Lohnsteuerklasse I (Grundtabelle)						
	9 600	31,5	4 524	46	35	- 11	-23,9		
9 600	12 000	6,3	10 795	646	606	- 40	- 6,2		
12 000	16 000	10,5	13 988	1 273	1 224	- 49	- 3,8		
16 000	20 000	10,4	17 985	2 072	2 020	- 52	- 2,5		
20 000	25 000	11,2	22 476	2 982	2 923	- 59	- 2,0		
25 000	36 000	15,2	25 077	5 349	5 007	- 342	- 6,4		
36 000	50 000	8,8	42 857	10 411	9 589	- 822	- 7,9		
50 000	75 000	4,5	56 766	19 583	18 527	-1 058	- 5,4		
75 000	100 000	1,2	86 975	32 449	31 430	-1 019	- 3,1		
100 000	und mehr	0,4	134 966	58 927	57 848	-1 079	- 1,8		
	Insgesamt	100	20 798	4 000	3 788	- 212	- 5,3		
			Lohnsteuerklasse III mit Kindern[6] (Splitting-Tabelle)						
	9 600	4,4	5 580	0	0	-	-		
9 600	12 000	1,7	11 022	0	0	-	-		
12 000	16 000	4,4	14 274	302	238	- 64	-21,2		
16 000	20 000	6,8	18 178	1 002	950	- 52	- 5,2		
20 000	25 000	11,2	22 572	1 794	1 734	- 60	- 3,3		
25 000	36 000	24,6	30 500	3 232	3 184	- 48	- 1,5		
36 000	50 000	20,9	42 956	5 736	5 678	- 58	- 1,0		
50 000	75 000	16,0	62 280	11 320	10 628	- 692	- 6,1		
75 000	100 000	6,1	87 139	21 602	19 996	-1 606	- 7,4		
100 000	und mehr	3,9	146 598	51 241	49 251	-2 170	- 4,2		
	Insgesamt	100	42 296	7 399	7 076	- 323	- 4,4		

1) Ergebnisse auf der Basis des DIW-Lohnsteuermodells.- 2) Gewichtetes Durchschnittseinkommen der jeweiligen Einkommensklasse.- 3) Steuerrecht 1979 ohne Erhöhung des Weihnachtsfreibetrages.- 4) Steuerrecht 1981 mit folgenden Änderungen: Verlängerung der Proportionalzone von 16 000/32 000 für Ledige/Verheiratete auf 18 000/36 000 DM. Einbau des progressionsabhängigen Tariffreibetrages von 510/1 020 DM in den gleichmäßig wirkenden Grundfreibetrag (4 212/8 424 DM). Erhöhung des Weihnachtsfreibetrages von 400 auf 600 DM. Änderung des Steuertarifs in der Progressionszone bis zu Einkommen von 60 000/120 000 DM.- 5) Anteil der Steuermindereinnahmen an den gesamten Steuermindereinnahmen.- 6) Durchschnittliche Kinderzahl 2,5.-

Quelle:DIW 36/198o

steuertarifs (Verlängerung der Proportionalzone auf 18 000 / 36 000 DM), die Anhebung des Weihnachtsfreibetrages und der Sonderausgaben, Erhöhung des Wohngelds und Erhöhung des Kindergelds ab dem zweiten Kind. (26)

Spürbare Steuernachklasse ergeben sich nach der Struktur dieser Steuerrechtsänderungen im Wesentlichen für höhere und mittlere Einkommensbezieher. Für niedrige (bis 24 000 / 43 000 DM jährlich) reduziert sich der Entlastungseffekt auf die Anhebung des Weihnachtsfreibetrages um 200 DM jährlich.
Angesichts dieser Verteilungsstruktur (70 %, d.h. 4,5 Mrd. DM der Steuermindereinnahmen entfallen auf Einkommensbezieher mit über 50 000 DM jährlich) dürfte die Wirkung auf den privaten Verbrauch aufgrund der relativ geringen marginalen Konsumquote dieser Gruppe nur gering sein.

Nahezu die Hälfte aller Einkommensbezieher (Einkommen bis 25 000 DM) muß sich mit 6 % (0,3 Mrd. DM) des Entlastungsbetrages begnügen. Gemessen am Lohnsteueraufkommen der Jahre 1980/81 (Zuwachs + 16 %) im Verhältnis zum BSP (12 - 13 %) wird nicht einmal die automatische Erhöhung aufgrund der Steuerprogression kompensiert.
"Es ist daher von vornherein falsch, die Steuerreform '81 als ein Programm der Steuersenkung auszugeben. Die Gesetzesänderung verlangsamt lediglich das Anwachsen der Steuerlast." (Sozialismus 1/1981, S. 52)

Berücksichtigen wir noch die steigenden Sozialabgaben (Rentenversicherung, Krankenkasse, Arbeitslosenversicherung) kehrt sich das Ergebnis für die meisten Einkommensbezieher sogar um:

Schaubild 23: Ent- und Belastungen 1981

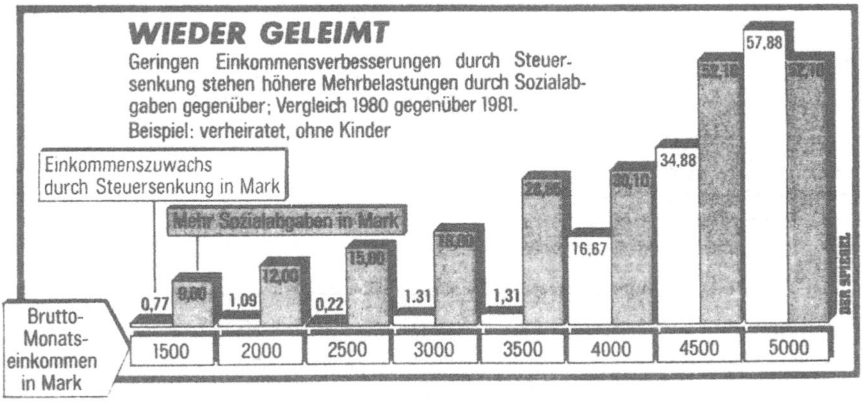

Quelle: Spiegel 52/1980, S. 21

Bis zu einem monatlichen Einkommen von 5000 DM sind die Abgaben höher als die Entlastungen. (Zu den Sparprogrammen für das Jahr 1982 vergl. Kap. IX 2 c)

3. Geldpolitik

Nach ihrem rigiden Stabilitätskurs 1973 schaltet die Bundesbank 1974 auf einen expansiveren Kurs um.

Schaubild 24:

ENTWICKLUNG AUSGEWÄHLTER ZINSEN

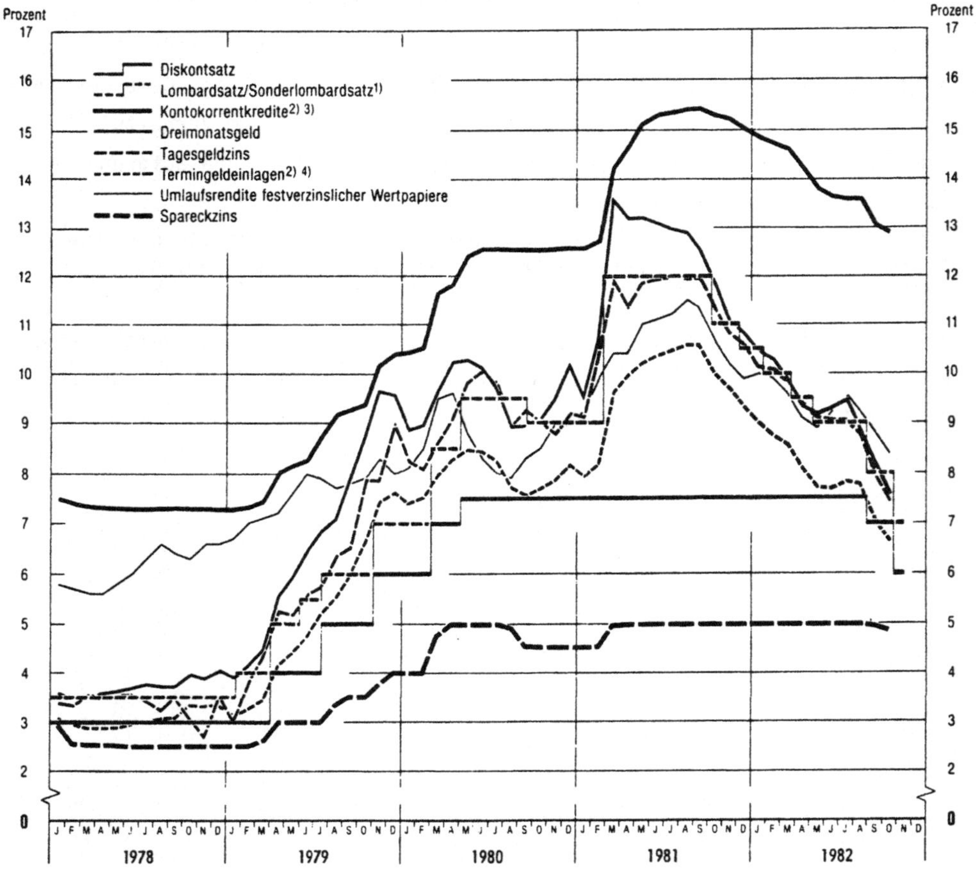

1) Sonderlombardkredit wurde vom 25. Februar 1981 bis einschließlich 6. Mai 1982 gewährt. – 2) Die Durchschnittssätze sind als ungewichtetes arithmetisches Mittel aus den innerhalb der Streubreite liegenden Zinsmeldungen errechnet. Die Streubreite wird ermittelt, indem jeweils 5vH der Meldungen mit den höchsten und den niedrigsten Zinssätzen ausgesondert werden. – 3) Kontokorrentkredite unter 1 Mio DM. – 4) Festgelder unter 1 Mio DM mit vereinbarter Laufzeit von 3 Monaten.

SR 82 0882

Quelle: SVG 1982

Im Laufe des Jahres 1974 sinken die verschiedenen Zinsen; und auch Geldmenge, und Liquiditätsreserven (27) bilden keine Schranke mehr für die private Investitionstätigkeit. Von 1974 bis 1978 läßt sich die Bundesbankpolitik - unabhängig von der Beurteilung ihres Wirkungsgrades - als annähernd konjunkturneutral bezeichnen.

"Die Deutsche Bundesbank hat zwischen 1974 und 1978 eine Politik betrieben,die in bezug auf den Arbeitsmarkt im großen und ganzen als neutral einzustufen ist. Die Arbeitsmarktprobleme sind durch die Geldpolitik nicht verschärft worden, aber von der Geldpolitik gingen auch keine kräftigen Lösungsimpulse aus. Auch die rückläufige Entwicklung der Inflationsrate nach 1974 ist schwerlich auf die Geldpolitik in diesem Zeitraum zurückzuführen." (Pohl 1979, S. 402)

Erst 1979 schaltet die Politik wieder auf einen grundsätzlich restriktiven Kurs um, der auch in den Abschwungs- bzw. Krisenjahren durchgehalten wird.

Allerdings bestimmen in diesen Jahren währungspolitische Erwägungen die Fortdauer dieses - konträr zu einer Aufschwungspolitik stehenden - Kurses.

Durch das international hohe Zinsniveau (insb. in den USA und GB) bedingt, hält auch die Bundesbank die Zinsen hoch, um eine Schwächung der DM zu verhindern. Inwieweit hierdurch die neuerliche Wirtschaftskrise 1981/2 hervorgerufen oder zumindest verstärkt wird, muß bezweifelt werden, da durch die restriktive Zinspolitik nur wenige Unternehmen betroffen sind.

"Für Unternehmen, die nur geringe Gewinne haben, die überdies auf eine hohe Fremdfinanzierung angewiesen sind und ihre Verkaufspreise wegen starker Konkurrenz nur wenig erhöhen konnten, bringen Zinserhöhungen in der Tat eine Verschlechterung ihrer Lage. Aber diese Unternehmen und Branchen sind weit in der Minderheit, und zudem sind hierfür in der Regel nicht primär konjunkturelle, sondern strukturelle Gründe maßgebend." (Schlesinger in Wirtschaftsdienst, 1979, S. 591)

Besonders beeinflußt wird jedoch die Entwicklung in der Bauwirtschaft, die aufgrund ihrer hohen Zinsabhängigkeit, empfindlich auf Zinsschwankungen reagiert.

Rückblickend lassen sich 5 kurzfristige Perioden der Geldpolitik festmachen:

1. geldpolitische Expansion 1974/75
2. Erschwerung der Expansionspolitik durch eine kontrative Zentralbankgeldversorgung ab Frühjahr 1976
3. Expansionspolitik auf ganzer Linie ab Frühjahr 1977
4. Beginn einer leichten geldpolitischen Restriktion im ersten Halbjahr 1978

5. Verschärfung des Restriktionskurses ab Frühjahr 1979

Zwar weist die international vergleichsweise niedrige Inflationsrate auf einen gewissen Erfolg der stabilitätsorientierten Anstrengungen der Bundesbank hin, relativiert wird dieser Erfolg jedoch durch die binnenkonjunkturelle Lage: eine hohe Arbeitslosenquote korreliert mit stagnativem bis negativem Wachstum und trotzdem wieder hohen Preissteigerungsraten.

Diese mögen 1980/81 bis zu einem gewissen Grad von der neuerlichen Ölpreiswelle beeinflußt sein, gleichwohl deutet diese hohe Rate in Anbetracht der niedrigen Lohnabschlüsse 1980 und 1981 auf binnenwirtschaftliche Inflationsursachen hin, die von der Bundesbank nicht erfaßt werden können (sollen). (28)
Unter diesem Gesichtspunkt relativiert sich der stabilitätspolitische Anspruch der Bundesbank:
"Das Ziel der Geldpolitik ist nicht Restriktion schlechthin, sondern eine Stabilisierung der Wirtschaftsentwicklung und primär eine Stabilerhaltung des Geldwertes. Die Bundesbank wäre nur dann wirklich zu restriktiv,wenn es ihrer Politik zur Last zu legen wäre, daß längerfristig das Wachstum der Wirtschaft behindert würde und daß mit ihrer Politik eine Stabilisierung des Preisniveaus nicht zu erreichen sei." (Schlesinger 1979, S.594)

Mit ihrer Politik kann die Bundesbank die Preispolitik der Einzelkapitale nur unzureichend beeinflussen. Im Vordergrund steht die Stabilisierung der Profite durch niedrige Lohnabschlüsse und Steuererleichterungen; hohe Arbeitslosigkeit und stagnatives Wachstum werden zumindest kurzfristig inkaufgenommen bzw. nicht offensiv durch die Geldpolitik bekämpft.
"Die Inflation der siebziger Jahre ist die Folge einer Illusion, nämlich der Illusion, alle am Wirtschaftsleben Beteiligten - Staat wie autonomer Gruppen - können ständig ihre Ansprüche an die Wirtschaft stärker steigern als die Leistungsbereitschaft; sie ist die Folge der Annahme, die eigenen Ansprüche könnten befriedigt werden, indem die Ansprüche anderer zurücktreten oder notfalls auch zurückgedrängt werden. Für die Beteiligten insgesamt konnte die Rechnung nicht aufgehen: Das Anspruchsdenken war in seiner Summe nicht zu befriedigen, die Konsequenz waren Anpassungen des Preisniveaus, die die nominalen Einkommensansprüche an die Realitäten der Produktivitätszuwächse zurückholten." (Kloten, zit. n. WSI, 3/1979, S. 169)

Diese Illusionen werden allerdings erfolgreich von der Bundesbank bekämpft und ihre Träger auf den Boden zurückgeholt: gewerkschaftliche Lohnzurückhaltung und staatliche Sparpolitik künden vom Verstehen und Akzeptieren dieser Zeichen.
Zu Beginn der 80er Jahre sind die Prioritäten und Hierarchien kapitalistischer Prinzipien wieder zurechtgerückt.

Dieser von mir als soziale Disziplinierung bezeichnete Prozeß bestimmt seit der Krise 1974/75 auch geldpolitische Erwägungen, unabhängig von der jeweils konkreten Politik.
In der stark von monetaristischen Essentials durchdrungenen (29) Argumentation der Bundesbank läßt sich diese Absicht ablesen. Es geht der Bundesbank nicht unbedingt um gesellschaftliche und soziale Stabilität, die zwar auch möglichst geringe Inflationsraten miteinschließt, aber im Kern darüber hinausweist und eine Stabilisierung bzw. Expansion der Gewinne anstrebt - unter Beibehaltung der gegebenen bzw. wieder hergestellten Prinzipien.
Analog zur Argumentation des SVR's werden hohe Gewinne mit verstärkten Investitionen und Wirtschaftswachstum und hiermit einhergehendem Abbau der Arbeitslosigkeit gekoppelt, ohne daß die theoretische Begründung ausschließlich auf den Monetarismus rekurrieren würde. (31)

Als Disziplinierungsfunktion gegenüber den Gewerkschaften bzw. Beschäftigten wird - konzeptionell - die Arbeitslosigkeit eingesetzt.
"Der Versuch, über den Produktivitätszuwachs hinausgehende Verteilungsansprüche durchzusetzen, wird mit Arbeitslosigkeit bestraft. Dahinter steht die neoklassische Vorstellung, daß es einen vollbeschäftigungskonformen Reallohnsatz gäbe, dessen Überschreiten die Nachfrage nach Arbeit verringere und damit Arbeitslosigkeit erzeuge. ... Arbeitslosigkeit wird in dieser Konzeption systematisch als Sanktion zur Einbindung der Gewerkschaften in einen von der Bundesbank vorgegebenen vermeintlich stabilitätspolitisch vertretbaren Rahmen eingesetzt." (WSI 3/1979, S. 169)

Die Abkehr von der Vollbeschäftigungsgarantie früherer Jahre begründet die Bundesbank mit einer zu hohen Reallohnentwicklung.
Nun wäre es vermessen, die Bundesbankpolitik für die weiterhin hohe Arbeitslosigkeit und die geringen Reallohnzuwächse verantwortlich zu machen, wie insb. von gewerkschaftlicher Seite versucht wird; behauptet werden kann allerdings, daß die Geldpolitik der Bundesbank keinerlei offensive Anstrengung in Richtung geringerer Arbeitslosenzahlen und sozial gerechterer Einkommensverteilung unternommen hat.
Ungeachtet letztendlich geringfügiger Differenzen über konjunkturpolitische Details stimmen Bundesbank und Bundesregierung im Grundsätzlichen überein und verfolgen seit der Krise 1974/75 eine Politik der sozialen Disziplinierung. (32)

4. Zusammenfassung

Über konjunkturelle und haushaltstechnische Erwägungen und Probleme hinaus reiht sich die Wirtschaftspolitik in das Spektrum veränderter staatlicher Politiken seit 1975 ein.
Für die Konjunkturpolitik lassen sich seit 1976 3 Phasen abgrenzen:
1. restriktive Konsolidierungspolitik 1976/77
2. expansive Investitionspolitik über Beibehaltung struktureller Konsolidierung 1978/80
3. Tendenz zum Abbau des sozialen Netzes und weitgehendes "Vertrauen" auf die Kräfte des Marktes 1981/82.

Geprägt wird die wirtschaftspolitische Szenerie dieser Jahre durch Steuerentlastungsprogramme.
Allerdings haben diese Maßnahmen nur relativ geringe Beschäftigungswirkungen und bevorzugen in der Verteilungswirkung die Bezieher mittlerer und höherer Einkommen.
Der Legitimationsbezug dieser Einnahmeprogramme zielt auf die gesellschaftlichen Führungsschichten ab.
Analog verhält sich die Bundesbank. Vom Anspruch her zielt ihre Politik auf Lohnminderung und Unterstützung hoher Gewinnraten. Erst 1981/82 gerät die Politik der hohen Zinsen in gewissen Widerspruch zur konjunkturellen Situation. Ursache dieses hohen Restriktionskurses dürften aber das international hohe Zinsniveau und nicht nationale Erwägungen sein.
Durch alle Phasen der Konjunktur- und Geldpolitik zieht sich der Einfluß des politischen Kurswechsels von 1974. Staatliche Politik hebt vom Anspruch her nicht mehr - wie in der "Reformphase" - auf soziale Gerechtigkeit und soziale Reform des Kapitalismus ab, sondern stellt ziemlich unverhüllt "alte" soziale Hierarchien und Verteilungsproportionen wieder her. Hintergrund bildet der Versuch, durch den politisch-staatlichen Handlungsapparat die politisch-soziale Atmosphäre zu restrukturieren, wobei Restrukturierung über "Modernisierung des Kapitalismus" im ökonomisch technischen Sinne hinaus auf den gesamten gesellschaftlichen Raum bezogen wird.
Vermittels dieses politisch-sozialen Reinigungsprozesses, der die Tendenz der jeweiligen Wirtschaftspolitik bestimmt, soll sich das ökonomische System regenerieren.

VIII. Wirkungen der Haushaltspolitik von 1967 bis 1982

Sonderkonjunkturprogramme - diskretionäre Maßnahmen - so spektakulär sie auch angekündigt und durchgeführt werden, müssen im Kontext umfassender staatlicher Einnahmen- und Ausgabenpolitik betrachtet werden. Anknüpfend an die Darstellung und Bewertung diskretionärer Maßnahmen, sollen im folgenden die Grundstrukturen und Entwicklungslinien staatlicher Budgetpolitik und etwaige Kurswechsel charakterisiert werden.
Besondere Beachtung hierbei finden die Verteilungswirkungen durch das Steuersystem und die Folgen der Verschuldungspolitik. Anschließend soll die Frage, ob und inwieweit diskretionäre Maßnahmen und "automatische Stabilisatoren" sich ergänzen oder widersprechen - und zwar in Bezug auf Verteilungseffekte und konjunkturelle Wirkungen - beantwortet werden.

Die statistische Ab- und Eingrenzung des Staatssektors unterliegt gewissen Schwierigkeiten der Erfassung und Zuordnung.
"Die Schwierigkeiten einer solchen Untersuchung liegen insbesondere auf methodisch-statistischer Ebene. Einmal werden Staatsverbrauch und öffentliche Investitionen im System der volkswirtschaftlichen Gesamtrechnung nur nach Haushaltsebenen, nicht jedoch nach Funktionsbereichen dargestellt. Zum anderen weist die Finanzstatistik, die zwar die Primärinformationen für die Gesamtrechnung liefert, die aber mit unterschiedlichen Abgrenzungen und Bewertungsmethoden arbeitet, eine im Zeitablauf inkonsistente Entwicklung auf, weil mehrmals Funktionsbereiche und Ausgabearten neu definiert worden sind." (VESPER, 1978, S. 33)

Gleichwohl werden in der weiteren Analyse Daten aus der Gesamtrechnung und der Finanzstatistik benutzt, da es in diesem Zusammenhang nur um relative, trendmäßige Aussagen geht. (1a)

1. Einnahmestruktur

Die Haushaltseinnahmen des Staates bestehen fast ausschließlich aus Steuereinnahmen. Seit 1967 haben sich die Einnahmen mehr als verdoppelt (wobei die Daten inflationär verzerrt sind).

Tabelle 63: Ausgewählte Einzelsteuern

	1950	1960	1961	1966	1970	1972	1974	1975	1976	1978
insges.(Mrd.)	78,7	--	78,7	112	154	197	240	242	268	319
Lohnsteuer (Anteile)	9,6	12,2	--	16,9	22,8	25,3	30,0	29,4	30,1	28,9
Veranlagte EST	11,1	13,5	--	15,6	11,7	12,9	12,3	12,5	12,4	12,8
KST	7,7	9,8	--	6,9	5,7	4,3	4,3	4,2	4,4	6,2
Umsatzsteuer	26,5	25,4	--	23,0	24,7	23,8	21,4	22,3	21,8	23,0

Quelle: IFO 1979/1980, S. E 5

Schaubild 25:

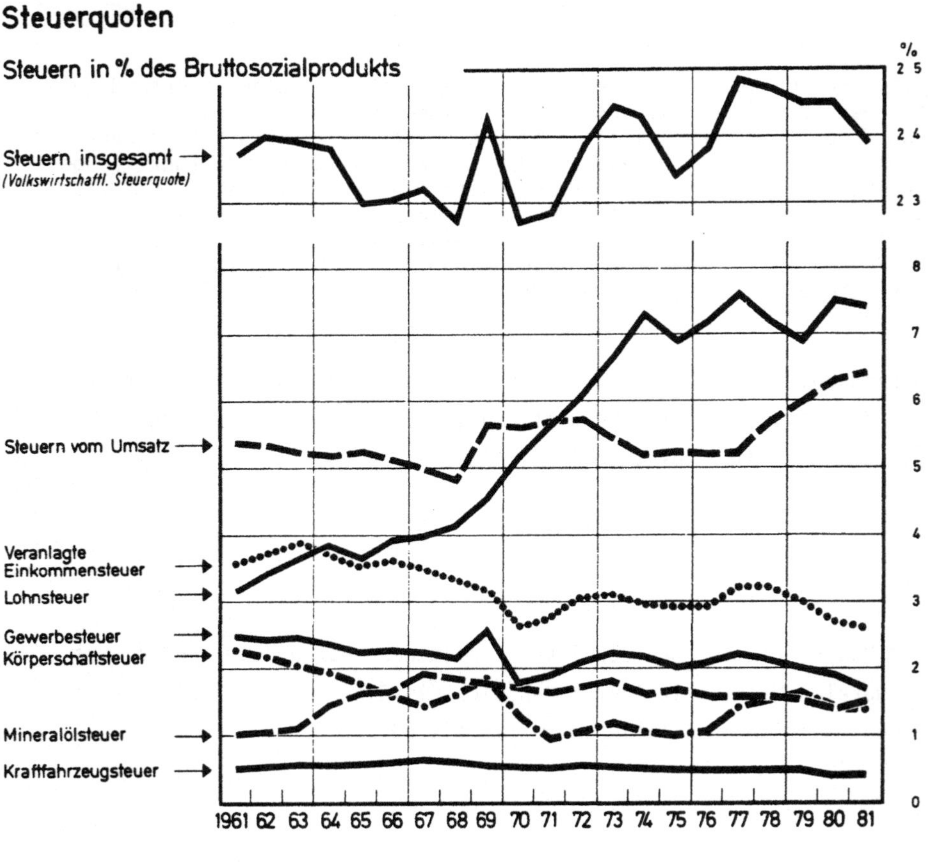

Quelle: IFO

Als Tendenz läßt sich festhalten, daß der Anteil der Einkommens- und Vermögensbezogenen Steuern kontinuierlich zunimmt.
Der Anteil der Lohnsteuer vergrößert sich seit 1950 (bis Ende der 50er Jahre unter dem Einfluß der vermehrten Erwerbstätigkeit) und verdoppelt sich fast von 1966 bis 1976.
Die zyklische Bewegung der Konjunktur verlangsamt zwar in Krisenzeiten den Zuwachs, ein erheblicher Rückgang ist jedoch auch im Krisenjahr 1975 nicht festzustellen, obwohl die Löhne nur bescheiden wachsen und die Arbeitslosigkeit über einer Million liegt.
Durch das Prinzip der progressiven Besteuerung (auf nominaler Basis), werden auch relativ niedrige Einkommensbezieher zunehmend erfaßt beziehungsweise ihr Steueranteil erhöht sich. Die inflationäre Verzerrung der Einkommen schafft ein übriges.
Durch die Inflation werden insbesondere niedrige Einkommen mit Erhöhungen der Steuerquote konfrontiert.

"Schon die 'Königsidee' der modernen Steuergerechtigkeit, die progressive Einkommenssteuer, schlägt ganz unsozial zu: die Bezieher kleiner Einkommen rücken in Steuerstufen auf,die ihnen viel mehr an Steuern nehmen als für gleichartige Einkommen vor der inflationsbedingten Steigerung ihrer Löhne und Gehälter. Diejenigen, die sich bereits höherer Einkommen erfreuen, haben hingegen nicht mehr so viel zu befürchten. Fallweise Senkungen der Einkommensteuer können bestenfalls eine Milderung der Progression bringen." (SCHMITZ, 1978, S. 57)

Auch der relativ konstante Anteil der veranlagten Einkommensteuer läßt vermuten, daß die unteren Einkommensbezieher die Hauptleidtragenden der inflationären Aufblähung sind.
Die Sprünge in der Progression sind in den unteren Bereichen größer und verflachen im weiteren Anstieg.
Die Körperschaftssteuer, die in den 50er Jahren ein annähernd gleiches Gewicht wie die Lohnsteuer hat, fällt anteilmäßig kontinuierlich ab und verschwindet in den 70er Jahren noch hinter dem Anteil der Mineralsteuer. Auch im Jahre 1976 bleibt der Anteil im vorherigen Niveaubereich. Erst 1977 nimmt der Anteil der KST wieder zu.
Mit den tendenziell nicht mehr so hohen Raten des privaten Verbrauchs nimmt die Umsatzsteuer leicht ab, stabilisiert sich in der Krise und steigt aufgrund diverser Erhöhungen Ende der 70er Jahre wieder an. Über die Hälfte des Steueraufkommens entfallen auf die Lohn- und Umsatzsteuer. Für die Lohn- und Einkommensbezieher drückt sich dieser Prozess in einem überproportionalen Anstieg der Abgaben vom Bruttolohn (-gehalt) aus.

Tabelle 64: Löhne und Abgaben (jährlich je Beschäftigten Ø)

	brutto	Steuern	Sozialabg.		netto	Steuern	Sozialabg.	beide
1950	2.918	133	231	(DM)	2.554	4,6%	7,9%	12,5%
1960	6.156	393	580	"	5.183	6,4%	9,4%	15,8%
1967	10.349	908	1022	"	8.419	8,8%	9,9%	18,8%
1970	13.773	1628	1497	"	10.648	11,8%	10,9%	22,7%
1975	22.426	3354	2807	"	16.265	15,0%	12,5%	27,5%
1980	30.297	4997	4123	"	21.176	16,5%	13,6%	30,1%
1981	31.783	5212	4442	"	22.129			

Quelle: Statistisches Taschenbuch 1982

Bezogen auf den durchschnittlichen jährlichen Bruttolohn (-gehalt) je Beschäftigten vervierfachen sich annähernd die Lohnsteuerabgaben von 1950 bis 1980. Zusammen mit den Sozialbeiträgen beträgt die Abgabequote 1980 30 Prozent im Vergleich zu 12,5 Prozent im Jahre 1950. Berücksichtigen wir noch die indirekten Steuern und die Arbeitgeberanteile zur Sozialversicherung, läßt sich eine durchschnittliche Belastung der Bruttoeinkommen von über 50 % ausmachen. (1)
Trotz dieses enormen Zuwachses an Belastungen für die abhängig Beschäftigten ist die gesamte Steuerquote (Anteil der Steuer am BSP) nur geringfügig gewachsen.

Tabelle 65: Steuerquote

1951	1960	1970	1975	1980
22,7%	22,6%	22,7%	23,4%	24,4%

Quelle: Statistisches Taschenbuch 1981

Seit der Krise 1974/75 verschiebt sich das Niveau der Steuerquote etwas nach oben. Diese relative Konstanz der Steuerquote ergibt sich aus dem Korrelieren von sinkender Kapital- und steigender Lohnsteuer.

Schaubild 26: Belastung des Arbeitnehmereinkommens

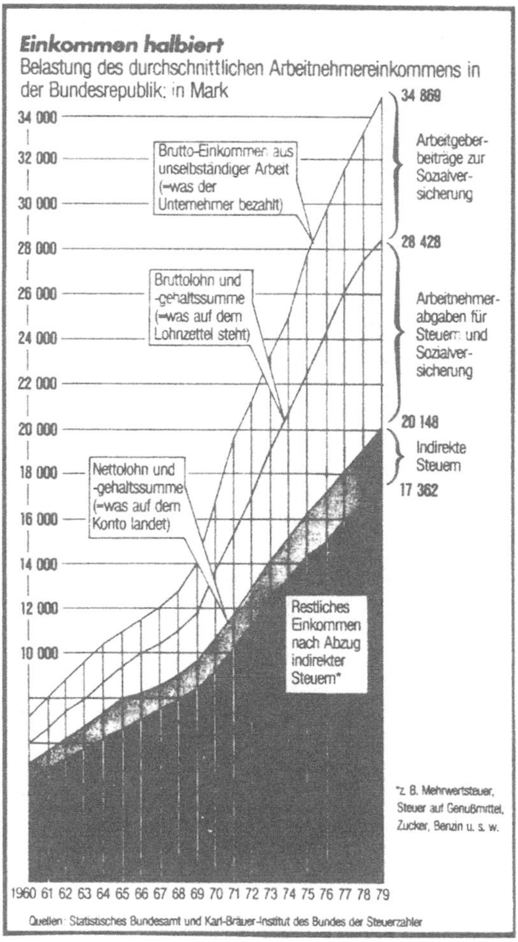

Quelle: MERKLEIN 1980, S. 43

Obwohl sich das Steueraufkommen (absolut) in den letzten Jahren mehr als verdoppelt hat, reichen diese Summen nicht aus, um alle Ausgaben zu dekken.

2. Staatsverschuldung

Von 1967 bis 1981 vollzieht sich ein sprunghafter Anstieg der staatlichen Verschuldung. Der Gesamtschuldenstand der öffentlichen Haushalte verfünffacht sich in diesem Zeitraum. Insbesondere seit Krisenbeginn 1974 steigt die Verschuldung progressiv an.

Tabelle 66: Schuldenstand

Der Schuldenstand von Bund, Ländern und Gemeinden (1970–1980)
Schulden aus Kreditmarktmitteln
in Millionen DM

Gebiets-körperschaft	Schuldenstand am 31. 12.			Zunahme 1971–1980		Zunahme 1975–1980	
	1970	1974	1980	Mio DM	vH	Mio DM	vH
Bund	34 067	56 781	218 715	184 648	542	161 934	285
Länder	19 642	40 042	130 116	110 474	562	90 074	225
Gemeinden	34 591	60 668	86 600[1])	52 009	150	25 932	43
Länder und Gemeinden	54 233	100 710	216 716	162 483	300	116 006	115
Bund, Länder u. Gemeinden	88 300	157 491	435 431	347 131	393	277 940	176

1) Schätzung.
– Abweichungen in den Summen durch Runden der Zahlen –

Quelle: Informationsbroschüre der Bundesregierung

Seit der Wirtschaftskrise hat sich der Schuldenstand von Bund, Ländern und Gemeinden mehr als verdreifacht und allein beim Bund fast verfünffacht. International vergleichen sind jedoch weder die Steigerungsraten noch der Schuldenstand überproportional hoch. (2) Fast alle hochentwikkelten kapitalistischen Länder versuchen mit drastischen Zunahmen der Verschuldung den staatlichen (wirtschaftspolitischen) Aufgaben gerecht zu werden.
Ein steigender Anteil der Staatsausgaben entfällt somit zwangsläufig auf Schuldentilgung und Zinszahlungen (1981 ca. 7,6% der Haushaltsausgaben). Mittelbar profitieren höhere Einkommensbezieher von der

staatlichen Verschuldung. Kreislauftheoretisch ergibt sich eine Erhöhung der Gewinne. (3)

Nun steht eine weitere Erhöhung der Verschuldung im Zentrum der Diskussionen um staatliche Wirtschaftspolitik, insbesondere bei alternativen Vorschlägen.

Während neoklassisch orientierte Autoren eine drastische Reduzierung der Staatschulden fordern, damit die staatliche Kreditaufnahme nicht belastend für private Kredite wirkt (indem die Zinsen steigen aufgrund der hohen Nachfrage), drängen Keynesianer auf eine Ausweitung der Verschuldung als Finanzierungsmittel für zusätzliche Staatsausgaben.

Beide Argumentationsketten scheinen vorgeschoben: weder hat der Staat durch seine deficit-spending steigende Zinsen und damit eine Beeinträchtigung der privaten Kreditaufnahme bewirkt (4), noch hat die Zunahme der Staatsverschuldung einen Konjunkturaufschwung und einen Abbau der Arbeitslosigkeit initiieren können. (5)

Neoklassikern (und entsprechend konservativen Gruppen und Parteien) geht es um mehr als Staatsverschuldung: eine Zunahme des deficit-spending würde staatliche Tätigkeiten und Einflußnahmen ausweiten und den Staat zunehmend zum Zentrum und Objekt sozialer Konflikte werden lassen. Befürchtet wird eine Korrektur der Primärverteilung.

"Das Neue an dieser gigantischen Staatsverschuldung ist aber nicht nur ihre Dimension, sondern auch ihr Inhalt. Während die erste Generation der Keynesianer beim Deficit-spending vor allem oder ausschließlich an staatliche Investitionsspritzen dachte, geht die heute keynesianische Mode vollkommen in Richtung staatlicher Konsumspritzen, die hauptsächlich durch Steuersenkungen zugunsten kleiner und mittlerer Einkommen mit geringer Sparneigung gegeben werden." (RICHEBÄCHER 1980, S. 215)

Zwar trifft diese Aussage nicht die Realitäten der 70er Jahre in Bundesdeutschland, stellt sie - im Gegenteil - auf den Kopf, dennoch reicht der konservativen Kritik die Möglichkeit der Umverteilung, um einen Rückzug des Staates aus der Verteilungsebene zu fordern. (6)

Auch der SVR spricht sich gegen eine dauerhaft hohe Verschuldungsquote aus und betont die Notwendigkeit der Haushaltskonsolidierung vermittels Ausgabekürzungen, um nicht - was auch möglich wäre - durch Steuererhöhungen den privaten Sektor zu belasten. (7)

Schaubild 27: Zinsbelastungsquote

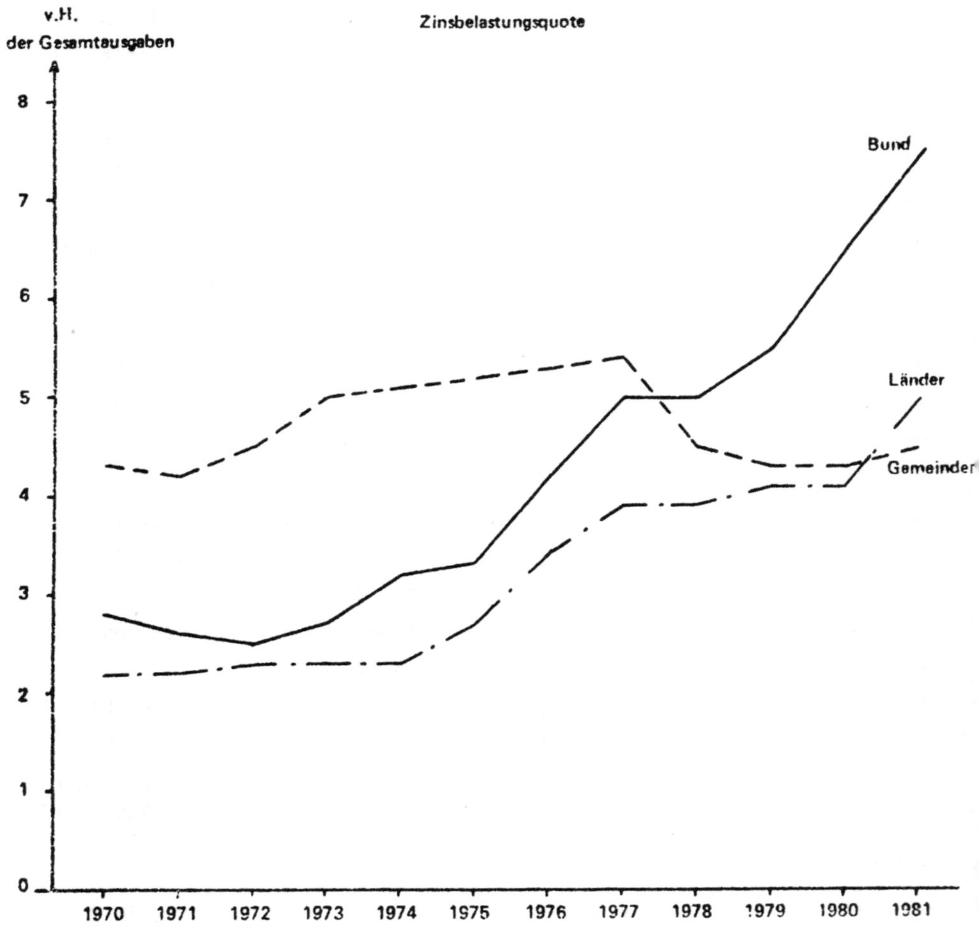

Quelle: Informationsbroschüre der Bundesregierung

Der SVR war es auch, der 1975 von der "Anspruchskrise" sprach:

"...daß der Staat zugleich mit den Privaten seine Ansprüche an das Produktionspotential erhöhte, weil er sich mit zahlreichen Reformvorhaben bei der Versorgung mit öffentlichen Gütern und bei der Korrektur der marktmäßigen Einkommensverteilung in die Pflicht begeben hatte. Die Stabilisierung geriet dabei ins Hintertreffen. Der Konflikt für die Finanzpolitik mußte umso größer werden, je mehr die stabilitätspolitische Aufgabe Zurückhaltung bei den öffentlichen Ausgaben oder ein Zurückdrängen privater Ansprüche verlangte, während die Bürger auf versprochene Leistungsverbesserungen und Steuererleichterungen pochten." (SVG 1975, S. 41)

Es geht der Kritik insofern weniger um finanzielle Aspekte, sondern um die Gefahr struktureller Veränderungen auch des privaten Sektors durch politische Entscheidungen und Handlungen. Ernstzunehmende ökonomische Analysen sehen infolgedessen auch keine ökonomische Grenze für die Staatsverschuldung.

EHRLICHER betont den komplexen Wirkungsgrad der Verschuldung:
"So kann man zusammenfassend feststellen, daß die Staatsverschuldung heute im Spannungsfeld von stabilitäts-, allokations- und verteilungstheoretischen Zusammenhängen gesehen wird. Dieser komplexe Problembereich läßt sich schon theoretisch nicht mehr auf wenige leicht übersichtliche Zusammenhänge reduzieren, geschweige denn in einfache Verfahrensregeln aufnehmen." (EHRLICHER 1979, S. 400)

und RÜRUP schlußfolgert:
"Die gegenwärtige Staatsverschuldung in Höhe von ca. DM 450 Milliarden ist - gemessen an allen gängigen Indikatoren - nicht bedrohlich und kaum in der Lage, einen kurz bevorstehenden Staatsbankrott oder eine drohende Währungsreform zu signalisieren." (RÜRUP 1980, S. 1)

Da die Frage der - ökonomischen - Grenze der Staatsverschuldung sich nicht monokausal beantworten läßt, erfolgt ihre Bewertung eher aus politisch-sozialen Motivationen und Intentionen als aus ökonomisch- rationalen Gründen.

"Ob der Staat seinen unabweisbaren, der Funktionsfähigkeit des Gemeinwesens dienenden Ausgabebedarf zu 100 % aus Steuern oder zu 100% aus Schulden finanziert, ist lediglich ein Problem der Weltanschauung (und solches nicht zu lösen) aber die reale Last des Bürgers (sein Verzicht auf ihm sonst zustehendes Realeinkommen vor Steuer- oder Anleiheabzug) bleibt in beiden Fällen dieselbe." (HANKEL 1981, S. 11)

Entsprechend basieren Überlegungen zur Ausweitung der Staatsverschuldung auf dem politisch gefaßten Ziel der Vollbeschäftigung. In der Theorie des kompensatorischen Budgets orientiert sich die Dimension der Verschuldung ausschließlich an beschäftigungspolitischen Zielsetzungen.
"Oberstes Ziel ist die Erhaltung der Vollbeschäftigung, was nur noch durch ein fortgesetztes deficit-spending möglich ist, da ein 'pump-priming' im Falle des 'over-saving' unzureichend wäre. Die Grenze der Staatsverschuldung ist entsprechend diesem finanzpolitischen Konzept allein durch die Realisierung des Vollbeschäftigungsziels definiert." (SIMMEL 1979, S. 339)

Grundlage der vom DIW und dem MEMORANDUM geforderten Sondersparprogramme (8) ist insofern die Ausweitung des deficit-spending, wobei finanzpolitische Einwände (9) entweder durch den (angeblichen) Selbstfinanzierungseffekt (DIW) oder durch veränderte Bedingungen staatlicher Kreditaufnahme, die es zu schaffen gilt, scheinbar entkräftet werden.

Gegen den sogenannten Selbstfinanzierungseffekt spricht die Tatsache, daß trotz der enormen Ausweitung der Staatsverschuldung 1975 - 1982 dieser Effekt bisher noch nicht eingetreten ist, also offen bleibt bei welchem Niveau der Mechanismus inkraft tritt; (10) und auch eine geforderte Umstellung staatlicher Kreditaufnahme dürfte politisch zur Zeit nicht durchsetzbar sein. (11)
Veränderte Bedingungen des deficit-spending würden eine institutionelle Neudefinition der Bundesbank implizieren.

"Soll ein Staat in der Lage sein, wirkungsvolle Konjunkturpolitik dann zu betreiben, wenn sie am nötigsten ist, muß er auch in der Lage sein, sich direkt und flexibel bei der Notenbank zu finanzieren. Aus dieser Konsequenz gibt es kein Entkommen, hier ist die Fragestellung, die demnach ein Deklarieren der tatsächlich verfolgten Zielsetzungen der wirtschaftspolitischen Akteure erzwingt." (NOTWOTNY 1978, S. 217)

Denn unter gleichbleibenden ökonomischen und institutionellen Rahmenbedingungen erfordert eine Zunahme der Staatsverschuldung in der Zukunft immer höhere "Dosen", so daß schließlich die Zinsbelastung durch die Nettokreditaufnahme kompensiert werden muß (12) und kein wirtschaftspolitischer Spielraum mehr bleibt. Eine weitere Verschuldung dient nicht einer expansiven Konjunkturpolitik, sondern einer weiteren Einschränkung des zukünftigen staatlichen Handlungsspielraums.
Den Befürwortern der Staatsverschuldung - unter veränderten Formen der Schuldenaufnahme - geht es denn auch um mehr: sie wollen eine Ausweitung und Funktionsverstärkung des Staates.

"Dabei ergibt sich die Tendenz einer wachsenden Staatsverschuldung notwendig aus der Rolle des Staates in kapitalistischen Marktwirtschaften und den steuerlichen Restriktionen, unter denen der Staat diese Rolle bei wachsenden Staatsausgaben wahrnehmen muß." (MEMO RANDUM 1980, S. 203)

Gegen die Ausweitung der Staatsverschuldung spricht daher nicht nur die Verteilungswirkung (Bevorzugung höhererer Einkommen, Belastung der Lohnsteuerpflichtigen), sondern vor allem die ihr innewohnende Tendenz die Kompetenz und Macht des Staates zu erweitern.

3. Staatsausgaben

Die staatlichen Ausgaben steigen mit 373 Prozent im Zeitraum 1962 bis 1980 etwas schneller als das BSP mit 316 Prozent, d.h. die Staatsausgabenquote hat sich nominell erhöht und zwar von 29,5 Prozent auf 33,5

Prozent, wobei sich die Anteilserhöhung erst mit der Krise 1974/75 durchsetzt.
Zusammen mit den Ausgaben für die Sozialversicherung beträgt der Anteil 1980 ungefähr 47 Prozent im Vergleich zu 41 Prozent im Jahre 1973, d. h. ein wesentlicher Grund für den enormen Anstieg der Staatsquote in den 70er Jahren liegt in der Zunahme der Sozialversicherung begründet.
Auf die Ausgaben der Gebietskörperschaften bezogen, erhöhen sich Personalausgaben (um 230 Prozent), laufende Zuschüsse (um 268,5 Prozent) und Zinsausgaben (um 343 Prozent) in den Jahren 1970 bis 1978 überdurchschnittlich, während die Sachinvestitionen sich im gleichen Zeitraum nur um 154 Prozent erhöhen.
Zwar geht der Anteil der investitiven Ausgaben am Gesamthaushalt zurück, gemessen an den Bruttoinvestitionen der Gesamtwirtschaft verringert sich die Quote jedoch nicht. (13)

Tabelle 67: Staats- und Steuerquote

Zeitraum	Produktions-potential [1])	Brutto-sozialprodukt	Gesamt-ausgaben [2])	Steuern [2])	Sonstige Einnahmen [2])[3])	Staats-quote [4])	Steuer-quote [5])
	Mrd DM					vH	
1962	370	361	106	87	18	*28,8*	*24,0*
1963	400	382	116	92	19	*29,1*	*24,0*
1964	432	420	127	100	21	*29,4*	*23,8*
1965	470	458	139	106	24	*29,7*	*23,2*
1966	509	487	145	113	25	*28,5*	*23,1*
1967	535	494	154	115	27	*28,7*	*23,3*
1968	562	535	159	122	29	*28,2*	*22,8*
1969	604	598	175	146	31	*28,9*	*24,4*
1970	679	679	196	154	34	*28,9*	*22,7*
1971	765	756	226	172	39	*29,6*	*22,8*
1972	847	827	252	197	42	*29,8*	*23,8*
1973	938	920	280	225	47	*29,9*	*24,4*
1974	1 037	987	318	240	51	*30,7*	*24,3*
1975	1 139	1 035	361	242	55	*31,7*	*23,4*
1976	1 205	1 125	377	268	61	*31,3*	*23,8*
1977	1 277	1 201	395	299	65	*31,0*	*24,9*
1978	1 353	1 291	432	319	73	*31,9*	*24,7*
1979	1 432	1 398	467	343	79	*32,6*	*24,5*
1980	1 535	1 492	506	365	84	*33,0*	*24,5*
1981 [6])	1 634	1 542	539	371	93	*33,0*	*24,1*

[1]) Produktionspotential in Preisen von 1970 inflationiert mit dem Preisindex des Bruttosozialprodukts.
[2]) Für den öffentlichen Gesamthaushalt (Bund, Lastenausgleichsfonds, ERP-Sondervermögen, EG-Anteile, Länder und Gemeinden/Gemeindeverbände) in der Abgrenzung der Finanzstatistik; Quelle: BMF.
[3]) Einnahmen der laufenden Rechnung (ohne Steuern) und Einnahmen der Kapitalrechnung.
[4]) Ausgaben des öffentlichen Gesamthaushalts in vH des Produktionspotentials in jeweiligen Preisen.
[5]) Kassenmäßige Steuereinnahmen des öffentlichen Gesamthaushalts in vH des Bruttosozialprodukts.
[6]) Eigene Schätzung.

SVG 1981

Schaubild 27: Staatsausgaben

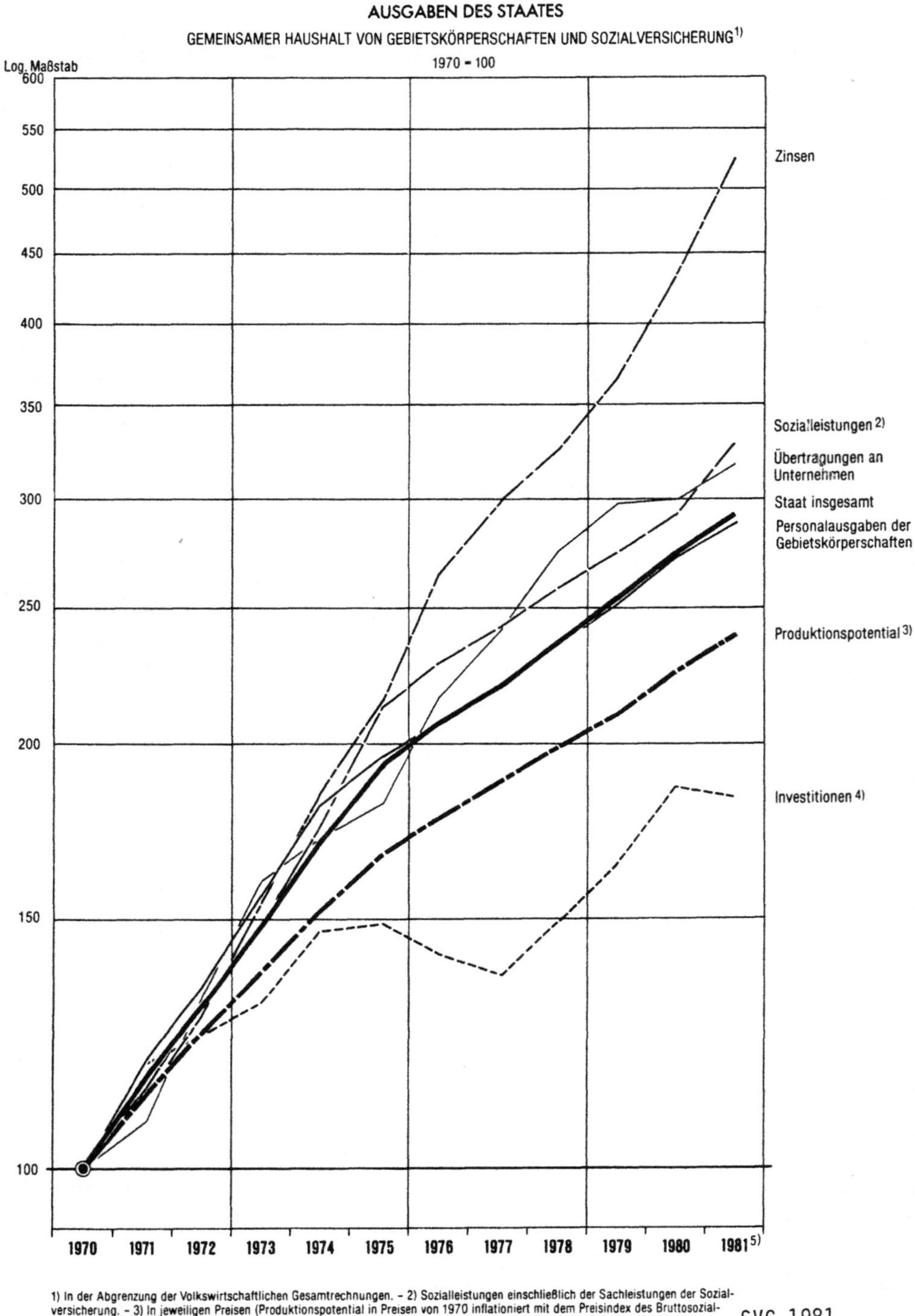

1) In der Abgrenzung der Volkswirtschaftlichen Gesamtrechnungen. – 2) Sozialleistungen einschließlich der Sachleistungen der Sozialversicherung. – 3) In jeweiligen Preisen (Produktionspotential in Preisen von 1970 inflationiert mit dem Preisindex des Bruttosozialprodukts). – 4) Bruttoinvestitionen nach der Rechnungsstatistik, das heißt zum Zeitpunkt der Zahlung. – 5) Eigene Schätzung.

SVG 1981

Antizyklische Effekte - sowohl bei den Gesamtausgaben als bei den Bruttoinvestitionen - lassen sich in den Jahren 1974/75 und 1976 ausmachen.

In realen Zahlen allerdings sind die Raten der staatlichen BAI, mit Ausnahme des Jahres 1974, von 1972 bis 1976 negativ.
Bei den Bauinvestitionen sieht das Bild etwas günstiger aus. Durch das Sonderprogramm 1975 erstreckt sich der antizyklische Effekt auf beide Krisenjahre, in den folgenden Jahren steigen die staatlichen Bauinvestitionen jedoch langsamer als die Gesamten.
Problematisch sind Einschätzungen vermittels Staatsquoten, da zumeist nominale Daten verwendet werden, die die unterschiedliche inflationäre Entwicklung nicht hinreichend ausdrücken beziehungsweise sogar verzerren. Hinzu kommt die Nichtberücksichtigung eines Struktureffektes, der auf dem Produktivitätsgefälle zwischen privaten und Staatssektor beruht. (14)

Schaubild 28: Staatsquote

Entwicklungstendenzen der Staatsquote[8])

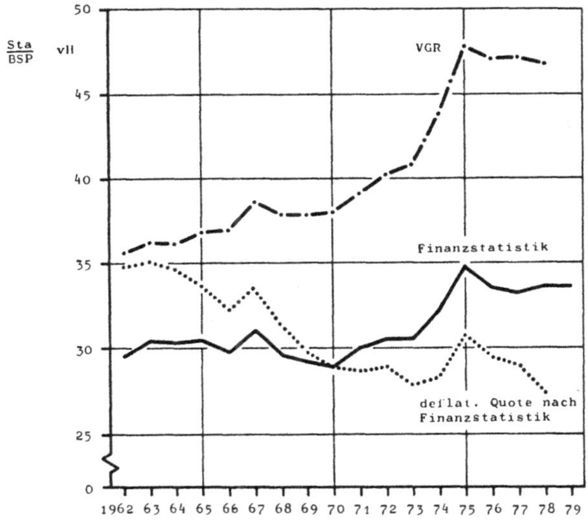

Quelle: WSI 4/1980, S. 218

Bei Berücksichtigung des Preis- und Struktureffekts zeichnet sich ein entgegengesetztes Bild:

"...zeigt sich vor allem seit 1968 ein starker Verfall der 'realen' Staatsquote, der auch durch die Politik der 'inneren Reformen' nicht aufgefangen worden ist. Nur der absolute Rückgang des realen Sozialprodukts 1975 unterbricht diesen Trend kurzfristig, der jedoch schon 1978 den tiefsten Punkt seit 1962 erreicht." (WSI 4/1980, S. 218)

Aus diesen Zusammenhängen wird zweierlei deutlich: zum einen gehört der Staat zu den "Inflationsverlierern" und zum zweiten werden die stei-

genden Abgaben der Lohnabhängigen vereinnahmt, ohne daß die "Leistungen" der gesellschaftlichen Konsumtion real zunehmen.
Erklären läßt sich diese Entwicklung durch den Anstieg der Übertragungen an die Unternehmen, die privaten Haushalte und die Sozialversicherung, wobei der hauptsächliche Anteil auf die steigenden Zinslasten als Resultat der Staatsverschuldung und die Zahlungen an die Bundesanstalt für Arbeit entfällt. (vergl. IFO 1981, Tab. 26)
Eine Analyse der Struktur des Staatsverbrauchs ergibt folgende Entwicklungstendenz:

"Die Untersuchung des Verbrauchs (Sachausgaben, einschließlich Investitionen und Personalausgaben) nach Aufgabenbereichen zeigt kontinuierliche Strukturverschiebungen: Bei den Aufgabenbereichen, die unmittelbare Bedeutung für die Lebensqualität haben,zeichnet sich ein kontinuierlicher Anstieg bei den Ausgaben für das Unterrichtswesen ab (insbesondere durch den forcierten Ausbau der Hochschulen), während die Bereiche Gesundheit und Soziales sowie Wohnen und kommunale Dienste relativ konstant bleiben. Der Grund für die Ausgabensteigerung im Bereich der allgemeinen Verwaltung ist nicht in einer Ausweitung des Personals zu suchen, folglich auch nicht in der Verbesserung der Versorgung mit Diensten, sondern sie geht allein auf die Personalintensität in diesem Bereich zurück. Aus der Entwicklung der Kosten für die Verteidigung läßt sich keine Prioritätensetzung zugunsten der Militärausgaben entnehmen. Ihr Anteil am gesamten staatlichen Verbrauch ist eher rückläufig. Der starke Rückgang der Ausgaben für Straßen und Wirtschaft bestätigt die o.g. These vom abnehmenden Gewicht der 'Investitionen' an den Gesamtausgaben des Staates." (SOZIALISMUS 1-81, S. 13)

Mit der Wirtschaftskrise 1974/75 gerät der Staat in ein finanzpolitisches Dilemma: da trotz enormen Anstiegs der Neuverschuldung die Konjunktur nicht anspringt und die Arbeitslosigkeit auf hohem Niveau bleibt, steigen die Zinsbelastungen und die Zuschüsse für die Bundesanstalt für Arbeit noch weiter an, während die Einnahmen wegen der Steuerausfälle nicht in dem Maße steigen, um kompensierend wirken zu können.
Ohne Ausgabenkürzungen oder Einnahmeerhöhungen kann sich der Staat diesem Dilemma nicht entziehen.
Sinkender investiver Anteil trotz weiterer Verschuldung und die verschiedenen Versuche der Haushaltskonsolidierung offenbaren die Stationen und bisherigen Ergebnisse dieses für die zweite Hälfte der 70er Jahre und die frühen 80er Jahre strukturbestimmenden Widerspruchs.
Solange eine sozialliberale Koalition regierte, dürfte eine Schranke - im weiteren Sinne, wie die Entwicklung 1981/82 zeigt - für einen rigiden "Sparkurs" existieren, die verhindert, daß kurzfristig im globalen Sinne soziale Demontage betrieben wird.

4. Umverteilungseffekte durch die Besteuerung

Da von 1960 bis 1980 die gesamte Steuerquote relativ konstant bleibt, erhebt sich die Frage, ob und wie sich Strukturverschiebungen auf die privaten Haushalte ausgewirkt haben und ob mit und durch die Krise Veränderungen eintreten.

Aus dem Vergleich der Jahre 1970 bis 1978 ergibt sich eine stärkere Belastung der Arbeiter- und Angestelltenhaushalte.

"Zusammengefaßt resultieren aus der bisherigen Analyse folgende Ergebnisse:
- Unabhängig von Beruf, Familienstand und Familiengröße verschärft sich die Abgabenbelastung der Beschäftigten in der Industrie, d.h. der unteren und zum Teil noch mittleren Einkommen merklich seit Ende der 60er Jahre. Vor allem in Boomphasen beeinflußt das Abgabensystem die Entwicklung des realen Lebensstandards entscheidend.
- Die Umverteilungsfunktion des Abgabensystems zugunsten kinderreicher Familien kehrt sich Mitte der 60er Jahre um. Aus einer Entlastung wird eine beschleunigt zunehmende Belastung dieser Einkommensgruppe." (ROLOFF 1978, S. 206/207)

Seit Ende der 60er Jahre erhöht sich die Abgabenlast für untere und mittlere Einkommensbezieher aufgrund der Steuerprogression, der Inflation und der steigenden Beiträge für die Renten- und Krankenversicherung.

An diesem Trend ändern auch die Kindergeldverbesserungen und die diversen Steuerrechtsänderungen nichts.

Auf der Belastungsseite lassen sich keine Umverteilungswirkungen zugunsten der unteren Einkommensbezieher feststellen. Weder führt die Struktur der Abgaben zu einer Nivellierung der Einkommen, noch erhöht sich die relative Belastung höherer Einkommensbezieher.

Zu einer relativen steuerlichen Entlastung kommt es bei den Einkommen aus Unternehmertätigkeit und Vermögen:

"Die Regierungen haben somit in den 60er Jahren und Anfang der 70er Jahre steuerpolitisch eine merkliche Umverteilung zugunsten der Profite und zu Lasten der Löhne und Gehälter betrieben. Offensichtlich wurde diese Umverteilungstendenz im Jahre 1973 nur kurzfristig aus Gründen des konjunkturpolitischen Krisenmanagements unterbrochen." (ebenda, S. 243/244)

Insbesondere in den Jahren 1969 bis 1974 - einer Phase, wo die Bruttolohnquote ihren höchsten Stand erreicht - kommt es zu deutlichen Umverteilungseffekten zugunsten der Gewinne.

Tabelle 68: Gewinne und Löhne (brutto und netto), nominale Raten

	1967	1968	1969	197o	1971	1972	1973	1974
bG	o.8	15.8	6.o	9.5	6.4	7.6	7.5	o.1
nG	o.6	18.o	4.3	14.7	5.9	7.9	3.2	o.3
bL	3.3	6.2	9.2	14.7	11.8	9.o	12.o	11.4
nL	2.9	4.8	7.4	12.4	9.8	9.o	8.3	9.8

	1975	1976	1977	1978	1979	198o	1981
bG	5.4	12.8	6.o	9.1	9.1	2.5	-3
nG	8.2	11.2	1.4	12.6	11.6	3.7	-2
bL	7.2	7.o	6.9	5.2	5.5	6.5	5
nL	7.3	4.3	5.6	6.3	5.9	5.o	3.5

Quelle: Statistisches Taschenbuch 1982

Schaubild 29: Brutto -und Nettolöhne von 1969 bis 1974 (Raten)

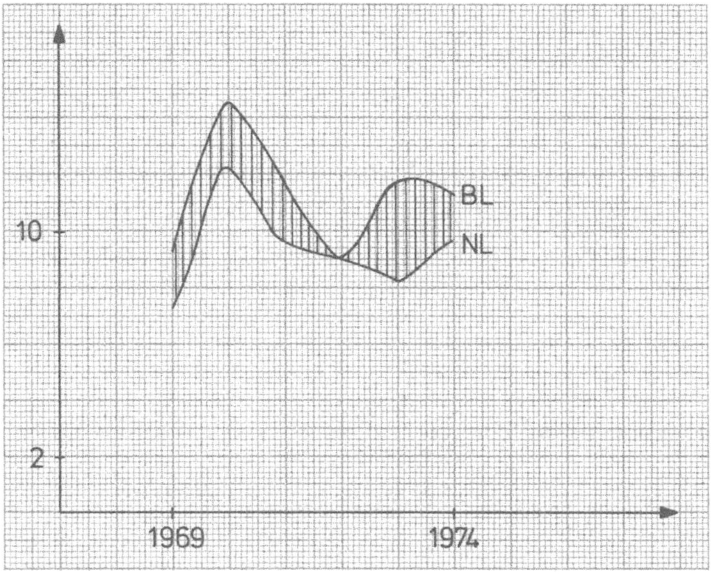

Schaubild 30: Brutto-und Nettogewinne von 1969 bis 1974

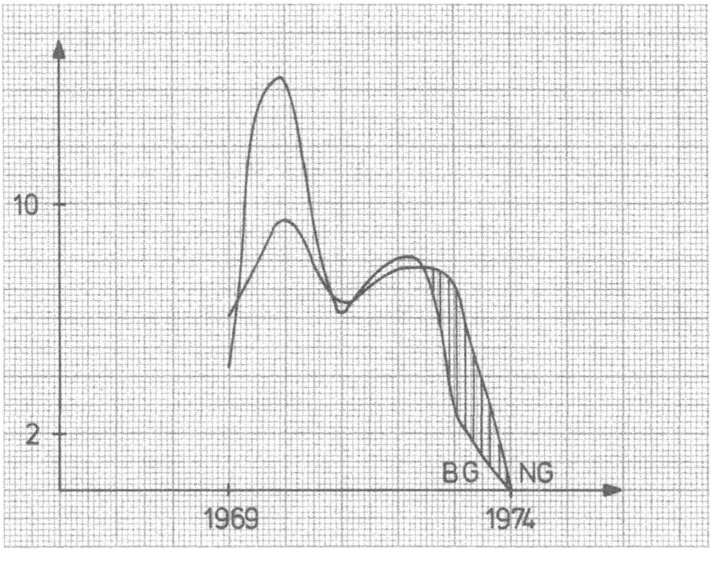

Aber auch in den Jahren bis 1981 werden die Gewinne relativ weniger belastet, so daß das Steuersystem auch in diesem Zeitraum (1976 bis 1981) eine relative Benachteiligung der Lohn- und Gehaltsempfänger impliziert.

In der wachsenden relativen Belastung dieser sozialen Gruppen findet dieser Prozess seinen Ausdruck.
Nur in den Jahren 1978/1979 steigen aufgrund von Steuerrechtsänderungen und höheren Kindergeldzahlungen die Nettolöhne mehr als die Bruttolöhne, während die Nettogewinne in fast allen Jahren schneller zunehmen als die Bruttogewinne.

Tabelle 69:

Haushaltseinkommen sozialer Gruppen1) 1970 und 1978 vor und nach der Umverteilung
in DM je Haushalt und Monat

Soziale Stellung des Haushaltsvorstands	Brutto-erwerbs- u. -vermögens-einkommen 4)	Transfers		Verfügbares Einkommen
		Empfangene Transfers 5)	Geleistete Transfers 6)	
	1970			
Selbständige in der Land- und Forstwirtschaft	2 555	90	315	2 330
Selbständige in den sonstigen Wirtschaftsbereichen	4 890	85	1 350	3 625
Angestellte	2 375	120	800	1 695
Beamte 2)	2 185	80	465	1 800
Arbeiter	2 065	160	755	1 470
Rentner 3)	300	685	100	885
Versorgungsempfänger des öffentlichen Dienstes	225	1 210	185	1 250
Insgesamt	1 785	335	570	1 550
	1978			
Selbständige in der Land- und Forstwirtschaft	4 910	310	790	4 430
Selbständige in den sonstigen Wirtschaftsbereichen	10 495	215	3 105	7 605
Angestellte	4 705	310	1 940	3 075
Beamte 2)	3 970	180	1 085	3 065
Arbeiter	4 005	470	1 830	2 645
Rentner 3)	475	1 355	180	1 650
Versorgungsempfänger des öffentlichen Dienstes	350	2 235	345	2 240
Insgesamt	3 300	765	1 270	2 795

1) Ohne Personen in Anstalten.- 2) Einschließlich Richter, ohne Versorgungsempfänger.- 3) Einschließlich sonstiger Personen, die überwiegend von laufenden Übertragungen leben.- 4) Ohne unterstellte Sozialbeiträge und ohne nichtentnommene Gewinne der Unternehmen ohne eigene Rechtspersönlichkeit.- 5) Ohne Realtransfers.- 6) Ohne indirekte Steuern.

Quelle: Berechnungen des DIW unter Verwendung amtlicher Statistiken.

Quelle: DIW 29/1979

Im Boomjahr 1970 mildern hohe Nettozuwächse den durch die Bruttolohnerhöhung bewirkten Druck auf die Profitrate, in den Krisenjahren 1974/1975 entlasten ebenfalls höhere Nettozuwächse den rückläufigen Trend der Bruttoprofite und auch in den Jahren 1978/1979 werden diese Einkommen relativ mehr entlastet als die Lohn- und Gehaltsbezieher.

Tabelle 70: Profitentwicklung und Steuerquote

Im Inland entstandene Einkommen aus Unternehmertätigkeit und Vermögen, Bundesrepublik Deutschland 1960 - 1976, in Mill. DM sowie Steuerquote in v.H.

Jahr	Bruttoprofit vor Steuern (1)	Bruttoprofit nach Steuern (2)	Nettoprofit nach Steuern (3)	Steuerquote[1] (4)
1960	118080	101340	76930	16,3
61	122120	102270	76290	18,4
62	130580	108780	78150	18,9
63	135440	113480	79960	18,9
64	152240	129450	90130	17,7
1965	163190	141400	97930	16,9
66	169040	146290	100270	16,9
67	171150	148680	101830	16,4
68	186640	163720	118520	16,4
69	210300	183890	123320	16,3
1970	235120	211930	139930	14,0
71	253950	229520	148610	13,5
72	273640	248690	159410	13,6
73	303140	271280	164180	15,4
74	324100	291160	165130	14,7
1975	325300	294060	172860	13,9
76			194870	

Quelle: Eigene Berechnungen

1 Steuerquote = Direkte Steuern der Unternehmungen und privaten Haushalte auf Einkommen aus Unternehmertätigkeit und Vermögen unter Ausschluß von Investitionszuschüssen bezogen auf den Bruttoprofit vor Steuern.

Quelle: ROLOFF 1978, S. 243

ROLOFF beschreibt den Prozess der Transfers vom privaten zum staatlichen und wieder zum privaten Sektor als funktionale Kette:

"Zusammenfassend kann man den Prozeß des Ressoucentransfers vom privaten zum staatlichen Sektor in der Bundesrepublik Deutschland seit Mitte der 60er Jahre folgendermaßen beschreiben: Mit endogen steigendem Staatsanteil hat die Abgabenbelastung des unselbständig Beschäftigten überproportional zugenommen. Diese versuchten frei von Fiskalillusion die relative Mehrbelastung über die Lohnauseinandersetzungen auf die Profite zu überwälzen. Soweit die Unternehmungen den wachsenden Lohnkostendruck infolge verschärfter Konkurrenzbeziehungen nicht durch entsprechende Preissteiegerungern auffangen konnten, wirkte der Staat dem trendmäßigen Rückgang der gesamtwirtschaftlichen Profitquote nach Steuern bzw. der Profitrate nach Steuern mittels Steuererleichterungen entgegen." (ebenda, S. 246)

Zumindest bis zur Krise 1974/75 scheint die Zunahme der Abgaben an den Staat eine Verschärfung des Verteilungskonfliktes und steigende Inflationsraten bewirkt zu haben, die durch steuerliche Entlastungen der Pro-

fite teilweise wieder kompensiert werden.
In den Jahren ab 1976 entsprechen diesen erhöhten Abgaben mangels erfolgreicher Lohnkämpfe nicht mehr Bruttolohnzuwächse im Niveau der 60er Jahre, während der Effekt der relativen Entlastung der Gewinne seine Fortsetzung findet - begründet als Versuch mittels höherer Gewinne die private Investitionstätigkeit anzukurbeln.

5. Konjunkturelle Wirkungen der Öffentlichen Haushalte

Berechnungen und Schätzungen der konjunkturellen Wirkungen staatlicher Einnahmen und Ausgaben und Sondermaßnahmen unterliegen gewissen methodischen Schwierigkeiten (15);

- der jeweils fiskalpolitische Einfluß läßt sich nur bedingt ermitteln, da auch andere wirtschaftspolitischen Maßnahmen Einfluß ausüben (z.B. die Geldpolitik) und
- indirekte Wirkungen (über Akzelerator und Multiplikator) können nur unter Zuhilfenahme umstrittener theoretischer Prämissen errechnet werden
- Änderungen in der Struktur der Ausgaben und Einnahmen finden keine Beachtung.

Der Sachverständigenrat hat nun mit dem Konzept des konjunkturneutralen Haushalts (KNHH) ein Modell vorgelegt (16), das über die Erfassung von konjunkturellen Impulsen und Effekten hinaus verspricht, den jeweiligen Haushalt bewerten zu können.
"Ausgehend von einer konjunkturneutralen Grundlage gilt:
- die Ausgabenseite eines öffentlichen Haushalts ist ...konjunkturneutral, wenn die Ausgaben prozentual so stark zunehmen, wie das Produktionspotential wächst.
- Die Einnahmenseite der öffentlichen Haushalte ist ... dann konjunkturneutral, wenn bei unverändertem Steuersystem zu erwarten ist, daß die Steuereinnahmen - bei einem Zuwachs des Sozialprodukts entsprechend dem Wachstum des Produktionspotentials - mit der gleichen Rate zunehmen wie das Sozialprodukt (Aufkommenselastizität gleich eins, das heißt, die Steuerbelastungsquote ist konstant.)
- Der Gesamthaushalt ist konjunkturneutral, wenn progressionsbedingte Steuermehreinnahmen in ihren Entzugswirkungen durch entsprechende Ausgabenerhöhungen und/oder Steuersatzsenkungen kompensiert werden. (MEISSNER 1980, S. 84)

Besondere Kritik bei der Beurteilung dieses Konzepts hat die Wahl des Basisjahres (1966) erfahren (17), so daß der Rat sich entschloß, die jeweilige Strukturquote als Durchschnitt der tatsächlichen Strukturquoten zu ermitteln. (18)

Tabelle 71: Konjunktureller Impuls (1) und BSP real (2)

1967	1968	1969	1970	1971	1972	1973	1974	1975	1976	
-3,6	-1,7	-4,2	+13,6	-18,3	+9,8	+7,3	+14,6	+39,5	+12,3	(1)
-0,1	+6,5	+5,9	+ 5,9	+ 3,3	+4,9	+4,9	+ 0,4	- 1,8	+ 5,3	(2)

1977	1978	1979	1980	1981	1982	
-1,2	+17,0	+32,9	+32,9	+45,6	+49,1	(1)
+3,6	+4,5	+1,8	+1,8	-0,3	-1,3	(2)

Quelle: SVG

Im Vergleich zum Krisenjahr 1967 gehen 1974/1975 stark expansive Impulse von den öffentlichen Haushalten aus, die 1976 abflachen - gleichwohl vom SVR als expansiv bewertet werden - 1977 erstmals seit 1969 wieder kontraktive und 1978/1979/1980 erneut expansive Effekte hervorrufen.

Hiernach können die öffentlichen Haushalte im Zyklus 1975 bis 1981 als vorwiegend der konjunkturellen Situation entsprechend eingeschätzt werden (Ausnahmen: 1977 zu kontraktiv und 1979 zu expansiv), wobei jedoch 1981/1982 - nach den bisher vorliegenden Zahlen - trotz des konjunkturellen Einbruchs ein unangemessen kontraktiver bis neutraler Impuls zu erwarten ist, so daß sich in den frühen 80er Jahren bei den konjunkturellen Impulsen der öffentlichen Haushalte ein Trendumschwung anbahnt.

Im Gegensatz zum SVR berechnet das DIW Nachfrageimpulse und bezieht diese auf den Auslastungsgrad des Produktionspotentials.

"Als Grobindikator zur Beurteilung der konjunkturellen Wirkungen der Staatstätigkeit werden Nachfrageimpulse verwendet. Sie errechnen sich aus der absoluten Differenz zwischen den staatlichen Käufen und dem Übertragungssaldo (empfangene Übertragungen einschließlich Einkommen aus Unternehmertätigkeit und Vermögen abzüglich geleistete Übertragungen einschließlich Zinsen auf öffentliche Schulden) im Vergleich zum Vorjahr.

Die Nachfrageimpulse stellen Primärimpulse dar. Nicht berücksichtigt werden die multiplikativen Verknüpfungen.

Kontraktive Einflüsse gehen dann auf die Gesamtwirtschaft aus, wenn im Vergleich zur Vorperiode die Entzugswirkungen der staatlichen Mehreinnahmen größer sind als die expansiven Effekte der Mehrausgaben. Die Frage der Konjunkturadäquanz kann durch den Bezug zum Auslastungsgrad des gesamtwirtschaftlichen Produktionspotentials geklärt werden. (DIW 36/37 - 1980, S. 385)

Nach diesem Konzept haben die staatlichen Konjunkturpolitiken zwar 1974/1975 einen stärkeren Einbruch verhindert, das Volumen reicht jedoch nicht aus, die Lücke zwischen tatsächlicher Auslastung und Normalauslastung zu schließen.

Schaubild 31:

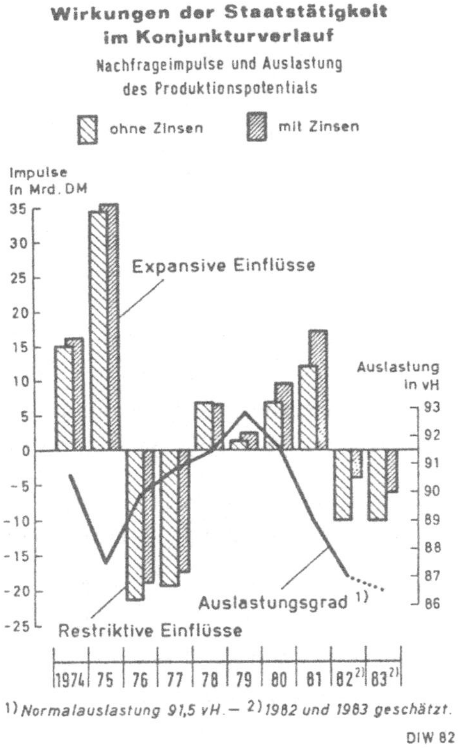

In den Jahren 1976/1977 verstärken restriktive Einflüsse Gegentendenzen zu einem möglichen Aufschwung/Boom und unterstützen den Prozess der beginnenden konjunkturellen Stagnation. (19)
Erst 1978/1979 kommen wieder expansive Impulse zur Geltung, die das DIW als "konjunkturgerecht" bezeichnet (20). Insgesamt fällt das DIW ein überwiegend vernichtendes Urteil über die Finanzpolitik in den Krisenjahren:

Tabelle 71a: Auswirkungen der Finanzpolitik auf die gesamtwirtschaftliche Entwicklung

Auswirkungen der Finanzpolitik auf die gesamtwirtschaftliche Entwicklung
— gemessen an den Abweichungen der Finanzpolitik von der konjunkturneutralen Entwicklung —
(+ expansiv / — kontraktiv)

Finanzpolitik der Jahre[1]	1974		1975		1976		1977		1978	
Wirkungen in den Jahren[2]	1974	1975	1975	1976	1976	1977	1977	1978	1978	1979
Wirkungen auf:										
Bruttosozialprodukt (nominal, Mrd. DM)	8,1	2,7	18,1	19,8	— 7,9	—10,5	—11,1	— 9,0	9,6	5,1
Bruttosozialprodukt (zu Preisen von 1970, Mrd. DM)	6,1	1,0	12,7	9,4	— 5,9	— 4,9	— 7,1	— 3,4	4,4	0,6
Preisindex des BSP (Veränderung gegenüber Vorjahr in vH)	0	0,1	0,1	0,5	0,1	— 0,3	— 0,1	— 0,2	0,2	0,1
Privater Verbrauch (zu Preisen von 1970, Mrd. DM)	2,2	2,1	16,7	15,1	— 6,0	— 7,5	— 4,1	— 5,9	2,8	3,0
Private Anlageinvestitionen (zu Preisen von 1970, Mrd. DM)	1,1	2,1	3,8	11,3	— 2,2	— 5,7	— 1,6	— 4,2	0,4	0,7
Abhängig Erwerbstätige (in 1 000; Mann-Jahre)	60	60	180	290	—120	— 170	— 90	—120	50	50
Kapitalmarktzins (vH)	0,4	—0,2	1,0	0,4	— 0,4	— 0,3	— 0,4	— 0,1	0,3	0,1

Finanzpolitik der Jahre[1]	1979		1980		1981		1982		1983	
Wirkungen in den Jahren[2]	1979	1980	1980	1981	1981	1982	1982	1983	1983	1984
Wirkungen auf:										
Bruttosozialprodukt (nominal, Mrd. DM)	1,5	0	—6,4	—2,3	—11,2	—1,8	—13,4	—5,5	—13,7	—17,1
Bruttosozialprodukt (zu Preisen von 1970, Mrd. DM)	0,1	—0,7	—2,7	0,6	— 4,1	2,0	— 5,5	—0,4	— 6,5	— 6,6
Preisindex des BSP (Veränderung gegenüber Vorjahr in vH)	0,1	0	—0,1	—0,1	— 0,3	—0,1	— 0,2	—0,1	— 0,1	— 0,2
Privater Verbrauch (zu Preisen von 1970, Mrd. DM)	—1,3	—0,7	—5,2	—3,1	— 0,4	—0,5	— 0,5	—1,7	— 3,8	— 6,1
Private Anlageinvestitionen (zu Preisen von 1970, Mrd. DM)	—0,2	—0,8	0	1,1	0	2,2	— 0,1	1,1	— 0,6	— 2,4
Abhängig Erwerbstätige (in 1 000; Mann-Jahre)	— 10	— 20	— 30	— 10	— 60	— 20	— 40	— 40	— 70	— 100
Kapitalmarktzins (vH)	—0,1	0	—0,5	—0,1	— 0,2	0	— 0,3	—0,1	— 0,2	— 0,1

1) So hat z.B. die expansive Finanzpolitik des Jahres 1975 das reale Bruttosozialprodukt im gleichen Jahr um 12,7 Mrd. DM und im Folgejahr um 9,4 Mrd. DM erhöht, so daß sich eine Gesamtwirkung von 22,1 Mrd. DM errechnet. — 2) Die Gesamtwirkung im Jahr 1975 auf das reale Bruttosozialprodukt in Höhe von 13,7 Mrd. DM setzt sich zusammen aus den Folgewirkungen der Finanzpolitik des Jahres 1974 (1,0 Mrd. DM) und den Wirkungen der Finanzpolitik des Jahres 1975 noch im gleichen Jahr (12,7 Mrd. DM).
Differenzen in den Summen durch Runden.

Quelle: Berechnungen des DIW.

Quelle: WSI Nr. 10/1982

"Wenn auch die Grenzen der Effizienz der staatlichen Interventionsmöglichkeiten evident sind, so wäre es dennoch in den letzten Jahren möglich gewesen, die spektakuläre Arbeitslosigkeit durch eine konsequente antizyklische Finanzpolitik spürbar zu senken. Untersucht man die Wirkungen, die von den öffentlichen Haushalten (21) von dem Zeitpunkt ab, an dem der konjunkturelle Abschwung erkennbar wurde - nämlich im zweiten Halbjahr 1973 - auf die gesamtwirtschaftliche Entwicklung ausgegangen sind, so muß per Saldo der Finanzpolitik eine prozyklische, krisenverschärfende Ausrichtung attestiert werden." (VESPER 1979, S. 310)

Kritisiert wird darüberhinaus die staatliche Schwerpunktsetzung auf die Einnahmenseite, der geringe Beschäftigungseffekte als einer konsequent ausgabenorientierten Politik zubemessen werden. (21) Von den diskretionären Maßnahmen wäre bei gleichem Volumen ein wesentlich stärkerer Impuls ausgegangen.
Nur konsequent ist daher die Forderung des DIW nach weiteren nachfragedominierten Sonderprogrammen:
"Das Schwergewicht zukünftiger Programme muß auf die Ausgabenseite gelegt werden, denn steuerpolitische Maßnahmen sind - dies hat die Vergangenheit eindrucksvoll gezeigt - mit hohen Kosten verbunden und wenig wirksam. Gezielt müssen neue Nachfragebereiche erschlossen, das heißt Aufgaben in Angriff genommen werden, die bisher nicht oder nur unzureichend erfüllt worden sind. Die Initiative für solche Maßnahmen muß vom Staat ausgehen; zugleich muß er als Organisator und Vorfinanzier auftreten. " (ebenda, S. 324)

Ungeachtet der Frage, ob weitere Ausgabenprogramme tatsächlich Beschäftigungswirkungen induzieren und bis zu welchem Umfang diese Programme aufgefüllt werden müssen, um die Gesamtwirtschaft auf expansiven Kurs zu bringen und ob ein weiteres Wachstum - auch mit qualitativen Nuancen durchsetzt (22) - überhaupt wünschenswert ist, berücksichtigt VESPER (DIW) nicht die möglichen sozialen und politischen Konsequenzen dieser Politikstrategie.
Stellt sich heraus, daß trotz zusätzlicher staatlicher Programme - wie sie im Einzelnen auch gestaltet sein mögen - die Konjunktur nicht "anspringt" beziehungsweise die Entkoppelung von Wachstum und Beschäftigung anhält, wofür einiges spricht, müßte der Staat soziale Garantien übernehmen und damit auch ökonomische Strukturprinzipien durch politische Entscheidungen verändern, will er nicht in einen inflationären Sog gerissen werden, der weitere und stärkere soziale Instabilität verheißt.

Für einen sozialen und politischen Kurswechsel des Staates in diese Richtung spricht jedoch zur Zeit nichts.

Schaubild 32:

Wirkungen des Bundeshaushalts auf die Konjunktur[1]

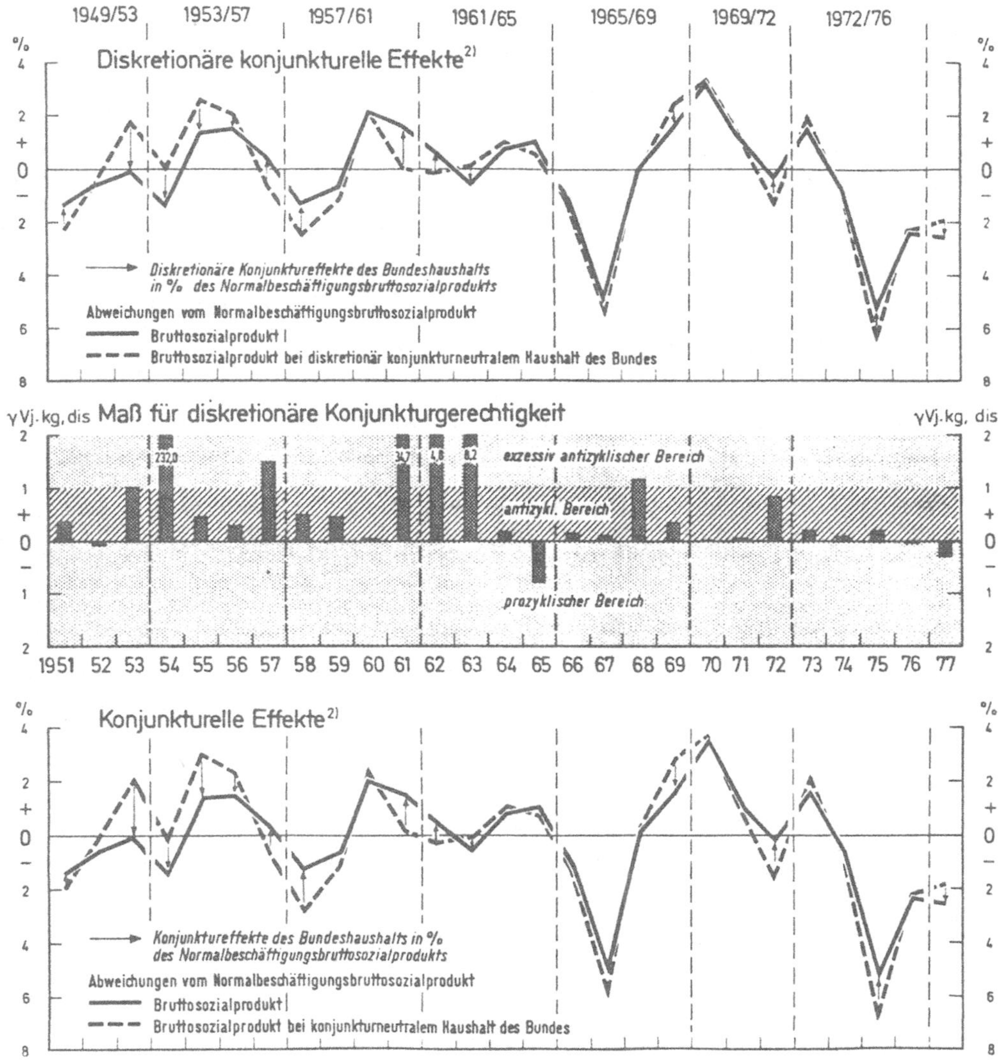

Quelle: IFO 1/1979

Im Budgetkonzept der "Fiskalindikatoren" des IFO werden diskretionäre Maßnahmen und die gesamten Einflüsse gesondert betrachtet. (23) Aus Schaubild 32 kann geschlossen werden, daß die diskretionären Impulse und Effekte den entscheidenden Einfluß ausgeübt haben. Insbesondere in Bezug auf expansive Konjunkturpolitik zur Schließung einer "deflatorischen" Lücke entfalten die diskretionären Maßnahmen ihre Wirkung (24).

Bei einer Betrachtung der Wirkungen im Krisenjahr 1975, wo der gesamte Konjunkturimpuls plus DM 44,2 Mrd. beträgt und zur Erreichung des Normalbeschäftigungs-BSP immer noch DM 60 Mrd. fehlen - wobei noch nicht gesagt ist, daß gleiche Beschäftigungskorrelationen wie in der Vergangenheit eintreten - wird deutlich, auf welche Dimension der Staatsausgaben und damit der Verschuldung, der Staat sich einlassen muß, um einer "Vollbeschäftigungsgarantie" gerecht zu werden.
In den Jahren 1967/1968 genügt - akzeptiert man die Kausalität - ein deutlich geringerer staatlicher Konjunkturimpuls, der sich bei genauerer Betrachtung als "Ankündigungseffekt" entpuppt, um einen sich selbst tragenden und verstärkenden Konjunkturaufschwung zu induzieren.

Aus diesem Vergleich können zwei (alternative) Folgerungen gezogen werden:
entweder sind staatliche Konjunkturimpulse in ihrer tatsächlichen Wirkung nur marginal und können den Wirtschaftsprozess nicht substantiell beeinflussen, oder von 1967 bis 1975 haben strukturelle Veränderungen stattgefunden,die eine vorwiegend quantitativ orientierte keynesianische Wirtschaftspolitik vor nicht zu lösende Rätsel stellen.
Beide Alternativen relativieren Ansätze, die Ausgabenprogramme fordern und mehr als kurzfristige Beschäftigungseffekte versprechen. Allenfalls die Bereitstellung von Mitteln zur Ausweitung der Beschäftigung im öffentlichen Sektor wäre eine Garantie, daß die finanziellen Anreize nicht ohne Beschäftigungseffekte (über Rationalisierungen) versickern.

Eine weitere Ausweitung des staatlichen Sektors - in Funktion und Beschäftigung - dürfte, so kann man aus den Erfahrungen der letzten Jahre schlußfolgern, strukturelle soziale und politische - und damit auch ökonomische - Veränderungen voraussetzen und bewirken.
Der bundesrepublikanische Staat geht - wie die 81er und 82er Sparprogramme zeigen - einen anderen Weg:
vom Vollbeschäftigungsversprechen zur differenzierten sozialen Demontage.

6. Zusammenfassung

Steigende Inflationsraten bewirken eine Verfälschung der ursprünglichen Intention des Steuersystems, indem niedrige Einkommensbezieher überproportional stärker belastet werden. Zusammen mit Sozialabgaben und indirekten Steuern ergeben sich 1979 schon bei einem durchschnittlichen Verdienst Abzüge, die zu einer Halbierung des Bruttoeinkommens führen.
Auf der staatlichen Einnahmenseite nimmt der Anteil der Lohnsteuer "progressiv" zu, während gleichzeitig direkte Kapitalsteuern annähernd bedeutungslos werden. Ende der 80er Jahre liegt ihr Volumen unter dem für Zinstilgung.
Seit Krisenbeginn beschleunigt sich die staatliche Kreditaufnahme und provoziert eine konservative Kritik, die mit zunehmender Verschuldung die Gefahr steigender Staatseinflüsse aufkommen sieht. Keynesianische Argumentationen verknüpfen die Staatsverschuldung mit dem Vollbeschäftigungsziel, ohne die politischen und sozialen Folgen und Konsequenzen dieses Prozesses zu explizieren. Trotz drastischer Zunahme des deficit-spending sinkt die reale Staatsquote und der investive Anteil der Ausgaben sinkt anteilsmäßig.
Dem kumulativen Zusammenwirken von hohen Zuschüssen an die BfA und steigender Zinsbelastungsquote und erneuter Verschuldung bei weiterhin reduziertem Wachstum,kann sich der Staat nur durch eine politische Neudefinition staatlicher Ausgabenbereiche und -kompetenzen entziehen. In den bisherigen Konsolidierungsprogrammen drückt sich dieser Vorgang bisher erst in Ansätzen aus. Analog zu den diskretionären Maßnahmen kann durch die Besteuerung, ebenso wie durch die Verschuldung, eine Begünstigung höherer Einkommensgruppen und Umverteilungseffekte zu den Selbständigen hin festgestellt werden.
Insbesondere in den Jahren der "Lohnoffensive" entlastet die Sekundärverteilung die Gewinne und reduziert die Löhne erheblich. Während stabilitätspolitische Maßnahmen in dieser Phase Verteilungskämpfe und Inflation zu entschärfen suchen, führen die erhöhten Abgaben, insofern sie antizipiert werden, zu einer Forcierung derselben. Mit dem Abflauen der Lohnkämpfe durch die ökonomische Krise wird dieser Zirkel durchbrochen, ohne daß der Umverteilungsprozeß gebrochen würde.
In Bezug auf die konjunkturellen Effekte bestätigt sich die Wirkungsform diskretionärer Maßnahmen; auf stark expansive Jahre 1974/75 folgen 1976/1977 leicht restriktive und in den Jahren danach wieder leicht ex-

pansive Impulse.

Offen bleibt letztendlich die Frage, ob diese Impulse zu gering waren oder ob strukturelle Veränderungen diese Mittel haben unwirksam werden lassen; und dieses Problem ist kein ökonomisch-technisches, sondern impliziert weitreichende Konsequenzen im politisch-sozialen und damit auch im strukturell-ökonomischen Raum, was "Alternativen", die auf Ausgabeausweitung setzen, zumeist vernachlässigen.

IX. Von der Marginalisierungspolitik zur sozialen Entflechtung der Ökonomie

Ungeachtet des vordergründigen Scheiterns der Wirtschaftspolitik, die eine Periode reduzierten Wachstums und Massenarbeitslosigkeit nicht verhindern kann, liegt der eigentliche "Erfolg" staatlicher Krisenbewältigungspolitik (und damit auch der Wirtschaftspolitik) in der Vermeidung von sozialen Unruhen und politischen Instabilitäten.
Durch eine spezifische Strategie, die mit Marginalisierungspolitik umschrieben werden kann, gelingt es den staatlichen Instanzen bisher, die sozialen und damit auch die politischen Auswirkungen der ökonomischen Krise zu begrenzen.
Marginalisierung bedeutet in diesem Zusammenhang die gezielte und regulierte Bewältigung von Krisenfolgen vermittels ihrer Abwälzung auf bestimmte soziale Gruppen, deren gesellschaftliche Artikulationsfähigkeit als gering eingeschätzt wird.
Nun ist diese Strategie nicht neu, ihre aktuelle Ausprägung gewinnt sie jedoch durch das konzertierte Zusammenspiel von Staat, Kapital und Gewerkschaften. Mit der Verlagerung von Problemfeldern an die gesellschaftliche Peripherie entsteht eine Verschiebung von Konfliktlinien. Insbesondere der Konflikt zwischen "Kapital und Arbeit" soll entschärft und kanalisiert werden. Am Beispiel der Arbeitsmarktpolitik und den veränderten Bedingungen der Sozialpolitik werden nachfolgend Elemente dieser Strategie beschrieben.
Die beschriebenen Maßnahmen in der Arbeitsmarkt und Konjunkturpolitik und die strukturelle Ausrichtung staatlichen Finanzgebarens lassen sich schwerlich als Vollbeschäftigungspolitik oder als Schritte in Richtung "sozialen Ausgleichs" interpretieren. Im Gegenteil: sie weisen im Ansatz eher auf eine konservativ-reaktionäre Politikvariante hin. Und tatsächlich stimmt die konservative Seite mit dieser Politik prinzipiell überein, ihr geht nur die Begünstigung des privaten Kapitals und der Prozesse der sozialen Disziplinierung und sozialen Entflechtung nicht schnell genug. Im Gegensatz zur Sozialdemokratie, die sich mit der Begründung ihrer Politik schwer tut und die sozialen Folgen eher zu vertuschen sucht, deckt eine konservative Argumentation diesen Prozess ideologisch und "theoretisch" ab.

1. Arbeitsmarktpolitik

Aus der Tatsache weiterhin bestehender Arbeitslosigkeit kann erst einmal geschlossen werden, daß arbeitsmarktpolitische Maßnahmen Arbeitslosigkeit nicht wesentlich haben abbauen können. Dennoch könnten die verschiedenen eingesetzten Mittel einen weiteren Anstieg der Beschäftigungslosigkeit verhindert haben. Neben diesem quantitativen Aspekt sollen im folgenden darüberhinaus vor allem die sozialen Intentionen und Folgen der jeweiligen arbeitsmarktpolitischen Maßnahmen durchleuchtet werden.

Während der Krise 1974/75 kommt es zu einer Wende in der Arbeitsmarktpolitik; mit der Verabschiedung des Arbeitsförderungsgesetzes (1969) war ehemals ein Wandel von der "Schadensbekämpfung" zur "Schadensverhütung" intendiert, der jetzt in der Krise wieder umgekehrt wird, so daß präventive Maßnahmen in den Hintergrund rücken.
Mit dem Anwerbestopp für ausländische Arbeitnehmer beginnt im November 1973 die "Bekämpfung" der entstehenden Massenarbeitslosigkeit. Im Jahre 1974 folgen drei Programme, die sowohl auf bestimmte regionale und strukturelle Probleme ausgerichtet sind als durch globale Nachfrageinduktionen das Niveau der Arbeitslosigkeit allgemein senken sollen (Dezember 1974).
Die Beschäftigungswirkungen dieser Programme sind - wie in Kapitel V ausgeführt - durchaus bescheiden, wobei insbesondere dem Zulageprogramm wegen der erfolgten Induktion von Rationalisierungsinvestitionen kontraintentionale Folgen zugemessen werden müssen.
Als kurzfristig beschäftigungswirksam kann das 75er Bauprogramm eingeschätzt werden; allerdings erfolgt aufgrund der andauernden Stagnation im Baugewerbe keine Umsetzung in langfristige Beschäftigungssicherung.

Expansiv steigende Staatsausgaben und trotzdem auf hohem Niveau verbleibende Arbeitslosigkeit mit Steuermindereinnahmen gegenüber den Schätzungen und der Zunahme von Kompensationsleistungen als Folge, konstituieren einen erheblichen defizitären Staatshaushalt.
Angesichts dessen und aufgrund eines sich anbahnenden Konjunkturaufschwungs schaltet die Bundesregierung nun auf restriktive Maßnahmen um.

Das 1976 in Kraft getretene Haushaltsstrukturgesetz (44 Mrd. DM Kürzung gegenüber den Plandaten), bringt auch für den Bereich der Arbeitsförderung einschränkende Maßnahmen, die den Formwandel der Arbeitsmarktpolitik für die folgenden Jahre ankündigen.

Neben der Erhöhung der Beitragssätze zur Arbeitslosenversicherung sind dies vor allem die Reduktion der Leistungen zur beruflichen Förderung, die Neudefinition der angebotenen Arbeit und der Wegfall der Arbeitslosenhilfe für Berufsanfänger.

Nachdem sich im Laufe des Jahres 1976 kein durchgreifender Abbau der Arbeitslosigkeit anbahnt, kommt es zu drei Sonderprogrammen mit selektiver Ausrichtung. Zum einen sollen verstärkt "Problemgruppen" vermittelt und zum anderen die regionale Mobilität der Arbeitslosen erhöht werden.
"1976 versuchten die Bonner Politiker der Arbeitslosigkeit dadurch Herr zu werden, daß sie mit 'Zuckerbrot und Peitsche' die Mobilität der Arbeitslosen steigern wollten. Durch verschiedene Beihilfen einerseits sollte der Ortswechsel erleichtert, durch höhere Sperrzeiten, Verschärfung der 'Zumutbarkeit' etc. die Ansprüche der Arbeitslosen gesenkt werden. Inzwischen ist es immerhin so, daß ein Arbeitsloser nach der Arbeitsaufnahme im Schnitt hundert Mark monatlich weniger verdient als vor seiner Arbeitslosigkeit. Die angestrebte 'Abwärtsmobilität' besteht also in der Tat. Der Einschnitt, der sich hier in der Arbeitsmarktpolitik abzeichnete, bestand darin, daß nun zum ersten Mal die Ursachen für Arbeitslosigkeit bei den Betroffenen selbst gesucht wurden. Man wollte - siehe Mertens - die bestehende Arbeitslosigkeit effizienter gestalten." (Frankfurter Rundschau 27.6.1981)

Von Prävention oder gar von Interventionen gegen Unternehmer kann keine Rede mehr sein, die Strategie der "Individualisierung" des Arbeitslosenproblems schlägt sich nun in den jeweiligen Maßnahmen um.
"Vor dem Hintergrund der akuten Beschäftigungslage fügen und ergänzen sich die getroffenen Änderungen zu einer Gesamtstrategie, die einerseits den nachfragemäßig definierten Arbeitsmarktforderungen entgegenkommt, ohne dabei andererseits die im Anspruchs- und Erwartungsniveau der Bevölkerung internalisierten sozialstaatlichen Leistungen soweit demontieren zu müssen, daß ihre loyalitätserhaltende und "friedenstiftende Funktion" zerbröckelt." (WSI 2/79, S. 74)

Das soziale Netz wird nicht global durchlöchert oder aufgeknüpft, sondern sozusagen restriktiv verfeinert. Dieser Prozess setzt bei den ohnehin am meisten benachteiligten Gruppen (Berufsanfänger, Dauerarbeitslose, etc.) an und pflanzt sich - wie die Diskussion um das 81er Sparprogramm wieder eindringlich demonstriert - allmählich in Richtung "Kernarbeitsbevölkerung" fort.
Ein mehrjähriges "Investitionsprogramm zur Verbesserung der Infrastruktur" (ZIP), 1977 in Kraft getreten, bildet den bisher letzten Versuch, über staatliche Investitionsprogramme Arbeitsplätze zu schaffen und

Tabelle 72:

Arbeitsmarktpolitik in den Krisenjahren

Nov. 1973	Anwerbestopp für ausländische Arbeitnehmer.
12. 12. 1974	Konjunktur- und beschäftigungspolitisches Programm («Programm stabilitätsgerechter Aufschwung») (600 Millionen DM) – Investitionszulage; Lohnkostenzuschüsse, Mobilitätszulagen, Ausdehnung des Kurzarbeitergeldbezugs; Vorziehung öffentlicher Investitionsausgaben.
27. 8. 1975	Konjunkturpolitisches «Programm zur Stärkung von Bau- und anderen Investitionen» (5,75 Milliarden DM), davon 0,6 Milliarden DM für Arbeitsbeschaffungsmaßnahmen (ABM).
10. 9. 1975	Haushaltsstrukturgesetz (1976–1979 Einsparungen von 44 Milliarden DM). ● Erhöhung der Beiträge zur Arbeitslosenversicherung, Stellenstopp und -streichungen im öffentlichen Dienst; Einschränkungen der Leistungen für berufliche Förderung, «Konkretisierung» des Zumutbarkeitsbegriffs; Sperrfristen bei Ablehnung von ABM-Jobs. ● Erhöhung von Verbrauchssteuern; Senkung von Sparprämien.
29. 1. 1976	Arbeitsmarktpolitisches Sonderprogramm (vor allem für Jugendliche) ● 100 Millionen DM für ABM, 100 Millionen DM für Förderung von Bildungsmaßnahmen für jugendliche Arbeitslose, 100 Millionen DM für Ausschöpfung von Bildungskapazitäten im öffentlichen Dienst.
1. 11. 1976	Sonderprogramm zur verstärkten Bereitstellung von Arbeits- und Ausbildungsstellen für Schwerbehinderte (100 Millionen DM).
10.11.1976	Arbeitsmarktpolitisches Sonderprogramm zur Förderung der Mobilität (430 Millionen DM). ● Mobilitätszulagen; Umzugs- und Einrichtungsbeihilfen; Eingliederungshilfen.
23. 3. 1977	«Programm Zukunftsvorsorge» (16 Milliarden DM). ● Verbesserungen im Verkehrswesen, Energiebereich, Verbesserungen der Wohnumwelt (80% der Mittel für Bauwirtschaft).
Mai 1977	Einführung der Arbeitserprobung und Probebeschäftigung.
25. 5. 1977	Maßnahmen zur Stützung der Bauwirtschaft und zur Bekämpfung der Arbeitslosigkeit. ● Fortsetzung des wohnungsbaupolitischen Regionalprogramms (360 Millionen DM); 600 Millionen DM für ABM (330 Millionen DM für Problemgruppen, 270 Millionen DM für Arbeitsplätze im sozialen Dienstleistungsbereich: Altenpflege zu Hause/Essen auf Rädern); 1600 neue Planstellen für Arbeitsvermittler und Berufsberater.
Juli 1977	Entlastungen bei der Vermögens-, Gewerbe-, Lohn- und Einkommenssteuer; Erhöhung der Mehrwertsteuer.
Okt. 1977	4. Novelle zum Arbeitsförderungsgesetz (AFG). ● Erleichterungen der beruflichen Förderung; Empfänger von Arbeitslosengeld, die vorübergehend geringer entlohnte Beschäftigung aufgenommen haben, werden nicht mehr benachteiligt; Arbeitslosengeld und -hilfe von Berufsanfängern der Ausbildungsvergütung angenähert; bei Ablehnung zumutbarer Arbeit Verkürzung der Dauer des Arbeitslosengeldanspruchs auf 11 Monate; Arbeitslosenhilfe muß jedes Jahr neu bewilligt werden.
27. 10. 1977	Gesetz zur Steuerentlastung und Investitionsförderung (Verbesserung der degressiven Abschreibung; Erhöhung von Freibeträgen).
Jan. 1978	2. Sonderprogramm für Schwerbehinderte (100 Millionen DM).
17. 2. 1978	«Programm zur Durchführung vordringlicher Maßnahmen zur Minderung der Beschäftigungsrisiken von Jugendlichen».
Mai 1978	Teilzeitarbeit für Beamte (Kabinettsentwurf). (Jeder Beamte soll 4–8 Jahre Teilzeitbeschäftigung beantragen können.)
Mai 1978	Investitionszulage für Investitionen im Forschungsbereich von 7,5% auf 15% erhöht.
Juli 1978	Konjunkturprogramm (13 Milliarden DM). Erhöhung des Grundfreibetrages, Reform des Einkommenssteuertarifs, Mehrwertsteuer von 12 auf 13%, Kindergelderhöhung; Wegfall der Lohnsummensteuer, Freibetrag der Gewerbeertragssteuer erhöht.
August 1978	«Runderlaß» der Bundesanstalt für Arbeit (nach längerer Arbeitslosigkeit auch Umzug zumutbar; Möglichkeit der Qualifikations-Abstufung).
April 1979	3. Sonderprogramm für Behinderte.
Mai 1979	«Schwerpunktprogramm zur Bekämpfung der Arbeitslosigkeit» (regionalspezifische Maßnahmen zur Einarbeitung und Eingliederung ungelernter und längerfristig Arbeitsloser).
Juni 1979	5. Novelle des Arbeitsförderungsgesetzes (AFG). (Kinderlose Eheleute haben keinen Anspruch mehr auf Teilzeitbeschäftigung; Arbeitslose können zu zumutbaren Bildungsförderungsmaßnahmen gezwungen werden; Beschränkung der Freizügigkeit; Wochenendpendeln, in Ausnahmefällen auch Umzug zumutbar; Zugang zur beruflichen Förderung für jugendliche Arbeitslose erleichtert).

Quelle: HARTEN/FLITNER 1980

Tabelle 73:

Kürzungen im Bereich Arbeit und Soziales nach dem Haushaltsstrukturgesetz, in Millionen DM	1976	1977	1978	1979
Kürzungen aufgrund gesetzlicher Maßnahmen insgesamt	6016	8586	9547	10505
davon im Bereich Arbeit und Soziales:				
1. Veränderung der Zuschüsse an die BA durch Erhöhung der Arbeitslosenversicherungsbeiträge von 2 auf 3%	3800	4600	4800	5000
2. AFG und Sonstiges im Bereich des BMAS	900	1465	1725	1880
darunter:				
Einschränkung der individuellen Förderung der beruflichen Fortbildung u. Umschulung	478	931	1127	1220
Wegfall von Kurzarbeitergeld für gesetzliche Feiertage	80	86	93	101
Wegfall des Zuschlags zum Schlechtwettergeld	32	32	32	32
«Beseitigung von Verzerrungen» bei der Bemessung des Arbeitslosengeldes	50	54	58	63
Konkretisierung des Begriffs der zumutbaren Beschäftigung	50	54	58	63
Streichung des Anspruchs auf Arbeitslosenhilfe für Schüler und Studenten, die bisher keine beitragspflichtige Beschäftigung ausgeübt haben	60	108	117	126
Summe 1 + 2:	4700	6065	6525	6880
(Handelsblatt 25. 9. 1975; Sörgel 1976, S. 406f)				

Quelle: Harten/Flitner, S. 34

gleichzeitig qualitative Investitionsschwerpunkte zu setzen.
Bei einem Volumen von insgesamt DM 16 Mrd. kann der Beschäftigungseffekt dieses Programms mit geschätzten 250.000 Arbeitsplätzen, wovon 80% auf die Bauwirtschaft entfallen, als gering bezeichnet werden. (1) Konträr zum ZIP erweisen sich der Rückgang staatlicher Investitionen und die restriktive Personalpolitik 1976/77, so daß mit dem Programm wahrscheinlich nur kompensatorische Effekte erzielt werden. (2)
Zusätzlich zum ZIP wird 1977 ein weiteres Arbeitsmarktprogramm (DM 600 Mio.) mit dem Schwergewicht auf Arbeitsbeschaffungsmaßnahmen verabschiedet. Ein Teil der Gelder (DM 270 Mio.) dient der Ausweitung von Arbeitsplätzen im Bereich der "Sozialen Dienste". (3)
Nicht zuletzt aufgrund der Erfahrungen des Mobilitätsprogramms von November 1976, das ziemlich erfolglos war (4), versucht die Bundesanstalt für Arbeit durch eine vierte Novelle zum Arbeitsförderungsgesetz die "Vermittlungsbereitschaft und -fähigkeit" von Arbeitslosen zu verbessern.

Neben der Lockerung der strengen Teilnahmevoraussetzungen bei der beruflichen Bildungsförderung, insbesondere für jugendliche Arbeitslose, enthält die Novelle im weiteren restriktive Bestimmungen, wie Reduktion des Arbeitslosengeldes und der Arbeitslosenhilfe für Berufsanfänger auf das Niveau der zuvor gezahlten Ausbildungsvergütungen; Sperrzeiten wegen "unbegründeter" Arbeitsaufgabe oder Ablehnung einer Arbeit werden zukünftig auf die Dauer des Arbeitslosengeldbezuges angerechnet, jährliche Überprüfung der Anspruchsberechtigung für den Bezug von Arbeitslosenhilfe. Bezweckt werden soll anscheinend die Verschärfung des Drucks auf Arbeitslose, jede angebotene Arbeit anzunehmen und zwar unter Inkaufnahme von geringerer Bezahlung, regionaler Veränderung und beruflicher Dequalifikation.

Ergänzt werden diese Restriktionen durch das Instrument der subventionierten Probebeschäftigung, d.h. einem Arbeitslosen wird probeweise eine befristete Arbeitsstelle vermittelt, währenddessen er weiterhin Arbeitslosengeld -hilfe bezieht (Arbeitserprobung), oder sein Arbeitgeber bekommt die Lohnkosten vom Arbeitsamt erstattet, falls er mit der Arbeitskraft nicht zufrieden ist (Probebeschäftigung). (5)

Hier wird unter dem Motto "Bei Nichtgefallen Umtauschgarantie oder Rückerstattung der Kosten" den Arbeitgebern die Personalauswahl subventioniert und die "Arbeitswilligkeit" der Arbeitslosen getestet. (6)

"Indem diese Regelungen systematische Leistungsvergleiche und nachfolgende Selektionen subventionieren, forcieren sie eine weitere Strukturierung der Arbeitslosigkeit." (WSI 2/79, S. 76)

Unterbrochen wird die Kontinuität restriktiver Anordnungen durch steuerpolitische Maßnahmen (1977, 1978, 1981), denen jedoch - wie VESPER vermutet - nur bedingt wirksame Beschäftigungseffekte zugemessen werden.

"Empirische Untersuchungen für die Bundesrepublik Deutschland haben gezeigt, daß die multiplikativen Wirkungen staatlicher Käufe deutlich über jenen Effekten liegen, die durch steuerpolitische Maßnahmen induziert werden." (DIW, 36/1978, S. 357)

Bezogen auf das Jahr 1978 beträgt der Beschäftigungseffekt dreier Programme (ZIP, Steueränderungsgesetz 1977 und Gesetz zur Steuerentlastung und Investitionsförderung) zwischen 140.000 und 200.000 Personen, bei einem Volumen von insgesamt DM 24 Mrd., d.h. der Preis für zusätzliche Beschäftigungsimpulse klettert in die Höhe, wobei insbesondere bei indirekten Maßnahmen wie den steuerlichen Entlastungen die Richtung und Qualität der Investitions- und Produktionserweiterung sich gänzlich staatlichem Einfluß entziehen.

Tabelle 74:

Beschäftigungswirkungen der Konjunkturprogramme für 1978
in 1000 Personen

	Rechnerische Wirkungen 1)	Schwelle f. arbeitsmarktrelevante Wirkungen		Nachfrage nach Arbeitskräften 2)	
		Variante I	Variante II	Variante I	Variante II
Land- und Forstwirtschaft	24	33	53	-	-
Energiewirtschaft, Bergbau	7	4	2	3	5
Verarbeitendes Gewerbe	110	.	.	42	69
Chemie, Mineralölverarbeitung	12	9	7	3	5
Steine und Erden	8	2	1	6	7
Metallerzeugung und -bearbeitung	10	16	29	-	-
Stahl-, Maschinen-, Fahrzeugbau	16	17	7	-	9
Elektrotechnik, EBM	17	12	5	5	12
Holz, Papier, Druck	13	7	3	6	10
Textilien, Leder und Bekleidung	20	9	7	11	13
Nahrungs- und Genußmittel	14	3	1	11	13
Bauwirtschaft	49	13	5	36	44
Handel	50	11	2	39	48
Verkehr	15	23	46	-	-
Nachrichtenübermittlung	5	5	5	-	-
Dienstleistungen 3)	40	16	7	24	33
Unternehmen insgesamt 3)	300	.	.	144	199

1) Ergebnis der Input-Output-Rechnung ohne Berücksichtigung von Produktivitätsreserven.- 2) Spalte 1 minus Spalte 2 (Variante I) bzw. Spalte 3 (Variante II), sofern sich positive Werte ergeben.- 3) Ohne Wohnungsvermietung.

Quelle: DIW 2/1978, S. 18

Aus der Tabelle lassen sich die sektoralen Auswirkungen der Programme ablesen: der überwiegende Teil entfällt auf Bauwirtschaft und Handel (52%), während auf das verarbeitende Gewerbe - dem größten Wirtschaftsbereich - nur 30 Prozent der Beschäftigungsinduktionen entfallen.
Diese Berechnungsmethode des DIW hat gegenüber offiziellen Angaben den Vorteil, daß branchenspezifische Schwellenwerte berücksichtigt werden. (7)
Selektive arbeitsmarktpolitische Maßnahmen beschränken sich 1978 auf ein Sonderprogramm für Schwerbehinderte - eine sogenannte Problemgruppe, die zunehmend stärker von der Arbeitslosigkeit betroffen ist. (8)
"Kritisch zu bemerken ist, daß die Zuschüsse des Staates nicht nur an Arbeitgeber gezahlt werden, die entweder nicht zur Beschäftigung von Behinderten verpflichtet sind oder ihrer Beschäftigungspflicht (6% ihrer Arbeitsplätze für Behinderte zur Verfügung stellen) bereits nachgekommen sind. Vielmehr können auch Arbeitgeber, die bisher unterhalb der 6%-Grenze geblieben sind, Zuschüsse erhalten, wenn auch nur in Höhe der Hälfte der vorgesehenen Beiträge. Bereits im ersten Programm waren 40% der begünstigten Arbeitgeber solche, die ihrer Beschäftigungspflicht nicht nachgekommen waren (Cramer, 1978, S. 63). Hierdurch werden die Intentionen des Schwerbehindertengesetzes unterlaufen. Insgesamt waren

1976 gegenüber den im Gesetz vorgeschriebenen Anteil von 6% nur 4,1% aller Arbeitsplätze mit Behinderten besetzt - was einer Zahl von 365 900 unbesetzten Pflichtarbeitsplätzen entspricht (BA 1978, S. 238)." (HARTEN/FLITNER, S. 45/6)

Fortgesetzt werden diese selektiven Maßnahmen durch ein Sonderprogramm für Regionen mit besonderen Beschäftigungsproblemen (1979), einem 3. Sonderprogramm für Schwerbehinderte (1979) und einem Sonderprogramm für arbeitslose Jugendliche ohne Hauptschulabschluß und für ausländische Jugendliche. (9)
Betrachten wir das 79er regionalorientierte Programm näher, lassen sich die Probleme und Ambivalenzen dieser selektiven Politik benennen:

Tabelle 75: regionales Sonderprogramm 1979

150 Mio. DM	für «Maßnahmen zur beruflichen Qualifizierung der Arbeitnehmer in Betrieben mit Anpassungs- und Umstellungsprozessen» (Übernahme der Lohnkosten zu 80 bis 100% für Umschulungs-, Fortbildungs- und andere Qualifizierungsmaßnahmen).
200 Mio. DM	für «Maßnahmen zur beruflichen Wiedereingliederung ungelernter sowie längerfristig Arbeitsloser durch Finanzierung der Einarbeitung und Qualifizierung am Arbeitsplatz» (Übernahme der Lohnkosten zu 90% bei der Einarbeitung, zu 70 bzw. 80% bei anschließender Eingliederung).
150 Mio. DM	für «Arbeitsbeschaffungsmaßnahmen zur Verbesserung der sozialen Dienste und der sozialen Infrastruktur» (Übernahme der vollen Lohnkosten im Bereich «Soziale Dienste» sowie pauschaler Zuschuß von 2000 DM bei der Beschäftigung längerfristig Arbeitsloser; Übernahme der Lohnkosten zu 80% im Bereich «Verbesserung der sozialen Infrastruktur», zu 100% bei der Beschäftigung längerfristig Arbeitsloser).

Quelle: HARTEN/FLITNER, S. 50

Dieses Programm wurde von der Bundesanstalt für Arbeit auf 860 Mio. DM aufgestockt.
Während der erste und zweite Programmpunkt recht zügig abläuft, entwickelt sich der dritte nur schleppend, d.h. es überwiegen eindeutig Mitnahmeeffekte, eine Eingliederung von "Problemarbeitslosen" erfolgt nur in geringem Ausmaß (10).
Selbst der SVR konstatiert zu den beiden anderen Programmpunkten:
"Innerhalb kürzester Frist waren die Mittel (rund 430 Mio. DM) für die Qualifizierung beschäftigter Arbeitnehmer, dem ersten Schwerpunkt, ausgeschöpft. Der überwiegende Teil dient dazu, diese Arbeitnahmer innerhalb des Unternehmens ohne formalen Abschluß weiterzubilden. Mittel für eine Ausbildung mit formalem Abschluß wurden nur in verhältnismäßig geringem Umfang beantragt, obwohl dafür höhere Zuschüsse gewährt werden.
Es wird vermutet, daß dieses in der Sache sehr sinnvolle Programm von vielen Betrieben dazu genutzt wurde, ohnehin geplante berufliche Lehrgänge für ihre Arbeitnehmer auf diese Weise finanzieren zu lassen." (SVG, 1980, S. 72)

und zu den Arbeitsbeschaffungsmaßnahmen:

"Es wird vermutet, daß häufiger als bei den sonst von der Bundesanstalt geförderten Arbeitsbeschaffungsmaßnahmen die Gemeinden geplante Projekte statt aus ihrem eigenen Etat mit diesen Mitteln finanzieren. " (ebenda, S. 73)

Die Beschäftigungswirkungen dieser Programme, wie sie offiziell angegeben werden, bleiben zweifelhaft. Ob tatsächlich neben Beschäftigungssicherung und befristeten Arbeitsplätzen auch zusätzliche Arbeitsplätze geschaffen werden, scheint fraglich. (11)

"Die Bundesanstalt weist hinsichlich ihrer arbeitsmarktpolitischen Maßnahmen daraufhin, daß dadurch im vergangenen Jahr die Zahl der Arbeitslosen um eine Viertelmillion gesenkt wurde, wovon 100 000 gesicherte Arbeitsplätze auf das Konto der Kurzarbeit gehen sollen. Doch ist dies tatsächlich eine Milchmädchenrechnung, denn die Entlastung fand hauptsächlich nur während der Zeit statt, in der die entsprechende Maßnahme dauerte, zusätzliche Dauerarbeitsplätze wurden insgesamt kaum geschaffen. Was erreicht wurde, war, größtenteils nur eine Lenkung des 'Verteilungskampfes' zwischen den einzelnen Gruppen des Arbeitsmarktes zugunsten der Problemgruppen." (FRANKFURTER RUNDSCHAU v. 27.6. 1981)

Durchgreifender und konsequenter entwickelte sich die "Verbesserung der Vermittlungstätigkeit" der Arbeitslosen, die - als Individuum - immer mehr als das eigentliche Problem hervorgehoben werden. (12) Der Einzelne wird zum Schuldigen für seine Arbeitslosigkeit deklariert.
Mit der 5. Novelle zum AFG soll eine weitere "Anpassung" der Arbeitslosen an die Arbeitsmarktbedingungen erzwungen werden.

Kernpunkt ist die Verschärfung der Zumutbarkeitsregel (13):

" - nach 6 Monaten Arbeitslosigkeit sollen 'Vermittlungsversuche auf der nächstunteren Qualifikationsstufe' unternommen werden; d.h. Hochschulabsolventen (Qualifikationsstufe A) können auf Facharbeiterpositionen vermittelt werden. Facharbeiter (B) in alle übrigen Beschäftigungen (C), also auch auf Hilfsarbeiterstellen.
- nach einem Jahr Arbeitslosigkeit können Arbeitslose der Qualifikationsstufe A auch direkt auf Stellen der Qualifikationsstufe C vermittelt werden;
- nach einem Jahr Arbeitslosigkeit ist die Aufnahme einer Beschäftigung zumutbar, die einen Umzug erfordert. Ausnahmen: wenn der Betroffene ein öffentliches Ehrenamt bekleidet, ein Kind im letzten Jahr der Schulausbildung hat oder unzumutbare Nachteile beim Verkauf eines Eigentums in Kauf nehmen muß." (aus HARTEN/FLITNER, S. 47)

Entmutigungseffekte dürften einen erheblichen Zugang zur sogenannten stillen Reserve bewirken, so daß sich neben dem Zwang fast jede angebotene Arbeit zu übernehmen oder gesperrt zu werden auch noch statistische Beschönigungen der Arbeitslosenziffern ergeben. (14)

Allerdings sollen die partiellen Verbesserungen dieser Novelle nicht unterschlagen werden (Erhöhung der Einarbeitungszuschüsse, Detailverbesserungen bei Kurzarbeitergeld, Konkursausfall- und Wintergeld, Verbesserung des Unterhaltsgelds für berufliche Bildungsmaßnahmen, verschärfte Mitteilungspflicht bei drohenden Massenentlassungen), die jedoch keinen Trendwechsel der Arbeitsmarktpolitik implizieren; auch diese Maßnahmen zielen auf Korrekturen der Angebotsseite.

"Im Grunde genommen bedeuten diese Regelungen eine Anpassung arbeitsmarktpolitischer Instrumente an eine veränderte Arbeitsmarktlage, die durch stärker in Erscheinung tretende Friktionen in den Angebots-Nachfrage-Strukturen gekennzeichnet ist." (WSI 2/79, S. 77)

Aber auch mit dieser 5. Novelle scheint noch kein Ende der Restriktionspolitik zu Lasten der Arbeitslosen in Sicht. Mit den Sparbeschlüssen der Bundesregierung im Herbst 1981 kommt es zu weiteren einschneidenden "negativen" Eingriffen in die Arbeitsförderung:

- strengere Voraussetzungen für den Bezug von Arbeitslosengeld (Verlängerung der Anwartschaft, Bemessungsgrundlage wird verringert)
- indirekte Kürzung des Arbeitslosengeldes durch Einbezug von AFG-Leistungen beim Lohnsteuerjahresausgleich
- nochmalige Verschärfung der Zumutbarkeit (Konkretion erfolgt bis 31. 3. 1982 durch die BfA)
- Verlängerung der Sperrzeiten
- Verschärfung der Folgen bei Verletzung der Meldepflicht
- Einschränkung zur Verhinderung der 59er Regelung
- Einschränkung der originären Arbeitslosenhilfe bzw. Abschaffung
- Reduktion der Mittel für berufliche Bildung
- Einschränkung der beruflichen Rehabilitation
- Begrenzung der ABM-Stellen
- Einschränkung der Förderung bei Arbeitsaufnahme
- wirksamere Bekämpfung illegaler Beschäftigung (15)

Sämtliche Einzelbestimmungen zielen auf eine - z. T. drastische - Verschlechterung der Position der Arbeitslosen.

Betrachten wir die Ausgabenentwicklung der sogenannten aktiven Arbeitsmarktpolitik (16) der Bundesanstalt näher, lassen sich nachfolgende Tendenzen feststellen:

- die Mittel für die berufliche Förderung nehmen nach Inkrafttreten des Haushaltsstrukturgesetzes (1976) absolut und relativ ab. Erst nach

Tabelle 76:

Ausgaben der Bundesanstalt für Arbeit im Rahmen der Arbeitsmarktpolitik

	1972	1973	1974	1975	1976	1977	1978	1979	1980[1])
					Mio DM				
Individuelle Förderung	1 770	1 771	2 057	2 801	2 135	1 460	1 601	2 201	2 712
Berufliche Ausbildung	281	238	211	277	260	303	332	326	448
Berufliche Fortbildung	298	233	265	374	288	217	291	375	458
Berufliche Umschulung	81	67	87	159	160	169	234	320	374
darunter: Einarbeitungszuschüsse	.	17	18	41	43	52	77	120	130
Unterhaltsgeld	1 110	1 233	1 494	1 991	1 427	771	744	1 180	1 433
Institutionelle Förderung der beruflichen Bildung	40	48	71	64	43	31	22	29	47
Förderung der Arbeitsaufnahme	114	142	123	186	272	382	600	763	835
darunter: Eingliederungsbeihilfen	.	9	17	100	186	266	459	616	–
Berufliche Rehabilitation[2])	199	315	393	434	452	479	554	1 049	1 097
Arbeitsbeschaffungsmaßnahmen	17	20	32	127	170	581	796	1 032	1 147
darunter: Arbeitsbeschaffungsmaßnahmen für ältere Arbeitnehmer	.	2	1	1	1	2	9	27	41
Zusammen	2 140	2 296	2 676	3 612	3 072	2 933	3 573	5 074	5 838
Leistungen für ganzjährige Beschäftigung im Baugewerbe[3])	716	1 420	1 409	1 120	1 262	1 367	1 486	2 205	1 828[4])
Kurzarbeitergeld	279	74	677	2 207	989	594	596	334	569
Insgesamt	3 135	3 790	4 762	6 939	5 323	4 894	5 655	7 613	8 235
					Anteil in vH				
Individuelle Förderung	*56,4*	*46,7*	*43,2*	*40,4*	*40,1*	*29,8*	*28,3*	*28,9*	*32,9*
Berufliche Ausbildung	*9,0*	*6,3*	*4,4*	*4,0*	*4,9*	*6,2*	*5,9*	*4,3*	*5,4*
Berufliche Fortbildung	*9,5*	*6,1*	*5,6*	*5,4*	*5,4*	*4,4*	*5,1*	*4,9*	*5,6*
Berufliche Umschulung	*2,6*	*1,8*	*1,8*	*2,3*	*3,0*	*3,4*	*4,1*	*4,2*	*4,5*
darunter: Einarbeitungszuschüsse	.	*0,4*	*0,4*	*0,6*	*0,8*	*1,1*	*1,4*	*1,6*	*1,6*
Unterhaltsgeld	*35,4*	*32,5*	*31,4*	*28,7*	*26,8*	*15,7*	*13,1*	*15,5*	*17,4*
Institutionelle Förderung der beruflichen Bildung	*1,3*	*1,3*	*1,5*	*0,9*	*0,8*	*0,6*	*0,4*	*0,4*	*0,6*
Förderung der Arbeitsaufnahme	*3,6*	*3,7*	*2,6*	*2,7*	*5,1*	*7,8*	*10,6*	*10,0*	*10,1*
darunter: Eingliederungsbeihilfen	.	*0,2*	*0,4*	*1,4*	*3,5*	*5,4*	*8,1*	*8,1*	–
Berufliche Rehabilitation[2])	*6,3*	*8,3*	*8,3*	*6,2*	*8,5*	*9,8*	*9,8*	*13,8*	*13,3*
Arbeitsbeschaffungsmaßnahmen	*0,5*	*0,5*	*0,7*	*1,8*	*3,2*	*11,9*	*14,1*	*13,5*	*13,9*
darunter: Arbeitsbeschaffungsmaßnahmen für ältere Arbeitnehmer	.	*0,0*	*0,0*	*0,0*	*0,0*	*0,0*	*0,1*	*0,3*	*0,5*
Zusammen	*68,3*	*60,6*	*56,2*	*52,0*	*57,7*	*59,9*	*63,2*	*66,6*	*70,9*
Leistungen für ganzjährige Beschäftigung im Baugewerbe[3])	*22,8*	*37,5*	*29,6*	*16,1*	*23,7*	*27,9*	*26,3*	*28,9*	*22,2*
Kurzarbeitergeld	*8,9*	*1,9*	*14,2*	*31,8*	*18,6*	*12,1*	*10,5*	*4,4*	*6,9*
Insgesamt	*100*	*100*	*100*	*100*	*100*	*100*	*100*	*100*	*100*

[1]) Entsprechend dem Haushaltsplan der BA für 1980.
[2]) 1979 und 1980 wegen Änderung der Finanzierung nicht mit den Vorjahren vergleichbar.
[3]) Schlechtwettergeld, Wintergeld, Mehrkostenzuschüsse und sonstige Leistungen an Arbeitgeber und Arbeiter des Baugewerbes, die teilweise durch die Winterbau-Umlage im Baugewerbe finanziert werden.
[4]) Die tatsächlichen Ausgaben betrugen bis zum 31. August 1980 bereits 1 871 Mio DM.

Quelle; SVG

Inkrafttreten des Haushaltsstrukturgesetzes (1976) absolut und relativ ab. Erst nach der Erhöhung des Unterhaltsgeldes durch die 5. Novelle (1980) steigt der Anteil wieder. (17)

- auch der Anteil des Kurzarbeitergeldes geht - konjunkturell bedingt - nach der Krise 1974/75 zurück.
  Im engeren Sinn dürfte dieses Instrument nicht unter "aktive Arbeitsmarktpolitik" gefaßt werden, denn Kurzarbeit verdrängt Arbeitslosigkeit meist nur zeitlich und kann daher als Lohnersatzleistung klassifiziert werden. (18)

- deutlich zugenommen haben die Leistungen zur Förderung von Arbeitsaufnahmen (Lohnkostensubventionen) und für Arbeitsbeschaffungsmaßnahmen (ABM). Beide Instrumente sind nicht unumstritten:

"Von dem Sonderproblem der Rehabilitation einmal abgesehen (die unabhängig von der Arbeitsmarktlage dringend nötig ist), ist jedoch der qualitative und der quantitative Beschäftigungseffekt der Eingliederungsbeihilfen und der traditionellen Arbeitsbeschaffungsmaßnahmen nach allen Wirkungsanalysen, die wir kennen, von allen arbeitsmarktpolitischen Instrumenten am zweifelhaftesten." (SCHMID (1981), S. 25

Diese Politik der Arbeitsbeschaffung - vor allem die EB und EZ - auch charakterisiert als "Öffentliches Notstandsprogramm" (19), scheint mehr als zweifelhaft, denn einerseits werden Lohnbestandteile externalisiert ohne daß zusätzliche Arbeitsplätze geschaffen werden und andererseits ermöglicht es den Arbeitgebern eine Umschichtung von Arbeitslosen.(20)
"Indem diese Regelungen systematische Leistungsvergleiche und nachfolgende Selektionen subventionieren, forcieren sie eine weitere Strukturierung der Arbeitslosigkeit." (WSI 2/79, S. 76)

Einen ähnlichen Effekt dürften die ABM-Stellen bewirken, da diese "zusätzlichen" Stellen zeitlich befristet sind, so daß ABM-Posten bestenfalls eine zusätzliche Qualifizierung oder Probebeschäftigung darstellen. Darüberhinaus läßt sich ein ähnlich hoher Mitnahmeeffekt (insbesondere von Kommunen) vermuten. (21)
Wie läßt sich nun die Arbeitsmarktpolitik seit der Wirtschaftskrise einschätzen;

Bestimmender Trend scheint der Übergang und die nachfolgende Stabilisierung von einer präventiv angelegten, durchaus die Belange der Arbeitslosen berücksichtigenden zu einer umfassend durch Sanktionen geprägten und systematisch kontrollierenden Arbeitsmarktpolitik zu sein.
"Seit Beginn der Massenarbeitslosigkeit gewinnt dagegen ein gegenüber den Arbeitslosen äußerst rigides Anpassungssystem zunehmend an Bedeutung,

das vor allem über ausgebaute und systematisierte Kontroll- und Sanktionsmechanismen funktioniert." (WSI 2/79, S. 78)

Analog bzw. parallel zur (offiziellen) individuellen Schuldzuweisung vollzieht sich durch diese Politik die Fortsetzung der sozialen Differenzierung der Arbeitslosen. Einzelunternehmerische und staatliche Personal- und Arbeitsmarktpolitik greifen funktional ineinander und "lösen" das Problem durch soziale Marginalisierungsprozesse.
Die verstärkte Abwälzung der Dauerarbeitslosigkeit auf sogenannte Problemgruppen (22) wiederholt in spezifischer Weise die gesellschaftlich bestimmenden Momente von sozialer Hierarchie und Ausgrenzung und individueller Problemverarbeitung und verschlechtert deren Lebenssituation und -perspektive zusätzlich, indem ihnen ideologisch und realiter der Status des "Überflüssigen" zugeschoben wird. (23)
Angelehnt an die neoklassische Idee der Angebotsverbesserung wird eine Arbeitsmarktpolitik betrieben, die sich gänzlich an einzelunternehmerische Strategien angepaßt hat.
"Soweit man überhaupt von einer beschäftigungspolitischen Strategie der Bundesregierung sprechen kann, so besteht sie in dem Vertrauen in die Mechanismen der marktwirtschaftlichen Selbstteilungskräfte, die insbesondere eine Stärkung der privaten Investitionen, stärkere außenwirtschaftliche Orientierung, forcierte Durchsetzung des technischen Fortschritts, insgesamt eine Mobilisierung der Wachstumsdynamik von Gewinnen, Investitionen, Sozialprodukt und Beschäftigung bewirken sollen. " (Memo (1980), S. 185

Unterschlagen wird in dieser Argumentation die durchaus bewußte staatliche Strategie der "sozialen Disziplinierung", die - in Gleichklang mit Kapitalstrategien - versucht, der sich seit den 60er Jahren ausbreitenden "sozialen Aufmüpfigkeit" - offiziell als Anspruchsinflation deklariert - zu begegnen. (24), (25)
Nicht die Ursachen der Arbeitslosigkeit bzw. ihre Beseitigung stehen im Zentrum arbeitsmarktpolitischer Erwägungen und Maßnahmen, sondern die Effektierung der Verwaltung der Arbeitslosigkeit und die soziale Strukturierung der Arbeitslosigkeit.
Schuld an der Arbeitslosigkeit ist gemäß dieser Logik der Einzelne bzw. seine mangelnde Qualifikation oder Mobilitätsbereitschaft oder sein fehlender Arbeitswille; insofern gilt es - staatlicherseits - den Arbeitslosen zu kontrollieren, zu sanktionieren, ihn den Bedürfnissen des Arbeitsmarktes "anzupassen".

Bezweckt wird jedoch nicht allein die "soziale Behandlung" der Arbeitslosen - es geht um mehr: durch die Veränderung des politisch-sozialen

Klimas sollen die sozialen, politischen und ökonomischen Rahmenbedingungen der Gesellschaft korrigiert werden; Lohnverzicht bzw. -reduktion und Verbesserung der Arbeitsdisziplin markieren die Kernpunkte der ökonomisch-materiellen Seite dieser Intention, soziale Unterordnung und Akzeptieren der gesellschaftlichen Hierarchieformen die politisch-soziale Seite.

Die Ergebnisse der sogenannten aktiven Arbeitsmarktpolitik bestätigen diese Einschätzung. Aktive Arbeitsmarktpolitik seit 1974 bedeutet nicht:

- die Beseitigung des Defizits an Arbeitsplätzen, wie die Entwicklung seit 1975 eindringlich demonstriert
- und schon gar nicht, daß Arbeitsmarktkrisen gemildert oder abgebaut werden
- eine angemessene finanzielle Absicherung der meisten Arbeitslosen
- den Versuch, unternehmerische Personalpolitik interventionistisch und strukturell zu beeinflussen
- die soziale und gesellschaftliche Integration der Arbeitslosen.

Im Gegenteil: die sozialen und psychischen Probleme der Betroffenen werden verstärkt und zur Zielscheibe ideologischer Schuldzuweisung - und die Gegenwehr der Arbeitslosen bleibt vereinzelt und kann sich weder sozial noch politisch artikulieren.

"Die Freisetzung aus dem gewohnten Lebensrhytmus in seinem Wechsel von Arbeit und Freizeit, der Verlust sozialer Rollenfunktionen, die Erfahrung individueller Ohnmacht, die Verunsicherung der Lebensperspektive und sozialen Identität bilden ein Geflecht von Belastungsfaktoren, das auf die meisten Menschen demoralisierend wirkt. Die finanziellen und psychosozialen Belastungen erzwingen eine Verengung des Interessen- und Handlungsfeldes auf die unmittelbaren Lebensbezüge, so daß eine kontinuierliche und längerfristige Perspektive - wie sie die Einbindung in eine politische Organisation fordert - nicht aufbauen kann. Die Transformation der ökonomischen in eine individuelle Krise löst daher nicht nur Wut und Empörung - wie in der Verelendungstheorie angenommen - sondern auch Angst und Resignation aus. Das aber sind schlechte Vorbedingungen für die Weckung eines politischen Engagements. Die Erschütterung der Alltagsroutine im Falle der Arbeitslosigkeit erhöht nicht nur den Handlungsdruck, sondern auch die Komplexität sozialer Realität. Deren Undurchschaubarkeit begünstigt die Ausbildung regressiver Verhaltensmuster, die eine Abkapselung von der als bedrohlich erfahrenen Umwelt, den Aufbau vereinfachender Deutungsmuster und Feindbilder, Angst und den Verzicht auf explorative Neugierde und Phantasie zugunsten des vorsichtigen Rückgriffs auf 'erprobte' Lebensstrategien." (Wacker, Prokla 35, S. 63/64)

Bei Andauern der Arbeitslosigkeit kommt aber auch der Staat als "Sozialstaat" (26) nicht nur an eine materielle Grenze (27); die Sicherung der politisch-sozialen Stabilität der Gesellschaft scheint gefährdet. Für den Staat gilt es, die soziale Krise - denn ökonomische Krisen sind immer auch soziale - einzudämmen bzw. mögliche Folgen zu kanalisieren. (28)

Diese Eindämmung der sozialen Krise schließt auch die materielle Absicherung der Betroffenen bis zu einem gewissen Grad ein und wirkt somit kontraintentional zur ökonomischen Reinigungsfunktion der Krise. "Der Sozialstaat wird zum Problem für sich selbst." (VORUBA 1978, S. 148)
Die Durchbrechung dieses Zirkels scheint Intention der restriktiven Arbeitsmarktpolitik seit 1976: sowohl durch die Minimierung kompensatorischer Leistungen als auch durch den Einsatz von Instrumenten der sozialen Disziplinierung.

Tabelle 77: **Überblick über einige Folgen und Wirkungen der staatlichen Arbeitsmarktpolitik während der Krise**

	1973	1974	1975	1976	1977	1978
Anteil der Leistungsempfänger an den reg. Arbeitslosen – in %, Angaben jeweils für Sept.*		85	86	83	80	77
Stille Reserve – in Tsd.	156	206	480	561	609	642
Sperrzeiten – in Tsd.	59	145	240	261	292	331
– davon nach § 119 (1) Nr. 2 bis 4 AFG**	9	22	44	62		74
Entlastungswirkungen arbeitsmarktpolitischer Maßnahmen auf dem Arbeitsmarkt – in Tsd.	78	135	273	199	154	167
– davon: 1. Kurzarbeit	7	48	147	63	36	33
2. ABM	3	6	30	58	61	77
3. Förderung der beruflichen Bildung	68	81	96	78	57	57
Gesamtausgaben der BA – in Mio. DM	6,8	10,4	17,8	15,9	15,1	
– davon für aktive Arbeitsmarktpolitik – in %	30,2	28,6	30,2	22,7	20,2	

* Zur Berechnung des Anteils der Leistungsempfänger: In der amtlichen Statistik der BA werden regelmäßig die Arbeitslosen und Bezieher von Arbeitslosengeld und -hilfe aufgeführt; deren Anteil lag im Mai 1977 bei 60,9% aller registrierten Arbeitslosen. Dazu müssen noch jene Arbeitslosen berücksichtigt werden, die Unterstützung beantragt haben, aber noch nicht beziehen – im Mai 1977 waren das 23,5% aller Arbeitslosen, so daß ein Anteil von 15,6% verbleibt, die keine Leistungen erhalten. Dieser Anteil ist etwas höher anzusetzen, weil erfahrungsgemäß 10% der Anträge auf Leistungsbezug abgelehnt werden (vgl. Karr 1978).
** Ablehnung zumutbarer Arbeit oder einer «notwendigen Maßnahme zur beruflichen Fortbildung und Umschulung».

(MittAB 1/1979; Seifert 1978; Karr 1978; ANBA; eigene Berechnungen)

Quelle: HARTEN/FLITNER 1980

2. Sozialstaat und ökonomische Krise

a) Skizze der sozialen Sicherung

Wirtschaftliche Properität und integrierte Arbeiterklasse ermöglichen in der Bundesrepublik den Auf- und Ausbau eines umfangreichen Systems der "sozialen Sicherung", des sogenannten sozialen Netzes.

Solange der kapitalistische Wachstumsprozess relativ krisenfrei verläuft (1), kann sich der Sozialstaat materiell und ideologisch als soziales Netz für die Betroffenen darstellen, da die geringe Inanspruchnahme und die quantitative Zunahme der Leistungen seine soziale und disziplinierende Funktion verdecken. Diese Funktion liegt wesentlich - wie WAGNER belegen kann - in der sozialen Differenzierung und Hierarchisierung der Betroffenen. (vgl. WAGNER- 1981)
Darüberhinaus hat der Sozialstaat legitimatorische Funktion: er wird zum politischen Inhalt der Massendemokratie (HABERMAS), was einem <u>globalen</u> Abbau sozialstaatlicher Leistungen politische Grenzen setzt.

In Anbetracht dessen kommt dem Sozialstaat eine doppelte Funktion zu: einerseits materielle Kompensation für aus dem Arbeitsprozess vorübergehend oder für immer Ausgeschlossene zu sein und andererseits durch seine inneren Strukturregeln, den sozialen Differenzierungs- und Hierarchisierungsprinzipien des ökonomischen Systems zu entsprechen. Idealtypisch wird hierdurch eine für das ökonomische System disfunktionale Wirkung des Sozialstaats verhindert. Erst in Perioden mit relativ hohem Beschäftigungsstand oder sogar Arbeitskräftemangel verliert die sozial disziplinierende Funktion für einen großen Teil der Betroffenen an Wirkung, die nun die sozialen Sanktionsmechanismen des ökonomischen Systems durch Inanspruchnahme sozialstaatlicher Leistungen zumindest kurzzeitig außer Kraft setzen können.

Schaubild 33: Inanspruchnahme sozialer Sicherungssysteme

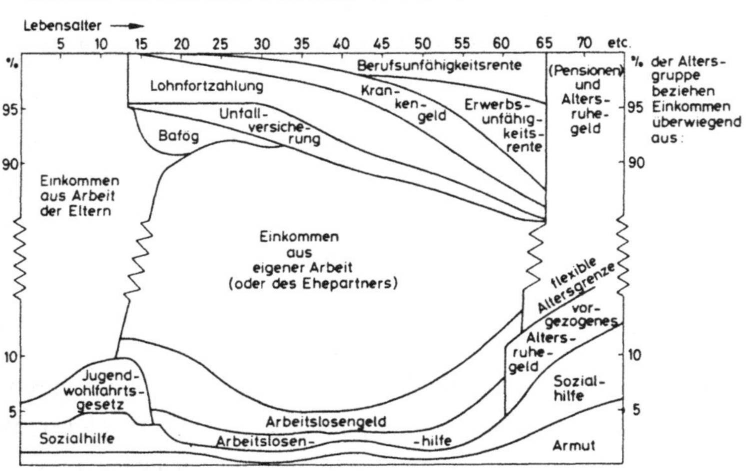

Quelle: WAGNER (1980), S. 88

Schaubild 34: Das soziale Netz

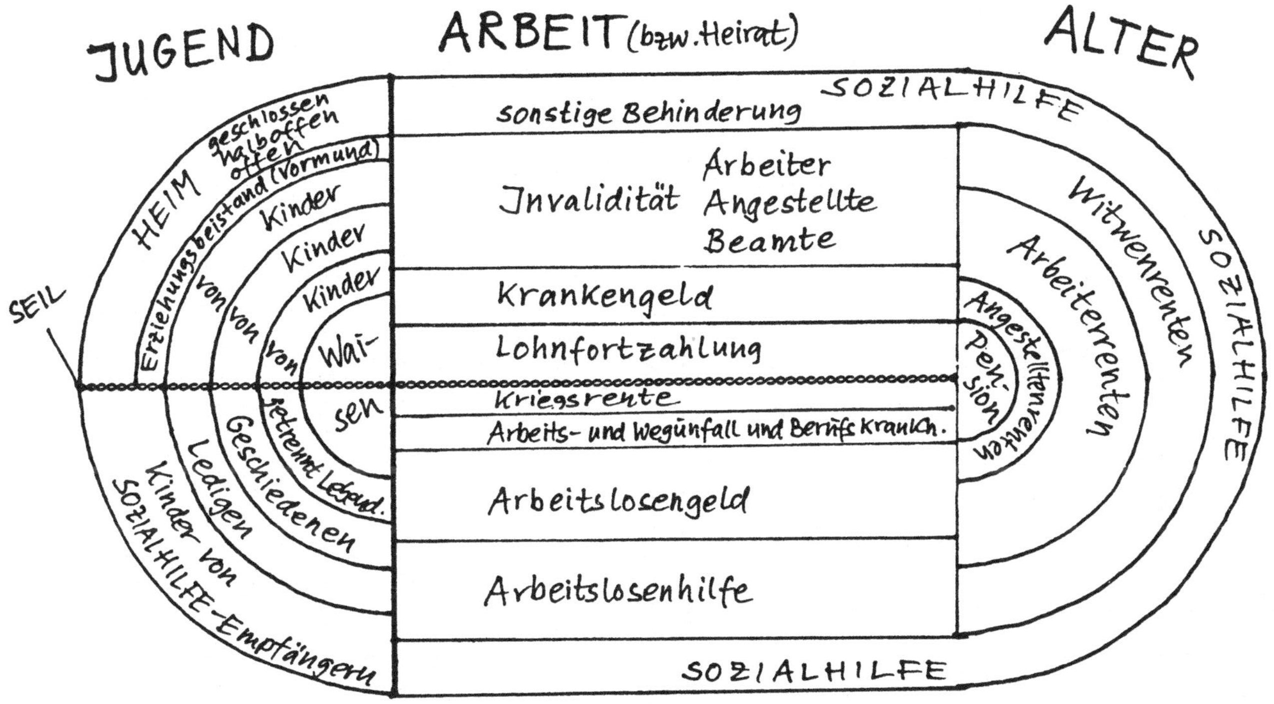

Quelle: WAGNER 1981

Aus dem Schaubild ist ersichtlich, in welchem Ausmaß die jeweiligen Altersgruppen Einkommen aus dem sozialen Sicherungssystem beziehen.

"Am unteren Segment des Schemas läßt sich die abgestufte Sanktionswirkung der sozialpolitischen Sicherungssysteme noch am besten verdeutlichen: es sieht im Vergleich zu den anderen Segmenten dünn aus. Doch hat es ähnlich wie das Krankenversicherungssystem eine Kiemenfunktion: Große Mengen von Menschen strömen durch das System hindurch und nur ein relativ geringer Anteil von ihnen wird herausgefiltert, die dann als Randgruppen den Sanktionen der weiteren vom Arbeitsprozess entfernten Reintegrationsmechanismen ausgesetzt werden." (WAGNER, 1980, S. 89/90)

Arbeitslosengeld und -hilfe, Kurzarbeitergeld, Sozialhilfe und Lohnfortzehlung im Krankheitsfall werden in den 60er Jahren leistungsmäßig verbessert (2) - zu einer Zeit, wo relativ wenige mittel- und langfristig aus dem Arbeitsprozeß herausfallen und diese Leistungen in Anspruch nehmen.

Von der quantitativen Aufblähung der Sozialleistungsquote kann jedoch nicht auf eine (langfristige) qualitative Dimension des Sozialstaats im Sinne umfassender und hinreichender sozialer Absicherung geschlossen werden. (3)

Im Gegenteil: Sozialpolitik hat sich in keiner Phase ihres sozialen Kontroll- und Ausgrenzungsgehalts entkleidet. (4)

Hinzu kommt, daß der staatliche Beitrag zum Finanzbudget seit 1950 erheblich abnimmt und die Belastungen für die Lohnabhängigen steigen, d.h. , der Sozialstaat wird von den potentiellen Betroffenen - nämlich den lohnabhängigen Schichten - selbst bezahlt.

BELLERMANN konstatiert sogar eine Korrelation zwischen steigenden Lohnabzügen und stagnierenden Leistungen (5) - und zwar auch schon für die Zeit vor 1974/75.

Dennoch wirkt sich der sozialstaatliche Mechanismus der Kompensationsleistungen bei Arbeitslosigkeit, auch wenn dieser Prozeß im Vergleich zur Zeit vor 1974 unter dem Gesichtspunkt sozialer Ausgrenzung, Differenzierung und Disziplinierung abläuft (6), phasenweise kontraproduktiv auf den ökonomischen Zyklus aus.

Durch sozialstaatliche Maßnahmen wird die Funktion der Arbeitslosigkeit im Kapitalismus (7), Verbesserung der Arbeitsdisziplin und Lohndruck, abgeschwächt und zeitlich verzögert. Da große Teile der Arbeitslosen - insbesondere die kurzzeitig Arbeitslosen - (8) nicht bereit sind , kurzfristig Dequalifikation und/oder Lohnreduktion und/oder regionale und sektorale Veränderungen hinzunehmen, vollzieht sich der Prozess der allgemeinen Lohnsenkung in modifizierter Form (9).

Hierdurch sieht sich das Kapital gezwungen, zunehmend auf die Strategie der Substitution von Arbeit durch Kapital mittels Rationalisierungsinvestitionen zu setzen. Diese Strategie, die von Kapitalseite immer schon in Zeiten der Vollbeschäftigung und heftiger Arbeitskämpfe forciert wird, um die Abhängigkeit vom Faktor "Arbeit" zu verringern, bestimmt nun auch primär die Politik des Kapitals in der Krise - was sich empirisch in der steigenden Kapitalintensität ausdrückt.
Lohnsenkung vollzieht sich - erlaubt die gewerkschaftliche Stärke keinen umfassenden Reallohnabbau - in der Krise vorrangig über Lohnsummenreduktion, d.h. über Freisetzungen.
Ein in Zeiten prosperierenden Wachstums ausgebauter Sozialstaat konfligiert hiernach mit den Erfordernissen kapitalistischer Akkumulation und behindert den Selbstregulierungsmechanismus des ökonomischen Zyklus.

Soll der Sozialstaat einerseits soziale Folgeprobleme in ökonomischen Krisenzeiten auffangen, gerät er andererseits - oberhalb einer bestimmten Schwelle bezüglich der Leistungen, die in der BRD in den 70er Jahren erreicht scheint - in Widerspruch zur ökonomischen Funktion der Krise.
Die kapitalistische Lösung dieser Widersprüche, Rationalisierung und weitere Freisetzungen, die zu steigenden Sozialleistungen führen, bringt wiederum Folgeprobleme mit sich, die den Sozialstaat schnell an finanzielle Grenzen bringen, da die materielle Fundierung sozialstaatlicher Maßnahmen vom Zustand der Ökonomie abhängt.
"Gerade indem der Staat also sozialpolitisch interveniert, stört er ökonomische Funktionszusammenhänge und, da diese Grundlage seiner eigenen Handlungsfähigkeit sind, damit auch seine eigene Funktionsbereitschaft. Damit wird der Sozialstaat zum Problem für sich selbst. " (VOBRUBA, 1978, S. 148)
Kapitalismusimmanent sind Forderungen nach Sozialstaatsabbau aufgrund der beschriebenen Zusammenhänge nur konsequent und werden nach 1974 auch umgesetzt.

b) Kritik am Sozialstaat

Die durch Arbeitslosigkeit und reduziertes Wachstum bedingte staatliche Finanzkrise belastet weniger die Profite als vielmehr die Löhne. Wird von sekundärer Umverteilung gesprochen, so vollzieht sich dieser Prozess von den arbeitenden Lohnempfängern zu den Arbeitslosen und - wie erwähnt - zu den Gewinnen.

"Der starke Beschäftigungseinbruch hat schließlich zwei wesentliche Strukturverschiebungen innerhalb der öffentlichen Budgets mit sich gebracht. Zum einen stiegen die Sozialausgaben, hauptsächlich bedingt durch die erhöhten Zahlungen für die Arbeitslosen und für Sozialhilfe, scharf an (und damit auch die Staatsquote); zum anderen fand mit den Konjunkturförderungsprogrammen eine kräftige Umverteilung zugunsten der Kapitalbesitzer statt, und zwar infolge der teils offen (über Gewinnsubventionierung und Vermögenssteuersenkungen) teils indirekt (über Steuererleichterungen) sich auswirkenden Subventionierung der Gewinne." (MARKMANN /SIMMERT, S. 223)

Unabhängig von diesen Tendenzen gerät das gesamte staatliche Transfersystem in das Schlaglicht konservativer Kritik. Der Polemik vom "Griff in die eigene Tasche" (MERKLEIN) folgt der Vorschlag, den Sozialstaat radikal abzubauen. (10)

Zwar dürfte dieser Vorwurf nur bedingt stimmen (11), nicht abzustreiten ist jedoch die Zunahme der Belastungen auch für niedrige Einkommensbezieher.

"Auf der Finanzierungsseite des Transfersystems hat sich das Gewicht in Richtung auf die direkten Steuern und Sozialbeiträge verlagert. Dies führte dazu, daß die Arbeitnehmerhaushalte im unteren Einkommensbereich belastet, im oberen jedoch stärker belastet wurden. Darüberhinaus bestätigen die Ergebnisse, daß der Haupteffekt des Transfersystems in einer Umverteilung von Einkommensbestandteilen von der erwerbstätigen zur nicht erwerbstätigen Bevölkerung (Rentner, Pensionäre) besteht."(TRANSFER-ENQUETE-KOMMISSION, F.R. v. 2.7.1981)

Neben dem eindeutigen Umverteilungstrend von den Erwerbstätigen zu den Nicht-Erwerbstätigen läßt sich kein eindeutiges Bewertungsschema der Effekte des Transfersystems ausmachen. (12)

Monetäre und Realtransfers insgesamt betrachtet scheinen nicht unbedingt die kleinen Einkommensbezieher zu begünstigen. Generell läßt sich auch hier kein nivellierender Einfluß der staatlichen Sekundärverteilung feststellen.

SPERK vermutet sogar:

"Insgesamt zeigen die empirischen Hinweise eine deutliche Benachteiligung der unteren Einkommens- und Bildungsschichten, und es kann m.E. kein Zweifel daran bestehen, daß eine systematische Untersuchung aller Leistungsbereiche weitere Diskriminierungen ans Tageslicht brächte." (SPERK, 1978, S. 228)

Auch die "rechte" Sozialstaatskritik testiert dem Staat Ineffizienz bezüglich sozialer Umverteilung. (13) Allerdings verkehrt sich der Ausgangspunkt der Kritik; gemäß ihrer Ideologie halten sie Ungleichheit für eine anthropologische Größe und für erstrebenswert.

Als Konsequenz lehnen diese Autoren das soziale Transfersystem bezie-

hungsweise den erreichten Stand radikal ab. (14)
Ob eine Ausweitung des staatlichen (sozialen) Transfersystems wünschenswert ist, oder ob, solange die Primärverteilung nach den jetzigen Prinzipien erfolgt nicht Forderungen nach strukturellen Veränderungen (Richtung egalitärer Einkommen und qualitativer Ausrichtung) sinnvoller sind, läßt sich hier nicht beantworten: Zweifel seien angemeldet. Generell krankt die Diskussion um den Sozialstaat an der Reduktion auf seine quantitative Dimension.

Ein weiterer Aspekt wird bei der Debatte um das soziale System, insbesondere von "linken" Kritikern, häufig unterschlagen; Sozialstaat bedeutet nicht nur Inanspruchnahme von Leistungen sondern auch (vor allem) die staatliche Verwaltung und Kontrolle aller Lebensprozesse.

Aus diesem Blickwinkel hat der Sozialstaat eine dreifache Wirkung:

"Zum einen wird durch die bürokratische (Schein-)Betriebsamkeit der Schein tatsächlicher Problemlösungen erzeugt. Die 'Politiker' und die nichtbetroffenen Bürger sind zufriedengestellt.
Zum zweiten wird ein Problem, ist es einmal zum Amts- 'Vorgang' geworden, eben nicht in seiner Gesamtheit zur Kenntnis genommen. Die Betroffenen werden bürokratisch verhackstückt.
Drittens werden die Probleme individualisiert.
Indem die Einzelprobleme auf individuelle Ursachen zurückgeführt werden, ist der gesamte Problembereich wie Schutt an den Rand geschoben (das ist der genaue Sinn von 'marginalisiert'). In dieser Weise funktioniert die Bürokratie als ein aufwendiger, herrschaftsstabilisierender Verdrängungsmechanismus."(ALY (1981) in TAZ v. 26.8.1981)

Eine Ausweitung des Sozialstaats impliziert in der Tendenz eher eine Zunahme der "Verstaatlichung" der Menschen und nicht eine dauerhafte Besserstellung, auch wenn im Einzelfall sozialstaatliche Maßnahmen von existentieller Wichtigkeit sind.

Allerdings scheint die Konsequenz die ALY anspricht:

"Der Streit lohnt sich erst dann, wenn wir nicht einfach schreien 'mehr, mehr', und damit das Bestehende verherrlichen, sondern wenn wir uns (wie etwa die Hausbesetzer) überlegen, was wir selbst wollen, was anders werden soll - dann lohnt sich auch wieder der Streit ums Geld." (ebenda)

so richtig sie unter Berücksichtigung der oben angegebenen Zusammenhänge auf den ersten Blick wirkt, die sozialen Realitäten nur ungenügend zu erfassen.

Solange sich für die Mehrheit der Bevölkerung keine Perspektive im intendierten Sinne ergeben, bedeutet ein Abbau des Sozialstaats materielle Verschlechterungen für verschiedene Gruppen, ohne daß das reglementierende und disziplinierende Prinzip (durch quantitative Kürzungen) eingeschränkt wäre,

Eine auf soziale Gleichstellung abzielende Politikstrategie muß diese Widersprüche abwägen und konkrete Forderungen möglichst mit strukturellen Effekten füllen, um weder einer sozialen Entflechtung der Ökonomie noch einem Ausbau des staatlichen Kontrollsystems Vorschub zu leisten.

Unter Berücksichtigung der sozialen Folgen der Arbeitsmarktpolitik kann am Beispiel des Haushaltsstrukturgesetzes von 1975 und der"Sparprogramme" von 1981 verdeutlicht werden, wie der Staat implizite auf beide Momente abzielt bzw. sie funktional verbindet: soziale Entflechtung der Ökonomie mittels Abbau des Sozialstaats und soziale Disziplinierung.

c) Programme der sozialen Demontage

Sicherlich erreicht die staatliche Verschuldung 1974/75 - wie insbesondere der internationale Vergleich zeigt - keine (ökonomisch) bedrohlichen Ausmaße, dennoch reagiert die Bundesregierung mit einem Konsolidierungskonzept zur Verbesserung der staatlichen Finanzen.
Da zu diesem Zeitpunkt (September 1975) noch Aussicht auf einen erneuten Aufschwung/Boom besteht - zumindest wird dies offiziell suggeriert - spricht die Verabschiedung dieses Programms für die Vermutung, daß sich der Staat schon frühzeitig auf eine veränderte Situation einstellt und mit reduziertem Wachstum und einem höheren Arbeitslosensockel für die nächsten Jahre rechnet (15) bzw. diese Möglichkeit antizipiert.

Die Maßnahmen, die im September 1975 von der Bundesregierung verabschiedet und am 1.1.1976 und am 1.1.1977 in Kraft treten, berühren drei Punkte:
- Ausgabenkürzungen gegenüber dem Finanzplan 1974 bis 1978 für die Jahre ab 1976
  (Einsparungen: DM 5,1 Mrd. 1976 und DM 11,4 Mrd. 1977)
- Maßnahmen zur Verbesserung der Haushaltsstruktur (Haushaltsstrukturgesetz)
- Steuererhöhungen zum 1. 1. 1977 (Umsatzsteuer, Tabaksteuer, Branntweinsteuer).

Das Haushaltsstrukturgesetz hat den Anspruch, durch Abbau konsumtiver Ausgaben mittelfristig den Anteil der investiven Ausgaben zu erhöhen, ohne jedoch das "Netz der sozialen Sicherheit zu beeinträchtigen.

Das Gesetz umfaßt folgende Positionen:

- Sparmaßnahmen im öffentlichen Dienst (Streichung der Bewährungsbeförderung, Einschränkungen beim Ortszuschlag, Kürzungen bei den Verpflichtungsprämien bei Soldaten auf Zeit und bei Beamten des BGS):

	1976	1977	1978	1979
Mrd. DM	1,14	1,27	1,4	1,46

- stufenweiser Abbau des Aufwertungsausgleichs in der Landwirtschaft in sechs Stufen (die Regierungsvorlage hat vier Stufen vorgesehen):

	1976	1977	1978	1979
Mio. DM	205	445	715	1022

- Erhöhung des Beitrags zur Arbeitslosenversicherung um 1 Prozent (jeweils 0,5 Prozent für Arbeitnehmer und Arbeitgeber). Einschränkung der individuellen Förderung der beruflichen Fortbildung, Konkretisierung des Begriffs der zumutbaren Beschäftigung:

	1976	1977	1978	1979
Mrd. DM	4,7	6,0	6,5	6,9

- Bei der Sparförderung wird der Sparprämiensatz von 20% auf 14% der Wohnungsprämiensatz von 23% auf 18% gesenkt.

	1976	1977	1978	1979
Mio. DM	-	400	465	525

- Kürzungen im Bereich von Bildung und Wissenschaft zum einen im Bafög und zum anderen Umstellung des Grafög auf Darlehensbasis:

	1976	1977	1978	1979
Mio. DM	343	408	410	510

- und nicht zu vergessen der immense Abbau von Steuervergünstigungen und Subventionen

	1976	1977	1978	1979
Mio. DM	520	600	640	685

Insgesamt wurden folgende Einsparungen durch das Haushaltsstrukturgesetz bewirkt:

	1976	1977	1978	1979
Mrd. DM	7,9	12,2	11,5	12,6
Mrd. DM	5,1	6,6	11,4	(Kürzung der Haushaltssätze)

Zusammen mit den Kürzungen in den Haushaltsansätzen kommt es in den Jahren 1976 bis 1979 zu einer Reduktion der Gesamtausgaben von DM 67,3 Mrd. Ein Volumen, das beträchtlich den konjunkturellen Impuls der öffentlichen Haushalte einschränkt.
Der eigentliche Anspruch des Gesetzes, die investitiven Ausgaben anteilsmäßig zu erhöhen, wird nicht erreicht. Die Sparmaßnahmen betreffen in erster Linie die abhängig Beschäftigten in ihrer Gesamtheit, sie tragen die Hauptlast der Einsparungen. Besonders hart betroffen werden sogenannte Randgruppen (Arbeitslose, Studenten).
Vor allem sind die Arbeitslosen durch Bestimmungen des Gesetzes - die sich nicht nur quantitativ messen lassen - betroffen. Durch die weiter ausgelegte Definition der Zumutbarkeit wird die Dequalifikation von Arbeitskräften forciert und der Arbeitslose der Willkür der Arbeitsämter unterworfen, die durch interne Richtlinien die Zumutbarkeit festlegen. (16)
Da andererseits die befristete Streichung von Arbeitslosengeld und-hilfe rigider gehandhabt wird, verengt sich der Spielraum für den Arbeitslosen, eine ihm entsprechende Arbeit zu bekommen.

Schon aus der Struktur des Haushaltsstrukturgesetzes von 1975 ist die innere Logik der Konsolidierungsmaßnahmen auch der folgenden Jahre erkennbar: durch sozial differenzierte und gezielte Maßnahmen, die besonders hart vor allem Bevölkerungsgruppen aus den "peripheren" gesellschaftlichen Bereichen treffen, wird zum einen der Eindruck erweckt, als ob es sich nur um die Kürzung ohnehin überzogener Ansprüche handelt, d.h. soziale Ausgrenzungspraktiken werden ideologisch begründet und zum anderen bleiben Bevölkerungsgruppen aus den Kernbereichen weitgehend ungeschoren (bezogen auf die Substanz ihrer materiellen Reproduktion), so daß globale Legitimationsdefizite nicht befürchtet werden müssen bzw. eingegrenzt werden.

Fortgesetzt wird diese Politik in den nächsten Jahren mit Konsolidierungskonzepten im Bereich der Renten, der Bundesanstalt für Arbeit und des Gesundheitswesens. (17)

Einen vorläufigen Höhepunkt erfährt diese Strategie des differenzierten und gezielten Abbaus mit den Maßnahmen zur Haushaltssanierung 1981/1982.

Erforderlich werden diese Programme nach der offiziellen Lesart, da trotz der diversen haushaltsmäßigen Restriktionen seit 1975 die staatlichen Defizite nicht beseitigt werden konnten, sondern - im Gegenteil - auf neue Rekordhöhen angestiegen sind (1981 beträgt die Nettokreditaufnahme des Bundes mindestens DM 33,8 Mrd.).
In dieses haushaltspolitische Dilemma gerät der Staat durch das Zusammenwirken verschiedener Faktoren: die anhaltende Massenarbeitslosigkeit erfordert finanzielle Mittel über die Möglichkeiten der Bundesanstalt für Arbeit hinaus, so daß die staatlichen Zuschüsse beträchtlich erweitert werden müssen; durch die konjunkturelle Rezession 1981 kommt es zu Einnahmeverlusten; das seit 1975 anwachsende Niveau der Staatsverschuldung impliziert einen wachsenden Anteil von Zinsausgaben am Ausgabevolumen und da - wie die verschiedenen Steuerrechtsänderungen belegen - der Staat die Steuerquote nicht erhöhen will, bleibt als Ausweg, will der Staat nicht durch weitere Ausdehnung der Verschuldung das Risiko eines Eigendynamik entfaltenden Prozesses mit ungewissen sozialen und politischen Folgen ingangsetzen, nur der Weg der Ausgabenkürzung.
Ein erster - unzureichender - Versuch in Zusammenhang mit dem 81er und 82er Haushalt sieht folgende Haushaltsentlastung vor:

Tabelle 77 a:

Haushaltentlastung (Schätzung)[1]) in Millionen DM

	1981		1982		1983		1984	
	insgesamt	davon Bund	insgesamt	davon Bund	insgesamt	davon Bund	insgesamt	davon Bund
Abbau der Subventionierung des Ölverbrauchs	227	227	428	428	626	626	611	611
Verminderung der Sparförderung	—	—	—	—	950	510	1000	585
Abbau von Steuervergünstigungen in der Kreditwirtschaft	300	150	450	187	715	228	635	223
Kürzungen bei den Gemeinschaftsaufgaben	978	539	978	539	978	539	1078	589
Sonstiges	228	173	64	64	106	89	187	129
insgesamt	1733	1089	1920	1218	3375	1992	3511	2137
davon: Steuermehreinnahmen	307	157	465	202	990	356	970	375

[1]) Steuermehreinnahmen bzw. Minderausgaben gegenüber bisherigem Finanzplan

Quelle: Information der Bundesregierung zu Haushalt 1981

Ein beträchtlicher Teil entfällt auf die Reduktion der staatlichen Sparförderung, die sich erst im Jahre 1988 mit DM 2 Mrd. auswirkt.

"Die staatliche Sparförderung hat mit steigenden Masseneinkommen an Dringlichkeit eingebüßt. Auch bei den Beziehern kleinerer Einkommen ist die Sparfähigkeit in den letzten Jahren deutlich angestiegen. Die Einschränkungen sind daher vertretbar." Zitat: BUNDESHAUSHALT (1981)

In Anbetracht erhöhter Subventionszuwendungen für die gewerbliche Wirtschaft kann dieser offiziellen Begründung ein gewisser Zynismus nicht abgesprochen werden.

Unter den Kürzungen bei den Gemeinschaftsausgaben verbergen sich als größter Brocken Einschränkungen im Hochschulbau (18).

Auch die versprochene Rückkehr zur bruttolohn-bezogenen Rente wird durch das 21. Rentananpassungsgesetz zeitlich verzögert und durch Neuregelungen zum Krankenkassenbeitrag für Rentner zum Teil konterkariert, so daß die Renten keinesfalls nach dem alten Berechnungsmodus mehr erfolgen werden. (19)

Doch diese Maßnahmen erweisen sich als "Tropfen auf den heißen Stein"; die Neuverschuldung erreicht auch 1981 einen neuen Höchststand und die Bundesregierung legt ein weiteres Sparkonzept für die Jahre 1982 bis 1985 vor.

Ziele sind eine Beschränkung der Ausgabenzuwächse auf ca. 4 % jährlich und eine deutliche Verringerung der Nettokreditaufnahme:

Finanzplan 1981 - 1985

	1981	1982	1983	1984	1985	
Zuwachs:	+ 7,2	+ 4,2	+3,8	+ 3,7	+ 3,7	Mrd. DM
Neuverschuldung:	33,8	26,5	25,8	24,5	17,5	"

Trotz der konjunkturellen Rezession 1981 schaltet der Staat - im Gegensatz zu 1985 - auf einen insgesamt restriktiven finanzpolitischen Kurs um, der auch durch die beabsichtigte Stärkung investiver Ausgaben kaum kompensiert werden kann. Dieser Prozess kann - jenseits politischer Intentionen unter dem Deckmantel der Finanzkrise - als Eingeständnis für die Grenzen staatlicher Konjunkturbeeinflussung gewertet werden. In dieser Phase geht es der Bundesregierung nicht mehr um Konjunkturankurbelung um jeden Preis, sondern primär um Verhinderung sozialer Instabilitäten und haushaltspolitischer Risiken, d.h. um die Verwaltung und Finanzierbarkeit der sozialen und politischen Folgen reduzierten Wachstums. Das Gesamtvolumen der Einsparungen beträgt 1982 rund DM 15 Mrd. Von der Bundesregierung sind folgende Einzelbeschlüsse verabschiedet worden:

Tabelle 78: Sparbeschlüsse vom Herbst 1981

Auswirkungen der Ausgabenkürzungen (oder Einnahmeverzichte –) und Steuererhöhungen auf die öffentlichen Haushalte 1982 und 1985 in Millionen DM

	1982	1985
I. Konsolidierung der Arbeitsförderung insgesamt	**7 004**	**4 269**
darunter:		
geringere AFG-Leistungen	3268	3 713
höhere Beiträge zur AV	3 000	—
Leistungsverschiebung von BA	630	480
II. Kostendämpfung bei der Krankenversicherung	**83**	**83**
III. Gesetz gegen illegale Beschäftigung	**80**	**80**
IV. Bau-Förderung	**—184**	**—1 415**
V. Höhere Verbrauchssteuern	**2001**	**3 637**
davon:		
Tabaksteuer	1 400	2 700
Branntweinsteuer	350	550
Schaumweinsteuer	100	200
VI. Haushaltsstrukturgesetz	**6 004**	**6 817**
davon Ausgabenkürzungen insges.	4 001	4 917
Öffentlicher Dienst	1 373	1 801
Kindergeld	1 700	1 820
geringere RV-Beiträge für Wehrpflichtige	363	458
weniger Zuschüsse Altershilfe Landwirte	210	240
Wohngeld	82	148
davon Einnahmeerhöhungen	2 003	1 900
geringere Pensionsrückstellungen	—	2 300
kein Vorsteuerabzug für Firmenwagen	850	1 150
geringere Arbeitnehmer-Sparzulage	810	900
kein Haushaltsfreibetrag für Alleinst. über 49	400	515
höhere Abschreibung f. wirtsch. Güter	—550	—4 600
VII. Haushaltsverbesserungen insg.	**14 988**	**13 472**
davon: geringere Ausgaben	11 169	9 350
höhere Einnahmen	3 820	4 122

Schätzungen der Bundesregierung; AFG = Arbeitsförderungsgesetz; AV = Arbeitslosenversicherung; BA = Bundesanstalt für Arbeit,; RV = Rentenversicherung.

Quelle: DIE ZEIT vom 13.9.1981

noch Tabelle 78: Sparbeschlüsse vom Herbst 1981

Lfd. Nr.	Maßnahme	beim privaten Sektor insgesamt 1982—1985	1982	bei Arbeitnehmern[1] 1982—1985	1982	bei Selbständigen[1] 1982—1985	1982	bei Unternehmen/Betrieben 1982—1985	1982
	I. Operation '82 (Beschlüsse der Bundesregierung vom 3. 9. 1981)								
	Arbeitsförderungs-Konsolidierungsgesetz								
1.	Arbeitslosengeld, Arbeitslosenhilfe	— 5,006	—1,264	—4,226	—1,069	—	—	—0,780	—0,195
	darunter: Bemessung des Arbeitslosengeldes nach dem tariflichen Arbeitsentgelt bei Arbeitnehmern aus „Verwandten-Arbeitsverhältnissen"	—	—	—	—	—	—	—0,040	—0,010
	Änderung der „59er"-Regelung[2]	—	—	—	—	—	—	—0,740	—0,185
2.	Förderung der beruflichen Bildung[3]	— 5,657	—1,323	—5,377	—1,253	—	—	—0,280	—0,070
	darunter: Beschränkung des Einarbeitungszuschusses auf Arbeitslose und von Arbeitslosigkeit unmittelbar Bedrohte	—	—	—	—	—	—	—0,240	—0,060
	Festsetzung einer fiktiven Mindestausbildungsvergütung bei Ausbildung im elterlichen Betrieb	—	—	—	—	—	—	—0,040	—0,010
3.	Berufliche Rehabilitation (im wesentlichen Einschränkung des Übergangsgeldes)	— 1,524	—0,381	—1,524	—0,381	—	—	—	—
4.	Förderung der Arbeitsaufnahme	— 0,350	—0,080	—0,186	—0,042	—	—	—0,164	—0,038
	darunter: Herabsetzung der Höchstförderungsdauer für die Eingliederungsbeihilfe von 2 Jahren auf 1 Jahr[4]	—	—	—0,114	—0,024	—	—	—0,076	—0,016
	Herabsetzung des Höchstbetrages der Eingliederungsbeihilfe an Arbeitgeber von 80 auf 70 vH und der Regelförderung von 60 auf 50 vH des Tariflohns sowie degressive Staffelung der Leistung[4]	—	—	—0,072	—0,018	—	—	—0,048	—0,012
5.	Lohnkostenzuschüsse für die Einstellung älterer Arbeitnehmer[4]	— 0,320	—0,080	—0,192	—0,048	—	—	—0,128	—0,032
6.	Arbeitsbeschaffungsmaßnahmen (ABM)[5]	— 2,320	—0,355	—0,930	—0,142	—	—	—1,390	—0,213
7.	Kurzarbeitergeld[6]	— 0,280	—0,070	—	—	—	—	—0,280	—0,070
8.	Winterbauförderung	— 0,560	—0,140	—	—	—	—	—0,560	—0,140
9.	Änderung von Beitragsregelungen[7]	— 6,125	—2,830	—3,062	—1,415	—	—	—3,062	—1,415
	darunter: Erhöhung des Beitrags zur Bundesanstalt für Arbeit von 3 auf 4 vH (bei gleichzeitiger Verminderung des Beitrags zur Rentenversicherung um 0,5 vH)[8]	— 6,025	—2,825	—3,012	—1,412	—	—	—3,012	—1,412
10.	**Gesetz zur Bekämpfung der illegalen Beschäftigung**	— 0,640	—0,180	—0,320	—0,100	—	—	—0,320	—0,080
	darunter: Wirksamere Bekämpfung illegaler Beschäftigung	—	—	—	—	—	—	—0,320	—0,080
	Einschränkung der Sprachförderung nach der Sprachförderungsverordnung für Aussiedler, Asylbewerber und Kontingentflüchtlinge	—	—	—0,320	—0,100	—	—	—	—
11.	**Kostendämpfungs-Ergänzungsgesetz**	— 0,336	—0,084	—0,336	—0,084	—	—	—	—
	darunter: Leistungseinschränkung im Hinblick auf die Heilbehandlung in der Kriegsopferversorgung[9]	—	—	—0,034	—0,009	—	—	—	—
	Leistungseinschränkung im Hinblick auf die Heilbehandlung bei der Bundesknappschaft[9]	—	—	—0,260	—0,065	—	—	—	—
12.	Einführung des Krankenversicherungsbeitrags für Rentner ab 1. 1. 1985[10]	— 1,500	—	—1,425	—	—0,075	—	—	—
13.	Verbrauchsteueränderungsgesetz (im wesentlichen Erhöhung der Tabaksteuer, Branntweinsteuer, Schaumweinsteuer)[11]	—11,305	—1,850	—9,609	—1,572	—1,696	—0,278	—	—
14.	Neuntes Gesetz zur Änderung des Bundeskindergeldgesetzes (Einschränkungen und strukturelle Änderungen beim Kindergeld)[12]	— 7,221	—1,711	—6,030	—1,428	—1,191	—0,282	—	—
	Zweites Haushaltsstrukturgesetz								
15.	Bundesbesoldungsgesetz	— 7,277	—1,303	—7,277	—1,303	—	—	—	—
16.	Bundesausbildungsförderungsrecht (gezieltere Förderung im BAföG-Bereich)[13] [14]	— 0,378	—	—0,310	—	—0,068	—	—	—
17.	Gesetz über die Krankenversicherung der Studenten[15]	— 0,170	—0,040	—0,125	—0,030	—0,045	—0,010	—	—
18.	Reichsknappschaftsgesetz	— 0,040	—0,010	—0,040	—0,010	—	—	—	—

noch Tabelle 78:

Lfd. Nr.	Maßnahme	beim privaten Sektor insgesamt 1982—1985	1982	bei Arbeitnehmern[1] 1982—1985	1982	bei Selbständigen[1] 1982—1985	1982	bei Unternehmen/ Betrieben 1982—1985	1982
19.	Gesetz über die Altershilfe für Landwirte	—0,330	—0,105	—	—	—	—	—0,330	—0,105
20.	Mutterschutzgesetz[16)]	—0,080	—0,020	—0,068	—0,017	—0,012	—0,003	—	—
21.	Bundesversorgungsgesetz[16)]	—0,200	—0,050	—0,170	—0,042	—0,030	—0,008	—	—
22.	Einschränkung der Sparförderung (einschließlich Einschränkung des Wohnungsbau-Prämiengesetzes und des Kapitalerhöhungssteuergesetzes)[17)]	—4,443	—0,923	—3,922	—0,895	—0,521	—0,028	—	—
23.	Wohngeldgesetz (Reduzierung der Aufwendungen für das Wohngeld)[18)]	—0,552	—0,082	—0,548	—0,082	—0,004	—0,001	—	—
24.	Absenkung der steuerlich zulässigen Pensionsrückstellungen[19)]	—3,000	—	—	—	—	—	—3,000	—
25.	Einschränkung der Übertragungsmöglichkeit von Veräußerungsgewinnen nach § 6 b EStG (ausgen. Grundstücke und Gebäude)	—0,195	—	—	—	—	—	—0,195	—
26.	Verbesserung der degressiven Abschreibung für bewegliche Wirtschaftsgüter von 25 auf 30 vH	+ 9,730	+ 0,550	—	—	—	—	+ 9,730	+ 0,550
27.	Erhöhung der degressiven Abschreibung für Gebäude (ausgen. Auslandsgebäude) in den ersten 8 Jahren von 3,5 auf 5 vH (ab 30. 7. 1981)[21)]	+ 2,900	+ 0,125	+ 0,145	+ 0,006	+ 0,290	+ 0,012	+ 2,465	+ 0,107
28.	Anhebung der Abschreibungsgrenzen nach § 7 b EStG für Einfamilienhäuser und Eigentumswohnungen von 150 000 DM auf 200 000 DM, für Zweifamilienhäuser von 200 000 DM auf 250 000 DM (ab 30. 7. 1981)[21)]	+ 1,620	+ 0,120	+ 1,053	+ 0,078	+ 0,567	+ 0,042	—	—
29.	Ausdehnung des Verlustrücktrages auf 2 Jahre	+ 0,300	—	—	—	—	—	+ 0,300	—
30.	Ausdehnung der Einfamilienhausbesteuerung auf andere vom Eigentümer voll selbstgenutzte Häuser (ausgen. Häuser, die mindestens zu 33 1/3 vH gewerblich oder beruflich genutzt werden)[22)]	—1,414	—0,075	—0,707	—0,038	—0,707	—0,038	—	—
31.	Wegfall des Haushaltsfreibetrages von 864 DM für Alleinstehende über 49 Jahre[23)]	—1,945	—0,400	—1,653	—0,340	—0,292	—0,060	—	—
32.	Berücksichtigung des Arbeitslosengeldes, Kurzarbeitergeldes, Schlechtwettergeldes und der Arbeitslosenhilfe im Lohnsteuerjahresausgleich (Progressionsvorbehalt nach § 32 b EStG)	—0,930	—	—0,930	—	—	—	—	—
33.	Einschränkung der Ausbildungs-Freibeträge[24)]	—0,600	—	—0,420	—	—0,180	—	—	—
34.	Einführung eines Abzugs von der Steuerschuld von 600 DM jährlich für das zweite und jedes weitere Kind bei Inanspruchnahme des § 7 b EStG (ab 30. 7. 1981)[25)]	+ 0,640	+ 0,010	+ 0,480	+ 0,008	+ 0,160	+ 0,002	—	—
35.	Einschränkung der Lohnsteuerpauschalierung für Teilzeitbeschäftigte durch Beschränkung auf nur eine Teilzeitbeschäftigung[26)]	—0,360	—0,060	—	—	—	—	—0,360	—0,060
36.	Miet-/Belastungserhöhung durch Gesetz zum Abbau der Fehlsubventionierung und der Mietverzerrung im Wohnungswesen[27)]	—5,880	—1,790	—5,703	—1,735	—0,177	—0,054	—	—
37.	Berlinförderungsgesetz	—0,398	—0,077	—	—	—	—	—0,398	—0,077
38.	Entwicklungsländer-Steuergesetz	—1,192	—0,188	—	—	—	—	—1,192	—0,188
39.	Umsatzsteuergesetz[28)]	—1,115	—0,145	—0,557	—0,073	—	—	—0,557	—0,073
40.	Investitionszulagengesetz — Stahl	+ 0,660	+ 0,060	—	—	—	—	+ 0,660	+ 0,060
41.	Weitere Zuschüsse und Steuererleichterungen für den Stahlbereich	+ 1,405	+ 0,590	—	—	—	—	+ 1,405	+ 0,590
42.	Förderung der Anwendung der Mikroelektronik	+ 0,300	+ 0,100	—	—	—	—	+ 0,300	+ 0,100
43.	Zinsvorteil aus dem 6,8 Mrd.-Zinsverbilligungsprogramm von KfW und ERP[29)]	+ 0,160	+ 0,040	—	—	—	—	+ 0,160	+ 0,040

Quelle: WSI 10/ 1982

Da eine Reihe der Beschlüsse zustimmungspflichtig seitens des Bundesrats sind, kommt es im Dezember 1981 zu Modifikationen in verschiedenen Punkten:

- Verzicht auf den vorgesehenen Wegfall des Vorsteuerabzugs auf Betriebswagen (rund DM 60 Mio.). Dieser Punkt war bei den Beratungen von offizieller Seite immer als Beleg für die Belastung der Unternehmerseite angeführt worden.
- Kein vollständiger Wegfall der Arbeitslosenhilfe bzw. Gewährung derselben nach 150 Arbeitstagen (DM 230 Mio.)
- Beibehaltung der Förderung von Behindertenwerkstätten (DM 80 Mio.)
- Kürzungen bei der Sozialhilfe (DM 700 Mio.).
- Modifikationen im sozialen Wohnungsbau (Zinsanhebungen, Fehlbelegungsabgabe ür besser Verdienende).
- Veränderungen der Kostendämpfung im Gesundheitssektor, die zu einer Entlastung der Länder führen.
- Zehn Prozent Kürzung der Bezüge für Beamtenanwärter.
- Milderung der Verschärfung des Steuerbegünstigungsparagraphen 6b. Veräußerungsgewinne von Grundstücken bleiben danach auch weiterhin steuerfrei. (20)

Insgesamt bringen auch diese Maßnahmen keinen g l o b a l e n Abbau des sozialen Netzes, treffen jedoch einzelne Gruppen so existentiell, daß für diese durchaus von sozialer Demontage gesprochen werden kann. (Arbeitslose, Sozialhilfeempfänger, etc.)
Durchforstet man die einzelnen Bestimmungen (21), entpuppt sich die "gerechte Lastenverteilung auf alle Schultern" - so die Bundesregierung - als eindeutige Mehrbelastung für niedrige Einkommensbezieher. (22) Durch die Kürzung des Wohngelds, der Sozialhilfe und der Sparförderung, das Gesetz gegen illegale Beschäftigung und vor allem durch die Kürzungen bei der Arbeitsförderung werden zunehmend Bevölkerungsteile in die materielle und soziale "Verelendung" getrieben. Für höhere Einkommensbezieher und Kapitalbesitzer werden auch sie betreffende Kürzungen durch andere Bestimmungen mehr als kompensiert.
Diese Maßnahme (Erhöhung der degressiven Abschreibung, Anhebung des §7b und zusätzliche Hilfen für die Stahlindustrie) umfassen für die Jahre 1982 bis 1985 ein Gesamtvolumen von DM 20 Mrd. (23)
Diese Summe entspricht in etwa den Kürzungen im Bereich der Arbeitsförderung.
Am Beispiel der Auswirkungen der Konsolidierung in der Arbeitsförderung, der Kürzung der Sozialhilfe und den Steuererleichterungen für den Woh-

nungsbau, soll die "soziale" Komponente dieses Programms näher durchleuchtet werden.
Nach den Vorstellungen der Bundesregierung werden die Höchstbeträge für die Abschreibung nach § 7b ESTG um DM 50.000,-- angehoben und die sogenannte degressive Abschreibung für Wohn- und Betriebsgebäude nach § 7 Absatz 5 ESTG von 3,5% auf 5% erhöht.
Beide Maßnahmen kosten überproportional viel, sind sozial unausgewogen - um mit den Worten der Bundesregierung zu sprechen - und sind darüberhinaus kein Beitrag zur Behebung des Wohnungsmangels.
Spitzenverdiener bekommen nach der Änderung des § 7b eine Steuerersparnis bis zu DM 350,-- monatlich, Kleinverdiener nur DM 137,50 monatlich. Wohnungsbaupolitisch bestärken sie die "unsozial" ausgerichtete Tendenz des § 7b insgesamt.

"Der § 7b fördert vor allem das gutverdienende, kinderlose Beamtenehepaar auf dem Lande, wo ganz gewiß kein Wohnungsmangel herrscht. Und zu allem Überfluß kostet er viel Geld: allein im vergangenen Jahr fast sechs Milliarden DM - mehr als der so oft diffamierte soziale Wohnungsbau. Der Regierungsentwurf verschlingt schon im nächsten Jahr mindestens weitere DM 2,2 Milliarden und die Beträge werden rapide steigen."
(DIE ZEIT, 11. 9. 1981)

Umstritten bleibt, ob diese Maßnahmen überhaupt zum Bau von mehr Wohnungen führt oder ob nicht diejenigen, die ohnehin bauen wollen, ihre Häuser großzügiger bauen - starke Mitnahmeeffekte sind in jedem Fall zu erwarten.

"Auch die Erhöhung der degressiven Abschreibung für Wohngebäude paßt in das jämmerliche Bild, das die aktuelle Wohnungspolitik bietet. Mit dem Paragraphen 7b verdient sie einiges, auch sie bevorzugt Spitzenverdiener, kostet viel (mindestens DM 3,5 Milliarden pro Baujahrgang zusätzlich) und bringt wenig. Die Erhöhung der Abschreibungssätze macht es künftig noch attraktiver, sogenannte unechte Zweifamilienhäuser zu bauen."
(ebenda)

Nach Schätzungen des Bundesbauministeriums betragen die zusätzlichen Steuerausfälle durch diesen Effekt (unechte Zweifamilienhäuser) allein von 1980 bis 1984 DM 17 Mrd. DM gegenüber der Einfamilienhausförderung.

Für diese Teile des "Sparprogramms" scheinen somit außerökonomische Motivationen ausschlaggebend gewesen zu sein, und zwar die Aufrechterhaltung von Zustimmung durch die von diesen Maßnahmen begünstigten Bevölkerungsgruppen.
Anders verhält es sich mit den Bestimmungen zur Arbeitsförderung; in diesem Fall setzt die Bundesregierung nicht auf Legitimationserfordernisse, hier steht die "soziale Disziplinierung" im Vordergrund, wie

Tabelle 79: Sparliste 1981 für den Bereich Arbeit und Soziales

Das Bundeskabinett hat am Donnerstag Beschlüsse über Einsparungen und Steuererhöhungen von 15 Milliarden Mark für den Bundeshaushalt 1982 gefaßt. Aus den annähernd 150 Positionen auf der Sparliste des Bundeskabinetts hat die FR wichtige Vorschläge aus dem Bereich „Arbeit und Soziales" und „Öffentlicher Dienst" zusammengestellt. In Klammern die Einsparungen für den Bund in Millionen Mark, soweit sie sich berechnen lassen.

Arbeitslosenversicherung

Verschärfung der Vorschriften über die zumutbare Arbeit (150)

Verlängerung der Sperrzeiten bei selbstverschuldeter Arbeitsaufgabe oder Ablehnung einer zumutbaren Beschäftigung von 4 auf 6 Wochen (125)

Verschärfung der Rechtsfolgen bei Verletzung der Meldepflicht ohne wichtigen Grund, anstelle der Kürzung des Anspruchs um 6 Tage Versagung des Anspruchs für 2 Wochen (30)

Begrenzung der Arbeitslosenhilfe auf Angehörige der Solidargemeinschaft (470)

Berücksichtigung des Arbeitslosengeldes, Kurzarbeitergeldes, Schlechtwettergeldes und der Arbeitslosenhilfe im Lohnsteuer-Jahresausgleich (128)

Erhöhung des Arbeitslosenversicherungsbeitrags von 3 auf 3,5 Prozent (2600)

Berufliche Bildung

Herabsetzung des „großen" Unterhaltsgeldes von 80 auf 68 Prozent des ausfallenden Nettolohns für Teilnehmer ohne Kinder, für alle übrigen auf 75 Prozent (70).

Umstellung des Unterhaltsgelds vom Zuschuß auf Darlehen bei der sogenannten Zweckmäßigkeitsfortbildung und ihre Beschränkung auf Fälle, in denen berufsbegleitende Maßnahmen nicht möglich sind (445).

Beseitigung des Unterhaltsgelds für Nichtbeitragszahler in sogenannten Notwendigkeitsfällen (150).

Begrenzung des Umfangs der beruflichen Bildungsmaßnahmen, Anspruch steht nur in Einrichtungen, deren Kosten angemessen sind (300).

Beschränkung des Einarbeitungszuschusses auf Arbeitslose und von Arbeitslosigkeit unmittelbar Bedrohte (60).

Berufliche Rehabilitation

Verringerung des Übergangsgeldes von 100 auf 90 Prozent der Nettoeinkünfte (40).

Abschlag von 15 Prozentpunkten beim 90prozentigen Übergangsgeld für Berechtigte, die nicht pflegebedürftig sind bzw. keine unterhaltspflichtigen Kinder haben (20).

Übergangsgeld nur für Behinderte, die in den letzten fünf Jahren vor Beginn der Maßnahme mindestens zwei Jahre beitragspflichtig waren (70).

Begrenzung der Leistungen an Werkstätten für Behinderte (120).

Begrenzung des Umfangs der Rehabilitationsmaßnahmen (250).

Förderung der Arbeitsaufnahme

Herabsetzung des Höchstbetrags der Eingliederungsbeihilfe von 80 auf 70 Prozent und der Regelförderung von 60 auf 50 Prozent des tariflichen Arbeitsentgelts, weitere Verringerung spätestens nach sechs Monaten um mindestens 10 Prozentpunkte (30).

Lohnkostenzuschüsse für ältere Arbeitnehmer

Verschärfung der Leistungsvoraussetzungen: Heraufsetzung der Altersgrenze von 45 auf 55 Jahre, Zahlung des Lohnkostenzuschusses nur noch für Arbeitnehmer, die mindestens ein Jahr arbeitslos waren

Ausschluß der öffentlichen Hand von der Subventionierung über Lohnkostenzuschüsse (30).

Arbeitsbeschaffungsmaßnahmen

Einschränkung der Arbeitsbeschaffungsmaßnahmen bei Aufgaben der öffentlichen Hand und bei den sozialen Diensten, Ausschluß von Regionen mit guter Beschäftigungslage (300).

Kurzarbeitergeld

Saldierung von Kurzarbeit und Überstunden beim einzelnen Arbeitnehmer (30).

Wegfall des Kurzarbeitergeldes, wenn die Zahl der von der Gesamtbelegschaft eines Betriebes geleisteten Arbeitsstunden die Gesamtzahl der Arbeitsstunden um weniger als 3 Prozent unterschreitet (40);

Verlagerung von Leistungen der Arbeitslosenversicherung auf Arbeitgeber

— 59er Regelung: Verpflichtung des Arbeitgebers, das Arbeitslosengeld einschließlich der Sozialversicherungsbeiträge zu erstatten, wenn er langjährig Beschäftigte, 58jährige und ältere Arbeitnehmer entläßt mit Ausnahmeregelung für Betriebe, deren wirtschaftliche Existenz bedroht ist (180).

Anspruch auf vorgezogenes Altersruhegeld nach einjähriger Arbeitslosigkeit hat künftig nur noch, wer in den letzten zehn Jahren mindestens acht Jahre versicherungspflichtig beschäftigt war.

Finanzierung des ersten Ausfalltages beim Schlechtwettergeld durch den Arbeitgeber (100).

Rentenversicherung und Krankenversicherung

Einschränkung bei den Kuren, insbesondere Beseitigung von Kuren zur Erhaltung der Arbeitskraft (400 Rentenversicherung, 200 Krankenversicherung).

Wegfall der Versicherungsfreigrenze für geringfügige Beschäftigungen (600 Rentenversicherung, 250 gungen 600 Rentenversicherung, 250 Krankenversicherung).

Bekämpfung der illegalen Beschäftigung durch gesetzliche Maßnahmen bei Leih- und Schwarzarbeit (300 Rentenversicherung, 180 Krankenversicherung).

Kriegsopfer, Behinderte, Knappschaft

Bundesarbeitsministerium bereitet einen Gesetzentwurf bis 2. September vor für Einsparungen bei Kriegsopfern (325) und bei der Knappschaft (30).

Strengere Handhabung des Anerkennungsverfahrens für Behinderte bei Ausweisverlängerung.

Studenten

Verminderung der Zuschüsse zur studentischen Krankenversicherung (40).

Mutterschaftsgeld

Beseitigung von Mißbrauch (20).

Landwirtschaft

Herabsetzung der Bundeszuschüsse zur Altershilfe für Landwirte (210) und zur Unfallversicherung (60).

Wohngeld

Kürzung der Wohngeldausgaben um 7,5 Prozent, eventuell lineare Kürzungen (83).

Wehrpflichtige

Wegfall der Sparförderung für Wehrpflichtige.

Öffentlicher Dienst

Verschiebung der Besoldungserhöhungen um drei Monate (200).

Verlängerung der Dienstaltersstufen von zwei auf drei Jahre (17).

Wegfall des Verheiratetenanteils im Ortszuschlag bei Doppelverdienern (130).

Einschränkung bei den Beihilfen (30).

Auf allen Ebenen verschlechtert sich die Situation der Arbeitslosen. Für Beurfsanfänger ist hiernach die soziale Demontage komplett; weder bekommen sie Arbeitslosenhilfe noch ABM-Stellen noch können sie an beruflichen Bildungsmaßnahmen teilnehmen. (24)
Hierdurch und aufgrund der verschärften Auslegung der "Zumutbarkeit", der Verlängerung der Sperrfristen und der Streichungen bei den beruflichen Rehabilitationen, wird der Kreis der Sozialhilfeempfänger beträchtlich erweitert.
Diese Maßnahmen verfolgen ein doppeltes Ziel: einerseits sollen "Aussteiger", die nicht arbeiten wollen oder nicht jede Arbeit annehmen, materiell "bestraft" werden, indem sie auf die letzte Stufe des sozialen Netzes zurückversetzt werden und andererseits sollen die anderen Arbeitslosen gezwungen werden, möglichst jede angebotene Arbeit anzunehmen, damit sie nicht Arbeitslosigkeit mit Urlaub verwechseln. (25)
Der Intention vermeintlich Arbeitsunwillige gänzlich aus dem sozialen Netz herauszudrängen entspricht die Absicht, die Arbeitskraft mobiler zu machen und den Bedürfnissen der Kapitalbesitzer anzupassen.
Dieser von mir als soziale Entflechtung der Ökonomie bezeichnete Prozess stellt den Beginn der Aufhebung der teilweisen Paralyse ökonomischer Logiken durch den Sozialstaat dar.
Darüberhinaus schafft man die Grundlage, mit den Dauerarbeitslosen billiger zu verfahren, denn selbst wenn alle freien Stellen zu Bedingungen der "Arbeitsanbieter" besetzt wäre, bliebe ein Sockel von Arbeitslosen übrig, für die keine Arbeit vorhanden ist. Der Staat richtet sich auf Arbeitslosigkeit als kurz- und mittelfristig nicht zu bewältigendes Strukturproblem ein.
Neben der sozialen Ausgrenzung durch Arbeitslosigkeit gerät somit die "finanzielle Effektivierung" der Kosten zum zweiten Hauptpfeiler im Projekt der "sozialen Disziplinierung".
Für viele Betroffene kommt nach diesen Bestimmungen zur sozialen Diskriminierung die materielle Verarmung hinzu.
Gefördert wird diese Tendenz durch die im Vermittlungsausschuß erzielten Kompromisse bezüglich der Gewährung der Sozialhilfe.
Um zu verhindern, daß das Finanzvolumen der Sozialhilfe als Folge des Haushaltsstrukturgesetzes in ungeahnte Höhen steigt, einigten sich Bund und Länder auf eine restriktivere Handhabung bei der Gewährung der Sozialhilfe.

Tabelle 80: Restriktionen bei der Sozialhilfe

Insgesamt wurden beim Bundessozialhilfegesetz und den Durchführungsverordnungen vom Vermittlungsausschuß 28 Änderungen beschlossen, deren Einsparsumme sich insgesamt auf etwa 700 Millionen Mark jährlich beläuft.

Änderung	Betroffene Gruppe
1. Der Regelsatz steigt 1982 und 1983 nur um je drei Prozent.	Alle Empfänger von Hilfe zum Lebensunterhalt.
2. Mehrbedarfszuschlag wird von 30 auf 20 Prozent des Regelsatzes gesenkt.	Über 65jährige, Erwerbsunfähige, Schwangere, Alleinerziehende, Tbc-Kranke.
3. Überbrückungshilfen gibt es nur noch als Darlehen.	Meistens Arbeitslose und Rentner.
4. Zusatztaschengeld für Altenheimbewohner wird gekürzt.	Alte.
5. Bei der Eingliederungshilfe für Behinderte wird Hilfe zum Lebensunterhalt nicht mehr automatisch gewährt.	Behinderte.
6. Bei Behinderten, die in Einrichtungen leben, muß künftig das eigene Einkommen und das der Eltern mitherangezogen werden.	Junge Behinderte.
7. Das Blindengeld wird eingefroren und mit dem Pflegegeld verrechnet.	Blinde.
8. Die Pflegegeldsätze werden eingefroren.	Behinderte, Alte.
9. Bei den Regelsätzen ist künftig die Finanzlage der Sozialhilfeträger mit zu berücksichtigen.	Alle.
10. Die Zumutbarkeit für die Arbeitsaufnahme wird verschärft: Es müssen auch geringer wertige Tätigkeiten, weit entfernte Arbeitsorte und schlechtere Arbeitsbedingungen akzeptiert werden.	Arbeitslose.
11. Bei einmaliger Beihilfe soll das künftige (bis sechs Monate) zu erwartende Einkommen berücksichtigt werden.	Empfänger von Hilfe in besonderen Lebenslagen.
12. Der Anspruch auf Sozialhilfe entfällt bei Empfängern von Bafög- und Afg-Förderung.	Auszubildende und Studenten mit geringem Bafög-Satz.
13. Entbindungshilfe entfällt.	Schwangere.

Quelle: FRANKFURTER RUNDSCHAU vom 12. 12. 1981

Mit diesen Bestimmungen wird das materielle Existenzminimum in der Bundesrepublik mittel- und langfristig weiter nach unten gedrückt.
Die angestrebte soziale Differenzierung schlägt in eine soziale Polarisierung um; wer nicht bereit ist, unter gegebenen Bedingungen und Lohnsätzen zu arbeiten und wer aufgrund altersmäßiger oder gesundheitlicher oder psychischer Einschränkungen nicht arbeitsfähig ist, soll auch unter materiellen Restriktionen zu leiden haben.

Die vorhandenen finanziellen Ressourcen werden, um Legitimationsdefiziten vorzubeugen, auf die Kerngesellschaft verteilt, so daß für Bevölkerungsgruppen aus der gesellschaftlichen Peripherie die Existenzbedingungen zunehmend in Frage gestellt werden. (26)
Sicherlich bedeutet dieses Sparprogramm keine soziale Demontage im umfassenden Sinn, doch dieses Konzept unter finanzpolitische Erfordernisse zu subsumieren, hieße die langfristige strategische Note zu vernachlässigen.

Indem bruchstückhaft und auf nur wenige Bevölkerungsgruppen bezogen ein Abbau des sozialen Netzes eingeleitet wird, werden die Rahmenbedingungen geschaffen, vom Rand her das soziale Netz zu durchlöchern und aufzurollen.

Es scheint von daher angemessen, von einem Programm der differenzierten sozialen Demontage zu sprechen.
Auch die finanziellen Mehraufwendungen für den Wohnungsbau, die Stahlindustrie etc. sprechen für die Annahme, daß das soziale Netz auf den prophezeiten und erwarteten Ansturm der "Interessenten" eingerichtet wird, bei gleichzeitiger Verschärfung seines disziplinierenden Charakters.

An den Diskussionen um dieses Programm lassen sich unschwer die nächsten Stationen der "sozialen Entflechtung der Ökonomie" und der "sozialen Disziplinierung" ablesen:

- Senkung des Arbeitslosengeldes und der Arbeitslosenhilfe
- Reduktion der Sozialversicherung für Arbeitslose
- Einsparung im Rentenbereich und bei der Sozialhilfe
- Abbau der Lohnfortzahlung im Krankheitsfall (27)

3. Staatliche Hilfe für die Wirtschaft

Im Gegensatz zur Politik der sozialen Disziplinierung und der Verpflichtung auf das "Gemeinwohl", steht die staatliche Subventionspolitik für die Wirtschaft.
Nicht nur die Kosten für das soziale Transfersystem steigen in den 70er Jahren an, auch die staatlichen Subventionen erhöhen sich, so daß der Anteil der ausgewiesenen Subventionen an den Staatsausgaben trotz der krisenbedingten Zunehme relativ konstant bleibt.

Für eine Bewertung des Subventionssystems ergeben sich erhebliche methodische und begriffliche Schwierigkeiten:

"Eine Auseinandersetzung mit diesen Berichten ist schon deshalb schwierig, weil die Bundesregierung uneinheitliche Systematiken verwendet und die Begriffsabgrenzungen häufiger korrigierte. In dieser Hinsicht kann sie sich auf die Fachwissenschaft berufen, die bis heute ebenfalls keinen einheitlichen Subventionsbegriff gebraucht. Immerhin gibt es seit 1977 (6. Bericht) eine weitgehende Anpassung zwischen den Subventionsarten Finanzhilfen und Steuerbegünstigungen, die es erlaubt, die ökonomische Funktion im Hinblick auf die Förderung von Erhaltung/Anpassung/Wachstum bzw. Produktivität besser zu beurteilen. Neben der Unterscheidung nach den eben angegebenen Funktionen, differenzieren die Berichte nach Art der Finanzhilfen (Zuschüsse/Erstattungen/Zuweisungen/Schuldendiensthilfen/Darlehen) und Steuervergünstigungen. Hinsichtlich der Empfänger wird dabei lediglich nach Unternehmen und Haushalte unterschieden. Ein gravierender Nachteil ist der geringe und unsystematische Disaggregationsgrad." (MEMO RANDUM 80, S. 217)

Kritisiert wird auch, daß in den Subventionsberichten nur die jeweiligen wirtschafts-, finanz- und haushaltspolitischen Entscheidungen ihren materiellen Niederschlag finden, nicht aber alle direkten und indirekten finanziellen staatlichen Begünstigungen, so daß diese Berichte eher einem "symbolic use of politics" entsprechen, als daß sie adäquater Ausdruck der tatsächlichen staatlichen Einflußnahme auf die Wirtschaft sind. (1)

Nach diversen anderen (nicht offiziellen) Berechnungen beträgt der tatsächliche Umfang der staatlichen Subventionen z.B. 1980 nicht DM 48 Mrd., sondern rund DM 80 Mrd. (2)

Nach den offiziell zugänglichen Daten haben sich von 1966 bis 1980 vordergründig erhebliche Anteilsänderungen zwischen den begünstigten Sektoren ergeben.

Tabelle 81: Subventionsanteile verschiedener Sektoren

		1966	1970	1975	1980	
I.	Landwirtschaft	28,9	22,7	17,5	10,5	Prozent
II.	Gewerbliche Wirtschaft	24,7	26,4	25,9	28,9	Prozent
III.	Verkehr	4,5	4,5	4,7	6,2	Prozent
IV.	Wohnungswesen	20,9	11,9	16,6	19,1	Prozent
V.	Sparförderung	16,1	14,7	20,4	14,4	Prozent

Quelle: Berechnung auf Basis der Zahlen in MEMO 80, S. 222/223

Während der Sektor Landwirtschaft und Forsten relativ stark zurückgeht, da ein Teil der Zahlungen seit 1969 über den EG-Haushalt läuft, steigt

nach 1975 der Anteil der gewerblichen Wirtschaft, des Verkehrs- und Wohnungswesens bei gleichzeitiger Abnahme der relativen Bedeutung der Sparförderung.
Nach Berechnungen des IFO, die einen Datenkranz, über den offiziell in den Berichten angezeigten hinaus, erfassen und sich gleichzeitig auf Zahlungen an Unternehmen beschränken, ergibt sich folgendes Bild:
in keinem Sektor sind die staatlichen Hilfen absolut rückläufig und relativ verschiebt sich die Anteilsstruktur in den 70er Jahren insbesondere durch die expansiv zunehmenden Zahlungen an die Bundesbahn. Im Strukturbericht des IFO wird festgehalten:

"Das staatliche Subventionssystem zeichnet sich also in der Tat durch eine hohe Persistenz einmal installierter Eingriffe aus." (IFO, 198, Ziffer 185)

Das heißt, auch in den 70er Jahren entfallen über vier Fünftel der Beihilfen auf traditionelle oder vorprogrammierte Maßnahmen.
Nicht von ungefähr beruht daher - bei einer funktionalen Betrachtung - ein beachtlicher Teil der Zahlungen auf Erhaltungshilfen.

"Erhaltungssubventionen tendieren aufgrund der geübten Praxis dazu, ohne Garantie für Arbeitsplätze Profite zu stabilisieren, ziehen Folge-(Dauer-)subventionen nach sich und mindern von daher nicht nur reale Wachstumschancen und langfristige Beschäftigungsmöglichkeiten, sondern gefährden auch aufgrund ihrer protektionistischen Wirkung gegenüber ausländischer Konkurrenz eine wünschenswerte Liberalisierung des Welthandels." (MEMORANDUM 80, S. 219)

Gleichzeitig betragen die offiziell mit Prioritäten bedachten Produktivitätshilfen 1980 nur etwa 13 Prozent der gesamten staatlichen Finanzhilfen und Steuervergünstigungen. (3)
Wem die Subventionen zugute kommen, läßt sich aus den offiziellen Angaben nicht unmittelbar ablesen. Zwar differenzieren die Subventionsberichte nach Empfängergruppen, wobei beispielsweise 1979 ungefähr 43 Prozent der Finanzhilfen und 54 Prozent der Steuervergünstigungen den privaten Haushalten zugute kommen, da jedoch sowohl soziale Transfers enthalten als auch sekundäre Wirkung (wie beim Wohngeld beispielsweise) unberücksichtigt sind, lassen sich keine exakten Schlüsse bezüglich der Verteilungswirkung ziehen.

"Problematisch an diesem Ausweis von Empfängergruppen im Subventionsbericht ist - neben der Fragwürdigkeit der Aufnahme von Sozialtransfers - daß durch die Kategorie 'private Haushalte' eine Residualkategorie geschaffen wird, deren struktur-, wachstums- und sozialpolitische Relevanz gänzlich ungeklärt ist, die jedoch implizit den Eindruck verteilungspolitischer Effizienz der Subventionspolitik macht, ohne daß damit tatsächlich das Verteilungsproblem der Subventionspolitik thematisiert wird.

Tabelle 82:

Subventionen in vergleichbarer Form (Bundesfinanzhilfen/Steuervergünstigungen) in Millionen DM

Aufgabenbereiche		1966	1967	1968	1969	1970	1971	1972	1973	1974	1975	1976	1977	1978	1979	1980
I. Ernährung, Landwirtschaft u. Forsten	T	3 858	3 582	4 445	3 465	5 607	6 053	5 601	6 488	6 216	6 480	6 173	5 444	5 209	5 172	5 037
	F	2 985	2 701	3 404	2 279	3 590	3 763	2 957	3 551	3 312	3 325	3 186	2 678	2 762	2 836	2 856
	S	873	881	1 041	1 186	2 017	2 290	2 644	2 937	2 904	3 155	2 987	2 766	2 447	2 336	2 181
nachrichtlich: Marktordnungsabgaben der EG		292	944	1 232	2 424	2 850	1 434	1 680	2 520	2 199	2 168	3 066	3 091	4 016	4 341	4 790
nachrichtlich: F(L)		987	797	773	857	628	1 089	994	912	1 544	1 583	1 566	1 696	1 595		
II. Gewerbliche Wirtschaft (ohne Verkehr)	T	3 300	4 906	5 056	5 667	6 526	7 710	8 819	9 531	10 567	9 548	9 771	9 940	11 439	12 928	13 808
	F	692	1 107	1 230	867	1 077	1 024	1 149	1 605	2 054	1 935	1 796	1 917	3 126	3 817	4 006
	S	2 608	3 799	3 826	4 800	5 449	6 686	7 670	7 926	8 513	7 613	7 975	8 023	8 313	9 111	9 802
nachrichtlich: F(L)		559	574	629	691	894	982	1 089	1 198	1 158	1 315	1 468	1 571	1 669		
1. Bergbau	T	513	1 005	1 339	843	740	643	804	1 085	1 570	1 181	957	1 226	2 313	2 110	2 160
	F	278	786	960	493	379	280	458	913	1 215	889	770	977	2 069	1 863	1 913
	S	235	219	349	350	361	363	346	172	355	292	287	249	244	247	247
2. Energie- und Rohstoffversorgung	F	255	161	47	18	16	78	28	47	226	349	196	209	138	409	388
3. Luftfahrttechnik u. Innov.	F	26	48	84	122	186	248	256	269	294	289	297	134	264	684	748
4. Marktnahe Förd. im Rahm. techn. Schwerpunktprog.	F	.	.	.	.	.	.	.	.	.	63	63	83	66	76	100
5. Regionale Strukturmaßnahmen	T	1 178	2 250	2 383	3 153	3 710	4 680	5 558	5 957	6 401	5 754	6 427	6 191	6 575	7 148	7 724
	F	43	55	78	136	240	190	215	167	146	159	244	228	256	275	269
	S	1 135	2 195	2 305	3 017	3 470	4 490	5 343	5 790	6 255	5 595	6 183	5 963	6 319	6 873	7 455
6. Kreditwirtschaft	S	569	680	433	454	492	570	598	535	564	643	388	413	443	491	538
7. sonstige	T	759	762	800	1 077	1 382	1 491	1 575	1 638	1 512	1 269	1 343	1 622	1 534	1 701	1 740
	F	50	57	61	98	256	228	192	209	173	186	226	224	227	201	178
	S	669	705	739	979	1 126	1 263	1 383	1 429	1 339	1 083	1 117	1 398	1 307	1 500	1 562

Quellen: Subventionsberichte der Bundesregierung: BtDrs V/2423 (1967); BtDrs VI/391 (1970); BtDrs VI/2994 (1971); BtDrs 7/1144 (1973); BtDrs 7/4203 (1975); BtDrs 8/1195 (1977); BtDrs 8/3097 (1979). Bundesministerium für Finanzen (Hg): Subventionen. Problematik und Entwicklungen, Bonn 1978.

T: Subventionen insgesamt.
F: Finanzhilfen des Bundes bis 1978 IST; 1979 SOLL; 1980 Reg.Entw.
S: Steuervergünstigungen insgesamt.
F(L): Finanzhilfen der Länder: 1974 bis einschl. 1976 IST; 1977 SOLL; 1978 Reg.Entw.

Subventionen in vergleichbarer Form (Bundesfinanzhilfen/Steuervergünstigungen) in Millionen DM

Aufgabenbereiche		1966	1967	1968	1969	1970	1971	1972	1973	1974	1975	1976	1977	1978	1979	1980
III. Verkehr	T	595	594	838	1 068	1 108	1 148	1 305	1 535	1 615	1 733	1 915	2 324	2 672	2 782	2 974
	F	111	103	158	261	275	302	458	568	601	672	871	880	1 171	1 186	1 308
	S	484	491	680	807	833	846	847	967	1 014	1 061	1 104	1 444	1 501	1 596	1 666
nachrichtlich:	F(L)	116	102	145	146	214	283	473	530	573	571	849	913	991		
1. Schiffahrt	F	58	59	65	102	95	98	63	62	76	118	150	156	441	395	360
2. Berlinverkehr u. DDR-Verkehr	F	52	43	92	158	179	195	337	340	300	306	474	467	473	507	659
3. übrige Maßn.	F	1	1	1	1	1	9	58	166	225	248	247	257	256	284	289
IV. Wohnungswesen	T	2 790	2 927	2 978	2 759	2 942	3 315	4 054	4 713	5 499	6 125	6 739	7 376	7 600	8 489	9 095
	F	1 527	1 600	1 588	1 164	1 193	1 447	2 060	2 162	2 470	2 383	2 730	2 548	2 285	2 738	2 935
	S	1 263	1 327	1 390	1 595	1 749	1 868	1 994	2 556	3 029	3 742	4 009	4 828	5 315	5 751	6 160
nachrichtlich:	F(L)	3 540	3 900	3 453	2 322	2 706	2 895	2 912	3 273	2 938	3 266	3 384	3 761	5 738		
1. Sozialer WoB u. Modernis.	F	791	742	967	576	547	561	936	1 002	1 175	1 186	1 668	1 684	1 351	1 683	1 931
2. Wohngeld	F	212	209	262	289	300	418	600	570	734	825	808	736	894	980	930
3. WoBau f. Bedienstete u. sonst.	F	524	649	359	299	346	468	524	590	561	372	254	98	40	65	74
V. Sparförderung u. Vermögensbildung	T	2 152	2 098	2 337	2 707	3 620	5 537	5 948	5 644	6 406	7 512	8 144	9 888	7 855	6 690	6 880
	F	942	1 038	1 237	1 577	1 980	2 417	2 283	1 919	2 576	3 217	3 629	5 293	3 325	2 250	2 470
	S	1 210	1 060	1 100	1 130	1 640	3 120	3 655	3 725	3 830	4 295	4 515	4 595	4 530	4 440	4 410
nachrichtlich:	F(L)	490	537	547	610	810	1 070	1 250	1 458	1 537	1 584	1 121	1 084	1 007		
VI. sonst. Steuerverg.	S	352	514	1 687	1 805	2 037	2 185	2 329	2 755	3 016	3 253	3 571	3 942	4 446	4 794	5 145
SUMME Subventionen (inkl. MÖ-abgaben)	T	13 339	15 565	18 573	19 895	24 690	27 382	29 736	33 191	35 518	36 819	39 439	42 005	43 236	45 196	47 730
	F	6 549	7 493	8 849	8 572	10 965	10 387	10 587	12 325	13 212	13 700	15 278	16 407	16 684	17 168	18 366
	S	6 790	8 072	9 724	11 323	13 725	16 995	19 149	20 866	22 306	23 119	24 161	25 598	26 552	28 028	29 364
nachrichtlich:	F(L)	5 692	5 910	5 547	4 626	5 252	6 319	6 723	7 371	7 751	8 323	8 388	9 042	11 000	.	.
nachrichtlich: Investitionszulage 7,5 %		.	.	.	.	.	.	.	.	.	101	4 203	3 742	1 153	300(Soll)	
BUNDES- u. LÄNDERHAUSHALT in Mrd DM		129,1	123,6	132,7	152,7	162,9	181,4	204,8	232,3	247,8	249,6	274,7	302,2	326,9	337 (geschätzt)	
ANTEIL der Subvention										17,4%	18,1%	17,4%	16,9%	16,6%	16,8% (-"-)	

Quellen: Subventionsberichte der Bundesregierung: BtDrs V/2423 (1967); BtDrs VI/391 (1970); BtDrs VI/2994 (1971); BtDrs 7/1144 (1973); BtDrs 7/4203 (1975); BtDrs 8/1195 (1977); BtDrs 8/3097 (1979). Bundesministerium für Finanzen (Hg): Subventionen. Problematik und Entwicklungen, Bonn 1978.

T: Subventionen insgesamt.
F: Finanzhilfen des Bundes bis 1978 IST; 1979 SOLL; 1980 Reg.Entw.
S: Steuervergünstigungen insgesamt.
F(L): Finanzhilfen der Länder: 1974 bis einschl. 1976 IST; 1977 SOLL; 1978 Reg.Entw.

Stattdessen wirft dieser "Verteilungsschlüssel" das Bild einer "Subventionspolitik für alle", wie es dann in die Presseberichterstattung bei Erscheinen des Subventionsberichtes Eingang findet." (Leviathan 2/1978, S. 241)

Ab 1977 zeichnet sich - auch nach den offiziellen Zahlen - eine Tendenzwende ab, die durch die Sparbeschlüsse von 1981 noch verstärkt werden wird: die Subventionen für die gewerbliche Wirtschaft nehmen zu, während der Teil, der zweifelsfrei den Arbeitnehmern zufließt, gekürzt wird. Die Kürzung der Sparförderung um DM drei Milliarden von 1977 bis 1980 entspricht die Erhöhung der Hilfen für die gewerbliche Wirtschaft um DM vier Milliarden. (Vergl. Tabelle)

Der Einfluß des Staates auf die Wirtschaft geht, von den Maßnahmen und der Wirkung her, über die Subventionspolitik hinaus. Es lassen sich drei wichtige Eingriffsarten unterscheiden:

- Außenprotektion durch Zollschutz
- Binneneinfluß durch Besteuerung und Subventionierung
- direkte Beeinflussung durch staatliche Regulierung und administrative Preisbildung.

Laut IFO mißt sich die summarische Eingriffsintensität im Konzept der "Effektiven Protektion". (4)

Beziehen wir die administrierten Wirtschaftszweige in die Einschätzung mit ein, womit insgesamt Wirtschaftszweige, die 40% zur gesamtwirtschaftlichen Bruttowertschöpfung beitragen, umfaßt werden, bestätigt sich die o.a. Dominanz von Strukturerhaltungseffekten (vergl. IFO 1981, Abb. 35 und 36)

"Zusammenfassend kann für die staatlich beeinflußten Wirtschaftszweige konstatiert werden, daß trotz der prägnanten Unterschiede in der Produktivitätsentwicklung zwischen den Bereichen die Beschäftigungsentwicklung ziemlich eng der Nachfrageentwicklung folgte. Trotz der staatlichen Eingriffe konnte demnach die Beschäftigtenentwicklung nicht von den Nachfragetrends abgekoppelt werden." IFO 1981, Ziff. 222

Durch staatliche Eingriffsmaßnahmen werden überwiegend Wirtschaftszweige mit unterdurchschnittlichen Produktivitätsfortschritten gefördert. Zwar kann hierdurch die Beschäftigung eine Zeitlang alimentiert werden, Folge ist jedoch oftmals ein verstärkter weiterer Subventionsbedarf: Subventionen ziehen gemäß dieser Logik immer weitere Subventionen nach sich und es entsteht ein Kreis, der immanent nur durchbrochen werden kann, wenn der strukturelle Entwicklungsprozeß staatlicherseits nicht beeinflußt wird. Folgen wären weitere regionale und sektorale Ungleichgewichte

Tabelle 83: Staatlicher Gesamteinfluß auf Wirtschaftsbranchen

Wirtschaftszweig	Effektiver Gesamteinfluß durch Zölle, Produktionssteuern und Subventionen b)				
	1962	197o	1974	1976	Veränderung 1962/1976
Chem. Ind., H.u.Verarb. von Spalt- u. Brutstoffen	- 3,4	-1o,4	- 6,8	- 8,7	- 5,3
Mineralölverarbeitung	-872,o	-1663,5	-561,4	-341,1	+53o,9
H. v. Kunststoffwaren	- 2,o	- 7,6	- 8,9	- 9,3	- 7,3
Gummiverarbeitung	6,8	- 3,8	-11,3	-1o,5	-17,3
Gew. u. Verarb. v. Steinen u. Erden	- 2,7	-15,7	-16,9	-14,3	-11,6
Feinkeramik	- 1,9	1,2	- 5,o	- 8,8	- 6,9
Gew. u. Verarb. v. Glas	6,9	- 5,7	- 9,9	- 9,3	-16,2
Eisenschaffende Ind., Ziehereien, Stahlverformungen usw.	o,5	- 7,7	-11,7	-1o,o	-1o,5
- Eisenschaffende Industrie	o,7	.	.	- 9,3	-1o,o
- Ziehereien, Kaltwalzwerke, Stahlverformung usw.	- o,4	.	.	-11,1	-1o,7
NE-Metallerzeugung, NE-Metallhalbzeugwerke	- o,4	1,o	- 9,o	- 9,1	- 8,7
Gießerei	7,o	5,9	2,3	- o,6	- 7,6
Stahl- u. Leichtmetallbau, Schinenfahrzeugbau	- 9,o	- 8,9	-13,o	-13,3	- 4,3
Maschinenbau	-12,4	-11,6	-15,3	-16,6	- 4,2
Elektrotechnik, Rep. v. elektr. Haushaltsger., H.v.Büromasch., ADV-Geräte u. -Einrichtungen	- 6,7	- 9,o	-12,6	-14,4	- 7,7
Straßenfahrzeugbau, Rep.v.Kfz. usw.	- 7,5	- 7,5	-11,o	-13,3	- 5,8
Schiffbau, Luft- u. Raumfahrzeugbau	.	.	.	.	.
- Schiffbau	.	.	.	.	.
- Luft- und Raumfahrzeugbau	.	.	.	.	.
Feinmechanik, Optik, H.v.Uhren	- 8,9	- 9,3	-12,6	-14,7	- 5,8
H.v.EBM-Waren	- 3,6	- 8,8	-13,6	-12,9	- 9,3
H.v.Musikinstrumenten, Spielwaren, Füllhalter usw.	- 3,6	- 8,2	-13,8	-12,4	- 8,8
Holzbe- und -verarbeitung	o,5	-1o,1	-1o,8	- 8,4	- 8,9
- Holzbearbeitung	- 3,o	.	.	-11,5	- 8,5
- Holzverarbeitung	1,5	.	.	- 8,o	- 9,5
Zellstoff-, Holzschliff-, Papier- und Pappeerzeugung	13,4	12,4	15,3	6,5	- 6,9
Papierverarbeitung, Druckerei	1,2	- 1,7	- 5,3	- 7,9	- 9,1
- Papier- und Pappeverarbeitung	12,o	.	.	1,2	-1o,8
- Druckerei, Vervielfältigung	- 5,5	.	.	- 8,o	- 2,5
Ledergewerbe	1,8	- 2,8	- 8,5	- 8,2	-1o,o
- Ledererzeugung	-1o,1	.	.	-18,8	- 7,8
- Lederverarbeitung	4,9	.	.	- 5,5	-1o,4
Textilgewerbe	3,9	1,o	- 3,4	- 3,7	- 7,6
Bekleidungsgewerbe	2,6	3,3	- 1,2	- 1,8	- 4,4

. Angaben nicht sinnvoll oder nicht möglich.
a) Prozentuale Veränderung der Nettowertschöpfung zu Marktpreisen, Erhöhung = +, Verminderung = -.
b) Prozentuale Veränderung der Nettowertschöpfung zu Faktorkosten, Erhöhung = +, Verminderung = -.

Quelle: IFO, 1981, Tabelle 34

und Arbeitslosigkeit.
Unter Berücksichtigung dieser Folgen scheint - zumindest kurzfristig - die Forderung nach beschäftigungspolitischer Ausrichtung und strengeren Auflagen und Kontrollen bei der Subventionsvergabe durchaus angemessen, auch wenn Streichungen insb. im Bereich der Landwirtschaft und des Wohnungsbaus überfällig sind.

Geht es staatlichen Stellen wirklich um die Sicherung der Arbeitsplätze

bzw. die materielle Absicherung der Arbeitnehmer könnten - anstatt der Kompensation von Profitausfällen - Subventionen benutzt werden, Betriebe in die eigenverantwortliche Regie der Beschäftigten zu übergeben, um einen "Vergesellschaftungsprozeß von unten" einzuleiten. (5)
Da staatliche Instanzen bisher diesen Prozeß nicht von sich aus initiieren, liegt es an den Beschäftigten selbst, Perspektiven in diese Richtung zu entfalten.

4. Ideologische und theoretische Begründung der sozialen Entflechtung der Ökonomie

Ausgehend von neoklassischen Gleichgewichtsmodellen rückt die aktuelle konservativ bis reaktionäre Kritik folgende Punkte ins Zentrum:

- Staatskritik; bemängelt wird ein Übermaß staatlicher Interventionen, das - kontraintentional - zu Instabilitäten im privaten Sektor führt. Gefordert wird ein Rückzug der Wirtschaftspolitik, ein Abbau des Sozialstaates und eine Verringerung der Abgaben für die Kapitalseite.
- Gewerkschaftskritik; aufgrund ihrer Monopolstellung seien die Gewerkschaften in der Lage - und hätten dies bisher auch getan - höhere Löhne als die Wirtschaft verkraftet, durchzusetzen.
- Anspruchskritik; der erreichte materielle Wohlstand führt bei großen Teilen der Bevölkerung zu der irrigen Auffassung, daß dieser Wohlstand sich beliebig ausdehnen lasse, ohne daß entsprechende Leistungen erbracht werden. Höhere Löhne (oberhalb des Produktivitätszuwachses) und steigende Sozialetats befördern die Entstehung dieser Ansprüche. (Anspruchsinflation)

Die Punkte dieser Kritik auf einen Nenner gebracht, läßt sich ein apokalyptisches Bild von Gegenwart und Zukunft malen:

"Der Weg auf dem wir uns zur Zeit befinden, führt in ein Chaos. Nach dem großen Boom und der schweren Rezession sollten wir eigentlich gemerkt haben, daß nicht alle Dinge einfach machbar sind. Wir müssen uns anstrengen, wenn wir es zu etwas bringen wollen." (ANDREAE 1979 , S. 42)

Nach Meinung der Kapitalvertreter sind Teile der Bevölkerung den - notwendigen - gesellschaftlichen Anforderungen nicht mehr gewachsen.

"Gibt es nicht viel eher Anzeichen von Leistungsunwilligkeit , Anzeichen für eine Scheu vor der Bewährung, zuviel Angst vor Versagen, zu wenig wirklichen Wagemut?"

"Das sind nicht Symptome einer harten Leistungsgesellschaft, sondern einer behüteten Wohlstandsgesellschaft." (THOMA 1979, S. 109)

Für eine Tendenzwende sieht diese Kritik mehrere Maßnahmen als notwendig an; Lohnsenkungen (vermittels Arbeitslosigkeit, Mindestlohnarbeitslosigkeit), Einschränkung der Kapitalsteuern und sozialen Nebenkosten, Leistungssteigerungen der arbeitenden Bevölkerung, Übertragung von Marktbedingungen auf alle gesellschaftlichen Bereiche, 'Entkollektivierung' der Gesellschaft, Trennung von Staat und Wirtschaft.
Unter diesen Bedingungen könnte die jetzige Gesellschaft einen neuen Aufschwung erleben - und die Pioniere dieses neuen Aufbruchs stehen auch schon bereit:

"Wir Unternehmer sind - fast möchte ich sagen berufsbedingt - verpflichtet, die statisch orientierten Gruppen in unserer Gesellschaft zum Mut für dynamische Lösungen aufzurufen, was freilich nicht unter der Vorbedingung einer absoluten Absicherung gegenüber möglichen Risiken geschehen kann." (BRAUCHITSCH 1979, S. 79)

Soziale Neustrukturierung und Primat des Profits als Prämissen dieser Kritik zielen auf eine soziale Entflechtung der Ökonomie, d. h. (alle) "Belastungen" der Ökonomie, die in den letzten 100 Jahren von der Arbeiterbewegung direkt oder indirekt erkämpft wurden, sollen schrittweise abgebaut werden, um den Marktkräften wieder Geltung zu verschaffen.
In diesem Sinne versteht sich die Forderung nach "weniger Staat" nicht als allgemeine, sondern meint nur die soziale Seite staatlicher Aktivitäten.

"Die soziale Marktwirtschaft fordert keinen schwachen Staat, sondern sieht in einem demokratischen Staat die Voraussetzung für das Funktionieren dieser Ordnung ... Sie setzt den starken Staat voraus." (MEMORANDUM 1980, S. 161)

Zur Sicherung privatkapitalistischer Produktionsbedingungen wird ein starker Staat gebraucht, umsomehr, da die Sozialbefriedigung und Integration vermittels sozialstaatlicher Leistungen in diesem Konzept weitgehend entfallen.
Entstaatlichung meint nicht etwa den Abbau eines Staates als gesamtgesellschaftlicher Planer der Reproduktion, Verwalter und Kontrolleur, als Garant gesellschaftlicher und sozialer Stabilität, sondern nur der Maßnahmen, die den Marktprozessen einen sozialen Anstrich geben oder den Profit als Maßstab von Produktionsentscheidungen in Frage stellen könnten.

Wie überhaupt die Parole "Mehr Markt - weniger Staat" an den aktuellen Realitäten vorbeigeht. Konzentration und Zentralisation des Kapitals und

die hierdurch bewirkte Vermachtung der Märkte lassen die Forderung nach "Mehr Markt" als eine ideologisch motivierte erscheinen - zur Begründung von Sozialstaatsabbau und Lohnsenkungen.
Auch die Macht der Gewerkschaften wächst in der Nachkriegsepoche enorm an. Gewerkschaftliche Kämpfe und der Auf- und Ausbau des Sozialstaats verhindern, daß die "Lohnarbeit" dieser "vermachteten" Kapitalseite hilflos ausgeliefert ist. Durch die ausschließliche Fixierung der Gewerkschaften auf den direkten Konflikt Arbeit - Kapital entstehen allerdings sowohl soziale Randzonen als auch Disparitäten im Reproduktionsbereich. Während Kapital und Staat schon längst die Sphäre gesamtgesellschaftlicher Planung und Organisation in ihre Aktivitäten miteinbeziehen, beschränken sich (bisher) die Gewerkschaften auf Tarifkonflikte. (1)

Unter den Bedingungen florierenden Wachstums führt der Prozess der Vermachtung zur Inflation und läßt sich von der Wirtschaftspolitik nur noch schwer beeinflussen.
In Anbetracht nationaler Vermachtungsstrukturen und der international zunehmenden politischen Ausrichtung der Ökonomie (Stahlkrise, Rohstoffpolitik, Exportbeschränkungen, Technologiepolitik, etc.) kann "mehr Markt" nur heißen: Entmachtung der einen Seite und primäre Dominanz der anderen. (2)
Die konkreten Vorschläge für die Bundesrepublik lasse die Stoßrichtung und Intention dieser Kritik deutlich werden. In seinem jüngsten Sondergutachten fordert beispielsweise der SVR:
"Auch das Netz der allgemeinen sozialen Sicherung kann nicht unter Tabu stehen. Ohne Einschränkungen bei den Sozialausgaben ist die Konsolidierungsaufgabe kaum lösbar. Hier stößt die Finanzpolitik verständlicherweise auf den härtesten Widerstand. Sozialhilfe, Familienlastenausgleich, Ausbildungsforderung, Wohngeld, Zuschüsse zur Arbeitslosenversicherung und zur Altersversorgung für Bergleute, Landwirte und Eisenbahner sowie die Kriegsopferversorgungen summieren sich in den Haushalten der Gebietskörperschaften auf weit über DM 50 Milliarden. Es wäre nicht einfach unsoziale Willkür, wenn bei den Leistungsgesetzen Abstriche gemacht werden." (SBG, FRANKFURTER RUNDSCHAU vom 8.7.1981)

und befürwortet darüberhinaus einen Einstellungsstop im öffentlichen Dienst und eine Minderung der direkten Steuern bei gleichzeitiger Anhebung der indirekten Steuern.
ARNDT belegt seine Forderung nach "Mehr Markt" mit zwei (für diese Richtung typischen), Beispielen:
"So erfüllt zum Beispiel der Wohnungsmarkt seine volkswirtschaftlichen Funktionen nicht mehr, wenn die Mieten - und damit die Preise für Wohnungen - dem freien Spiel der Marktkräfte entzogen sind. Die Folge ist,

daß Neubauten von Wohnungen bei wachsender Wohnungsnot unterbleiben, wie sich dies zur Zeit in der Bundesrepublik beobachten läßt. Um die volkswirtschaftliche Beschäftigung zu erhöhen, ist es daher zweckmäßig, die Mieten frei zu geben und die sozial unterwünschten Auswirkungen, die hiermit zwangsweise verbunden sind, in anderer Weise auszugleichen. Höhere Mieten sind sicherlich unpopulär, aber im Verhältnis zur Arbeitslosigkeit sind das kleinere Übel." (ARNDT in DIE ZEIT vom 13. 3.1981, S. 5)

Kurzfristig kommt es sofort zu höheren Mieten, wobei die sozialen Folgewirkungen überhaupt nicht bedacht werden, wenn beispielsweise für weite Bevölkerungsteile die Miete in den bisherigen Wohnungen beziehungsweise im Stadtviertel nicht mehr zu bezahlen sind und sie aus ihren Vierteln umquartiert werden - und ob mittelfristig und langfristig die Freigabe der Mieten tatsächlich zu einem Abbau der Arbeitslosigkeit führt, steht in den Sternen. Folge einer Freigabe der Mieten wäre - in noch stärkerem Ausmaß als bisher schon - die Entstehung und Ausweitung von Slumgebieten, wo die Gruppen der Gesellschaft wohnen, die keine hohen Mieten zahlen können. (3)

Sein zweiter Vorschlag:

"Der Arbeitsmarkt funktioniert ebenfalls nur unvollkommen, wenn Unternehmen zwar in der Lage sind, jederzeit neue Mitarbeiter einzustellen, es ihnen aber nicht mehr möglich ist, überflüssig gewordene Mitarbeiter ohne ernste Schwierigkeiten und nur mit zeitlicher Verzögerung zu entlassen. Kurzfristig kann sich dies beschäftigungspolitisch positiv auswirken. Auf lange Sicht hat es jedoch einen negativen Effekt, weil Unternehmen hierdurch veranlaßt werden, künftig mit Neueinstellungen vorsichtiger zu sein. Den Grundsätzen einer sozialen Marktwirtschaft entspricht es hier, auf eine übermäßige Erschwerung von Kündigungen zu verzichten und stattdessen die Einstellung neuer Arbeitskräfte zu erleichtern, etwa durch steuerliche Vergünstigungen." (ebenda)

Er zielt auf die totale Anpassung der Arbeitskraft unter Kapitalerfordernisse. Arbeitskräfte sind keine Menschen mit sozialen Bedürfnissen, sondern Teil einer Kapitalmaschinerie, deren Bewegungen sie zu folgen haben. Gefordert wird hiermit die Unterwerfung bzw. -ordnung des Menschen unter die Logik der Kapitalseite - der Mensch wird auf seine Funktion als Arbeitskraft reduziert.

Indem von der konservativen - reaktionären Kritik alle Konflikte und Probleme in allen Lebensbereichen und auch ihre Lösung auf "ökonomische Rationalitäten" reduziert werden, entpuppt sie sich durchaus als menschenverachtend. Infolgedessen meint die Perspektive nach Individualität auch nicht Individualität aller Menschen, sondern realiter nur der Menschen, die genügend Mittel und Zeit haben, diese zu entwickeln.

Tatsächliche Individualität beziehungsweise ihre Herausbildung und Ent-

faltung kann sich nur auf der Grundlage sozialer Gleichheit und gesichertem Einkommen und hinreichend freier Zeit entfalten.
Die Polemik gegen Gleichheit (4) unterschlägt diese Bedingungen und verwechselt darüberhinaus biologische und soziale Ungleichheit beziehungsweise Gleichheit.
Wenn Ungleiches - aus welchen Gründen sie auch resultieren mag - gleich behandelt wird, kann diese Ungleichheit nur zementiert oder vergrößert werden. (5)
Aus dieser - anthropologisch begründeten - Ungleichheit entwickelt die konservative Kritik ein Menschen- und Weltbild, das sich am besten durch "ökonomische Prinzipien" aufrechterhalten und fortsetzen läßt. Konsequenterweise wird die Übertragung beziehungsweise Nichtbehinderung ökonomischer Rationalität (Konkurrenz, Leistung, Privatisierung, Kosten-Nutzen-Maximierung etc.) auf andere Lebensbereiche, insbesondere dem öffentlichen Sektor, gefordert.

"Denn die jüngsten Arbeiten der Wirtschaftstheorie - und speziell die über die Analyse institutioneller Phänomene - versetzen uns heute in die Lage zu zeigen, daß die liberale Anschauung nicht auf dem simplen Glauben an eine 'unsichtbare Hand' beruht, sondern sich auf eine analytische und wissenschaftliche Methode stützt, die beweist, daß die ökonomischen Gesetze sowohl für die Güterproduktion als auch für die gesamten materiellen und immateriellen Aktivitäten und Produktionen gültig sind." (LEPAGE 1980, S. 231-232)

Aus dieser Einsicht schlußfolgerte LEPAGE: "Insofern ist der Kapitalismus nicht mehr und nicht weniger als ein Bollwerk der Freiheit". (ebenda S. 237)

Während in Großbritannien und in den USA diese "Erkenntnisse" schon in der Praxis umgesetzt werden - mit Sozialstaatsabbau, Reduktionen der Kapitalsteuern und Lohnkürzungen bei trotzdem ansteigender Arbeitslosigkeit und hohen Inflationsraten - sind in der Bundesrepublik, wie die Analyse der Sparprogramme zeigt, erst zaghafte Schritte in diese Richtung unternommen worden.

Der amerikanische Ökonom GILDER - zusammen mit LAFFER der Wegbereiter der US-amerikanischen Angebotsökonomie - sieht in der Beseitigung der Taxflation (Verknüpfung von exzessiver Besteuerung und Inflation) und der Verminderung des Wohlfahrtsstaates die Bedingungen, zum wirtschaftlichen Wachstum zurückzukehren.
Die Rezepte sind einfachster Machart: Sozialetats kürzen und Kapitalsteuern senken.

"Für alle Gleichmacher eine unangenehme Einsicht, die ihnen aber nicht erspart werden kann: um etwas für die Armen und Mittelschicht zu tun, muß man die Steuersätze der Reichen drastisch senken. " (GILDER nach HANKEL in FRANKFURTER RUNDSCHAU vom 19.9.1981)

Zwar bleiben die langfristigen Auswirkungen unklar, kurzfristig jedoch kommt es zu massiven Umverteilungen zugunsten der Kapitalseite und hoher Einkommensbezieher. HANKEL mutmaßt, daß diese Variante konservativ-reaktionärer Politik sich in der Kurzfristigkeit erschöpft.

"Die von Mr. Laffer aufgeklärten amerikanischen Kapitalisten werden Präsident Reagens Steuergeschenke ungerührt einstreichen und ebenso ungerührt fortfahren, Amerikas dank der Super-Rüstung auch super- unproduktive Staatsschulden zu Superzinsen zu finanzieren: sie werden statt produktiv und beschäftigungssteigernd zu investieren, profitablere Anleihen kaufen." (ebenda)

In Großbritannien hat diese staatliche Politik schon entsprechend Kritik praktisch erfahren. Die Jugendunruhen im Frühsommer 1981 in verschiedenen englischen Städten dürften nur der Auftakt zu weiteren sozialen Eruptionen gewesen sein. (6)

Ohne zunehmende Widerstände wird sich dieser Prozeß der sozialen Entflechtung der Ökonomie und der bezweckten sozialen Neustrukturierung (Klassenpolarisierung, Marginalisierung) auch in der Bundesrepublik nicht vollziehen, auch wenn sich durch den integralen gesellschaftlichen Einbezug der Gewerkschaften und der Sozialdemokratie (als die Partei der Arbeiterschaft) die beiden Seiten dieses Prozesses (Durchsetzung und Widerstand) "gemäßigter" entfalten werden. (7)

An der Einschätzung SCHILLER's zum 81er Sparprogramm:

"Dabei ist der Bereich, dessen Ausgabendynamik dem Finanzminister besonders Sorge gemacht hat, nämlich der Sozialbereich, viel stärker durchforstet worden, als dies in der Öffentlichkeit zunächst dargestellt wurde - auch wenn den Säulen der Sozialpolitik - wie Arbeitslosengeld oder Rentenhöhe - unangetastet blieben. Die Regierung hat aber nicht nur ein Kürzungsprogramm vorgelegt, sondern es mit sehr deutlichen Abschreibungsvergünstigungen für die Industrie und für die Bauwirtschaft sowie speziell für die Stahlwirtschaft verbunden. Diese Abschreibungsvergünstigungen werden sich im Laufe der nächsten Jahre zu Milliardenbeträgen auswachsen, von 1982 bis 1985 ergibt sich damit eine Gesamtsumme von DM 16 Milliarden. Das wirkt doch expansiv." (DIE ZEIT v. 25.9.1981, S. 34)

der Forderung nach einer einjährigen Lohnpause (ebenda) und der strategischen Bemerkung des "Jungkanalarbeiters" ROTH:

"Daß wir ein höheres Investitionsniveau am Sozialprodukt brauchen, ist unbestreitbar. Daß ein höheres Sozialprodukt in Beziehung steht mit Gewinn, ist unbestreitbar. Damit ein Gewerkschafter solche Sachgesetzlichkeiten mit tragen kann, muß man ihm Hilfestellung geben. " (DIE ZEIT vom 25. 9. 1981, S. 37)

unter den Vorschlägen der CDU/CSU zum Sparprogramm (8) bei gleichzeitiger Berücksichtigung staatlicher Politik beispielsweise im Bereich der Kernenergie und der Stadtsanierung, wo unter anderem durch den Staat private Profitansprüche gesichert werden sollen, wird deutlich, wie weit auch in der Bundesrepublik dieser Prozess schon gediehen ist.

Nun könnte man die konservativ-reaktionäre Kritik insbesondere am Sozialstaat als vordergründig und fadenscheinige Argumentation zur Sicherung und/oder Wiederherstellung alter Privilegien abtun und entsprechend die Verteidigung bestehender Verhältnisse forcieren, wenn nicht einerseits die Kritik durchaus berechtigte Punkte ansprechen und mit der unreflektierten Zurückweisung der Kritik auch andererseits die Wirkungsweise bestehender Verhältnisse unterschlagen würde.
Indem - durchaus gerechtfertigt - die "rechte" Sozialstaatskritik die "soziale Ineffizienz" vieler sozialer Leistungen anspricht (9), kann sie ihre eigentliche Intention, Umverteilung zugunsten durch die Primärverteilung ohnehin Priveligierter, hinter der Behauptung verstecken, der Sozialstaat sei nicht in der Lage, soziale Gerechtigkeit zu verwirklichen.

Eine Zurückweisung dieser Sozialstaatskritik müßte daher mit Vorschlägen zur Umstrukturierung und Neuorganisation von Transferleistungen verbunden werden, um tatsächlich dem Bestreben nach sozialer Gerechtigkeit und individueller Menschenwürde zu entsprechen und berücksichtigen, daß Sozialstaat immer auch Sozialkontrolle bedeutet, das heißt, eine "linke" Sozialstaatskritik müßte in ihren Alternativen Wegen aufzeigen, wie sich soziale Maßnahmen vom Prinzip der Verwaltung und Kontrolle der Betroffenen entkoppeln lassen.

Solange diese Kritik nicht praktisch werden kann (10), bleibt eine Verteidigung des Status - quo das "kleinere Übel", denn Sozialstaatsabbau unter gegebenen Bedingungen impliziert: quantitative Kürzungen <u>und</u> Beibehaltung oder sogar Verschärfung der o.a. Prinzipien und läuft somit auf eine stärkere soziale Differenzierung und Disziplinierung hinaus.

"Ohne Zweifel würde eine Kritik des Sozialstaats dazu führen, daß die relative Armutsbevölkerung drastisch steige. Würde man für absolute Armutsmaße ein unabhängig bestimmtes gesellschaftliches Existenzminimum definieren, würde auch die abolute Armutsbevölkerung steigen. Beide Erscheinungen wären mit erheblichen sozialen Kosten verbunden.

Die Ungleicheit nimmt zu; insbesondere steigt die Distanz zwischen dem Einkommensniveau von Sozialeinkommensbeziehern und dem durchschnittlichen Lebensstandards. In dem Maße wie nun auch Erwerbsfähige auf Sozialeinkommen verwiesen werden, kann dies zu einer Polarisierung der Gesellschaft führen." (KRUPP 1978, S. 253/254)

5. Zusammenfassung

Am Beispiel der Arbeitsmarktpolitik seit der Krise und den Konsolidierungsprogrammen von 1975 und 1981 können zwei Pfeiler staatlicher Wirtschaftspolitik aufgedeckt werden: soziale Entflechtung der Ökonomie und soziale Disziplinierung.

Anstelle der Thematisierung und gesellschaftlichen Lösung des Arbeitslosenproblems versucht die Arbeitsmarktpolitik - durchaus mit Erfolg - durch individuelle Schuldzuweisung, Kontrolle und Sanktionierung des Arbeitslosen den sozialen Konfliktstoff, den Arbeitslosigkeit implizert, zu entschärfen.

Mit dem Fortbestehen der Massenarbeitslosigkeit gerät der Staat in ein doppeltes Dilemma: einerseits muß er - zur sozialen Befriedigung - trotz der sozial disziplinierenden Ausrichtung konkreter Programme ein gewisses Niveau an Sozialstaatlichkeit aufrechterhalten und konfligiert (potentiell) mit ökonomischen Restrukturierungsprozessen und andererseits verkleinert die Finanzkrise dem Sozialstaat das materielle Fundament.

Insofern drücken die verschiedenen Programme und Politiken eine Gratwanderung zwischen Haushaltskonsolidierung, Erhaltung des Sozialstaats auf einem historisch angemessenen Niveau und differenzierter sozialer Demontage aus.

Durch eine gezielte und differenzierte Strategie der sozialen Disziplinierung und des vom Rand ausgehenden Abbaus des Sozialstaats bei gleichzeitiger Begünstigung mittlerer und höherer Einkommensgruppen durch Steuerentlastungsprogramme, vergewissert sich staatliche Politik der Unterstützung von Bevölkerungsmehrheiten. Diese Marginalisierungsstrategie impliziert eine Verschiebung von Problemen und Konflikten an die gesellschaftliche Peripherie und erfreut sich der aktiven bis passiven Unterstützung von Kapitalverbänden und Gewerkschaften.

Marginalisierung ist der Ausweg, die gesellschaftlichen Konsensbedingungen zu erhalten und gleichzeitig auch die politisch- sozialen Grundstrukturen (Hierarchisierung, soziale Differenzierung etc.) zu reproduzieren.

Als Kontrast beziehungsweise Ergänzung zu dieser Politik entpuppt sich die staatliche Subventionspolitik; weder nutzt sie die Möglichkeit zur Steuerung von Investitionsvorhaben, noch koppelt sie die Vergabe an Beschäftigungsnachweise, so daß sich Subventionspolitik für die Wirtschaft realiter als globale Investitionserleichterung charakterisieren läßt.

Der konservativen Seite vollzieht sich der Prozess der sozialen Entflechtung nicht rasch und intensiv genug. Sie möchte "soziale Behinderungen" der Ökonomie, die in den letzten hundert Jahren letztlich von der Arbeiterbewegung erkämpft wurde, weitgehend abbauen.
Hinter der Prämisse "Mehr Markt - weniger Staat" verbirgt sich die Betonung des Profitprinzips bei vorbehaltloser staatlicher Unterstützung privater Strategien. Nun setzt allerdings, was die Argumentation nicht expliziert, weniger Staat im ökonomischen Raum ein Mehr an Staat im Bereich der sozialen Befriedigung und Kontrolle voraus, so daß allenfalls weniger ökonomische Interventionen und Abbau des Sozialstaats gemeint sein können.
In der weitgehenden Konsequenz fordert die konservativ - reaktionäre Kritik die Übertragung "ökonomischer Rationalität" auf alle gesellschaftlichen Bereiche und proklamiert damit implizit das "Ende des Sozialen".

X. Schlußbetrachtung: politisch-soziale Bestimmung der Ökonomie, ihr sozialer Gehalt und ihre politischen Implikationen von 1967 bis 1982

Eines der zentralen Anliegen der Arbeit ist es, der Meinung, Ökonomie sei ein technischer und ausschließlich nach immanenten Gesetzen objektiv ablaufender Vorgang, entgegenzuwirken. Die Analyse des ökonomischen Entwicklungsprozesses läßt für den angegebenen Zeitraum demgegenüber erkennen, wie sehr der Ökonomie soziale Gehalte innewohnen, von denen sie ihrerseits vorangetrieben wird.
Kurz - die Ökonomie ist als sozialer Prozeß bestimm- und analysierbar. In dieser Perspektive wird auch das Politische an der Ökonomie - sei es entlang der Aktivitäten an der gesellschaftlichen Basis, sei es vom Handeln des politischen Staates her - greifbarer.
Nun versteht sich die Interpretation der Ökonomie als zugleich sozialer Prozeß, auf den das politische Handeln sich zentral bezieht, gewissermassen nicht von selbst.
Der wissenschaftliche Zugriff auf diese dem Volkswissen als selbstverständlich geltende Interpretationsperspektive bedarf methodologischer Vorkehrungen, die es erlauben, die in den Wissenschaftsdisziplinen und im Aufbau der staatlichen Politik getrennt erscheinenden Sphären des Ökonomischen, des Sozialen und des Politischen sinnvoll aufeinander zu beziehen.
Die Fragestellung wird am immanenten Verlauf der Ökonomie konkretisiert. Entsprechend steht die Darstellung ökonomischer Daten im Zentrum der Arbeit: sie sind entlang der Analyse von Indikatoren das Fleisch der Arbeit.

Die Aufschlüsselung des sozialen und politischen Gehalts der Ökonomie geschieht methodologisch in der Weise, daß sowohl die sozialen Folgen der ökonomischen Entwicklung und der ökonomischen Politik thematisiert wie in ihren Rückwirkungen auf den Ökonomie-Staat-Komplex dargestellt werden.

Im Hinblick auf eine soziologisch-politologische Aufschlüsselung ökonomischer Prozesse, d.h. auf die Analyse der strukturellen Verknüpfung von sozialen und politischen Prozessen, die der Ökonomie Gestalt und Verlaufsform geben, ist insofern ein erster Schritt getan.
Eine weiter in diese Richtung zielende Untersuchung müßte über die angesprochenen Zusammenhänge hinaus, insbesondere andere politische Felder sowie organisationssoziologische und sozialpsychologische Aspekte berück-

sichtigen.
Gleichwohl: auch wenn das Material besser aufgeschlüsselt, weitergehende Aspekte einbezogen und die innere strukturelle Verknüpfung der verschiedenen Ebenen theoretisch durchleuchtet werden, verbietet sich aufgrund der Komplexität des Gegenstands eine voreilige wirkungsanalytische Bestimmung von Zusammenhängen und Daten: für die "politische Bewertung" realen Geschehens bleibt grundsätzlich Raum, nicht zuletzt angesichts der spezifisch an den Ökonomieprozeß herangetragenen Fragestellungen.
Ein Beispiel soll dieses Problem veranschaulichen; der Abbau sozialstaatlicher Maßnahmen kann einerseits unter dem Gesichtspunkt eines negativ korrelierenden Zusammenhangs von Sozialstaat und Ökonomie oder andererseits unter dem Blickfeld von sozialer Gerechtigkeit und Gesellschaftsveränderung betrachtet werden. Insofern fällt eine Bewertung desselben Sachverhalts entsprechend anders - in diesem Fall konträr - aus. Was für die einen Schritte in Richtung auf eine Sanierung der Ökonomie bedeutet, ist für die anderen eine Politik sozialer Entflechtung und Disziplinierung.
Auch die Interpretation ökonomischer Daten kann sich dieses Problems nicht entledigen, ohne unredlich zu werden.
Zentrale These der Arbeit ist, daß die Veränderungen im politisch-sozialen und politisch-staatlichen Raum seit 1945 und insbesondere seit 1967 mit strukturellen Prinzipien der Ökonomie konfligieren und letztendlich zur Krise führen.
Politische und soziale Integration von Arbeiterbewegung und Arbeiterschaft führen zu einem Ausbau des Sozialstaats auf der Grundlage hoher Wachstumsraten. Mit dem Erreichen der Vollbeschäftigung in den 60er Jahren verstärkt sich die Position der Gewerkschaften, was nicht ohne Auswirkungen auf die Verteilungsrelationen bleibt. Die konjunkturelle Krise 1966/67 deutet an, daß die Faktoren der Nachkriegsentwicklung zu verblassen beginnen. Gleichzeitig eröffnet sich dem politischen Reformismus in Gestalt der SPD die Chance zur Erringung der politischen Macht.
Regierungsfähig wird die SPD insbesondere durch zwei Aspekte; einerseits bindet sie vermeintlich die Arbeiterschaft stärker als zuvor an das "Gesamtwohl", und andererseits hat sie eine politische Antwort auf die seit Mitte der 60er Jahre sich ausbreitenden sozialen Konflikte und Unruhen.
Im Wahlsieg der SPD/FDP 1969 und vor allem 1972 zeigt sich jedoch auch der gewandelte Bewußtseinsstand bei Teilen der Bevölkerung, d.h. die

versprochene "soziale Reform" des Kapitalismus findet bei Bevölkerungsmehrheiten Zustimmung. Zwar setzt sich das "Reformprojekt" realiter nur bedingt und vergleichsweise bescheiden um oder führt sogar zu kontraintentionalen Wirkungen, aber es kommt in den Jahren ab 1969 zu einer atmosphärischen Veränderung im politisch-sozialen Raum.
Alte Hierarchien werden infragegestellt, neue gesellschaftliche Strukturprinzipien diskutiert, und steigende Ansprüche an Staat und Gesellschaft formuliert.
Auch die Ökonomie bleibt von diesen Prozessen nicht unberührt; sozialliberales Modernitätsverständnis und eine auf Ausgleich und Versöhnung zielende Außenpolitik verbessern Verwertungs- und Realisierungsbedingungen des Kapitals gleichermaßen.
Allerdings zeigt sich in dieser Phase auch wieder die entscheidende Schranke kapitalistischer Ökonomien: eine Arbeiterschaft, die in die soziale Offensive geht und damit eine wesentliche Prämisse des bisherigen politisch-sozialen Konsenses und einer expandierenden auf Export ausgerichteten Wirtschaft verletzt.
Sicherlich geht es in den Verteilungskämpfen der folgenden Jahre nicht um Systemveränderung, sondern "nur" um eine größere Teilhabe am gesellschaftlichen Reichtum für die Arbeiterschaft. Aber die Lohnoffensive reicht aus, die Grenzen dieser kapitalistischen Ökonomie offenzulegen: eine tiefgreifende Korrektur der Produktions- und Verteilungsstrukturen verträgt sich nicht mit immanenten Kapitalstrategien.
Die Kapitalseite reagiert dementsprechend auf eine Situation der Vollbeschäftigung, des zunehmenden gesellschaftlichen Einflußes von Arbeiterschaft und Gewerkschaften und einer auf Wirtschafts-"regulierung" und Ausbau des Sozialstaats bedachten Politik mit der forcierten Substituierung von Arbeit durch Kapital, um die Abhängigkeit von der Arbeit zu vermindern, und um durch die angsterzeugenden und die Arbeiterschaft fraktionierenden Konsequenzen jahrelanger Massenarbeitslosigkeit die gesellschaftlichen Rahmenbedingungen auf allen Ebenen wieder zu ihren Gunsten zu verändern. Im Knotenpunkt dieses Prozesses von der Lohnoffensive der Arbeiterschaft zur Strategie der sozialen Entflechtung durch Kapital und Staat steht die Krise 1974/75.

Nun bewegt sich die Entwicklung der letzten 15 Jahre durchaus noch im Rahmen der für die Bundesrepublik konstitutiven politisch-sozialen Prämissen.

Dieser politisch-soziale Konsens zwischen Kapital, Gewerkschaften und Staat engt von vornherein den Spielraum für ökonomische Entwicklungen ein und zwar nach zwei Seiten:
einerseits wird eine "Feudalisierung" (ZINN) der Ökonomie mit langandauernder und struktureller Lohnsenkung, Verarmung und Verelendung weiter Bevölkerungsteile verhindert, und andererseits entstehen nur bedingt oder unzureichend neue Verteilungs- und Nachfragestrukturen, die in Verbindung mit technologisch verbesserten Produktionsmöglichkeiten einen neuen (unter Umständen sogar qualitativen) Wachstumszyklus einleiten könnten.

Gewerkschaftliche Macht, wohlfahrtsstaatliche Massendemokratie sowie Privateigentum an Produktionsmitteln und privat-dezentrale Entscheidungsautonomie als Säulen des gesellschaftlichen Konsenses erzwingen insofern eine kurzfristige Lösung von Widersprüchen mittels krisenhafter Eruptionen und eine mittelfristige mittels peripherer Verlagerung und Verdrängung gesellschaftlicher Konflikte.

Als Ergebnis und Schlußfolgerung drängt sich die Frage auf, ob Vollbeschäftigung, relativ gut ausgebauter Sozialstaat und eine auf "soziale Gerechtigkeit" abzielende Gewerkschaftspolitik mit kapitalistischen Strukturprinzipien und Handlungsorientierungen vereinbar sind, oder ob diese Konstellation unausweichlich ökonomische Krisen hervorruft.

Anhand der jüngsten Vergangenheit der Bundesrepublik läßt sich diese Frage weder positiv noch negativ hinreichend beantworten, da die Lohnoffensive mit der ökonomischen Krise ein abruptes Ende findet, das Reformprojekt schon vor Krisenbeginn offiziell scheitert und trotz Massenarbeitslosigkeit, Abbau des Sozialstaats, Reallohnsenkungen und die Kapitalseite begünstigende Wirtschaftspolitik sich kein neuer Wachstumszyklus entfaltet.
Dies bedeutet, selbst wenn Sozialstaat und Lohnoffensive zur ökonomischen Krise führen bzw. für ihre Entstehung wesentlich sein sollten, ist der Umkehrschluß nicht erlaubt.
Es scheint, als ob die kapitalistische Ökonomie in einem kumulativen Prozeß zwischen Profitklemme und Nachfragemangel pendelt und als ob für längere Wachstumsperioden außergewöhnliche Faktoren (Krieg, bahnbrechende Innovationen, Exportexpansion, billige Rohstoffe oder Arbeitskräfte etc.) verantwortlich seien.

Immanent läßt sich der beschriebene Widerspruch ohne grundlegende strukturelle Veränderung gesellschaftlicher Prinzipien nur jeweils kurzzeitig lösen.

Mit der Krise brechen sich mehrere Trends:

- die Wachstumsperiode der Nachriegszeit erlischt endgültig,
- die Verteilungsrelationen ändern sich wieder zu Gunsten der Kapitalseite,
- auf die Lohnoffensive folgt eine Gewerkschaftspolitik, die nur reagiert und keine gesellschaftlichen Alternativen anbietet,
- spontane Streiks und autonome Kämpfe werden quantitativ bedeutungslos und thematisieren allenfalls die Verhinderung von Entlassungen,
- staatliche Politiken zielen auf soziale Disziplinierung mittels Arbeitsmarktpolitik und Umverteilung zugunsten des Kapitals mittels Wirtschaftspolitik ab.
- Die Reformperiode geht zu Ende und in eine Phase offen restriktiver staatlicher Politiken über.
- Das gesellschaftliche und soziale Klima steht quer zu emanzipativen Bestrebungen.

Nun lassen sich diese Tendenzen nicht allein auf die ökonomische Krise zurückführen; diese unterstützt und beschleunigt allerdings diese politische Restrukturierung der Gesellschaft, die wiederum den politisch-sozielen Boden für einen neuen Akkumulationstyp schaffen soll.
Erstaunlich mutet die Tatsache an, daß Reallohnabbau und Massenarbeitslosigkeit nicht zu einer Verschärfung des Klassenkonflikts führen.

Im Gegenteil: die politische und soziale Stabilität ist in den Kernbereichen der Gesellschaft unverändert hoch.
Infolgedessen spielt das spezifische Krisenverarbeitungsmuster eine entscheidende Rolle.
Durch die Verlagerung sozialer Konfliktstoffe an die gesellschaftliche Peripherie und eine entsprechende auf Individualisierung gesellschaftlicher Probleme abgestellte Propaganda wird bisher in Übereinstimmung von Kapital, Gewerkschaften und Staat ein Aufbrechen des Klassenkonflikts verhindert.

Ob und inwieweit der politische Reformismus der SPD durch seine exekutivstaatlich ausgerichtete und auf soziale Entmobilisierung zielende Politik-

konzeption diese Klimaveränderung mitzuverantworten hat, sei hier dahingestellt.
Nachfolgend werden die Ergebnisse der empirischen Arbeit in 5 Schwerpunkten zusammengefaßt und bewertet.

1. Phasen der ökonomischen Entwicklung; ein Vergleich der letzten beiden Zeiträume

Bei einer näheren Betrachtung der letzten 14 Jahre zeigen sich eklatante Phasenunterschiede: auf eine Phase sozialen, sich auch politisch vermittelnden Aufbruchs, verbunden mit durchaus respektablen Wachstumsraten der Wirtschaft, folgt eine Zeit sozialer Disziplinierung unter stagnativen ökonomischen Bedingungen.
Ohne von einer Determinierung zu reden, lassen sich wechselseitige Bestimmungsaspekte zwischen Politik, Ökonomie und sozialen Konflikten nachweisen.
Vollbeschäftigung, der regierungspolitische Kurswechsel und expansive Weltmarktaussichten schaffen den Rahmen für Arbeitskämpfe (vornehmlich Verteilungsauseinandersetzungen), die über den Produktivitätsfortschritt hinausgehen und eine Korrektur der primären Einkommensverteilung erzwingen.
Spontane Streiks bringen auch die Gewerkschaften zu einer "härteren" Lohnpolitik. Über die Produktivitätsziffern hinaus geht es in diesen Tarifauseinandersetzungen um mittel- und langfristige Korrekturen der Einkommensverteilung - einer der programmatischen Schwerpunkte der Gewerkschaften.
Aber auch die Preise entkoppeln sich von den konjunkturellen Wechsellagen; auf die Lohnoffensive antwortet das Kapital zuerst mit Preisüberwälzungen und dann - begünstigt durch technologische Neuerungen - zusätzlich mit Freisetzungen von Arbeitskräften, so daß trotz konjunktureller Stagnationsperiode und Krise Preise und Arbeitslosigkeit steigen.

In einer Phase (nominal-)lohnpolitischer Erfolge unterstützt eine konsequente Preisstabilitätspolitik von Bundesbank und Bundesregierung den Trend zu höheren Reallöhnen, auch wenn die eigentliche Intention staatlicher Stabilitätspolitik in der Verhinderung akzelerierender Inflationsraten, von denen soziale Instabilitäten ausgelöst werden könnten, begründet liegt. Allerdings beschneidet das Steuersystem die Lohnerhöhungen und reduziert auf der Nettoebene die Umverteilung zugunsten der Lohnabhängigen.

Von den Konjunkturdaten her bestimmen nach einem kurzzeitigen Investitionsboom sinkende Investitionsquoten bei trotzdem vergleichsweise hohen durchschnittlichen Wachstumsraten des Sozialprodukts, hohe Löhne und relativ geringere Gewinne, unabhängig von der Konjunkturlage steigende Preise und geringe Arbeitslosenzahlen diesen Zyklus, der in einer Phase "sozialen Aufbruchs" im Sinne der Infragestellung sozialer und politischer Hierarchien und Prinzipien (durch APO, Arbeiterkämpfe) eine Dynamik bekommt, an der er letztendlich gebrochen wird. In der ökonomischen Umsetzung dieser politisch-sozialen Veränderungen durch eine Ausweitung des Massenkonsums und einer Rationalisierungsoffensive bei gleichzeitiger Expansion auf dem Weltmarkt verstärken sich die Faktoren (kurzzeitige Überinvestitionen, hohe Löhne, Weltwirtschaftskrise), die die Krise prägen.

Die Verteilungskämpfe seit Ende der 60er Jahre, die den ökonomischen Teildeterminanten in diesem Zyklus Gestalt und Verlaufsform geben, wie sich an der Entwicklungsrichtung ökonomischer Indikatoren ablesen läßt, beschleunigen Tendenzen, die sich seit Beginn der 60er Jahre durchzusetzen beginnen.

Arbeitskräftemangel und steigende Löhne belasten insbesondere Branchen mit hohem Lohnanteil. Die Rationalisierungsoffensive der 60er Jahre geht folgerichtig von diesen Branchen aus (MB). Nun erfordert eine Erhöhung der Kapitalintensität eine entsprechend steigende Nachfrage, um mittels ausgelasteter Kapazitäten die Produktivität über das Niveau der Kapitalintensität zu steigern. Dieser Prozeß verläuft nicht ohne Friktionen, so daß - im Gegensatz zu 1966/67 - auch Wachstumsbranchen in die Krise geraten.

Binnenkonjunkturell mindern eine gewisse Sättigung im Grundbedarf der Konsumnachfrage und die vorhandene Kaufkraftverteilung eine progressive Erhöhung des Privaten Verbrauchs, während gleichzeitig durch den verstärkten Einsatz von kapital- und arbeitssparenden Investitionen in diesem Bereich die Nachfrage begrenzt wird. Auch eine Ausweitung der Staatsnachfrage kann diesen Trend nicht brechen, da staatliche Ausgaben nur Abzüge von den privaten darstellen, und einer weiteren Verschuldung politische Grenzen gesetzt sind.

Als Ausweg und Motor weiteren expansiven Wachstums setzt das Kapital mit staatlicher Unterstützung auf den Export, der in den 70er Jahren zur wichtigsten Konjunkturstütze (in Hinblick auf weiteres Wachstum) wird. Insofern reagiert die westdeutsche Wirtschaft zumindest kurzzeitig sensibel auf Veränderungen des Weltmarkts, wie sich am Beispiel der mehrmaligen Rohstoffpreiserhöhungen und dem international synchronen Konjunkturverlauf nachweisen läßt.
Bisher gelingt es dem westdeutschen Kapital jedoch über alle kurzfristigen Einbrüche hinweg, sich auf dem Weltmarkt zu behaupten und hierüber vermittelt eine Phase reduzierten Wachstums einzuleiten.
Auf der Verteilungsebene kann seit 1960 eine relative Verbesserung der Relationen zugunsten der Lohnabhängigen beobachtet werden; ein Prozeß, der sich von 1969 bis 1974 beschleunigt und zur Profitklemme führt. Die offensichtliche Veränderung der funktionellen Verteilung setzt sich nur bedingt und z.T. sogar verzerrt auf der personellen Verteilungsebene durch.
Verantwortlich für diese Modifikation zeichnet die staatliche Sekundärverteilung, die seit den 60er Jahren und verstärkt in der Periode der Lohnoffensive der Nettoverteilung ihren Stempel aufdrückt, d.h. die Ergebnisse der Primärverteilung mindert und z.T. sogar umkehrt.

Verschärfte Verteilungskämpfe in Verbindung mit den strukturellen Entwicklungstrends bringen die Ökonomie in eine Krise, die auch eine expansive Konjunkturpolitik nicht verhindern kann.
Mit den Folgen der Krise wird der Prozeß des "sozialen Aufbruchs" gestoppt: Kapital und Staat nutzen die ökonomische Krise als soziales Disziplinierungsmittel, um über das ökonomische hinaus auch das politische und soziale System immanent zu stabilisieren. Auf der Ebene der Produktion ermöglichen technologische Innovationen dem Kapital eine relative Autonomie gegenüber der "Arbeit", so daß eine Periode andauernder Massenarbeitslosigkeit auf die Phase der Vollbeschäftigung folgt.
Während im Zyklus bis 1975 die Profitklemme (vordergründig) zur ökonomischen Krise führt, scheint in diesem Zyklus die Nachfrageseite bedeutsamer zu werden.
Binnenkonjunkturell erweist sich die Verteilungs- und die hieraus resultierende spezifische Nachfragestruktur als Schranke, und auch dem Export sind kurzzeitig durch eine erneute Preisoffensive der OPEC Länder und das internationale hohe Zinsniveau Grenzen gesetzt, die erst zu Beginn

Tabelle 84: Strukturdaten der letzten beiden Phasen;
(1) 1967 - 1975 und (2) 1975 - 1981

1. Soziaprodukt			
	nominal :	(1) ø 13,7%	(2) ø 8,48%
	real:	(1) ø 4,35%	(2) ø 2,97
2. Produktivität:	real:	(1) ø 4,69	(2) ø 3,53
3. Investitionen	nominal:	(1) ø 1o,98%	(2) ø 1o,95%
	real :	(1) ø 2,66%	(2) ø 3,99%
4. Anteil der Investitionen am BSP			
		(1) von 24,4%	auf 22,o%
		(2) von 22,o%	auf 23,1%
5. Arbeitslose(jährlicher Durchschnitt)			
		(1) o,376 Mio.	(2) 1,o6 Mio.
6. Preise			
	Erzeugerp.	(1) ø 5,46%	(2) ø 5,oo
	Lebensh.	(1) ø 5,53%	(2) ø 4,79%
7. Löhne			
	Bruttoeink.(nom.)	(1) ø 16,3%	(2) ø 7,7%
	Nettolöhne(nom.)	(1) ø 12,o3	(2) ø 6,5%
	Nettoreallöhne	(1) ø 4,49	(2) ø 1,38%
8. Gewinne:			
	brutto(nom.)	(1) ø 11,15%	(2) ø 9,1o%
	netto (nom.)	(1) ø 1o,o6%	(2) ø 9,16%

+ die Zahlen für 1981 beruhen größtenteils auf Schätzwerten

Quelle: eigene Berechnungen

der 80er Jahre beseitigt werden.
Nicht von ungefähr steigen in diesem Zyklus die Gewinne (brutto und netto) wieder rascher als die Löhne, so daß sich auf der Ebene der Lohnquote eine Korrektur zugunsten der Kapitalseite ergibt. Sinkende Wachstums- und Produktivitätsraten bei steigenden Preisen und hohen Arbeitslosenziffern prägen den ökonomischen Verlauf dieser Phase.
Begleitet wird dieser - ökonomisch bedingte - Disziplinierungseffekt der Arbeitslosigkeit von einer restriktiven Arbeitsmarktpolitik, einer auch weiterhin und verstärkter die Gewinne begünstigende Konjunkturpolitik. Zwar läßt sich nicht von einem konjunkturpolitischen Paradigmenwechsel in Richtung Monetarismus/Neoklassik sprechen, dennoch bestimmen wesentliche insbesondere den sozialen Bereich betreffende Aspekte dieser Theorien auch die wirtschaftspolitische Praxis im letzten Zyklus: parallel zur sozialen Disziplinierung erfolgt der Versuch der sozialen Entflechtung der Ökonomie.
Als Pole dieses Prozesses können die Rationalisierungsoffensive des Kapitals und eine sozial restriktive Konsolidierungspolitik bezeichnet werden.
Gewerkschaftliche Abwehrkämpfe gelangen nicht zum Kern des Problems, im Gegenteil: die gewerkschaftlichen Streiks in dieser Periode werden von der Kapitalseite offensiv gekontert, so daß unter dem Strich stagnierende bis abnehmende Reallöhne und unzureichender Rationalisierungsschutz als Resultat übrigbleiben.
Aus der Politik von Kapital, Staat und Gewerkschaften folgt als Konsequenz die Marginalisierung weiter Bevölkerungsteile, d.h. die Folgen von Krise und Arbeitslosigkeit werden auf die jeweils sozial schwächeren Schichten abgewälzt.
Soziale Entflechtung bis hin zur sozialen Demontage beginnt gemäß dieser Logik nicht global und allgemein, sondern setzt differenziert und schichtenspezifisch an und umfaßt im weiteren Verlauf größere Teile der Bevölkerung.
Um den ökonomischen, politischen und sozialen Kernbereich der Gesellschaft zu stabilisieren, werden die Kosten der "Sanierung" an die gesellschaftliche Peripherie delegiert, wobei soziale Instabilitäten in diesen Zonen durchaus in Kauf genommen werden.

2. Die Krise 1974/75 als Knotenpunkt

Im Gegensatz zur Krise 1966/67 erweist sich die 75er Krise als Kulminationspunkt struktureller Entwicklungstendenzen und bezeichnet den Übergang zu einem neuen Akkumulationstyp.
Anhand der statistischen Aufschlüsselung ökonomischer Daten läßt sich belegen, daß der Einfluß des Faktors "Lohn" auf die konstatierte Profitkompression vor der Krise 1975 an Bedeutung zunimmt, ohne ausschließlicher Grund für die Krise zu sein.
Der Vergleich von Arbeitsproduktivität, Kapitalintensität, Nettoproduktionsvolumen und Reallohn von 1960 bis 1978 und insbesondere in den Zeiträumen vor der 67er und der 75er Krise (1960 - 1964 und 1969-1975) zeigt fallende Kapitalproduktivität und sinkende Profitquoten in den Jahren vor der Krise.
In beiden Momenten drückt sich im Zyklus ab 1967 die Veränderung der politisch-sozialen Kräfteverhältnisse zugunsten der Arbeiterschaft aus. Während die fallende Kapitalproduktivität den unzureichenden Versuch der Substitution von Arbeit durch Kapital ausdrückt (vermittelt über die im Vergleich zur Kapitalintensität niedrigeren Raten der Produktivität), bezeichnen die über den Produktivitätsfortschritt hinausgehenden Lohnerhöhungen das verteilungspolitische Ergebnis einer "sozialen Offensive" der Arbeiterschaft unterhalb der Schwelle substanzieller (über das System hinausgehender) Klassenkonflikte.
Im Bestreben, die Abhängigkeit von der Arbeitskraft zu lockern, liegen in dieser Phase die strukturellen Probleme des Kapitals (Entwicklung und Anwendung neuer Technologien, ausländische Arbeitskräfte, etc.).
Die spezifische Ausprägung und Tiefe des ökonomischen Krisenprozesses und die unzureichende - ökonomische - Krisenüberwindung relativieren jedoch eine monokausale, in diesem Fall auf lohnbedingte Profitkompression abzielende Erklärung.
Erst unter Berücksichtigung der Veränderungen auf dem Weltmarkt, der internationalen Synchronität von Krisentendenzen, der Veränderung der preismäßigen Grundlage der Rohstoffbasis, der relativen Sättigung im Grundbedarf der Konsumnachfrage, der begrenzten Umsetzung technologischer Neuerungen in die Produktion mangels Basisinnovationen und des kumulativen Zusammenwirkens dieser Faktoren mit der aktuellen Profitkompression wird die historische Dimension der Krise deutlich. Sie bezeichnet das endgültige Ende der Nachkriegsökonomie und die "Geburtswehen" eines neuen Ak-

kumulationstyps.
Die Ursachen für die (grundlegenden) Veränderungen im politisch-sozialen Raum, die zur "sozialen Offensive" der Arbeiterschaft geführt haben, liegen vermutlich auch im außerökonomischen Bereich. Unter dem Eindruck gesicherter Arbeitsplätze und relativem materiellen Wohlstands kommt es in den 60er Jahren zu einer Erosionskrise der Subjekte (NEGT), d.h. die Einstellung der Subjekte zur Gesellschaft, zum Staat, zur Geschichte und Moral wandeln sich, was nicht ohne Auswirkungen auf die Arbeitsmoral und die Identitätsbildung im allgemeinen bleibt. Dieser Erosionsprozeß im politisch-sozialen Raum setzt sich auf der ökonomischen Ebene fort und bringt über eine Forcierung des Klassenkonflikts die Krise.
Überschreiten die Lohnkämpfe mittelfristig den Spielraum des Produktivitätsfortschritts, und läßt die Arbeitsdisziplin nach (ablesbar an der Zunahme des individuellen Absentismus, der sicherlich durch Maßnahmen des Sozialstaats begünstigt wird), muß sich die Akkumulation auf veränderter Grundlage regenerieren.
Die ökonomische Krise offenbart insofern die Grenzen der sozialen und politischen Strukturveränderungen und der allgemeinen Belastungsfähigkeit des Systems. Ihre Funktion erstreckt sich über ökonomische Funktionen (Kapitalvernichtung, Lohnsenkung) hinaus auf den gesamten gesellschaftlichen Zusammenhang.
Da gewerkschaftlicher Einfluß und relativ weit ausgebauter Sozialstaat sowohl kurzfristige Lohnsenkungen verhindern als auch die Folgen der Arbeitslosigkeit kurzfristig abmildern, führt erst ein andauernder Zustand der Massenarbeitslosigkeit zu einem gesellschaftlichen Klima, das Kapital und Staat soziale Restrukturierungsbemühungen in Richtung "alter" Hierarchien und Prinzipien erlaubt.
Solange der politisch-soziale Grundkonsens der relevanten gesellschaftlichen Führungsgruppen (unter Zustimmung von Bevölkerungsmehrheiten), der auf diesen Prämissen basiert, erhalten bleibt, pendelt eine kapitalistische Ökonomie in einem kumulativen Prozeß zwischen Profitkompression und Nachfragemangel.

3. Politisch-sozialer Wandel am Beispiel der Arbeitskämpfe

An der Entwicklung und Ausrichtung der Arbeitskämpfe von 1967 bis 1981 läßt sich der doppelte Prozeß der Veränderungen im politisch-sozialen

Raum nachzeichnen.
Die Auflockerung gesellschaftlicher Prinzipien sowie die Thematisierung neuer Aktionsformen und Inhalte durch die APO in den 60er Jahren wirken in vermittelter und verschlüsselter Form auch auf die Arbeitskämpfe in dieser Phase.
Mit den spontanen Streiks von 1969 beginnt eine Lohnoffensive, die neben dem politisch-sozialen auch das ökonomische Gleichgewicht verletzt.

Die Gewerkschaften als Garanten einer maßvollen Lohnpolitik sehen sich durch die spontanen Aktionen, die in diesem Ausmaß in den 50er Jahren und frühen 60er Jahren undenkbar wären, gezwungen, ihre Tarifpolitik zu radikalisieren. Und tatsächlich führt diese gewerkschaftliche Politik in den folgenden Jahren zu den höchsten Lohnsteigerungen der Nachkriegszeit. Über die Verteilungsebene hinaus werden in gewerkschaftlichen Streiks und der spontanen Streikwelle im Jahre 1973 auch die Arbeitsbedingungen thematisiert.
Diese Arbeitskämpfe, die auf die Prämisse "mehr Lohn und weniger und bessere Arbeit" hinauslaufen, bedrohen, falls sie in dieser Intensität weitergeführt werden, die hegemoniale Dominanz des Kapitals im ökonomischen und gesellschaftlichen Raum.
Entsprechend reagiert das Kapital auf diese Situationen mit verstärkten Substitutionsprozessen von Arbeit durch Kapital, der Freisetzung von Arbeitskräften und einer härteren Gangart in den Arbeitskämpfen.
Aber erst die ökonomische Krise und die hierdurch hervorgerufene Massenarbeitslosigkeit gestatten dem Kapital, auf die Lohnoffensive mit entsprechenden Strategien, die (wie der sogenannte Tabu-Katalog zeigt) weit über Rationalisierungen hinausgehen, zu reagieren. Nun erweist sich die mangelnde über Immanenz nicht hinausgehende Perspektive der Gewerkschaften als Hindernis für eine an den Interessen und Bedürfnissen der Lohnabhängigen orientierte offensive Politik. Durch die selbstauferlegte Verpflichtung auf das "Gesamtwohl" im Rahmen des politisch-sozialen Grundkonsenses, das letztendlich nur Ausdruck der Kapitallogik ist, kann der gewerkschaftliche Kampf den Kapitalstrategien nur hinhaltenden auf soziale Absicherung bedachten Widerstand entgegensetzen.
Da beide Seiten - Kapital und Gewerkschaften - auf eine immanente auf quantitatives Wachstum zielende Krisenlösung setzen, verpuffen die erkämpften Rationalisierungsschutzabkommen im Laufe der folgenden Jahre, d.h. sie sind nur kurz- und allenfalls mittelfristig wirksam.

Aber nicht nur in den Inhalten auch in den Aktionsformen verschärft das Kapital mit dem Mittel der Aussperrung die Arbeitskämpfe in der auf die Krise folgenden Phase reduzierten Wachstums.Dem können oder wollen die Gewerkschaften nichts entgegensetzen; sie beschränken sich auf die juristische Behandlung dieses Themas.
Insbesondere in der Behandlung der Arbeitslosigkeit von Gewerkschaftsseite - weder werden die Arbeitslosen in Tarifverhandlungen als Problem behandelt noch grundsätzliche Alternativen angeboten - zeigt sich das Scheitern gewerkschaftlicher Politik.
Im Streik um die 35 Stunden Woche schreckt die Gewerkschaft vor einer notwendigen Ausweitung des Kampfes zurück und ordnet sich damit den Kapitalstrategien unter.
Autonome - von der Gewerkschaft unabhängige Kämpfe - gehen vom Umfang her zurück und beschränken sich auf betriebliche Aktionen gegen Massenentlassungen.
Ohne Frage: die ökonomische Krise und ihre politische Verarbeitung bremsen die soziale Offensive der Arbeiterschaft und führen zu einer Forcierung des "Klassenkampfs von oben".

4. Politisch-staatlicher Kurswechsel am Beispiel der Konjunkturpolitik

Gemessen an den Zielen des Magischen Vierecks kann ein Scheitern der Wirtschaftspolitik konstatiert werden.
Von 1967 bis 1982 erreicht die staatliche Konjunkturpolitik weder in stabilitätspolitischer noch in expansiver auf Krisenverhinderung bedachter Hinsicht ihr selbstgestecktes Ziel. Im Gegenteil: in jedem Jahr lassen sich zumeist sogar mehrere Zielverletzungen beobachten.

In der bundesdeutschen Variante des Keynesianismus verbindet sich mit seiner Institutionalisierung insbesondere ein politisches Projekt in Gestalt der Fortschreibung und institutionellen Fixierung eines gesellschaftlichen Konsenses zwischen Kapital, Staat und Gewerkschaften. Zwar werden die Träger auf das Gemeinwohl verpflichtet, das sich aufgrund des privaten und dezentralen Entscheidungssystems der privaten Ökonomie und ihres Primats für den materiellen Gehalt der Gesellschaft funktional aus der"Logik des Kapitals" ableitet - dennoch vollzieht sich mit der Explizierung des Keynesianismus auch eine Aufwertung der Arbeiterschaft zum "eigenständigen Faktor". In der Formel der wirksamen Nachfrage findet sich diese Seite als Konjunkturfaktor wieder, insofern berücksichtigt der Keynesianismus ein historisch zugunsten der Arbeiterschaft verändertes soziales und vor allem politisches Kräfteverhältnis. Hierin liegt ein Grund für die starke Affinität der Sozialdemokratie zum Keynesianismus.

Staatliche Wirtschaftspolitik in Form der Globalsteuerung verpflichtet sich zur globalen Datensetzung und zur kurzfristigen antizyklischen Intervention zwecks fermentativer Konjunkturankurbelung.
Voraussetzung für diesen politischen und sozialen Kompromiß ist die Anerkennung der privatkapitalistischen Dominanz in der Ökonomie und die staatliche Garantie sozialer Stabilität durch Sozialstaat und Vollbeschäftigungsversprechen.
Eine ausgeprägte Orientierung auf Stabilität und ein Vertrauen in die Marktkräfte, die es zu unterstützen gilt, sind dieser Interpretation des Keynesianismus immanent.
Hatte ein keynesianisches Konzept vor 1967 und unmittelbar nach seiner bundesdeutschen Institutionalisierung auf die Wirksamkeit der "Geldillusion" vertraut, wird dieser zentrale Mechanismus von der Realität in den Jahren 1969 - 1974 (Lohnoffensive) eingeholt, so daß die Wirtschaftspolitik sich auf Inflationsbekämpfung und Einkommenspolitik mittels Sekundärverteilung (über das Steuersystem) konzentriert.
Auf die Inflation reagiert die Wirtschaftspolitik mit mehreren Stabilitätsprogrammen, die zwar nicht steigende Preisraten verhindern, sie aber dennoch eindämmen können. Es gelingt dieser Politik die aus den Verteilungskämpfen resultierende Inflation in Grenzen zu halten. Priorität gewinnt die Stabilitätspolitik nicht nur aus Rücksicht auf die exportorientierten Fraktionen des westdeutschen Kapitals, sondern vor allem, weil in einer akzelerierenden Inflation als Ausdruck gegensätzlicher Interessen verschiedener sozialer Gruppen eine erhebliche Gefahr für das soziale Gleichgewicht geortet wird, zumal große Teile der Bevölkerung aufgrund der Inflationserfahrungen der 20er Jahre und der Währungsreform ein äußerst "sensibles" Verhältnis zur Geldentwertung haben.
Solange Vollbeschäftigung vorherrscht, begünstigt diese Politik durch die Begrenzung des Spielraums für Preisüberwälzungen die Lohnseite.

Mit der ökonomischen Krise ändern sich die Konstellationen. Die Bekämpfung von Arbeitslosigkeit und Wachstumsrückgängen geraten in Konflikt mit Antiinflationspolitiken, da sich trotz der Krise die Preise weiter-

hin auf hohem Niveau halten.
Auf die ökonomische Krise reagiert der Staat (vermutlich aufgrund einer Fehleinschätzung des Charakters und der Intensität der Krise) erst verspätet mit zusätzlichen Programmen, die die Konjunktur über die Nachfrageseite wieder beleben sollen. Inhalt der Programme ist eine Stimulierung der Investitionsnachfrage durch eine Zulage, eine Ankurbelung der Konsumnachfrage durch die Ergebnisse der Steuerreform und eine Belebung der Bauaufträge durch zusätzliche Staatsausgaben. Der weitgehende Verzicht auf Ausgabenprogramme bedeutet keine Abkehr vom Keynesianismus, sondern resultiert aus der Einsicht und der Strategie, den vermuteten strukturellen Wandlungsprozeß zu verstärken, ohne die Dominanz von Marktprozessen zu berühren.
Gerade diese Dominanz verhindert aber auch eine Beschäftigungswirkung der Programme; das Kapital benutzt die Gelder zu einer forcierten Rationalisierung, so daß sogar weitere Freisetzungen Folge und Konsequenz dermaßen strukturierter Konjunkturprogramme sind.
In dem der Mechanismus - Ankurbelung, sich selbst tragender Aufschwung, höherer Beschäftigungsstand, Anstieg der Staatseinnahmen - nicht funktioniert, gerät der Staat selbst in ein finanzpolitisches Dilemma. Will er weiter mit Sonderprogrammen stimulierend auf die Konjunktur wirken, muß er sich weiter verschulden oder andere Ausgaben kürzen, da er nicht mehr den Erfolg einplanen kann.
Durch weitere Einnahmenausfälle und Kosten der Arbeitslosigkeit besteht sogar die Gefahr, daß der Staat sich in einem Strudel eines kumulativen Verschuldungsprozesses verfängt, ohne die Gewißheit einer neuerlichen Wachstumsperiode zu haben.
In dieser Situation beginnt der Staat mit Konsolidierungsprogrammen neue Akzente in der Ausgabenpolitik zu setzen: Begrenzung der sozialen Kosten der Krise und Priorität für investive Ausgaben. Als dritte Säule neben Steuer- und Stabilisierungspolitik gewinnt eine restriktive Arbeitsmarktpolitik an Bedeutung.
Die Ausrichtung und Gestaltung der Arbeitsmarktpolitik unterstützt die Wirkungen der Massenarbeitslosigkeit, indem sie das Schwergewicht auf Individualisierung des Problems und auf Sanktionierung und Kontrolle der Betroffenen legt.
Dieses Konzept der sozialen Disziplinierung mit Blickrichtung auf eine spätere soziale Entflechtung der Ökonomie zieht sich wie ein roter Faden durch die staatliche Politik der späten 70er Jahre. Zwar richtet sich die

Konjunkturpolitik in den folgenden Jahren wieder expansiv aus und treibt damit die Verschuldung in Rekordhöhen, die prinzipielle Konsolidierungslinie wird jedoch nicht verlassen. Ein erneuter Wachstumszyklus kann nicht initiiert werden. Der kleine Aufschwung 1979 geht - ebenso wie 1976 - nicht in einen Boom über.
In der konjunkturellen Krise 1982 droht der Wirtschaftspolitik ein finanzieller Kollaps, da die Verschuldung eine spezifische Dynamik entwikkelt hat: anwachsende Zinsbelastungen erfordern eine immer höhere Neuverschuldung, so daß die Umstrukturierung der Ausgaben nicht nur sozial, sondern jetzt auch finanziell notwendig wird.
Die Neuverschuldung dient ausschließlich zur Zins- und Schuldentilgung und zur Deckung sozialer Kosten als Folge der Massenarbeitslosigkeit. Insofern werden die 81er und 82er Sparprogramme nach der gleichen auf soziale Disziplinierung und Entflechtung bedachten Methodik abgewickelt. Erst in der 82er Rezession muß der Staat konjunkturpolitisch passen: die Mittel und Instrumente reichen nicht mehr aus für eine offensive keynesianische Politik. Noch stärker als bisher richtet er daher sein Augenmerk auf die soziale "Verwaltung" der Krise.
Können wir unter ökonomischen und sozialen Gesichtspunkten seit der und durch die Krise 1974/75 einen Richtungswechsel staatlicher Maßnahmen vom (mißglückten) Versuch, den sozialen Status Quo zu erhalten bzw. zu verbessern, zu einer Politik der sozialen Verwaltung und Disziplinierung feststellen, lassen sich konjunkturpolitisch 5 Phasen unterscheiden:
- restriktive Stabilitätspolitik 1973/74
- nachfrageorientierte Ankurbelungspolitik 1974/75
- restriktive Konsolidierungspolitik 1976/77
- expansive Investitionspolitik unter Berücksichtigung struktureller Konsolidierung 1978-1980 und
- verschärfte Konsolidierungspolitik mit Tendenz zum Abbau des sozialen Netzes 1981/82

Vom (vordergründigen) Scheitern des Keynesianismus (1975) bis zur (vorläufigen Abkehr (1981) erstreckt sich ein langer Weg, gekennzeichnet vom Bemühen der staatlichen Konjunkturpolitik, wieder ein strategisches und erfolgversprechendes Konzept zu entwickeln.

Nun hat die gesamte Wirtschaftspolitik seit der 67er Krise sehr wohl auch verteilungspolitische Effekte.

In der Lohnoffensive 1969-1974 bremst die sekundäre Umverteilung durch das Steuersystem die lohnpolitischen Erfolge und vermindert den realen Nettolohnzuwachs erheblich. Die starke Affinität zwischen Gewerkschaften und sozialdemokratischer Regierung verhindert einen expliziten Einbezug der staatlichen Verteilung in die Lohnauseinandersetzungen.

Mit der Zunahme staatlicher Ressourcen und Aktivitäten wird seitens der Gewerkschaften (fälschlicherweise) eine sozial gerechtere Sekundärverteilung unterstellt, da sozialdemokratische Regierungsbeteiligung mit "sozialer Ausrichtung" der Politik kurzgeschlossen wird.
Aber auch nach der Krise setzt der Staat diese Politik fort, und zwar durch Kürzungen im Sozialbereich, Steuerrechtsänderungen und Investitionsbegünstigungen zugunsten des Kapitals und höherer Einkommenbezieher sowie durch den Verzicht auf eine strukturelle Einflußnahme auf die Entwicklungsrichtung der Ökonomie. Anscheinend befürchtet die sozialliberale Bundesregierung bei den sozialen Führungsgruppen eher als bei der Arbeiterschaft massive Legitimationsdefizite.
Trotz nachweislich - geringerer Beschäftigungseffekte und "unsozialer" Verteilungswirkung betreibt die Bundesregierung konsequent eine angebotsorientierte Politik, die zwar (nach SCHILLER) immer noch als keynesianisch bezeichnet werden kann, aber eine Verschiebung des sozialen Konsenses zugunsten des Kapitals ausdrückt, zumal sich die Vollbeschäftigungs"garantie" als leeres Versprechen erweist und von einer Politik der sozialen Entflechtung abgelöst wird.

5. Krisenbewältigungsmuster: Marginalisierung und soziale Entflechtung der Ökonomie

Oberstes Ziel staatlicher Politik ist die Verhinderung sozialer und politischer Instabilitäten, zu deren Entstehung die ökonomische Krise und eine längere Phase reduzierten Wachstums mit den Folgen von Massenarbeitslosigkeit und Reallohnsenkungen eine erhebliche Gefahr darstellt.

Durch eine spezifische Politik gelingt es bisher dem Staat, in Übereinstimmung mit den gesellschaftlichen Führungsgruppen den sozialen und politischen Konsens relativ stabil zu halten.
Die Auswirkungen der ökonomischen Krise fördern und bestärken die soziale Segmentierung der Gesellschaft.

An der Struktur der Arbeitslosigkeit ebenso wie an den Resultaten staatlicher Konjunktur- und Arbeitsmarktpolitik läßt sich das Grundschema der offiziellen Krisenbewältigung ablesen: Verlagerung sozialer Probleme an die gesellschaftliche Peripherie.

Über die Jahre der Massenarbeitslosigkeit hinweg kristallisiert sich die besondere Betroffenheit ohnehin gesellschaftlich benachteiligter Gruppen heraus. Zumeist handelt es sich um Gruppen mit geringem Organisationsgrad und geringer Konfliktfähigkeit.

Betriebliche Personalpolitik, gewerkschaftliche Strategien und staatliche Aktivitäten arbeiten bei dieser Art der Problemüberwälzung annähernd reibungslos zusammen und lassen eine verdichtete Konsensgesellschaft mit repressiv abgespaltenen Rändern entstehen. Diese Marginalisierungsstrategie, die ideologisch durch Ausgrenzungs- und Stigmatisierungslogiken abgedichtet und gerechtfertigt wird, scheint Konsequenz des politisch-sozialen Konsenses zwischen den gesellschaftlich relevanten Führungsgruppen zu sein und steht in gewissem Gegensatz zu Krisenüberwindungsmodellen und -praktiken in den USA und GB, wo auch die Kernarbeiterschaft stärker von den Auswirkungen der Krise betroffen ist.

Eine Zunahme dieser Marginalisierungspolitik, die nicht nur für heutige Gesellschaften konstitutiv ist, könnte (so meine Vermutung) aus dem verbreiterten sozialen und politischen Konsens (Einbezug der Arbeiterbewegung) und den widersprüchlichen Folgen des Vergesellschaftungsprozesses (stärkere soziale Segmentierung bei gleichzeitiger Nivellierung vieler Tätigkeiten) erklärt werden. In der spezifischen Art der sozialen Differenzierung, die über ihre materiellen Voraussetzungen hinausgeht, dürfte der Schlüssel zum Verständnis dieser Politik zu finden sein.

Durch die (gelungene) Verlagerung von Konfliktfeldern an die Peripherie und ihre spezifische staatliche Vermittlung auf der ideologischen Ebene bleibt die Kerngesellschaft bisher sozial stabil,und politische Kontroversen können mit Zustimmung von Mehrheiten systemimmanent (SPD versus CDU) aufgefangen und gelöst werden.

Über die Finanzkrise wird die ökonomische Stagnation auch unmittelbar zum staatlichen Problem.

Als Ausweg visiert der Staat in dieser Periode einen doppelten Prozeß an: die bedingungslose Unterstützung der privaten Akkumulationserfordernisse, um über ein erhofftes quantitatives Wachstum den Verteilungsspielraum als Grundlage des poltisch-sozialen Konsenses wieder zu erweitern, und gleichzeitig die soziale Entflechtung der Ökonomie mittels sozialer Dis-

ziplinierung und differenziertem Abbau des Sozialstaats.
Ohne von einem Paradigmenwechsel vom Keynesianismus zum Monetarismus sprechen zu können, haben sich hiermit die Prämissen staatlicher Konjunktur- und Arbeitsmarktpolitik restriktiv verschoben. Diese Politik versucht vermeintliche "soziale Behinderungen" der Ökonomie partiell zu beseitigen. Sämtliche Konsc¯idierungsprogramme seit 1975 zielen - ausgehend von gesellschaftlichen Rändern - auf einen differenzierten und sukzessiven Abbau des Sozialstaats. Ein Prozeß der sozialen Entflechtung (oder sozialen Destrukturierung) der Ökonomie, der über einen Abbau des Sozialstaats hinausgeht, wird von konservativen Kritikern unter der Prämisse "mehr Markt, weniger Staat" immer schon gefordert.
Politische Intention dieser Kritik ist die soziale Festschreibung oder Verstärkung bestehender Hierarchien, Strukturen und Prinzipien, um über die Ergebnisse des Marktprozesses die Rechtfertigung und ideologische Begründung für soziale und materielle Ungleichheit einholen zu können.

Der Unterschied zwischen sozialliberaler und konservativ-reaktionärer Entflechtungspolitik gründet auf die zeitliche und soziale Dimension: im Gegensatz zur jetzigen Marginalisierungspolitik wollen die "Ordnungshüter des Marktes" einen sofortigen und radikalen Einschnitt in das soziale Netz,und zwar unter verstärktem Einbezug der Arbeiterschaft als Betroffene. Der Konsolidierungsprozeß soll zeitlich gestraffter und sozial ausgeweiteter ablaufen.

Von 1967 bis 1981 läßt sich somit ein weitreichender Wandel staatlicher (ökonomischer) Politik konstatieren: vom Vollbeschäftigungsversprechen zur sozialen Entflechtung der Ökonomie.

Fußnoten zu I.

(1) "Theorie als Entwicklung, als Prozeß zu begreifen, nicht als die grosse, von Anfang fertige Orientierung. Theorie formuliert Erfahrungen, die man im Prozeß mit anderen, im Umgang mit dem zu erforschenden Sachverhalt gewinnt. Eine fertige Theorie am Anfang, vor aller Analyse und Handlung, ist ein Unding. Hat man aber ein Konzept formuliert (eine Theorie), so ist es immer wieder der "Wirklichkeit" auszusetzen. Der Prozeß der Theoriebildung ist niemals abgeschlossen." NARR 1979, S. 523/4

(2) Inwieweit überhaupt eine "universelle Methodologie und Theorie" apostrophiert werden kann, scheint mir zweifelhaft.

"... meine Absicht ist vielmehr, den Leser davon zu überzeugen, daß alle Methodologien, auch die einleuchtensden, ihre Grenzen haben" und FEYERABEND fährt fort:" Selbst vorgegebene Prinzipien müssen sich erst in konkreten Umständen bewähren, das heißt sie werden auf jeden Fall von den Besonderheiten dieser Umstände und nicht abstrakt legitimiert." FEYERABEND 1979, S. 86 und 89

(3) Die fatalen Auswirkungen einer Mystifizierung der "Wesensanalyse" dämmern in neuerer Zeit auch Vertretern der Marx-Orthodoxie. "Im Herumreiten auf der begrifflichen Unterscheidung zwischen dem Oberflächenschein und dem Wesen der kapitalistischen Gesellschaft wurde die unmittelbare Erfahrung des lebendigen Individuums als Quelle möglicher Erkenntnis noch einmal denunziert." NEUSÜß in PROKLA 36, S. 131

(4) CASTORIADIS argumentiert in die gleiche Richtung: "... auch dem gängigen Marxismus ist die Verschmelzung der Theorie vom Staat als der Machtinstanz der herrschenden Klasse mit der Analyse seiner ökonomischen Rolle nie geglückt." CASTORIADIS 1981, S. 164

(5) "Ökonomische Strategien sind nicht Reaktionen auf eine abstrakte und für alle gleiche Situation, etwa auf einem bestimmten Zustand des Arbeitsmarktes oder eine durchschnittliche Profitrate, sondern auf eine einzigartige Konfiguration von positiven oder negativen, in den sozialen Raum eingeschriebenen Indizes, eine Konfiguration, die ein spezifisches Verhältnis zwischen dem vorhandenen Vermögen und den verschiedenen Märkten zum Ausdruck bringt, das heißt ein bestimmtes Maß an aktueller und potentieller Verfügungsgewalt über die Instrumente der Produktion und der Reproduktion." BOURDIEU 1981, S. 175

Fußnoten zu I.3.

(1) Darüberhinaus reduzieren beide Ansätze Politik auf Wirtschaftspolitik.

(2) Die neoklassische Trennung von endogenen und exogenen Faktoren überträgt Modelldenken auf eine durch diese Trennung nicht zu erfassende Realität. vergl. ARNDT 1979

(3) vergl. MARX MEW 23, S. 647 ff.; eine andere mögliche Version bezieht die Veränderung der Organischen Zusammensetzung mit ein.

(4) Beispielsweise sind alle plebiszitären Elemente aus der westdeutschen Verfassung gestrichen.

(5) Als eklatantestes Beispiel sei die Reduktion des Streiks auf die Ebene des Ökonomischen genannt.

(6) Nicht zuletzt deshalb hat die APO ihre Kritik in der Selbstcharakterisierung als APO auf den geschichtlich adäquaten Begriff gebracht. vergl. des weiteren die Schriften von MARCUSE und auch HABERMAS.

(7) "Regulieren" im weiteren (Makro) Sinne impliziert die Autonomie der Mikroebene. Allein die materielle und politisch-soziale Reproduktion der Arbeitskraft macht nach AGNOLI 1975 den Staat zur unabdingbaren Voraussetzung der weiteren Produktion und führt zur funktionellen Verlötung von Staat und Ökonomie.

(8) Vergl. KEYNES 1936 und KALECKI 1974

(9) Selbst in der subjektiven Wahrnehmung von potentiell Betroffenen spiegelt sich überwiegend die herrschende Ideologie, die Arbeitslosigkeit auf ein selbstverschuldetes, individuelles Problem reduziert, wieder. vergl. ZOLL 1981

(10) Der von Hoffman vorgebrachte Einwand, die Theorie des Politischen Konjunkturzyklus sei unzureichend, "weil in ihm die Frage nach den hinter der Durchsetzung von Interessen stehenden materiellen Zwängen weitgehend unterschlagen wird." (HOFFMANN 1 978, S. 263) trifft sicherlich Ansätze aus dem Umkreis der "Neuen Politischen Ökonomie", die ökonomische Analysen in von der materiellen Basis der Gesellschaft losgelöste Handlungstheorie transformieren. In der"Verobjektivierung" dieser materiellen Zwänge liegt jedoch die spezifische Schwäche dieser Kritik, die soziale Prozesse nur aus den "objektiven Zwängen" ökonomischer Verhältnisse ableitet, ohne diese selbst als Ergebnis spezifischer sozialer Handlungen zu begreifen.

(11) Zumindest unter den Bedingungen einer "Nachkriegsökonomie"

(12) "Damit werden die Unternehmen auf eine bestimmte Strategie der Kostenreduktion festgelegt: Da die Löhne nach unten nicht nachgeben, läßt sich die betriebliche Lohnsumme nur noch durch Beschäftigungsreduktionen dauerhaft mindern. Das heißt, daß eine auf die Krise folgende Produktionsausweitung ohne Beschäftigungszunahme stattfinden muß, wenn nicht mit der Überwindung der Krise deren lohnkostenbereinigender Effekt sogleich wieder zunichte gemacht sein soll. Beschäftigungsniveauneutrale Produktionsausweitung aber hat Rationalisierungsinvestitionen zur Folge." VOBRUBA 1979, S. 501

(13) vergl. VOBRUBA 1978

Fußnoten zu II.1.

(1) Ausgelöst durch die Beiträge von CLOVER und LEIJONHUFVUD wird seit geraumer Zeit diskutiert, inwieweit die heutige keynesianische Lehrbuchmakroökonomie der Keyneschen Theorie entspricht oder ob es sich nicht vielmehr um "eine wenig durchdachte Mischung aus neoklassischem Gleichgewichtsdenken und keynes'schen Fragestellungen" (OSTLEITNER, 1978, S. 87) handelt.

Der offiziellen keynesianischen Wirtschaftspolitik hält OSTLEITNER eine "linkskeynesianische" Interpretation entgegen. Dieses Modell

baut auf 4 Prämissen auf:
- an Stelle von antizyklischer Fiskalpolitik, die letztendlich nur die privaten Investitionen und das private Kapital stärkt, soll der staatliche Anteil an den Investitionen ausgebaut und verstetigt werden, um das private Gewinnkriterium zurückzudrängen.
- Verteilungs- und Subventionspolitik zugunsten des Konsums
- Eine Politik des niedrigen langfristigen Zinssatzes soll Machtverschiebungen von den Rentiers zu den Arbeitern unterstützen.
- Das Vollbeschäftigungsziel impliziert auch Importrestriktionen, um einen Import von Arbeitslosigkeit zu verhindern.

(2) "Der ungeheuere Sprung nach vorn, den die kapitalistische Wissenschaft mit KEYNES macht, besteht in der Anerkennung der Arbeiterklasse als autonomes Moment innerhalb des Kapitals. Mit der Theorie von der wirksamen Nachfrage führt KEYNES in die Politische Ökonomie die politische Behauptung vom Kräfteverhältnis zwischen kämpfenden Klassen ein." (NEGRI, 1972, S. 31)

(3) Realiter schreibt das STWG "nur" Instrumente fest, deren Wirkungen und Ziele sich z.T. nur unwesentlich von vorher getätigten wirtschaftspolitischen Interventionen unterscheiden.

(4) Dieser Behauptung wird von STARBATTY (1974) heftigst widersprochen; er sieht in der keynesianischen Botschaft - durch seine neo-klassisch gefärbte Brille - das Gespenst des Dirigismus am konjunkturpolitischen Himmel aufziehen und spricht von der prinzipiellen Unverträglichkeit des Freiburger Imperativs mit der Keynesian'schen Botschaft. (ebenda, S. 48)

(5) Zur Definition der Teilziele vergl. auch VOMFELDE, 1978, S. 44 ff. und GRUNWALD, 1977, S. 38 ff.

(6) Das STWG bringt auch eine Verlagerung der Entscheidungsverhältnisse zugunsten der Exekutive. Die "Werturteile" werden also nicht im Parlament, sondern im Kabinett getroffen.

(7) Zum Zusammenhang von Keynesianismus und Reformpolitik vergl. VOBRUBA in LEVIATHAN 4/1979

(8) Unberücksichtigt bleibt an dieser Stelle die sogenannte Ostpolitik

(9) Die Ökonomiekritik der APO beispielsweise, die maßgeblich an die MARCUS'sche These der Kontraproduktivität der Produktion gesellschaftlichen Reichtums anknüpft, wird dahingehend gewandelt, daß Reformen ohne Fortschreibung der tradierten Organisationsformen und ohne quantitative Zunahme dieses Reichtums nicht möglich seien.

(10) AGNOLI nennt in seinem Buch "Transformation der Demokratie" diesen Prozeß die Verstaatlichung des Fortschritts.

(11) "Die Übernahme der Regierung und eine entsprechende Politik sollten nach sozialdemokratischer Auffassung ermöglichen, auf gesetzlich-parlamentarischem Wege die Giftzähne des Kapitalismus so zu ziehen, seine Ungerechtigkeit so zu balancieren, daß man das Gebiß, die Struktur kapitalistischer Wirtschaft, nicht selbst beseitigen mußte." (NARR/SCHEER, 1976, S. 98)

(12) Von SPD und DGB wird seit 1945 gemäß dieses Verständnisses Politik betrieben, was ihre Mitwirkung an der Ausgestaltung der ökonomischen und politisch-institutionellen Fundamente erklärt.

(13) Unter gegebenen und akzeptierten Prämissen mündet ein "kooperatives" Gesellschaftsmodell zwangsläufig in ein "korporatistisches".

(14) Vergl. NARR, 1979, S. 22

(15) Auch dieses wird als Reform ausgegeben.

Fußnoten zu II.2

(1) Im Kontext dieser Arbeit werden die Ursachen der 67er Krise nicht expliziert (vergl. MANDEL, 1969, ALTVATER, 1979), sondern nur ihre Bedeutung für den nachfolgenden Zyklus betont.

(2) Der Saldo im Außenhandel steigt von 1967 auf 1968 im Gegensatz zu 1966 auf 1967, wo binnenkonjunkturelle Ausfälle kompensiert werden, nur gering und hat in seiner Gesamtheit nur bedingt Motorfunktion für den beginnenden Aufschwung.

(3) zur genauen Aufschlüsselung der Programme vergl. Bundesdrucksache V/3630

(4) Vergl. z.B. EHRENBERG, 1974

(5) Vergl. IGM, 1976, S. 137

(6) Einzelne Arbeitskämpfe gegen die Auswirkungen der Krise haben durchweg defensiven Charakter. (vergl. AUTONOMIE 2, S. 50) 1967 sind sowohl die Anzahl der beteiligten Arbeiter an Streiks, als auch die Ausfallzeiten durch Streiks höher als 1968.

(7) Sicherlich kommt es auch in den 50er und 60er Jahren zu Kampfaktionen von Teilen der Arbeiterschaft, charakterisiert durch
- zahlenmäßige und jeweils regionale Begrenztheit
- die Fixierung durch gewerkschaftliche Positionen und Politik

Die gewerkschaftlich orientierten und kontrollierten Arbeitskämpfe in den 50er Jahren und ihr Nachlassen in den 60er Jahren finden ihren Ausdruck in Thesen von der "Verbürgerlichung des Proletariats" oder der "nivellierten Mittelstandsgesellschaft".

Zu einer fatalen Überschätzung und auch falschen Interpretation der Arbeiterkämpfe in diesem Zeitraum kommen die Autoren der PROLETARISCHEN FRONT (1973), die vereinzelten Aktionen und vorwiegend individuell durchgeführte absentistische Verhaltensweisen in eine Strategie der klassenmäßig neuzusammengesetzten Arbeiterklasse hochjubeln, ohne zu sehen, daß die überwiegende Mehrheit der Arbeiterschaft nach den Erfahrungen durch Faschismus, Krieg und Nachkriegszeit sich eine materielle Reproduktionsbasis und eine individuelle Perspektive erarbeitet und fundamentiert, d.h. sich quasi als Klasse (falls dieser Begriff noch angebracht ist) erst rekonstruieren mußte.
Hohe Zuwachsraten der Reallöhne, Ausbau des Sozialstaats und die Verringerung der Arbeitslosigkeit bilden den Hintergrund der sozialen Integration der Arbeiterschaft in die westdeutsche "Wohlstandsgesellschaft".

Die inneren subjektiven Bedingungen für den Wiederbeginn relevanter Arbeiterkämpfe reifen unter dem Eindruck von abgesicherter materieller Reproduktionsbasis, Zunahme der Dequalifizierung der Arbeit, der Erfahrbarkeit von Disparitäten im Reproduktionsbereich und im Gefolge properierender Konjunktur erst Ende der 60er Jahre heran.

Konfrontiert mit schlechteren Arbeitsbedingungen, zyklischer Arbeitslosigkeit und offensichtlich ungerechten Verteilungsrelationen nach der Krise 1966/67 schlägt dieses individuell herangereifte Selbstbewußtsein ansatzweise in kollektives um; die Arbeiterkämpfe werden für die folgenden Jahre zu einem relevanten gesellschaftlichen und ökonomischen Faktor für die weitere Entwicklung der BRD.

(8) Zu den Lohnforderungen vergl. MÜLLER/JENTSCH, 1979 und BERGMANN,1975

(9) Vergl. BERGMANN, 1975, S. 243 ff.

(10) In den Tarifrunden 1971 kommt es mit über 4 Millionen Ausfalltagen zu den intensivsten Auseinandersetzungen seit Kriegsende und dies in einer Phase nachlassender Konjunktur. (vergl. MÜLLER/JENTSCH, 1979, S. 215)

(11) Die Nettoreallöhne steigen 1970/71 um 8,7% bzw. 4,4% und heben damit die Lohnquote wieder leicht über den Vorkrisenstand.

(12) Die Zahl der offiziell registrierten ausländischen Arbeitskräfte steigt von 1 Mio. auf über 2 Mio. Anfang der 70er Jahre. (vergl. MONATSBERICHTE der B.B. 6/1978, S. 65

(13) Eine weitere, nicht zu unterschätzende Folge der hohen Anzahl der ausländischen Arbeitskräfte liegt in der Veränderung der inneren Struktur und Hierarchie der Lohnabhängigen begründet. Die Ausländer nehmen zumeist die unteren Plätze der Hierarchie ein.

(14) In anderen kapitalistischen Ländern setzt die Stagflation schon Ende der 60er Jahre ein. (vergl. insb. GB)

(15) Aufwertung oder nicht, ist 1969 bis zur Bundestagswahl ein erheblicher Konfliktstoff in der Großen Koalition. Dieses Problem wird erst mit der Etablierung der sozialliberalen Koalition gelöst; die DM wird gegenüber dem Dollar um 9,3 % aufgewertet.

(16) vergl. die Schätzwerte der Bundesregierung und der Wirtschaftsinstitute mit den tatsächlichen Daten. GRUNWALD, 1977, S. 63

(17) Verschiedene Autoren sehen in diesem Problem ökonomische Rationalität versus politische Rationalität, d.h. insb. im politischen Entscheidungsprozeß, den neuralgischen Punkt der Globalsteuerung. vergl. STARBATTY, 1974

(18) Kurzfristig konjunkturpolitisch wirksam werden nur staatliche investive Ausgaben, die zudem überwiegend im kommunalen Bereich getätigt werden.

(20) Vergl. Broschüre der Bundesregierung, Stabilität und Wachstums (1969), S. 17

(21) Dieses Beispiel soll nur andeuten, daß natürlich konjunkturpolitische Maßnahmen nicht "neutral" sind, sondern gesellschaftliche Widersprüche in sich aufnehmen und auch entsprechend auf gesellschaftliche Konflikte reagieren müssen.
In diesem Beispiel verhält es sich, daß die SPD als Wahlkampfpartei "Verständnis" für die Streiks zeigt und sogar SVR und BMW (Schiller) für die Verteilungsrelationen als ungleich ansehen.

(22) Der Anteil der Handelsbilanz am BSP beträgt 1973 3,5 %. Als außenwirtschaftliches Gleichgewicht wird ehemals (1969) ein Anteil von 0,8% angesehen. vergl. JAHRESWIRTSCHAFTSBERICHT, 1969

(23) Vergl. SVG 1974, S. 228 und 234

(24) Zur Investitionsentwicklung vergl. Kapitel IV.

(25) Für eine Ablehnung des Ergebnisses sind 75% der Stimmen erforderlich.

(26) Vergl. PROKLA 10 und LINKS-Sonderheft zu den 73er Streiks

(27) Vergl. KRITISCHES GEWERKSCHAFTSJAHRBUCH 1974, S. 46

(28) Der SVR warnt in einem Sondergutachten vor der Unterschätzung des Booms (vergl. SONDERGUTACHTEN des SVG Mai 1973

(29) Vergl. SVG 1973, S. 5

(30) Vergl. FRIEDRICHS, Reden zur Wirtschaftspolitik 2, S. 38/39

(31) Vergl. BEIHEFT der B.B. 4/1975, S. 7 ff.

(33) Vergl. die Prognose in IGM 1976, S. 154 ff.

(32) Vergl. BEIHEFT der B.B. 4/1975, S. 63

(34) Während zumeist der Verbrauch im 2. Halbjahr noch ansteigt, fällt er 1973

(35) Es kommt in diesen Tagen zu einer enormen Hetze gegen die Streikenden, die als linksextremistisch denunziert werden. Vergl. die Zeitung BILD vom 25.8. - 31.8.1973

(36) Vergl. die Literatur über die Streiks in einzelnen Betrieben. (ARBEITERKAMPF 1973 zu OPEL und FORD)

Fußnoten zu III

(1) Zum Zusammenhang vergl. ALTVATER 1979
Die Formel lautet:

$$= \frac{Y/L\ (1-w)}{K/1} = Y/k\ (1-w)$$

(2) Vergl. KRENGEL 1978 ff., S. 62 - 64

(3) Für eine detaillierte Analyse oder Bauwirtschaft vergl. BM für Bau ... Schriftenreihe, Heft 04.036

(4) Im Durchschnitt werden 70% der Bauproduktion - 40% Wohnungsbau und 30% Wirtschaftsbau - vom allgemeinen Konjunkturverlauf bestimmt.

(5) Vergl. KIRNER, DIW Sonderheft 59, 1973, S. 32/33

(6) Vergl. SVG 1977, S. 282

(7) Vergl. BAUSTATISTISCHES JAHRBUCH 1975, S. 84
Der Anteil fällt von 20% im Jahr 1962 auf 11,5% 1986 und 7,5% im Jahr 1974

(8) Steigerungsraten von (1) Bauvolumen und (2) BSP

1950 - 1960 =	(1) 214%	(2) 213%
1960 - 1974 =	(1) 155%	(2) 182%

Quelle: MAAS, 1976, S. 19

(9) Vergl. MONATSBERICHTE der B.B. 6/1978, S. 68

(10) Vergl. BAUSTATISCHES JAHRBUCH 1975, S. 78

(11) ebenda, S. 73 ff.

(12) Vergl. die Grafik in BM Bau Heft 04.036, S. 48/9

(13) Bürgerinititativen versuchen einen grundsätzlichen Wandel der städtebaulichen Struktur und Verkehrsplanung zu erreichen und blockieren - soweit möglich - unzählige geplante Bauprojekte.

(14) Vergl. MONATSBERICHTE der B.B. 6/1978, S. 32/33

(15) Vergl. SV (1977, S. 282

(16) Für die Entwicklung von 1950 bis 1960 vergl. IGM 1976, ALTVATER 1979, KOMMISSION 1977

(17) Vergl. ALTVATER 1979, S. 124

(18) Vergl. KRENGEL 1977 ff., S. 13 ff.

(19) Vergl. MONATSBERICHTE der B.B. 6/1978, S. 65

(20) Vergl. WSI MITTEILUNGEN 12/1977, S. 738

(21) ebenda

(22) Vergl. HOFFMANN, 1978, S. 79

(23) Vergl. die Zahlen in WSI 12/1977, S. 741, die jedoch nur bedingt brauchbar sind, da sie auf Basis von Umfragen entstanden sind.

(24) Eine Unterscheidung von Rationalisierungs- und Ersatzinvestitionen scheint problematisch, da Ersatzinvestitionen auch Rationalisierungseffekte zeitigen.

(25) Vergl. WSI 12/1977, S. 741

(26) ebenda, S. 738

(28) Dieses Verhältnis - die Investitionsproduktivität (=marginale Kapitalproduktivität) - signalisiert die aktuelle Bewegung(Prozeß) bezeichnender als die Kapitalproduktivität, wo eine Bestand-größe (BAV) in Beziehung zu einer Stromgröße (BAI) gesetzt wird. Bei der Investitionsproduktivität werden zwei Stromgrößen (BAI und NPV) in Relation gesetzt.

(29) Die BAI der Gesamtwirtschaft steigen 1976 wieder an, vergl. LEISTUNG IN ZAHLEN 1976, S. 46

(30) Vergl. BLECHSCHMIDT 1974, S. 302

(31) Vergl. HOFFMANN, 1978, S. 90 und ALTVATER 1979

(32) ebenda, S. 285

(33) KÜCHLE 1979 hält diesen Indikator für nicht angemessen, da zu viele Risikofaktoren enthalten seien. Er selbst legt jedoch keine eigenen Berechnungen vor. (ebenda, S. 237 ff.)

(34) Hinzu kommt, daß ALTVATER die Abnahme der Profitquote falsch berechnet; sie fällt von 1960 bis 1969 um 1,5% und nicht um 6,5%. Es muß angenommen werden, daß dieser Rechenfehler zu einer falschen Interpretation geführt hat.

(35) Vergl. BERGMANN 1975, S. 57

(36) Vergl. SVG 1977, S. 249 und IGM 1976, S. 35 und 62

(37) Vergl. IFO 1976/77, S. C1

(38) Vergl. LEISTUNG IN ZAHLEN 1976, S. 22

(39) Allerdings sind auch Gegentendenzen auszumachen; a) durch neue Produkte und "Qualitätsverbesserungen" alter Produkte und b) durch die Zunahme von Kleinhaushalten. Vergl. IFO 1981, These 31

(40) Vergl. WSI 12/1977, S. 743

(41) Vergl. IGM 1976, S. 62

(42) ebenda, S. 122/3

(43) Ein Zyklusbild von 1957/58 bis 1966/67 wird hierdurch nicht erhärtet, ebenda, S. 122

(44) Vergl. SVG 1977, S. 249

(45) Vergl. LANGE REIHEN 1976, S. 143 und LEISTUNG IN ZAHLEN 1976, S. 46

(46) Die Anteile der industriellen BAI an den gesamten BAI entwickeln sich wie folgt:

1967	1968	1969	1970	1971	1972	1973	1974	1975	1976	1977
18,4%	16,7	19,6	20,0	18,8	16,3	15,5	15,4	15,3		

Quelle: KRENGEL und IFO 1976/77, S. A 5

(47) Erheblichen Anteil am niedrigen Niveau der VG hat die stark negative Tendenz in der Textilindustrie, die 20% der BAI in diesem Sektor stellt.

(48) Da jedoch nur 10% der industriellen Investitionen in dieser Gruppe getätigt werden, wird der rückläufige Trend nur schwach abgebremst. Ein Nachlassen des Privaten Verbrauchs wirkt sich hier kaum aus; insgesamt gesehen ist bisher die Deckung des täglichen Nahrungs- und Genußmittelverbrauchs aufgrund relativ verschlechterter Einkommensverhältnisse nicht gefährdet gewesen.

(49) Vergl. KRENGEL, S. 73

(51) Vergl. GLASSTETTER 1977, S. 120 und Kapitel VIII

(52) Vergl. SVG 1976, S. 245

(50) Vergl. BEIHEFT der B.B. 6/1978, S. 13/14

(53) Vergl. IGM 1976, S. 245

(54) Vergl. ebenda, S. 269

(55) Vergl. SVG 1977, S. 286/7; IGM 1976, S. 280 und WSI 12/77, S. 746

(56) Vergl. IGM 1976, S. 289

(57) Vergl. SVG 1977, S. 249

(58) Vergl. MONATSBERICHTE DER B.B. 5/1975, S. 69

(59) Vergl. BEIHEFT der B.B. 6/1978, S. 12 ff.

(60) Vergl. MONATSBERICHTE der B.B. 6/1978, S. 65

(61) ebenda, S. 16/17

(62) Vergl. RÜSTOW in FR vom 20/1/1982

(63) Der Streit um die Gültigkeit des Marx'schen Gesetzes über den tendenziellen Fall der Profitrate erstreckt sich sowohl auf die theoretische (logische) Ableitungsebene als auch auf die empirische Überprüfbarkeit des Gesetzes.

(64) In dieser Arbeit wird die Argumentation nur verkürzt dargestellt, da in Zusammenhang mit der Analyse der Konjunkturpolitik die Entwicklung und Veränderung vor und nach der Krise im Mittelpunkt der Untersuchung steht.
vergl. die DISS. JÜRGENS, 1978

(65) Vergl. die Arbeiten von ALTVATER, SAB, HUFSCHMIDT, ZSCHOKE und als Übersicht BLECHSCHMIDT 1981

(66) Zu gänzlich anderen Ergebnissen kommt BLECHSCHMIDT 1981, der die Daten aufschlüsselt und die Profitrate neu berechnet.

(67) Vergl. IGM 1976, S. 68

(68) Vergl. HUFSCHMIDT in WSI 1/1978, S. 19 ff.

(69) Vergl. zur Gewichtung in der Industrie die Bände zur Gewerkschaftsp. in KRITISCHEN JAHRBÜCHERN zur Gewerkschaftspolitik 1978, S. 217

(70) Vergl. IGM 1976

(71) Vergl. WSI 12/1977, S. 745; SVG 1977, S. 57; ALTVATER 1979

(72) Vergl. Schaubild in SVG 1977, S. 57

(73) Untere Grenze ist wahrscheinlich die Zinsrate für die Anlage von Geldkapital

(74) zur Entwicklung des Welthandels vergl. SV G 1 976, S. 77

(75) Vergl. STARNBERGER PROJEKT; IGM 1976, S. 291 und LEVIATHAN 1/79

Fußnoten zu IV.

(1) Nach Berechnungen des DIW gehen zumindest 1975 erhebliche Impulse von der Staatstätigkeit aus. Vergl. Kapitel VIII

(2) Vergl. LEISTUNG in ZAHLEN 1980, S. 72

(3) Vergl. VAUBEL 1978

(4) Vergl. Beckenbach 1978; Memorandum 1978 und 1980;

(5) Vergl. insb. Altvater 1979 und Mattick 1971

(6) Vergl. Agnoli 1975; Negri 1977 und 1979 und Tronti 1974

Fußnoten zu IV.

(7) Vergl. KRITISCHES JAHRBUCH zur Gewerkschaftspolitik 1976, S. 121

(8) Vergl. KRENGEL 1977 ff., S. 17

(9) Krisen umfassen daher den politisch-sozialen und ökonomischen Raum. Ausbruch und Verschärfung der ökonomischen Krise lassen sich z.T. auf unzureichende politische Verarbeitung sozialer Konflikte zurückführen. Vergl. zu diesem Krisentyp BERGER 1981

(10) Keinesfalls mildert der Sozialstaat den Umverteilungsprozeß zwischen Kapital und Arbeit ab - wie VOBRUBA 1978, S. 141 vermutet - er befördert im Gegenteil diesen Prozeß.

(11) Vergl. WAGNER 1980 und Kapitel IX

(12) Vergl. das Schlußkapitel

(13) VOBRUBA beschreibt das bis in die Arbeiterschaft hinein gängige instrumentelle Gesellschaftsbild wie folgt:

"Der das instrumentelle Gesellschaftsbild konstituierende Argumentationsmodus ist ein relativ einfaches Verfahren. Er lautet etwa so: Unser bestehendes ökonomisches System ist zur Zeit gefährdet. Unser System hat sich in der Vergangenheit durch hohe Leistungsfähigkeit ausgezeichnet; dies hat sich in steigendem Wohlstand für alle niedergeschlagen. Es hat sich also für alle als erhaltenswert erwiesen. Seine weitere Erhaltung verlangt momentan Einschränkungen, damit es wieder seine gewohnte Leistungsfähigkeit erreichen kann. Darum muß die Erreichung bestimmter wirtschaftspolitischer Ziele zum Allgemeinanliegen werden." VOBRUBA 1979, S. 505

(14) Vergl. NEGT 1981

(15) In welche Richtung sich dieser "Entwurzelungsprozeß" ideologisch und politisch bewegt, läßt sich noch nicht eindeutig sagen; die Gefahr größerer Einflußnahme "ideologischer Rattenfänger" liegt jedoch wie die Zunahme mystischer Kulte und Irrationalitäten andeutet, auf der Hand.

Fußnoten zu V

(1) Vergl. JAHRESWIRTSCHAFTSBERICHT 1974

(2) Vergl. SVG 1974, S. 6 ff.

(3) Gemeint ist vor allem die Autoindustrie

(4) Vergl. stellvertretend die Prognose des SVG in SVG 1974, S. 113 ff.

(5) Vergl. SVG 1975, S. 95 und BMWI (Wirtschaftspolitik 1974), S. 6

(6) Vergl. BULLETIN der B.R. 92/1976, S. 879

(7) Diese Daten erfassen nicht die Arbeitskräfte, die sich generell vom Baugewerbe abwenden und sich nicht als Baufachleute beim Arbeitsamt melden. Insofern vollzieht sich der Beschäftigungsabbau vermutlich noch rascher.

(8) zum Konjunkturprogramm vergl. SVG 1975, S. 95 und BULLETIN 92/1976, S. 879

(9) Vergl. BULLETIN 153/1974

(10) Vergl. IFO (Bericht über die Auswirkungen der Investitionszulage) 1975

(11) ebenda, S. 47

(12) Vergl. die Schaubilder in SVG 1976, S. 45. Im Monat Juni - kurz vor Ablauf der Frist - steigt der Auftragseingang aus dem Inland in der Industrie um über 30% an. Vergl. BEIHEFTE der B.B. 5/1977, S. 12

(13) Vergl. SVG 1976, S. 45. Der SVR stützt sich auch auf die Zahlen des IFO.

(14) Vergl. IFO 1975, S. 47

(15) Zu den Unkosten vergl. SVG 1976, S. 112. Das Gesamtvolumen des Programms beträgt 10 Mrd. DM, davon 7,5 Mrd. DM für die Investitionszulage

(16) ebenda, S. 46

(17) Vergl. hierzu und zu den nachfolgenden Ausführungen in Bezug auf die Investitionszulage IFO 1975

(18) Vergl. BEIHEFTE der B.B. 6/1978, S. 12

(19) Vergl. WSI 12/1977

(20) Vergl. SVG 1976, S. 46

(21) entfällt

(22) Vergl. BEIHEFTE der B.B. 6/1978, S. 6

(23) Vergl. hierzu die Fallstudie von GROTTIAN 1978 über die große Steuerreform.

(24) ebenda, S. 244

(25) ebenda, S. 246

(26) Vergl. SVG 1976, S. 42/43

(27) Vergl. die TAGESZEITUNGEN in diesem Zeitraum, die fast täglich Prognosen von Politikern und Wissenschaftlern über den Zeitpunkt des vermeintlichen Aufschwungs/Booms bringen.
Vergl. auch SPIEGEL vom 11/9/1978

(28) Vergl. STÄGLIN 1976, S. 16 und BUNDESDRUCKSACHE 7/5093

(29) SPITZNAGEL 1976, S. 356

(30) Vergl. SVG 1976, S. 277

(31) Vergl. BAUSTATISTISCHES JAHRBUCH 1976, S. 7

(32) Vergl. SVG 1976, S. 113

(33) Die restriktive Geld- und Kreditpolitik ist sicherlich nicht alleiniger Grund der Konkursentwicklung; sie verengt nur zusätzlich den Spielraum, über Kreditaufnahmen die Krisenphase zu überdauern. Auch nach Lockerung der restriktiven Politik bleiben die Konkurse auf hohem Niveau; der Trend überlagert auch die Möglichkeiten der Geld- und Kreditpolitik.

(34) Vergl. MONATSBERICHTE der B.B. 7/1974, S. 19

(35) Vergl. GRETSCHMANN/BÖTTGER in WSI 4/1980

(36) Vergl. SCHMIDT 1978 und GROTTIAN 1979

(37) Vergl. Kapitel über Haushaltsstruktur

(38) Vergl. Kapitel VIII

(39) So bei NARR/SCHEER/SPÖRI 1976, S. 29f
Sozialdemokratische "Reformpolitik" wird seit ihren Anfängen (1969) in einen Ausbau repressiver Staatlichkeit eingebettet. Dieses Zusammenspiel von "Reform und Repression" wird oftmals in eine zeitliche Abfolge (bis 1974 Reform und danach Repression) zerlegt, die sich empirisch nicht belegen läßt.

(40) Vergl. den ersten Orientierungsrahmen der SPD(OR 1985)

Fußnoten zu VI 1. - 6.

(1) Vergl. die Schaubilder in WIRTSCHAFTSKONJUNKTUR 8/1978

(2) Vergl. WIRTSCHAFTSKONJUNKTUR 5/1978, S. A 2

(3) Vergl. MONATSBERICHTE der B.B. 6/1978, S. 65

(4) Trotzdem ergibt sich seit 1970 eine fallende Tendenz des Anteils deutscher Exporteure an der Weltausfuhr. vergl. SVG 1981, S. 186

(5) Vergl. LEISTUNG IN ZAHLEN 1979, S. 62/63

(6) Vergl. SVG 1980, S. 12/13 und DIW 1-2/1981

(7) Vergl. auch die Argumentation im Geschäftsbericht der Bundesbank 1979, S. 43 f.

(8) WELZMÜLLER 1981, S. 273 ff. und MEISSNER 1978, S. 46 ff. bezweifeln die Existenz einer solchen Lücke.

(9) Vergl. MEMORANDUM 1980, S. 124

(10) Vergl. WIED 1978

(11) Dieser Widerspruch könnte - zumindest zeitweise - durch eine Ausweitung des Exportanteils gelöst werden, wobei nicht abzusehen ist, inwieweit handelspolitische Restriktionen zu erwarten sind.

(12) Vergl. SVG 1980, S. 14

(13) Zur Zeit wird diese relative Stärke der BRD durch das international hohe Zinsniveau konterkariert.

(14) Vergl. SVG 1980, S. 12 ff.

(15) Vergl. ARNDT 1979, S. 121

(16) Vergl. ALTVATER 1979, S. 193/4

(17) Wird das eine als Ursache (Kapitalstruktur) und das andere (Nachfrageelastizität, etc.) als Modifikation gewertet oder sogar ein überhistorischer Interpretationsgehalt beansprucht, versperrt sich dieser Ansatz die Möglichkeit, in früheren Zeitperioden auftretende Stagflation oder auch die international unterschiedlichen Niveaus erklären zu können. Stagflation läßt sich m.E. nur historisch konkret und multikausal erklären.

(18) Vergl. MEMORANDUM 1980, WSI 4/1980, ARGUMENT SONDERHEFT 68

(19) Vergl. DEMELE 1981, S. 58

(20) Vergl. MEMORANDUM 1980, ZINN 1978b, RIESE 1981, SOST 1981

(21) Vergl. ZINN 1978, S. 117

(22) Höhepunkte gewerkschaftlicher Politik im Jahre 1977 (im "deutschen Herbst") sind die andauernden Ausschlüsse vermeintlicher "Gewerkschaftsschädlinge" und eine zentrale Kundgebung für den Ausbau der Kernenergie.

(23) Für die IG Druck bedeutet dieses ein abzusehender Einbruch in ihr Mitgliederpotential. vergl. KRITISCHES JAHRBUCH 1978/79

(24) Vergl. ebenda, S. 60 ff

(25) Insb. in Großbetrieben überwiegen die Ablehnungen

(26) Zum Tabu - Katalog vergl. den Abdruck in FR vom 26/1/1979 und die Einschätzung von WALLRAVEN in FRANKFURTER HEFTE 11/1979

(27) Bezeichnend für dieses Politikverständnis, das auf gesellschaftlich-institutionelle Regelungsmechanismen und nicht auf "eigenständige Politik" - auf Politik von unten - setzt, ist die auf juristische Dimensionen abzielende Kampagne gegen die Aussperrung, deren Ablehnung auf der politisch-programmatischen Ebene nur propagandistisch aufgenommen und vertagt wird, da die Lösung dieses Problems weitreichende politische, politisch-soziale und ökonomische Konsequenzen hätte.

(28) Vergl. ZITZELSBERGER in KOPOL 5-6/1979; ungeachtet der Schwierigkeiten will ich mit dem vorhandenen statistischen Material eine erste Annäherung versuchen und bei der Interpretation möglichst die methodischen Mängel berücksichtigen.

(29) Zur Reallohnposition läßt sich keine weitergehende Parallelität feststellen; die spezifische Ermittlung der Reallohnposition scheint nicht ohne Absicht. Vergl. hierzu ZITZELSBERGER 1979. Zur Sekundärverteilung vergl. Kapitel VIII

Fußnoten zu VI.7

(1) Folge ist eine Zunahme des sogenannten Massenarbeiters. Vergl. hierzu AUTONOMIE Nr. 3 und ROTH, 1974

(2) Vergl. KOMMISSION, 1977, S. 65

(3) ebenda, S. 67

(4) Vergl. SCHMID, 1980

(5) Vergl. MITTAB 1/1976

(6) Vergl. CRAMER in Wirtschaftsdienst 3/1979

(7) Vergl. DOMBOIS in Prokla 36, S. 161 ff.

(8) ebenda, S. 172 und WACKER in Prokla 35

(9) Mit dem 81er Konsolidierungsprogramm wird dieser "Mißbrauch" abgeschafft, Leidtragende sind die Betroffenen, da sich an ihrer Situation nichts ändert.

(10) Vergl. ANBA 1/1977, S. 153/4

(11) Vergl. GØRZIG, u.a. in DIW, 1977, S.A 61 ff.

(12) Vergl. ANBA 1/1977, S. 16

(13) Vergl. ANBA 2/1978, S. 221

(14) Vergl. HOFFMANN 1978, S. 119 und SVG 1979, S. 60

(15) Vergl. zu den angegebenen Relationen ANBA 2/1 978, S. 242. Alle Angaben beziehen sich auf 1977

(16) ebenda, S. 245

(17) ebenda, S. 248 und SVG 1979, S. 65

(18) Vergl. HOFFMANN 1978, S. 122/3

(19) Vergl. ANBA 4/1978, S. 509

(20) Vergl. ANBA 1/1978, S. 63

(21) Vergl. MITTAB 1/1978, S. 64

(22) Als insgesamt gering kann der Anteil der insbesondere jüngeren "freiwilligen" Arbeitslosen betrachtet werden, die bewußt nicht in den Instituten und Betrieben der "ersten Gesellschaft" arbeiten und sich ihr Nichtstun oder alternatives Leben vom Sozialstaat alimentieren lassen.
In einer Studie des WZB werden die freiwilligen Arbeitslosen auf 8 - 10% der Gesamtzahl geschätzt. (Vergl. WZB II M/80 - 8)
Vergl. auch ROTHSCHILD, 1978

(23) Der Anteil der Arbeitslosen, die wiederholt arbeitslos werden, steigt im Laufe der Jahre überdurchschnittlich an. Vergl. MITTAB 1/1980, S. 108

(24) Vergl. die Situation in Italien und vor allem den USA

(25) Vergl. die Diskussion um das Modell Deutschland und das Schlußkapitel

(26) Vergl. MEMORANDUM, 1980, S. 188

(27) Vergl. HENSCHEL in WSI Mitteilungen 4/1980

(28) Zur Kritik vergl. ebenda

(29) Vergl. für diesen Ansatz ALTVATER 1979, S. 264 ff.

(30) Vergl. ZINN 1978, S. 137

Fußnoten zu VII

(1) Vergl. DIW 36/1978, S. 253

(2) ebenda, S. 356

(3) Vergl. SOZIALBERICHT 1978, S. 110

(4) Vergl. IFO 1/1978, S. A 7

(5) Vergl. DIW 36/1978

(6) Vergl. IFO 1/1978

(7) ebenda, S. A 8

(8) Vergl. DIW 2/1978

(9) Zu den finanziellen Auswirkungen der Steueränderungen vergl. FINANZBERICHT 1977, S. 192/3

(10) ebenda

(11) Das ZIP wird auf 20 Mrd. DM in den nächsten Jahren aufgestockt. Vergl. DIW 2/1978; DIW 11/1980 und BULLETIN der B. R. 33/1977

(12) Vergl. zum Steueränderungsgesetz 1977: AKTUELLE BEITRÄGE zur Wirtschafts- und Finanzpolitik 86/1977 und 52/1977

(13) Vergl. ebenda

(14) Vergl. zu den Berechnungen DIW 2/1978

(15) von diesen 15,5 Mrd. DM entfallen 10 Mrd. DM als Mehrnachfrage auf den Unternehmensbereich. Vergl. ebenda, S. 16

(16) Vergl. IFO 1/1978, S. A 8

(17) BIEHL 1978, S. 210 ff.

(18) entfällt

(19) CHRONIK 1978 des BMF zur Finanzpolitik

(20) Von diesen 140 000 Arbeitsplätzen sind 40.000 Teilzeitarbeitsplätze. Vergl. DIW 11/1980, S. 122

(21) ebenda, S. 124

(22) Die folgende Argumentation stützt sich auf die Ergebnisse in WSI 5/1979

(23) Vergl. DIW 27/1977 und 38/1980

(24) Zu den Kontroversen um die Verteilungswirkungen indirekter Steuern vergl. den Bericht der TRANSFER-ENQUETE-KOMMISSION.

(25) Vergl. WSI 9/1978, S. 485

(26) Vergl. FINANZNACHRICHTEN 30/1980 des BMF

(27) Vergl. WSI 3/1979, S. 172 und 173

(28) Vergl. die Argumentation in WSI 3/1979, S. 174

(29) Vergl. die Jahresberichte der Deutschen Bundesbank

(30) Denkbar wäre eine wesentlich rigidere Politik wie Preisstops, -kontrollen, etc. Vergl. ZINN (1978b)

(31) "... zum ersten Mal nämlich kann in den wesentlichen und zentralen Aussagen der Bundesbank eine starke Vermengung (neo-)quantitätstheoretischer wie keynesianischer Grundvorstellungen konstatiert werden." BOOMS 1977, S. 216

(32) Entsprechend findet auch eine vorwiegend "ökonomisch-rational" und "technisch" argumentierende Empfehlung für eine weichere Geldpolitik (vergl. als Beispiel DIW 2/1981, S. 80) kein Gehör.

Fußnoten zu VIII

(1a) Vergl. LITTMANN 1975, S. 21 ff.

(1) Zu den indirekten Steuern bzw. den Belastungen verschiedener Einkommen durch diese Steuerart vergl. DIW 44/1977 und den Bericht der TRANSFER - ENQUETE - KOMMISSION.

(2) Vergl. FINANZBERICHT 1981

(3) Vergl. RIESE 1979

(4) Vergl. DIW 31/1977

(5) Vergl. die Argumentation in SOZIALISMUS 1 /1981, S. 11 f.

(6) Insbesondere der Sozialstaat erregt die Gemüter konservativer Apologeten; durch seine Ausweitung wird eine Schwächung der Wirtschaft geschlußfolgert.

(7) Vergl. SVG 1978, S. 146 ff. und SVG 1980, S. 154 ff.

(8) Vergl. DIW 13/1979 und MEMORANDUM 1981

(9) Vergl. WSI 1/1981, WSI 3/1981 und WSI 9/1980

(10) Vergl. die Kritik in SOZIALISMUS 1/1981, S. 17 ff.

(11) Vergl. die Beiträge in MEMORANDUM 1980, S. 206 ff. und die Beiträge in ARGUMENT SONDERHEFT 52 und die Kritik in SOZIALISMUS 1/1981, S. 20 f.

(12) Wobei das Argument Zinsbelastungen und Nettokreditaufnahme seien gleich hoch, noch nichts über die Höhe der Belastungen aussagt. Bedrohlich wird erst der Prozeß des Hochschaukelns beider Größen, wie in der BRD seit 1974 beobachtet werden kann.

(13) Zur Problematik der Definition und Messung der Staatsquoten vergl. LITTMANN 1975

(14) Vergl. WSI 4/1980, S. 219

(15) Zu den verschiedenen Konzepten vergl. BIEHL 1978

(16) Vergl. SVG 1969, 1970 und 1979

(17) Vergl. BAISCH 1977

(18) Vergl. SVG 1979, S. 219

(19) Vergl. VESPER 1979, S. 318

(20) Vergl. DIW 36-37/1980, S. 385

(21) VESPER 1979, S. 321

(22) ebenda, S. 325 ff.

(23) vergl. IFO 1/1978 und 1/1979

(24) Nach Meinung des IFO gehen 3/4 der Effekte auf die diskretionäre Komponente zurück. Vergl. IFO 1/1978, S. A 9

Fußnoten zu IX. 1.

(1) Vergl. HARTEN/FLITNER, 1980, S. 39

(2) ebenda

(3) Vergl. SOZIALBERICHT 1980, S. 14

(4) Die "finanziellen Reste" des Programms vom November 1976 gehen in das 77er Programm ein.

(5) Vergl. ANBA, 5/1977, S. 559 ff.

(6) Bei dieser Maßnahme drängt sich der Verdacht auf, daß Teile der Belegschaft billig umstrukturiert werden können.

(7) Schwelle bedeutet, daß vor Neueinstellungen erst die jeweils vorhandenen Arbeitskraftreserven mobilisiert werden (vergl. DIW 2/1978). Aufgrund dieser Beobachtung scheint bei den offiziellen Angaben Vorsicht geboten. Die tatsächliche Beschäftigungswirkung weicht in diesem Fall (1978) von der rechnerischen um 30 - 50% ab.

(8) Viele Betriebe und Institutionen bis hin zu Kirchen zahlen lieber eine Ausgleichsabgabe, um keine Behinderten einstellen zu müssen.

(9) Vergl. SVG, 1980, S. 72

(10) Zu den Erfahrungen mit diesem Programm vergl. WZB, IIM/dp -80-37 und MEMORANDUM 1980, S. 195

(11) Von SCHMID (1981) wird im Gegensatz zu dieser Einschätzung eine positive Wirkung dieses Programms vermutet. (ebenda, S. 26)

(12) Vergl. SVG 1980, S. 72, wo implizit die Ursachen der Arbeitslosigkeit auf ihre ungenügende Qualifizierung reduziert wird.

(13) Mit dieser Novelle erfolgt eine Präzisierung des umstrittenen Runderlaß 230 der BFA, der insb. bei den Gewerkschaften auf Widerstand gestoßen war.

(14) Eine Reduktion des Arbeitslosenproblems mittels "Begradigung" der Statistik intendieren auch Pläne aus verschiedenen Ministerien. Vergl. FR vom 5/2/1981

(15) Vergl. die Übersicht des BM für Arbeit und Soziales vom 11/12/1981

(16) Zur Definition vergl. HARTEN/FLITNER 1980, S. 52

(17) Vergl. WZB IIM/76 - 6, S. 44 ff. und WSI 9/1978, S. 520 ff.

(18) Vergl. WZB IIM79 - 6, S. 42 ff.

(19) So die Einschätzung in WZB II M 76-6, S. 46

(20) Vergl. MEMORANDUM 1980, S. 192 f.

(21) Vergl. ebenda, S. 194 und über die Erfahrungen mit ABM Maßnahmen in den USA PIVEN/CLOWARD, S. 163

(22) "Arbeitslosigkeit ist kein Randgruppenproblem. Das Entstehen von Problemgruppen ist Folge von Massenarbeitslosigkeit. "MEMORANDUM, 1980, S. 189

(23) Man könnte sogar von einer Reduktion des "Sozialen" auf die materiellen Bedingungen des Überlebens sprechen.

(24) Zunahme und Höhe der Sperrfristen zeigen, daß dieser Versuch durchaus auf individuellen Widerstand stößt.

(25) Diese Tendenz - Arbeitslosigkeit, ihre Ausbreitung und spezifische Verarbeitung (nicht ihre Ursachen!) allein ökonomischer Rationalität zuzuordnen - findet sich u.a. auch bei ZINN (1980) und in WSI,//1981. Übersehen wird von diesen Autoren sowohl die soziale Dimension der Ökonomie als auch die spezifische sozial - ökonomische Funktion des Staates.

(26) Bisher wurde nur die eine Seite des Sozialstaats - die soziale Normierung - erwähnt, seine andere liegt sicherlich - trotz aller bisher erfolgten Restriktionen - in der materiellen Absicherung "sozialer Notfälle".

(27) Vergl. die Diskussion um die Finanzkrise

(28) Durch die Übernahme der "sozialen Gestaltung" der Gesellschaft in Form des Sozialstaats wird der Staat untrennbar mit dem ökonomischen System verbunden, so VOBRUBA, 1978, S. 143

Fußnoten zu IX. 2.

(1) Kurzfristige Einbrüche wie 1958 und 1966/67 haben durch ihre Wirkung den ökonomischen Wachstumsprozeß noch verstärkt. Erst nach 1975 bricht sich der Wachstumsboom endgültig und es folgt eine Periode reduzierten Wachstums.

(2) Vergl. BELLERMANN 1977, S. 362/3 und JÜRGENS, u. a. 1980

(3) Vergl. die Bewertung in BELLERMANN 1977 und FUNKE 1978

(4) Vergl. WAGNER 1980 und STARNBERGER STUDIEN 2, 1978

(5) Vergl. BELLERMANN 1977, S. 364

(6) Vergl. WAGNER 1980

(7) Vergl. MARX, Kapital Bd. 1 - 3

(8) Zur durchschnittlichen Höhe des Arbeitslosengelds und zu den einkommensspezifischen Einbußen durch Arbeitslosigkeit unter Berücksichtigung der Dauer der Arbeitslosigkeit vergl. DIW 45/1981

(9) Der letzte Zyklus in der BRD zeigt, daß der Prozeß einer bedeutsamen allgemeinen Lohnsenkung sich erst 1980-1982 einstellt.

(10) Vergl. MERKLEIN 1980

(11) Vergl. TRANSFER ENQUETE KOMMISSION in FR vom 2/7/1981

(12) Vergl. MARKMANN/SIMMERT 1978, S. 221 ff. und S. 567 ff.

(13) MERKLEIN 1980, S. 64

(14) Grotesk wird der geforderte Abbau des Sozialstaats, wenn er mit angeblich unsozialen Effekten für "sozial schwache" Schichten begründet wird. (Vergl. z.B. MERKLEIN, RICHEBÄCHER)

Redlicher wäre es, die Konsequenz von höheren Profiten und noch stärkerer sozialer Differenzierung zu explizieren und nicht hinter "ökonomischen Erfordernissen" zu verstecken.

(15) Dieses restriktive Programm wird trotz der anstehenden Bundestagswahl verabschiedet und steht damit quer zu Logiken der Theorie vom politischen Konjunkturzyklus.

(16) Vergl. Kapitel über Arbeitsmarktpolitik

(17) Zur Darstellung und Bewertung dieser Maßnahmen vergl. SOZIALBERICHT, 1980, INFORMATIONEN des BM f. Arbeit .. . 1 3/5/1977 und FUHRKE

(18) Darüberhinaus kommt es zu Kürzungen bei der Studentenwohnraumförderung von fast 200 Mill. DM bis 1984. Zu den weiteren Einzelmaßnahmen vergl. BMF Finanznachrichten 52/1980

(19) Vergl. SOZIALBERICHT, 1980, S. 21/22

(20) Vergl. FR vom 9/12/1981

(21) Vergl. Pressemitteilung der Bundesregierung Nr. 252/1981

(22) Welche anscheinend die stärksten Schultern haben

(23) Vergl. PRESSEMITTEILUNG 252/1981, Anlage 3

(24) Die Betroffenen können die Feststellung der Bundesregierung;" Bei allen notwendigen Maßnahmen werden die soziale Sicherung des Einzelnen - insb. des Arbeitslosen - und die soziale Sicherheit insgesamt nicht in Frage gestellt." (Pressemitteilung Nr. 152/1981) nur als bodenlosen Zynismus und Hohn empfinden. Einerseits werden ihnen von der "Gesellschaft" keine Arbeitsplätze angeboten und andererseits gilt für sie das soziale Netz nur noch in geringem Umfang.

(25) Umfassend betroffen wird auch der Umkreis der "alternativen Szene", da in vielen Projekten, die sich finanziell nicht selbst tragen, Leute (Studienabbrecher, Schulentlassene, Berufsanfänger) arbeiten, die Arbeitslosenhilfe bezogen haben und jetzt aus dem sozialen Netz z.T. ganz herausfallen, zumal die restriktive Handhabung der Sozialhilfe und die Kürzungen in diesem Bereich auch hier den den anspruchsberechtigten Personenkreis beschränken sollen.

(26) Vergl. die Situation im Öffentlichen Dienst, wo z. B. die Beamten zwar auch von den tariflichen Restriktionen betroffen sind, jedoch durch die Verschiebung von Rentenbeiträgen zur Arbeitslosenversicherung eine finanzielle Kompensation erhalten.

(27) Vergl. die Vorschläge der CDU/CSU, der Kapitalverbände und z.T. auch der FDP zu diesem Komplex

Fußnoten zu IX. 3.

(1) Vergl. LEVIATHAN 2/1978, S. 220 ff.

(2) Vergl. MEMORANDUM 1980, S. 218

(3) Vergl. die Tabelle in MEMORANDUM 1980, S. 220 und in LEVIATHAN, 2/1978, S. 227 und S. 236

(4) Zur Definition dieses Meßmodells vergl. IFO 1981, Ziffer 187 und 188

(5) Vergl. LIP, SÜßMUTH, LUCAS AEROSPACE, usw.

Fußnoten zu IX. 4.

(1) Verantwortlich für diese "Beschränkung" der Gewerkschaften dürfte einerseits ihr enger Bezug zur SPD und andererseits ihr grundsätzliches Einverständnis zum (sozialen) Kapitalismus sein.

(2) für die USA konstatiert GALBRAITH:

"So erschöpfen sich in den USA die praktischen Maßnahmen gegen Verletzungen der Gesetze des freien Marktes regelmäßig in Vorschlägen den Mindestlohn zu senken oder zu reformieren. Denn nur der Angriff auf den Mindestlohn, gleichsam die Gewerkschaft des kleinen Mannes, ist gefahrlos." in ZEIT vom 27.2.1981

(3) Vergl. den Bericht über die Situation in den USA in LEVIATHAN 3/1980

(4) Vergl. MERKLEIN 1980, S. 70/71

(5) Zum Problem Individuum - soziale Gleichheit, ve-gl. VOIGT 1979 und STRASSER/TRAUBE 1981, S. 272/3

"Die angesprochenen Fragen der materiellen Gleichstellung haben nichts mit dem zu tun, was unsere Konservativen und Wirtschaftsliberalen überall dort vermuten, wo von mehr Gleicheit die Rede ist: Gleichmacherei. Es geht darum, durch mehr reale Gleichstellung der Menschen a l l e n die Chance zur möglichst ungehinderten Entfaltung ihrer Entfaltung zu geben. " (ebenda)

(6) Auch in der Bundesrepublik deuten erste Anzeichen auf einen Widerstand marginalisierter Gruppen hin. Im Westberliner "Häuserkampf" beispielsweise verbindet sich der Kampf zwangsweise und positiv Marginalisierter mit der linken und liberalen Opposition und erfährt dadurch eine erhebliche auch politische Brisanz.

(7) Entstaatlichung in Ökonomie und Sozialbereich erfordert gleichzeitig den Ausbau von mehr Staat im Sicherheitsbereich, um sozialen Konflikten und Revolten vorzubeugen. Vergl. auch MEMORANDUM 1980, S. 162/3

(8) Vergl. FR vom 16/9/1981 und 9/10/1981

(9) Vergl. MERKLEIN 1980 und LEPAGE 1980 und Kapitel IX.2b

(10) Ansätze in diese Richtung zeigen sich in der Diskussion um die "Staatsknete" in der Alternativbewegung und der Instandbesetzung.

Literatur:

Agnoli 1967	Johannes Agnoli, Die Transformation der Demokratie, Berlin 1967
Agnoli 1975	ders., Überlegungen zum bürgerlichen Staat, Berlin 1975
AG 1978	AG Politische Ökonomie, Der Arbeitsmarkt in der BRD in Leviathan 3/1978
Altvater 1977	Elmar Altvater, Staat und gesellschaftliche Reproduktion, in Handbuch 5 Frankfurt 1977
Altvater 1978	Altvater/Hoffmann/Semler, Produktion und Nachfrage im Konjunktur- und Krisenzyklus in WSI Mitteilungen 7/1978
Altvater 1979	Vom Wirtschaftswunder zur Wirtschaftskrise, Berlin 1979
Alquati 1974	R. Alquati, Klassenanalyse als Klassenkampf, Frankfurt 1974
Andreae 1979	Andreae u.a., Wieder solide werden ! Köln 1979
Arndt 1979	Helmut Arndt, Irrwege der Politischen Ökonomie, München 1979
Arbeiterkampf 1973	Gruppe Arbeiterkampf (Hrsg.), Streik bei Ford Köln, Köln 1973
Arnasson 1976	J.P. Arnasson, Zwischen Natur und Gesellschaft, Frankfurt 1976
Armanski 1977	Armanski/Penth (Hrsg.) Klassenbewegung, Staat und Krise, Berlin 1977
Arrighi 1981	Giovanni Arrighi, Der Klassenkampf in Westeuropa im 20. Jahrhundert, in Fröbel 1981
Baisch 1977	Baisch u.a., Die Wirtschaftskrise in der BRD, in Leviathan 2/1977
Baisch 1978	Helmut Baisch, Kritik an der Sachverständigenratskonzeption in Markmann 1978
Ballerstedt 1979	Ballerstedt/Glatzer, Soziologischer Almanach, Frankfurt 1979
Beckenbach 1978	Beckenbach/Krätke, Kritik der Überakkumulationstheorie in Prokla 30
Bellermann 1979	Martin Bellermann, Expansion und Stagnation, in Gesellschaft, Beiträge zur Marx'schen Theorie 12
Berger 1979	Johannes Berger, Der Grundgedanke der Marx'schen Krisentheorie in Argument Sonderband 35
Berger 1981	Johannes Berger, Wandlungen von Krisenursachen im wohlfahrtsstaatlichen Kapitalismus, in AS 68
Bergmann u.a. 1975	Bergmann/Jacobi/Müller-Jentsch, Gewerkschaften in der BRD, Frankfurt 1975
Bergmann 1979	Joachim Bergmann, Beiträge zur Soziologie der Gewerkschaften, Frankfurt 1979

Bergmann 1978	Bergmann/Klein u.a., Autonomie im Arbeiterkampf, München 1978
Biedenkopf 1978	Biedenkopf/Miegel, Wege aus der Arbeitslosigkeit, Bonn 1978
Biehl 1978	Biehl u.a., Schätzung konjunktureller Wirkungen öffentlicher Haushalte, Tübingen 1978
Blanke 1975	Blanke/Jürgens/Kastendiek, Kritik der Politischen Wissenschaft Bd. I und II, Frankfurt 1975
Blechschmidt 1981	Aike Blechschmidt, Rentabilität und Krise, Frankfurt 1981
Blondiau 1976	Heribert Blondiau, Streiks- und Streikverhalten im Metall- und Baubereich der BRD, Diss. Bonn 1976
Bolle 1976	Michael Bolle (Hrsg.), Arbeitsmarkttheorie und Arbeitsmarktpolitik, Opladen 1976
Bolle 1977	Michael Bolle, Globalsteuerung und ökonomische Krise in Handbuch 5
Bologna 1973	Bologna/Cacciari, Zusammensetzung der Arbeiterklasse, Berlin 1973
Bombach 1976	Bombach u.a., Der Keynesianismus, Berlin 1976
Bombach 1978	Gottfried Bombach, Lohnhöhe und Beschäftigung in MittAB 3/1978
Booms 1980	Helmut Booms, Geldtheoretische und -politische Konzepte der Bundesbank, Bochum 1980
Böttger 1980	Böttger/Gretschmann, Ökonomische und politische Implikationen einer mittelfristigen Erhöhung der Staatsquote in WSI 4/1980
Brauns 1976	Brauns u.a., SPD in der Krise, Frankfurt 1976
Bravermann 1977	H. Bravermann, Die Arbeit im modernen Produktionsprozeß Frankfurt 1977
Brosius 1980	Brosius/Huffschmidt/Schui, Theoretische und empirische Aspekte des Zusammenhangs von Monopolisierung und Krise in WSI 4/1980
Brückner 1978	Peter Brückner, Versuch uns und anderen die Bundesrepublik zu erklären, Berlin 1978
Castoiadis 1980	Cornelius Castoriadis, Sozialismus oder Barbarei, Berlin 1980
Castoriadis 1981	Cornelius Castoriadis, Durchs Labyrinth Seele, Vernunft, Gesellschaft, Frankfurt 1981
Czada 1980	Peter Czada, Wirtschaft, Berlin 1980
Deutschmann 1973	Christoph Deutschmann, Der linke Keynesianismus, Frankfurt 1973
Diehl 1979	Diehl/Mombert, Wirtschaftskrisen, Frankfurt 1979
Dina 1972	A. Dina, Technik, Macht und Klassenkampf, Berlin 1972

Dombois 1979 | Reiner Dombois, Stammarbeiter und Krisenbetroffenheit in Prokla 36

Ehrenberg 1974 | Herbert Ehrenberg, Zwischen Marx und Markt, Frankfurt 1974

Ehrlicher 1979 | Werner Ehrlicher, Grenzen der öffentlichen Verschuldung in Wirtschaftsdienst 1979/VIII

Elsenhans 1979 | Hartmut Elsenhans, Das Gesetz des tendenziellen Falls der Profitrate, in LEVIATHAN 4/1979

Eucken 1950 | W. Eucken, Die Grundlagen der Nationalökonomie, Göttingen 1950

Ernst 1980 | M. Ernst - Pörksen, Crisis? What Crisis? in Leviathan 2/1980

Esser 1980 | Esser u.a., Alternative Wirtschaftspolitik, in Links Nr. 124

Eyern 1973 | Gert v. Eyern, Wörterbuch zur Politischen Ökonomie, Opladen 1973

Frey/Meißner 1974 | Frey/Meißner, Zwei Ansätze zur Pol. Ökonomie, 1974

Fenner 1978 | Fenner/Heyder/Strasser, Unfähig zur Reform? Frankfurt 1978

Feyerabend 1979 | Paul Feyerabend, Erkenntnis für freie Menschen, Frankfurt 1979

Funke 1980 | M. Funke, Wirtschaftskrise und Wirtschaftspolitik, in Hefte für Politische Ökonomie 1

Fröbel 1981 | Fröbel u.a., Krisen in der kapitalistischen Weltökonomie, Reinbek 1981

Gabler 1972 | Gabler's Wirtschaftslexikon, Wiesbaden 1972

Gahlen 1978 | Bernhard Gahlen, Zur Verantwortung der Lohnpolitik für die Vollbeschäftigung, in MittAB 3/1978

Gerstenberger 1977 | W. Gerstenberger, Reaktionen der Industrie auf konjunkturpolitische Maßnahmen, in Starbatty 1977

Geschwendter 1977 | H. Geschwendter, Konjunkturverschärfungen durch Struktur- und Ordnungsmängel, in Starbatty 1977

Goldscheid 1976 | Goldscheid/Schumpeter, Die Finanzkrise des Steuerstaats, Frankfurt 1976

Gorz 1980 | Andre Gorz, Abschied vom Proletariat, Frankfurt 1980

Gijsel 1978 | Peter Gijsel, Vorschläge zur Beendigung der Massenarbeitslosigkeit, in Leviathan 3/1978

Glombowski 1979 | Jörg Glombowski, Krise der Krisentheorie ? in Argument 108

Glastetter 1977 | Werner Glastetter, Die wirtschaftliche Entwicklung der BRD im Zeitraum von 1950 - 1975, Berlin 1975

Groth 1978 | Klaus Groth, Die Krise der Staatsfinanzen, Frankfurt 1978

Grottian 1978 — Peter Grottian, Die große Steuerreform, Mans. Berlin 1978

Grube 1977 — Grube/Richter, Der SPD Staat, München 1977

Grunwald 1977 — J. Grunwald, Erfolgskontrolle finanzpolitischer Maßnahmen, Berlin 1977

Güntheroth 1975 — Walter Güntheroth, Kritik der Marxorthodoxie, in Autonomie 1/1975

Güntheroth 1976 — Walter Güntheroth, Arbeiter produzieren die Krise, in Autonomie 2/1976

Habermas 1979 — Jürgen Habermas, Stichworte zur "geistigen Situation der Zeit", Frankfurt 1979

Habermas 1981 — Jürgen Habermas, Theorie kommunikativen Handelns, Frankfurt 1981

Halbach 1972 — Fritz Halbach, Kapitalismus ohne Krisen? Gießen 1972

Hallgarten 1981 — Hallgarten/Radkau, Deutsche Industrie und Politik, Reinbek 1981

Handbuch 3 — Altvater u.a. (Hrsg.), Inflation - Akkumulation - Krise, I, Frankfurt 1976

Handbuch 4 — Altvater u.a. (Hrsg.),Inflation - Akkumulation - Krise II, Frankfurt 1976

Handbuch 5 — Brandes u.a. (Hrsg.), Staat, Frankfurt 1977

Hankel 1978 — W. Hankel, Von der Einkommens- zur Arbeitsmarktpolitik, in MittAB 3/1978

Hansmeyer 1973 — Hansmeyer/Rürup, Staatswirtschaftliche Planungsinstrumente, Tübingen 1973

Heidermann 1976 — Horst Heidermann, Wirtschaftsstruktur und Beschäftigung, Bonn 1976

Henschel 1979 — R. Henschel, Krise der Wirtschaftspolitik - die Sicht der Gewerkschaften, in Simmert 1979

Henschel 1980 — R. Henschel, Arbeitslosigkeit, Folge einseitig quantitativ orientierter Wachstumspolitik, in WSI 4/1980

Hickel 1977 — R. Hickel, Ökonomische Stabilisierungspolitik in der Krise, in Grauhahn/Hickel 1977

Hickel 1979a — R. Hickel, Theoretische Grundlagen des Memorandums, in Argument Sonderband 35

Hickel 1979b — R. Hickel, Konjunktur und Krise - neu betrachtet, in Diehl/Mombert 1979

Hirsch 1980 — Joachim Hirsch, Der Sicherheitsstaat, Frankfurt 1980

Hobsbawn 1981 — Eric Hobsbawn, Die Krise des Kapitalismus in historischer Perpektive, in Fröbel 1981

Hoffmann 1978 — Jürgen Hoffmann, Ökonomischer oder politischer Krisenzyklus, Diss. Berlin 1978

Hofmann 1963	Werner Hofmann, Die säkulare Inflation, Raubdruck
Holländer 1974	H. Holländer, Das Gesetz des tendenziellen Falls der Profitrate, in Mehrwert 6
Huber 1981	Josef Huber, Der Sozialstaat und die Grenzen des Wachstums, in Beilage zum Parlament B 1/1981
Huster 1972	Huster u.a., Determinanten der westdeutschen Restauration, Frankfurt 1972
IFO 1979/80	IFO Institut, Spiegel der Wirtschaft, Berlin 1980
IFO 1981	IFO Institut, Analyse der strukturellen Entwicklung der deutschen Wirtschaft, Berlin 1981
IGM 1976	IGM (Hrsg.), Krise und Reform in der Industriegesellschaft, Frankfurt 1976
IMSF 1979	Informationsbericht Nr. 30, SVR zwischen Keynesianismus und Monetarismus, Frankfurt 1979
Janossy 1968	F. Janossy, Das Ende des Wirtschaftswunders, Frankfurt 1968
Jaeger 1974	Carlo Jaeger, Arbeiterstandpunkt und politische Ökonomie, in Mehrwert 6
Jaeger 1979	C. Jaeger, Ein Modell der Wirtschaftsgesellschaft, Frankfurt 1979
Jaeger 1980	C. Jaeger, Das Konzept Wirtschaftsschrumpfung, in Alemantsche 1/1980
Jortzig 1978	Jortzig/Weg, Zur Diskussion von Krise und Krisenpolitik in der herrschenden ökonomischen Theorie, in WSI 3/1978
Jürgens 1977	Ulrich Jürgens, Selbstregulierung des Kapitals, Diss. Berlin 1977
Kalecki 1974	M. Kalecki, Politische Theorie der Vollbeschäftigung, in Frey/Meißner 1974
Kalmbach 1973	Peter Kalmbach, Der neue Monetarismus, München 1973
Kern 1979	Horst Kern, Kampf um Arbeitsbedingungen, Frankfurt 1979
Keynes 1936	J. Keynes, Allgemeine Theorie der Beschäftigung, des Zinses und des Geldes, Berlin 1936
Koch 1976	Koch/Narr, Krise - Prinzip ohne Hoffnung, in Leviathan 3/1976
Kock 1977	H. Kock u.a., Konzepte der Konjunktursteuerung, Köln 1977
Korsch 1973	Korsch/Mattik/Pannekoek, Zusammenbruchstheorie des Kapitalismus, Berlin 1973
Krack 1978	Krack/Neumann, Konjunktur, Krise, Wirtschaftspolitik, Frankfurt 1978
Krahl 1971	Hans Krahl, Konstitution und Klassenkampf, Frankfurt 1971

Krätke 1978	M. Krätke, Krise der Krisentheorie, in Argument 104
Krelle 1978	W. Krelle, Beseitigung der Arbeitslosigkeit, in MittAB 3/1978
Krengel 1972 ff.	Krengel, u.a. Produktionsvolumen und -potential, Produktionsfaktoren in der Industrie, Berlin
Kromphardt 1978	Jürgen Kromphardt, Nachfragebelebung und Arbeitszeitverkürzung statt Lohnzurückhaltung, in MittAB 3/1978
Krüger 1978	M. Krüger, Randnotizen zur gegenwärtigen krisentheoretischen Diskussion, in Prokla 32
Kühne 1977	Karl Kühne, Fall der Profitrate und Kapitalkoeffizient, in PVS Sonderheft 8/1977
Künzel 1976	R. Künzel, Die Krisentendenz der auf den Wert gegründeten Produktionsweise, Diss. Berlin 1976
Lahnstein 1980	Lahnstein u.a. Konjunktursteuerung eine Illusion? Wiesbaden 1980
Lenhardt 1979	Gero Lenhardt, Der hilflose Sozialstaat, Frankfurt 1979
Lindner 1973	Gudrun Lindner, Die Krise als Steuerungsmittel, in Leviathan 3/1973
Littmann 1975	Konrad Littmann, Definition und Entwicklung der Staatsquote, Göttingen 1975
Löbl 1975	Eugen Löbl, Wirtschaft am Wendpunkt, Achberg 1975
Luhmann 1981	Niklas Luhmann, Politische Theorie im Wohlfahrtsstaat, München 1981
Mackscheidt 1973	Mackscheidt/Steinhausen, Grundfragen fiskalpolitischer Lenkung, Tübingen 1973
Mandel 1972	Ernest Mandel, Der Spätkapitalismus, Frankfurt 1972
Markmann 1978	Markmann/Simmert, Krise der Wirtschaftspolitik, Köln 1978
Mandel 1980	Mandel/Agnoli, Offener Marxismus, Frankfurt 1980
Marramao 1977	Giacomo Marramao, Krisentheorie und Konstitutionsproblematik, in Beiträge 10
Marx 1971	Karl Marx, Das Kapital Bd. I-III, Berlin 1971
Marx o.J.	Karl Marx, Grundrisse der Kritik der Politischen Ökonomie
Matthes 1979	Matthes (Hrsg.), Sozialer Wandel in Westeuropa, Frankfurt 1979
Mattik 1971	Paul Mattik, Marx und Keynes, Frankfurt 1971
Meißner 1978	Werner Meißner, Wachstumskrise - Fehlverhalten oder Strukturproblem? in Markmann 1978
Memorandum 1978	Alternativen der Wirtschaftspolitik, Köln 1978

Memorandum 1980 — Gegen konservative Formierung, Köln 1980

Mensch 1977 — Gerhard Mensch, Das technologische Patt, Frankfurt 1977

Merklein 1980 — Renate Merklein, Griff in die eigene Tasche, Reinbek 1980

Möller 1968 — Alex Möller, Kommentar zum STWG, Hannover 1968

Müller-Armack 1981 — A. Müller-Armack, Genealogie der Sozialen Marktwirtschaft, Bern 1981

Müller-Jentsch 1979 — Müller-Jentsch, Neue Konfliktpotentiale und institutionelle Stabilität, in Matthes 1979

Müller-Jentsch 1981 — Walter Müller-Jentsch, Vom gewerkschaftlichen Doppelcharakter und seiner theoretischen Auflösung im Netokorporatismus, in Leviathan Sonderheft 4/1981

Müller-Jentsch 1979b — W. Müller-Jentsch, Streikbewegungen in der BRD in Bergmann 1979

Müller 1980 — G. Müller, Die Rolle der staatlichen Konjunkturpolitik seit 1973, in WSI 4/80

Müller/Neusüß — Müller/Neusüß, Die Sozialstaatsillusion, in Prokla Sonderheft 1

Müller/Röck — Müller/Rock, Konjunktur- und Stabilisierungspolitik, Stuttgart 1976

Narr 1976 — Narr/Scheer/Spöri, SPD - Staatspartei oder Reformpartei? München 1976

Narr 1979 — Wolf-Dieter Narr, Hin zu einer Gesellschaft bedingter Reflexe, in Habermas 1979

Narr 1979 b — W. Narr, Die BRD - Modell einer nachliberalen Gesellschaft? in Die Linke im Rechtsstaat 2, Berlin 1979

Negri 1972 — Toni Negri, Zyklus und Krise bei Marx, Berlin 1972

Negri 1977 — T. Negri, Massenautonomie gegen historischen Kompromiß, München 1977

Negri 1979 — T. Negri, Sabotage, München 1979

Negt 1981 — Oskar Negt, Diskussion über Kapitalismus und bürgerliche Gesellschaft, in Ästhetik und Kommunikation Sonderheft: Was ist heute noch links?

Neusüß 1979 — Christel Neusüß, Die gegenwärtige Stagnationsperiode, in Prokla 36

Nowotny 1978 — E. Nowotny, Wirtschaftliche Krisenerscheinungen und öffentlicher Sektor, in Markmann 1978

Novy 1979 — Klaus Novy, Wirtschaftswissenschaft und Wirtschaftsreformpraxis in Leviathan 4/1979

Nutzinger 1974 — Nutzinger/Wolfstetter, Die Marx'sche Theorie und ihre Kritik, Frankfurt 1974

O'Connor 1974 — James O'Connor, Die Finanzkrise des Staates, Frankfurt 1974

Oertzen 1974	Peter v. Oertzen, u.a., Thema: Wirtschaftspolitik, Bonn 1974
Offe 1972	Claus Offe, Strukturprobleme des kapitalistischen Staates, Frankfurt 1972
Offe 1975	Claus Offe, Berufsbildungsreform, Frankfurt 1975
Ostleitner 1978	Herbert Ostleitner, Keynesianische und Keynesche Wirtschaftspolitik, in Markmann 1978
Petwaidic 1979	W. Petwaidic, Wirtschafts- und Gesellschaftspolitik in kritischen Zeiten, Frankfurt 1979
Piven 1977	Piven/Cloward, Regulierung der Armut, Frankfurt 1977
PKA 1977	PKA (Projekt Klassenanalyse), Gesamtreproduktionsprozeß in der BRD 1950-1975, Berlin 1977
Pollock 1932	Friedrich Pollock, Die gegenwärtige Lage des Kapitalismus, in Zeitschrift für Sozialforschung 1932
Poulantzas 1978	Nicos Poulantzas, Staatstheorie, Hamburg 1978
Pozzoli 1974	C. Pozzoli, Krisen und Krisentheorien, Frankfurt 1974
Prittwitz 1977	Volker Prittwitz, Krisenzyklus und Wirtschaft, Diss. Berlin 1977
Front 1973	Proletarische Front, Arbeiterkämpfe in Westdeutschland, Hamburg 1973
Quaderni 1970	Quaderni Rossi, Spätkapitalismus und Klassenkampf, Frankfurt 1970
Recktenwald 1980	Horst Recktenwald, Markt und Staat, Göttingen 1980
Richebächer 1980	Kurt Richebächer, Im Teufelskreis der Wirtschaftspolitik, Stuttgart 1980
Riese 1975	Hajo Riese, Wohlfahrt und Wirtschaftspolitik, Reinbek 1975
Riese 1979a	H. Riese, Inflation und Krisenbekämpfung, in Petwaidic 1979
Riese 1979b	H. Riese, Kritik der theoretischen Grundlagen des Memorandums, in AS 35
Riese 1981	H. Riese, Zur Kritik von Preiskontrollen, in AS 68
Ronge 1979	Volker Ronge, Bankenpolitik im Spätkapitalismus, Frankfurt 1979
Rossanda 1976	Rossana Rossanda, Der lange Marsch durch die Krise, Frankfurt 1976
Roth 1974	K.H. Roth, Die andere Arbeiterbewegung, München 1974
Roth 1978	K.H. Roth, Da hört der Marxismus auf ..., in Alternative 119

Rothermund 1980 — R. Rothermund, Verkehrte Utopien, Frankfurt 1980

Rothschild 1978 — K. Rothschild, Arbeitslose - Gibt's die? in Kyklos Vol. 31 - 1978 - Fasc. 1

Rürup 1980 — Bert Rürup, Staatsverschuldung: Problem der 80er Jahre, in Sozialpolitische Informationen XIV/18

Salvati 1980 — Salvate/Brosio, Politik und Markt in der Krise, in Prokla 38

Shaikh 1978 — A. Shaikh, Geschichte der Krisentheorien, in Prokla 30

Seidel 1977 — Hans Seidel (Hrsg.) Die Rezession 1974/75, Stuttgart 1977

Senghaas 1979 — D. Senghaas, Kapitalistische Weltökonomie, Frankfurt 1979

Simmert 1979 — D. Simmert, Wirtschaftspolitik - kontrovers, Bonn 1979

Sinn 1976 — H. Sinn, Das Marx'sche Gesetz des tendenziellen Falls der Profitrate, in Zeitschrift für das gesamte Staatswesen 1976

SOFI 1971 — SOFI, Am Beispiel der Septemberstreiks, Frankfurt 1971

SOST 1981 — SOST, Wirtschaftspolitische Alternativen der Inflationsbekämpfung, in AS 68

Soltwedel 1979 — R. Soltwedel, Zur Relevanz der neoklassischen Theorie für die Wirtschaftspolitik, in Simmert 1979

Spahn 1976 — H. Spahn, Keynes in der heutigen Wirtschaftspolitik in Bombach 1976

Spahn 1979a — Spahn, Die Stabilitätspolitik des SVR, Frankfurt 1979

Spahn 1979b — Spahn, Neoklassik und Linkskeynesianismus, in Leviathan 4/1979

SPD und Staat 1974 — Darmstädter Studentenzeitung (Hrsg.), SPD und Staat, Berlin 1974

Schiller 1978 — K. Schiller, STWG - Ein Instrument der Krisenbewältigung ? in WSI 1978

Schlecht 1972 — Otto Schlecht; Erfahrungen und Lehren aus dem jüngsten Konjunkturzyklus, Tübingen 1972

Schlupp 1978 — F. Schlupp, Internationalisierung und Krise, in Leviathan 1/1979

Schmidt 1971 — Eberhard Schmidt, Ordnungsfaktor oder Gegenmacht, Frankfurt 1971

Schmiede 1979 — Rudi Schmiede, Das Ende des westdeutschen Wirtschaftswunders, in Linke im Rechtsstaat 2

Schmidt 1978 — Manfred Schmidt, Die Politik der Inneren Reformen, in Fenner 1978

Schmitz 1976	Wolfgang Schmitz, Die antizyklische Konjunkturpolitik, Frankfurt 1976
Schmölders 1972	Günter Schmölders, Konjunkturen und Krisen, Reinbek 1972
Schmollinger 1980	Schmollinger/Müller, Zwischenbilanz, Hannover 1980
Schwab 1978	J. Schwab, Eine Interpretation des Beitrags von Keynes zur Krisentheorie, in Mehrwert 4
Schwödianer 1977	G. Schwödianer, Konjunkturtheorie in der Krise, in Wirtschaftspolitische Blätter 1/1977
Starbatty 1974	Joachim Starbatty, Theorie und Praxis der Globalsteuerung, Köln 1974
Starbatty 1977	Starbatty, Konjunktur und Konjunkturpolitik im letzten Jahrzehnt, in Beihefte der Konjunkturpolitik Heft 24, Berlin 1977
Stamatis 1977	G. Stamatis, Die spezifisch kapitalistischen Produktionsmethoden und der tendenzielle Fall der allgemeinen Profitrate bei Marx, Berlin 1977
Starnberger Studien 1978	Starnberger Institut, Sozialpolitik als soziale Kontrolle, Frankfurt 1978
Tichy 1976	Gunter Tichy, Konjunkturschwankungen, Berlin 1976
Trentin 1978	Bruno Trentin, Arbeiterdemokratie, Hamburg 1978
Tronti 1974	Mario Tronti, Arbeiter und Kapital, Frankfurt 1974
Vaubel 1978	R. Vaubel, Alternativen der Wirtschaftspolitik? Kieler Diskussionsbeiträge Nr. 56, Kiel 1978
Vesper 1977	Dieter Vesper, Entwicklung und Struktur des Staatsverbrauchs 1961 - 1974, in DIW Vierteljahreshefte zur Wirtschaftsforschung 1/1977
Vesper 1979	D. Vesper, Versäumnisse der Finanzpolitik, in Simmert 1979
Vobruba 1978	G. Vobruba, Staatseingriff und Ökonomiefunktion, in Zeitschrift für Soziologie 2/1978
Vobruba 1979	G. Vobruba, Keynesianismus als politisches Prinzip, in Leviathan 4/1979
Vomfelde 1977	Werner Vomfelde, Einführung in die Konjunkturpolitik, Berlin 1977
Wacker 1976	Ali Wacker, Arbeitslosigkeit, Frankfurt 1976
Weber 1967	W. Weber (Hrsg.), Konjunktur- und Beschäftigungstheorie, Berlin 1967
Wehling 1976	H. Wehling, Konjunkturpolitik, Opladen 1976
Welsch 1980	Johann Welsch, Globalsteuerung in der BRD, Köln 1980
Welteke 1976	Marianne Welteke, Theorie und Praxis der sozialen Marktwirtschaft, Frankfurt 1976
Wolfstetter 1977	Elmar Wolfstetter, Wert, Profitrate und Beschäftigung, Frankfurt 1977

WSI 1978	WSI - Studien Nr. 38, Krise der ökonomischen Theorie - Krise der Wirtschaftspolitik, Köln 1978
Zinn 1977	Karl Zinn, Strategien gegen die Arbeitslosigkeit, Frankfurt 1977
Zinn 1978	K. Zinn, Der Niedergang des Profits, Köln 1978
Zinn 1978b	K. Zinn, Preissystem und Staatsinterventionismus Köln 1978
Zinn 1980	K. Zinn, Die Selbstzerstörung der Wachstumsgesellschaft, Reinbek 1980
Zinn 1980 b	K. Zinn, Good bye Papa Keynes? in Leviathan 2/1980

Zeitschriften, Periodika

ANBA (Amtliche Nachrichten der Bundesanstalt für Arbeit)

Argument

Blätter für deutsche und internationale Politik

Die Neue Gesellschaft

DIW - Wochenberichte

Gesellschaft, Beiträge zur Marx'schen Theorie

Hefte für Politische Ökonomie

Kritisches Gewerkschaftsjahrbuch

Leviathan

Mehrwert

Prokla

Sozialismus

Sachverständigengutachten des Sachverständigenrats

Technologie und Politik

WSI - Mitteilungen

Schriften der Bundesregierung:

Aktuelle Beiträge zur Wirtschafts- und Finanzpolitik

Bulletin

Finanzberichte
Finanznachrichten des BMF
Jahreschronik des BMF
Jahreswirtschaftsbericht
Sozialberichte
Sozialpolitische Informationen

Schriften der Bundesbank:

Beihefte der Monatsberichte der Bundesbank
Monatsberichte der Bundesbank
Jahresberichte der Bundesbank

Statistisches Material:

Lange Reihen (Hrsg. Statistisches Bundesamt)
Leistung in Zahlen (Hrsg. Bundesregierung)
Statistische Jahrbücher
Statistische Taschenbücher
Statistische Kennziffern des DIW
Kopf/Kern/Schmidt, Volkswirtschaftliche Basisdaten, Frankfurt 1980

Elmar Altvater · Kurt Hübner · Michael Stanger
ALTERNATIVE
WIRTSCHAFTSPOLITIK
JENSEITS DES KEYNESIANISMUS
WIRTSCHAFTSPOLITISCHE OPTIONEN
DER GEWERKSCHAFTEN IN WESTEUROPA
Westdeutscher Verlag

Thomas Kutsch · Fritz Vilmar (Hrsg.)
ARBEITSZEIT
VERKÜRZUNG
EIN WEG ZUR VOLLBESCHÄFTIGUNG?
Westdeutscher Verlag

GPSR Compliance

The European Union's (EU) General Product Safety Regulation (GPSR) is a set of rules that requires consumer products to be safe and our obligations to ensure this.

If you have any concerns about our products, you can contact us on ProductSafety@springernature.com

In case Publisher is established outside the EU, the EU authorized representative is:

Springer Nature Customer Service Center GmbH
Europaplatz 3
69115 Heidelberg, Germany

Batch number: 10822562

Printed by Printforce, the Netherlands